BORYS SZYRIAJEW

NIEGASNĄCE ŚWIATŁO

Tłumaczenie i opracowanie:
Aniela Czendlik

Tytuł oryginału: *Неугасимая лампада*

Korekta: Marta Mardyła

Skład, łamanie i projekt okładki: Anna Smak-Drewniak

ISBN 978-83-7864-708-9

Wydawnictwo AA s.c.
30-332 Kraków, ul. Swoboda 4
tel.: 12 292 04 42
e-mail: klub@religijna.pl
www.religijna.pl

O AUTORZE I KSIĄŻCE

Borys Nikołajewicz Szyriajew, autor *Niegasnącego światła*[1], urodził się w 1889 roku w Moskwie. Po ukończeniu studiów na Uniwersytecie Moskiewskim służył w Białej Armii. W 1918 roku za próbę nielegalnego przekroczenia granicy został skazany na rozstrzelanie, ale w ostatniej chwili udało mu się zbiec z więzienia. Ukrywał się na Kaukazie, gdzie jeszcze zachował się porządek dawnego życia. Dwa lata później, mając nadzieję, że już o nim zapomniano, przedostał się do Moskwy. Tu jednak przeniósł się też nowo utworzony bolszewicki rząd, rozpleniło się donosicielstwo i prześladowania. Szyriajew został wyśledzony, aresztowany i ponownie skazany na karę śmierci, jednak wyrok zamieniono mu na 10-letnie zesłanie. Trafił na Wyspy Sołowieckie, gdzie spędził prawie siedem lat. Był rok 1922. Autor dostał się do pierwszego w ZSRR obozu koncentracyjnego, który powstał w XV-wiecznym monasterze po wypędzeniu stamtąd mnichów w 1920 roku[2].

Sołówki lat 20. stały się „wysypiskiem niedobitych wrogów rewolucji"[3] złożonych z wybitnych przedstawicieli inteligencji,

---

[1] Б.Н. Ширяев, *Неугасимая лампада*, Товарищество русских художников, Москва 1991.

[2] Zob. П. Паламарчук, А. Филатова, *Ширяев Борис Николаевич (27.10[7.11].1889–17.04.1959), писатель, публицист.*

[3] Введение [w:] Б.Н. Ширяев, *Неугасимая лампада*, Товарищество русских художников, Москва 1991.

wojska i duchowieństwa. Początkowo, gdy łagrowy reżim był jeszcze w miarę łagodny, Borys Szyriajew występował w obozowym teatrze i był współzałożycielem miesięcznika „Wyspy Sołowieckie", w którym drukował swoje artykuły. Razem ze współwięźniem Borysem Głubokowskim, aktorem i literatem, zbierał i spisywał więzienny folklor. Wydawnictwo USŁON[4] wydało w 1926 roku niewielki zbiorek tych utworów w nakładzie 2000 egzemplarzy, które natychmiast znalazły nabywców.

W 1929 roku Szyriajew został zesłany do Taszkientu, gdzie odbył resztę wyroku. Zezwolono mu na prowadzenie wykładów na tamtejszym uniwersytecie, co ubarwiło nieco życie specprzesiedleńca. Autor wspomina o tym w rozdziale *Płomyk jeszcze się tli*. Ściślej mówiąc, szkicuje tu sytuacje, z którymi zetknął się również w swojej dalszej pracy dydaktycznej i publicystycznej (już po wkroczeniu Niemców do Północnego Kaukazu)[5].

Kiedy w 1932 roku zesłanie dobiegło końca, Szyriajew postanowił, wbrew obowiązującym zarządzeniom, powrócić do swego rodzinnego miasta, Moskwy. Tęsknił za nią jeszcze na Sołówkach. W rozdziale *Błyskawice z Zachodu* wspomina ówczesną moskiewską bohemę związaną z potępianymi przez bolszewików kierunkami i prądami artystycznymi Europy Zachodniej. W latach 30. organy bezpieczeństwa bez przerwy inwigilowały mieszkańców stolicy, więc Szyriajew szybko został wyśledzony

---

[4]   Управления Соловецких лагерей особого назначения (УСЛОН) – Administracja Sołowieckich Obozów Specjalnego Przeznaczenia.

[5]   Zob. Михаил Талалай, Борис Ширяев: еще один певец русского Рима.

i aresztowany. Zaczął się kolejny odcinek jego życiowej drogi przez mękę, naznaczonej pobytami w wielu „etapach"[6], gdzie znowu spotykały go głód, zimno i katorżnicza praca. Dopiero gdy w 1936 roku zesłano go do Stawropolskiego Kraju, mógł prowadzić względnie spokojne życie. W małym miasteczku Czerkieska dostał pracę nauczyciela języka i literatury. Tam też ożenił się i doczekał narodzin syna Lolliusa. Zdawać by się mogło, że los nareszcie się do niego uśmiechnął, gdyż pozwolono mu wykładać w czerkieskim Instytucie Pedagogicznym. Wkrótce jednak znów zaczęły się kłopoty. Na uczelni panowała atmosfera oskarżeń i donosów. Lubiany i szanowany przez młodzież wykładowca stał się osobą podejrzaną, której należało się pozbyć. Oskarżono go o zaniedbywanie obowiązków. Chociaż niczego mu nie udowodniono i proces zakończył się tylko karą grzywny, musiał niestety opuścić Czerkieskę. Osiedlił się w Stawropolu, gdzie zastała go wojna. W rozdziale *Łampadka*[7] *jeszcze się tli* autor wspomina:

„Wydawałem i redagowałem pierwszą i największą spośród wychodzących na Północnym Kaukazie wolnych rosyjskich gazet[8]. Cenzura Niemców ograniczała się tylko do sprawdzania materiałów o tematyce wojskowej. Dawni studenci szybko znaleźli drogę do redakcji. Przynosili wprawdzie nie za dużo

---

[6]   Więzienia „etapowe" – system więzień powstałych jeszcze w czasach carskich, w których zamykano skazańców podążających na zesłanie. Po rewolucji oczekiwano tam zwykle na wydanie wyroku, przesłuchiwano więźniów politycznych i wysyłano ich dalej w celu eksploracji i zagospodarowania Syberii.

[7]   Łampada – odpowiednik wiecznej lampki spotykany nie tylko w cerkwiach. Łampadki zapala się także w domach przed ikonami lub stawia na mogiłach.

[8]   „Poranek Kaukazu".

artykułów, ale za to wiele listów poruszających aktualne problemy i potrzeby oraz oczywiście... sporo wierszy"[9].

Budziło się również życie religijne. Szyriajew w tym samym rozdziale pisze:

„Maski opadły. Czary wilkołaka utraciły nad naszym miastem swą moc, chociaż tylko na krótki, pięciomiesięczny okres. (...) W ciągu pierwszych dwóch tygodni po wkroczeniu Niemców otwarto w mieście aż cztery cerkwie. Pod koniec miesiąca w restytuowanej diecezji było już 16 prawosławnych parafii. (...) Wszystkie one powstawały «oddolnie»: zbierała się grupa wiernych, którzy szukali i znajdowali duchownych, porządkowali cerkiew zamienioną na magazyn czy klub, ozdabiali ją ikonami ocalałymi na strychach i w piwnicach, organizowali chór. Wkrótce zaczęło brakować już tych starych, na wpół zburzonych świątyń. Adaptowano więc opustoszałe świetlice i sale urzędów. (...) Wspólnoty parafialne cechowały kontrasty – starość i młodość, wiek średni był w mniejszości. (...) Trudno jednoznacznie określić, co przyciągało młodzież do Cerkwi. To problem złożony. Z jednej strony – chęć poznania tego, co dotychczas było zakazane, a z drugiej – pragnienie przeżycia głębi doznań historyczno-religijnych i wzniesienia się ponad poziom codzienności, na wyżyny ducha. Ale była też zwykła ciekawość i chęć uczestniczenia w widowisku czy posłuchania muzyki"[10].

---

[9] Б.Н. Ширяев, *Неугасимая лампада*, s. 368.

[10] Tamże, s. 368-369.

Załamanie się niemieckiego frontu wschodniego doprowadziło do ewakuacji ze Stawropola wszystkich antybolszewickich działaczy. W roku 1944 wraz z wycofującą się armią niemiecką Szyriajew opuścił kraj i dotarł do Berlina, gdzie podjął działalność dziennikarską i propagandową, a także próbował nawiązać kontakt z rosyjskimi emigrantami „pierwszej fali"[11]. Niestety środowisko to przyniosło mu jedynie rozczarowanie, czemu dał wyraz w wypowiedzi jednego ze swych bohaterów:

„Nic! Pustka! Jedni przestali czuć Rosję i zbudowali sobie w zamian jakąś efemeryczną iluzję, daleką od rzeczywistości. Drudzy próbują dojść do niej przez pozorne przyjęcie sowietyzmu, trzeci idą po omacku ku temu, od czegośmy uciekali. Nie rozumieją nas, nie wyciągają wniosków z naszych losów, ślizgają się po powierzchni. Najbliżej prawdy jest może tylko Bierdiajew[12]. Ale według niego wszystko winno być oparte na intelekcie – jego teorie są więc podręcznikowe, abstrakcyjne... Nie ma w tym serca... Nie słychać jego bicia"[13].

Zawiedziony, szukał kontaktów z emigracją „drugiej fali". W tym celu wyjechał do Belgradu i przebywał tam jakiś czas. Kiedy zdecydował się na powrót, zbliżała się już ostateczna klęska Niemiec, więc pojawienie się w Berlinie było zbyt niebezpieczne.

W lutym 1945 roku Szyriajew wraz z rodziną osiadł we Włoszech, lecz wkrótce trafił do obozu dla przesiedleńców w Pagani. W przedostatnim rozdziale *Niegasnącego światła* czytamy,

---

[11]   Emigracja „pierwszej fali", tzw. biali emigranci, opuścili ZSRR w latach 1917-20.

[12]   Nikołaj Aleksandrowicz Bierdiajew (1874–1948) – rosyjski filozof, najpoczytniejszy myśliciel rosyjski za granicą, zwolennik nadziei na powszechne zbawienie.

[13]   Б.Н. Ширяев, *Неугасимая лампада*, s. 377.

że „to najlepszy z włoskich obozów IRO[14]. W ostatnich latach wojny mieścił się tutaj lazaret dla amerykańskich żołnierzy. (…) W obozach IRO, tak jak i w Kraju Sowietów, trudno zetknąć się z Rosjaninem, który by nie siedział w jakimś obozie koncentracyjnym lub w więzieniu, a jeszcze trudniej spotkać tam swojego «poborowego» kolegę… Mało ich już zostało"[15].

O tamtych latach opowiada w książce *Di-Pi*[16] wydanej w 1953 roku w Buenos Aires. Rzadko już dziś używany skrót był w ubiegłym wieku symbolem milionów ludzi, którzy wybrali tułaczkę, by uniknąć podporządkowania się i współpracy z obcym im ideowo ustrojem.

Zwieńczeniem twórczości Borysa Szyriajewa jest bez wątpienia *Niegasnące światło*, którego pierwsze wydanie ukazało się w Nowym Jorku w 1954 roku, ale do rąk rosyjskiego czytelnika dzieło to trafiło dopiero w 1991 roku. Szyriajew poświęcił je sławnemu rosyjskiemu malarzowi, Michałowi Niestierowowi, który na moskiewskich Butyrkach[17] powiedział autorowi, zanim ten został wysłany na Sołówki: „Niech się pan nie boi Sołówek. Tam Chrystus jest blisko"[18].

---

[14] International Refugee Organization – Międzynarodowa Organizacja Uchodźcza podległa Organizacji Narodów Zjednoczonych.

[15] Б.Н. Ширяев, *Неугасимая лампада*, s. 385, 387.

[16] Displaced Person – przesiedleniec.

[17] Butyrki – więzienie przejściowe i śledcze w Moskwie, służące także do przetrzymywania więźniów politycznych. Drugie obok Łubianki znane moskiewskie miejsce kaźni w okresie stalinowskim.

[18] Б.Н. Ширяев, *Неугасимая лампада*, s. 314.

Wtedy pisarz był jeszcze osobą niewierzącą. Dopiero atmosfera Sołówek, gdzie zetknął się ze wspaniałymi przedstawicielami duchowieństwa (takimi jak ojciec Nikodem zwany popem-pocieszycielem), zbliżyła go do Boga. Po tym, czego tu doświadczył, przyjął prawosławie i odważnie niósł przed sobą światło wiary.

Książka z uwagi na swoją ponadczasową wymowę staje się w Rosji coraz bardziej popularna, o czym świadczą jej kolejne wydania[19]. Polskiemu czytelnikowi znane są tylko 3 rozdziały (z 33) drukowane na łamach czasopism: „My, Sybiracy" (4/2003) i „Przegląd Prawosławny" (1/2010 i 4/2010).

Ostatni utwór – *Motywy religijne w poezji rosyjskiej* – Borys Szyriajew pisał, zmagając się już ze śmiertelną chorobą. Jest on adresowany do młodzieży rosyjskiej i był pożegnalnym słowem autora, wskazówką ku nowemu odczytaniu rodzimej klasyki, od Łomonosowa do Gumilowa, nakazem, by skupiać uwagę na twórczych, boskich motywach poezji. Szyriajew podkreślał głęboki sens wierszy Apołłona Majkowa[20]:

„Nie mów, że nie ma ratunku,
że smutek wyczerpał twe siły:

---

[19] Dotychczasowe rosyjskie wydania powieści: Издательство имени Чехова, 1991, Издательство Сретенского монастыря, Москва 1998, 2000, 2004, 2007, Издательство: ДАРЪ, Москва 2009, 2010.

[20] Majkow Apołłon Nikołajewicz (1821–97) – rosyjski pisarz, prawnik i wieloletni pracownik rosyjskiego Komitetu Cenzury. W ostatnim okresie życia stał się radykalnym konserwatystą. Zob. *Nowa Encyklopedia Powszechna PWN*, Warszawa 1996, t. 4, s. 38.

im noc ciemniejsza – tym jaśniejsze gwiazdy,
im głębszy ból – tym bliższy Bóg"[21].

Znamienne są słowa Szyriajewa podsumowujące twórczość tego poety: „Właśnie w ostatnim okresie życia kierował swoje spojrzenie ku wartościom religijnym drogiego mu, bo ojczystego, rosyjskiego chrześcijaństwa"[22]. Słowa te odnoszą się również do niego samego. Książka *Motywy religijne w poezji rosyjskiej* ukazała się w Brukseli w 1960 roku[23], już po śmierci autora. Pisarz zmarł 17 kwietnia 1959 roku w San Remo we Włoszech.

Kilka lat wcześniej, w Rzymie, Szyriajew zmienił wyznanie i przeszedł na katolicyzm. Ten istotny fakt z życia pisarza często jest krytykowany lub pomijany w jego biografiach. Nadal jeszcze zarzuca mu się zarówno zdradę ojczyzny (ZSRR!), jak i wiary.

Nawet jeżeli biografowie milczą o jego konwersji, to sugerują czytelnikom, że w życiu pisarza dokonała się radykalna przemiana. W utworach napisanych we Włoszech daje się zauważyć fascynację zachodnim chrześcijaństwem. Autor zwraca się ku duchowym wartościom Kościoła, podkreśla humanizm jego duchowieństwa i godne szacunku postawy rosyjskich katolików w Rzymie.

---

[21] А.Н.Майков, *Избранные произведения*, Ленинград, Изд. Советский Писатель, 1977 (tłum. własne).

[22] А.Н. Стрижев, Неугасимая лампада Бориса Ширяева.

[23] Б. Ширяев, *Религиозные мотивы в русской поэзии*, Изд. Жизнь с Богом, Брюссель 1960.

Religia katolicka dotknęła najczulszych strun jego duszy: po czterdziestu latach od powstania pierwszych i zarazem ostatnich wierszy znów zajął się poezją – tym razem podjął się przekładu hymnu św. Franciszka z Asyżu. Pośmiertnego wydania zbiorku religijno-literackich esejów Szyriajewa podjęło się wydawnictwo katolickie[24].

Pisarz wyraźnie zaznaczył ramy czasowe i przestrzenne swej najważniejszej powieści: Sołówki 1925 – Capri 1950. Podsumowuje to dzieło słowami:

„Tę opowieść postanowiłem napisać jeszcze na Sołówkach, nad grobami nieznanych pokutników, w imię starej rosyjskiej pobożności, i na mogiłach nowych męczenników, którzy oddali swe życie za Ruś. (…) Pisałem o łzach i krwi, o cierpieniach i śmierci. I tylko o tym. (…) Mijały lata. W grzmotach wojny, w wichrze śmierci, w nowych potokach krwi i łez przypadło mi w udziale, jako jednemu z milionów istnień ludzkich, zadanie, by opowiedzieć o tamtych przeżyciach. (…) Jest to opowieść o ludziach, którzy żyli w łagrach, w ogromnych skupiskach, i którzy wyrwali się z ciemności"[25].

Borys Nikołajewicz tak mówi o swojej roli w powstaniu *Niegasnącego światła*: „Nie jestem artystą ani pisarzem. Nie czuję potrzeby tworzenia obrazów w zakamarkach swej duszy ani splatania słów w pachnące, kwieciste wianki. Potrafię

---

[24] М. Талалай, *Борис Ширяев еще один певец русского Рима.*

[25] Б.Н. Ширяев, *Неугасимая лампада*, s. 403.

tylko widzieć, słyszeć i gromadzić w pamięci to, co usłyszałem i zobaczyłem"[26].

Chociaż Szyriajew stara się w tej dokumentalnej powieści jak najmniej mówić o sobie, a próbuje raczej skupić uwagę czytelnika na niezwykle barwnych, nie zawsze pozytywnych postaciach – wątki autobiograficzne są równie dobrze czytelne. W ostatnim rozdziale podsumowuje ćwierćwiecze pracy nad dziełem swego życia i daje jego charakterystykę.

Należy mieć nadzieję, że „Niegasnące światło" nie zniknie w Rosji ze spisu poczytnych lektur. Szyriajew maluje wyraziste portrety bohaterów swoich czasów, którzy starają się żyć w poczuciu dobrze spełnianego obowiązku. Wiele przedstawionych wydarzeń wiąże się z osobistymi przeżyciami pisarza, dlatego są tak wiarygodne i przekonywujące. Wiarygodność cechuje całą twórczość Borysa Szyriajewa, która zawiera nieprzemijające wartości duchowe i prawdy historyczne.

---

[26] Tamże, s. 405.

Część pierwsza

W SPLOCIE WIEKÓW

Rozdział I

Święci uszkujnicy

Nad kołami okrętowymi parowca, który przywiózł nas na Sołówki, czerwienił się wyrazisty, z daleka czytelny napis „Gleb Bokij"[27]; ale widocznie farba była zbyt marna lub malarzowi zabrakło pokostu, bo kiedy się lepiej przyjrzeć, z bliska można było odczytać litery ukryte pod wierzchnią warstwą farby. Mocno i głęboko wchłonęły się one w ociosane jeszcze w klasztornej stoczni deski, tworząc inskrypcję „Święty Sawwatij[28]".

Są lata, które skręcają się w ciasny, nierozerwalny supeł, ale są i takie, które plączą się w przestrzeni dziejów, układając się w niewiarygodnie dziwaczny wzór łączący przeszłość z teraźniejszością, a chwile odchodzące z nadchodzącymi. Nici ludzkich żywotów schodzą się i rozchodzą, urywają się nagle, by po chwili znów się powiązać i w ten sposób powstaje tkanina z wplecionych w nią pokoleń. Żeby wyraźnie zobaczyć i zrozumieć tajemne zawiłości utworzonego wzoru, trzeba oddalić się i cofnąć aż do krawędzi wyznaczonego czasu. Tak teraz widzę Sołówki pierwszej połowy lat 20., kiedy ostatni monaster staje się pierwszym obozem koncentracyjnym. Przeszłość nie zdążyła jeszcze stąd odejść i rozwiać się w czasie, a już przyszłość – na

---

27 Gleb Bokij – naczelnik Oddziału Specjalnego Państwowego Zarządu Politycznego GPU (Gławnoje Politiczeskoje Uprawlenije).

28 *Święty Sawwatij* (Sawacjusz) – jeden z założycieli klasztoru na Wyspach Sołowieckich w roku 1429.

oślep i zawzięcie – toruje sobie drogę do nowego życia, nowego bytu.

Sołówki to niezwykłe miejsce, to wyspa modlitewnych kontemplacji, połączenie ducha czasu i ludzkiej egzystencji z Duchem wiecznym, Boskim.

Ciemnozielony tłum pięćsetletnich świerków zstępuje majestatycznie na wyblakły błękit lodowatego morza. Między nimi wije się ledwie zauważalna, cienka biała wstążka przypływu. Cisza. Spokój. Sztormy są tu rzadkością. Cisza panuje również w głębi zielonej kniei, gdzie wysmukłe świerki jak dostojni mnisi – takich strzelistych poza Sołówkami nigdzie nie znajdziesz – szepczą z nieśmiałymi i delikatnymi pannami-brzozami. Jedwabiste mchy i gęste krzewy paproci okrywają ich przemarznięte podczas długiej zimy korzenie. A ile tu grzybów! I to jakich! Krępe, przysadziste, chrzęszczące pod palcami bielaki, koźlarze – czerwonogłowe eleganciki, borowiki – krzepkie jak kupcy moskiewscy – o, ci trzymają się mocno, skromne bialanki, ukrywające się wstydliwie pod opadłymi, słodkawo pachnącymi liśćmi, opieńki – nieśmiałe jak dziewice na wydaniu, pod jesień zaś zmieniające się w watahy żwawych, swawolnych urwisów wyłażących, potrącając się wzajemnie, na pnie drzew i krzewów. Wyspa jest niewielka – ma zaledwie 22 wiorsty długości i 12 szerokości, ale za to aż 365 jezior – tyle, ile jest dni w roku. W kryształowo czystej, zimnej wodzie roją się ławice ruchliwych brązowozielonych jazgarzy. Dna jezior są kamieniste; okrągłe, toczone przez wieki brukowce przylegają ciasno do siebie jak na moskiewskiej ulicy. Co dzieje się na dnie, można najlepiej zobaczyć w samo południe: widać tu każdy kamyczek, każdą rybkę.

Sołowiecki matecznik jest spokojny i bezpieczny jak żaden inny na świecie. Świątobliwy Zosima[29] nałożył na niego wieczysty post: leśne stworzenia nie mogą się wzajemnie pożerać, a wilkom, które nie potrafią żyć bez świeżego mięsa, nakazał wynieść się z wyspy. Zwierzęta te, posłuszne słowom świętego, powsiadały wiosną na kry i odpłynęły ku dalekim brzegom Kemi. Wyły przy tym żałośnie, żegnając się z przyrodzoną wolnością. Ale mąż Boży pozostał nieugięty:

– Wy, wilki, stworzenia boskie, urodziliście się w grzechu i w grzechu trwacie. Odejdźcie stąd na grzeszną, wilczą ziemię i tam sobie żyjcie – tu jest miejsce święte! Musicie je opuścić!

Od tamtej chwili lękliwe, potulne jelenie i bojaźliwe szaraki mieszkają spokojnie na świętej wyspie, gdzie w ciągu czterech stuleci nie przelano ani jednej kropli krwi, nie tylko ludzkiej, ale i zwierzęcej.

Wiele dawnych opowieści zostało zapisanych ozdobnymi literami półustawu[30] na pożółkłych stronicach sołowieckich latopisów, które później rozwiał gwałtowny wicher historii w czas dziejowej niepogody. Wiele lat musiało upłynąć, by do klasztoru znów zapukali posłusznicy[31] gotowi na trudy zakonnego życia. Odnaleźli oni w ciemnych kryptach i piwnicach ocalałe rękopisy i starannie je uporządkowali.

---

[29] Święci Zosima i Herman – współzałożyciele sołowieckiego monasteru.

[30] Półustaw – pismo, które powstało w południowej słowiańszczyźnie na przełomie XII i XIII w. Znane było także na Rusi Kijowskiej.

[31] Posłusznik – nowicjusz, osoba przygotowująca się do stanu zakonnego. Zob. E. Przybył, *Prawosławie*, Kraków 2000.

Mnisi, którzy pozostali na Sołówkach po zamknięciu monasteru, opowiadali skazańcom mnóstwo cudownych historii. Pamiętali to wszystko, co już dawno zostało zapomniane na Rusi. Nie na darmo skryba, wnikliwie wsłuchany w modlitwę ludu, napisał:

Módlmy się do Boga, naszego Pana,
rozgłaszajmy przeszłość prastarą.
Tak na Sołówkach nam powiadał
czcigodny monach Pitirim.

* * *

Teraz owi zakonnicy są rybakami w służbie władz obozu, a ojciec Sofroniusz otrzymał nawet płatne stanowisko – jest kierownikiem fabryki konserw rybnych, gdyż jedynie on zna dawny sekret solenia rzadkich sołowieckich śledzi. Nie ma drugiej takiej ryby na świecie – tłusta, delikatna, rozpływa się w ustach, nie ustępuje nawet białorybicy czy jesiotrowi. W dawnych czasach tabory kupców ciągnęły z tymi śledziami z Kemi do Moskwy, do samego cara. Zwłaszcza Aleksy Romanow[32] cenił sobie owe sołowieckie śledzie i zajadał się nimi głównie na świętego Filipa, bo już przed Wielkim Postem ryba ta traciła swój smak i czerstwiała. O tych taborach nieraz pisano w *Carskich rejestrach piwnicznych*, a w księdze *Skarbca klasztornego* czytamy, jakie to carskie dary otrzymywano w zamian za ryby: przetykane złotem szaty liturgiczne, złote naczynia i kielichy zdobione drogimi kamieniami, zamorskie wyroby artystyczne, jedwabne

---

[32] Aleksy Michajłowicz Romanow, zwany Cichym (1629–76) – car rosyjski od 1645. Zob. *Nowa encyklopedia powszechna PWN*, Warszawa 1995, t. 1, s. 97.

tkaniny, pokrowy[33] i płaszczanice[34] haftowane zręcznymi paluszkami carskich córek i wielkich księżnych moskiewskich.

Co jeszcze się z tego zachowało, znajduje się teraz za szkłem w dawnych komnatach archimandryty[35], obecnie muzeum ateizmu. Są tu też relikwiarze z doczesnymi szczątkami świętych Zosimy i Hermana. Mają odsłonięte jedynie głowy i palce, których nie naruszył czas, ale święty Sawwatij zachował się cały. Sołowieccy mnisi to osobliwa wspólnota zakonna. Drugiej takiej próżno by szukać na Rusi. Zakonnicy ci nie tylko się modlili, ale też tworzyli wiekopomne dzieła. Zaczęło się wszystko od świątobliwych założycieli, którzy z głazów i powalonych drzew zbudowali na Sołówkach pierwszą świątynię Bożą. Powstała ona na chwałę Przemienienia Pańskiego i znajdowała się w miejscu, gdzie teraz wznosi się ołtarz Soboru Przemienienia. Była nawet mniejsza od obecnego ołtarza, nie mieściła więcej niż dwunastu mnichów.

W starych, klasztornych kronikach znajduje się zapis, że łódź, którą świątobliwi starcy przypłynęli na wyspę, jeszcze tej samej nocy, z woli Bożej, sama powróciła na macierzysty brzeg i tam zakotwiczyła. Był to znak z nieba: mnisi mieli pozostać na wyspie i nie powinni iść już dalej na północ, ale serdecznie przyjmować tu nowych trudników[36] przybywających ze wszystkich stron Rusi i strzec ich przed pokusami tego świata i atakami szatana.

---

[33]   Pokrow – bogato haftowany płat materiału, którym w czasie liturgii nakrywa się kielich i patynę. Zob. E. Przybył, *Prawosławie*.

[34]   Płaszczanica – całun (gr. *epitaphion*), prostokątny płat materiału z wyhaftowanym lub wypisanym wizerunkiem Chrystusa złożonego do grobu. Zob. E. Przybył, *Prawosławie*.

[35]   Archimandryta – przełożony monasteru; w Kościele Zachodnim odpowiada godności opata. Zob. E. Przybył, *Prawosławie*.

[36]   Trudnik – człowiek, który przez dłuższy czas mieszkał i pracował w klasztorze jako wolontariusz, ale nie należał do wspólnoty zakonnej. Zob. E. Przybył, *Prawosławie*.

Ojciec Nikon, który kiedyś kierował pracownią garncarską, opowiadał, że tylko raz w roku on i jego podopieczni mogli pojawiać się na mszy – w Święto Zmartwychwstania Pańskiego. Natomiast codziennie, mieszając glinę i rozpalając piec, śpiewali tropariony[37], irmosy[38] i psalmy.

– Praca fizyczna to służba Bogu, zaś klasztorowi – chwała i ozdoba, a rozpustnym biesom – zniesławienie – tak mnisi pouczali pobożnych ludzi i sami służyli im przykładem.

Ten zwyczaj przejęły następne pokolenia: przybywa ktoś, by się pomodlić, uczestniczyć w nabożeństwie, pokłonić się świętym relikwiom, a potem zostaje na rok lub dłużej i sam pracuje na chwałę Bożą. Niektórzy składali śluby i pracowali całe lata dla odprawienia szczerej pokuty czy też po to, by doznać duchowego oświecenia. Ich rękami został zbudowany wał muksałmowski[39] – potężny mur nad samym morzem, skutecznie powstrzymujący ataki fal. Ochotnicy-budowniczy wznieśli również mury sołowieckiego kremla, mocne, nie do zdobycia, nieustępujące kremlowi moskiewskiemu. Były długie na trzy czwarte wiorsty, a grubością przewyższały nawet te moskiewskie. Powstały z olbrzymich głazów, zbudowano je na polecenie miłościwego monarchy Fiodora[40] za radą Borysa Godunowa[41], bojara i carskiego szwagra.

---

[37] Tropar, troparion – liturgiczny śpiew poetycki o prostej strukturze i rytmicznej kadencji. Zob. E. Przybył, *Prawosławie*.

[38] Irmos – pierwsza strofa kanonu. Zob. E. Przybył, *Prawosławie*.

[39] Na wyspie Wielka Muksałma, trzeciej co do wielkości w grupie Wysp Sołowieckich (17 km^2).

[40] Fiodor I (1557–98) – car Rosji w latach 1584-98, ostatni władca Rosji z dynastii Rurykowiczów, syn Iwana IV. Zob. L. Bazylow, *Historia Rosji*, Wrocław 1985, s. 118.

[41] Borys Godunow – doradca Iwana IV Groźnego w ostatnich latach jego panowania. Po bezpotomnej śmierci panującego potem Fiodora I Sobór Ziemski w Moskwie obrał go carem Rosji. Zob. L. Bazylow, *Historia Rosji*, s. 118-119.

Car Piotr I[42], który odwiedził Sołówki, także tu pracował – utoczył na swej holenderskiej tokarce i pokrył złotem rzeźbiony baldachim nad tronem archimandryty w Soborze Przemienienia, również znajdujący się obecnie w muzeum.

Tradycja potrafi oprzeć się czasowi. Nawleka na siebie, jak na mocną nić, mijające lata niczym oszlifowane diamenty. Zmieniały się epoki, upadło Carstwo Moskiewskie, nie ma już jego szlachetnych władców, a w kierunku Świętej Wyspy w niekończącym się pochodzie wciąż podążają posłusznicy ze wszystkich krańców Ziemi Ruskiej.

Bezczasowe lata związano w ciasny węzeł, w którym mienią się wielobarwne nici ludzkich żywotów.

Kiedy ostatni sołowiecki archimandryta w 1920 roku wyprowadzał mnichów na wyspę Wałaam[43], niektórzy, ze względu na swój podeszły wiek, zostali w klasztorze, a wraz z nimi milczący pokutnik, który zaszył się w dalekiej leśnej głuszy. Dowiedziała się jednak o nim nowa władza. Gdy tylko nastała wiosna, ku pieczarze pustelnika pogalopował na swym rączym koniu sam naczelnik Nogtiew z towarzyszami. Zawsze dużo pił, więc i teraz z pijacką zawziętością zerwał zasuwę i wdarł się do pieczary, trzymając w ręku butelkę wódki.

– Napij się ze mną, święty ojcze, stróżu opium narodu! Dość się już napościłeś – pora się posilić! Teraz, bracie, mamy

---

[42] Piotr I Aleksiejewicz Wielki (1672–1725) z dynastii Romanowów. Był pierwszym carem ukoronowanym koroną w stylu zachodnim, a nie czapką Monomacha. Zob. L. Bazylow, *Historia Rosji*, s. 181-182.

[43] Wałaam – główna wyspa położonych w północnej części jeziora Ładoga Wysp Wałaamskich; wchodzi w skład Republiki Karelii.

wolność! Na mocy radzieckiego dekretu odwołano tego twojego Boga... – Po tych słowach napełnił szklankę i podał starcowi, uśmiechając się dobrotliwie.

Mnich, który przez cały czas klęczał przed palącą się lampką, wstał i w milczeniu pokłonił się Nogtiewowi do samej ziemi, a wyprostowawszy się, wskazał ręką na swoją otwartą trumnę: „Pamiętaj, ty też tam kiedyś spoczniesz".

Naczelnik zarumienił się, wyrzucił butelkę za drzwi, wsiadł na konia i odjechał. Pił potem cały miesiąc bez ustanku, ale kazał starcowi zanosić jedzenie i przydzielił mu do posługi jednego z mnichów.

Splotły się na chwilę dwa wątki dwóch różnych epok, ale szybko znów się rozeszły; każdy pobiegł swoją, z góry wyznaczoną drogą. Niema przepowiednia starca spełniła się: nie minął rok, kiedy nagle przybyła niezapowiedziana komisja z Moskwy i stwierdziła, że Nogtiew dla własnej korzyści sprzedał spekulantom srebrne anioły z ikonostasu, za co został bezzwłocznie rozstrzelany.

Starzec przewidział tę śmierć, gdyż dany był mu ten sam dar, co świętemu Zosimie, który ujrzał bezgłowych bojarów ucztujących u wojewodziny Marfy Boreckiej[44].

Na stronach żywota świętego Zosimy znajduje się opis tego wydarzenia: „Kiedy klasztor wszedł już w lata swej świetności i ciągnęły do niego tłumy pielgrzymów z całej Rusi, Ziemie Północne – Białomorskie, Kemskie, Permskie, nad Soroką, Kołą

---

[44] Marfa Posadnica (Marfa Borecka) – wdowa po nowogrodzkim posadniku (wojewodzie), która po śmierci męża stanęła na czele bojarskiej antymoskiewskiej opozycji walczącej o suwerenność Nowogrodu. W 1478, po stłumieniu „buntu", Iwan III rozkazał sprowadzić Marfę do Moskwy i zamknąć w klasztorze.

i Peczorą aż do samego Kamiennego Kręgu – nie były jeszcze w rękach moskiewskiego cara. Władał nimi Wielki Książę Nowogrodu; jego zuchwali zausznicy, wolni druhowie-wojownicy, zwani uszkujnikami, pokonywali spienione fale szerokich północnych rzek, by ściągać daniny z niegramotnych, na wpół dzikich leśnych ludzi – zabierali im głównie skóry kun, lisów, soboli… Takim wędrownym wojownikiem był w młodości również sam święty Zosima. Później zaś, kiedy jako pokutnik wzniósł klasztor, udał się nad święte jezioro Ilmeń, aby tam, na wiecu miejscowych możnowładców, prosić ich o edykt na nowe ziemie.

Nowogrodzcy bojarzy przyjęli mnicha z niezwykłym szacunkiem. Wielki Książę słyszał już o jego bohaterskich czynach. Obdarzył klasztor rozległymi włościami – całym Wybrzeżem Kemskim, terenami nad Kołą i Soroką – oraz zatwierdził po wsze czasy władzę archimandryty nad wszystkimi ludami tych ziem. Władyka miał odtąd sprawować nad nimi sądy i ściągać z nich daniny do skarbca klasztornego. Archimandrycie przysługiwały teraz godności wyższe niż księciu czy wojewodzie, równe samemu metropolicie – na jego powitanie kazano bić we wszystkie dzwony, a od brzegu morza aż do samych komnat ścielić mu drogę purpurowym suknem”.

W tamtych latach Nowogrodem i jego okolicami rządziła wojewodzina Marfa Borecka, u której gościł wtedy archimandryta. Na pożegnanie świętego starca, wyruszającego w daleką drogę powrotną, wydała wspaniałą ucztę, na którą zaprosiła wszystkich okolicznych bojarów. Na tej to biesiadzie przed oczami świętego roztoczył się makabryczny widok; zobaczył siedzących za stołem bojarów… bez głów.

Ta wizja niedługo potem się spełniła. Dumne bojarskie głowy ściął car moskiewski, który spustoszył i spalił nowogrodzki zamek wraz z okolicznymi dworami, a nad darowaną klasztorowi ziemią, lasami i warzelniami soli ustanowił pieczę Moskiewskiego Carstwa.

Nogtiewa pogrzebano w lesie, w tym samym miejscu, gdzie przed wiekami wojewoda Mieszczerinow pochował zbuntowanych mnichów sołowieckich uduszonych sznurami. Było to za czasów cara Aleksego Cichego. Kaźni dokonano na rozkaz patriarchy Nikona[45], kiedy to monaster się zbuntował i odmówił przyjęcia nowo wydrukowanych ksiąg. Mało tego: mnisi tego klasztoru wysłali do patriarchy oficjalne pismo protestacyjne.

Patriarcha był potężny i nieugięty. Nawet samemu carowi mocą swej władzy duchownej wskazywał drogę postępowania. Nieustępliwy okazał się też archimandryta, ihumen[46] klasztoru: podtrzymał swój sprzeciw wobec zwierzchnika, nazwał go heretykiem, a gramoty z tą wiadomością rozesłał do wszystkich monasterów Północnej Rusi.

---

[45]   Nikon, Nikita Minow (1605–81) – patriarcha Moskwy i całej Rusi w latach 1652–1666. W 1667 w kościele prawosławnym za sprawą patriarchy Nikona nastąpiła reforma: skorygowane zostały Biblia i księgi liturgiczne. Zmiany polegające na „oczyszczeniu z brudów nieuctwa" ksiąg przepisywanych przez niewykształconych mnichów oraz na wprowadzeniu nowych symbolicznych gestów religijnych (np. trójpalcowy zamiast dwupalcowego sposobu czynienia znaku krzyża) spotkały się z gwałtownym protestem wiernych, który doprowadził do rozłamu (schizmy): od zreformowanej cerkwi prawosławnej odłączyli się zwolennicy „starej wiary", czyli starowiercy zwani też staroobrzędowcami. Ściągnęli oni na siebie represje i prześladowania przez władze carskie, co zmusiło ich do emigracji na Zachód.

[46]   Ihumen – w prawosławiu oraz w katolickich Kościołach wschodnich przełożony samodzielnego klasztoru lub domu zakonnego, odpowiednik katolickiego przeora. Zob. E. Przybył, *Prawosławie*.

Nikon zebrał carskich strzelców i pod dowództwem swego oddanego bojara, Mieszczerinowa, wysłał ich na święty klasztor. Ihumen pozostał nieustraszony, kazał zamknąć okute żelazem bramy, a na mury wytoczyć armaty.

Znów duma Nowogrodu zatryumfowała nad władczą Moskwą, a wojewodzie na usługach moskiewskiego patriarchy przyszło długie lata koczować pod murami sołowieckiego kremla. Miejsca po ziemiankach, w których mieszkali carscy strzelcy, są do dzisiaj widoczne za klasztornym cmentarzem, na skraju lasu. Zostały po nich niewielkie dziury w ziemi.

Twierdza odwiecznej pobożności pewnie długo by się jeszcze opierała, ale nie było jej to sądzone. Któryś z mnichów, jego imienia kroniki nie podają, przedostał się do Mieszczerinowa i pokazał mu tajemne przejście pod murami od strony Świętego Jeziora. Był to tunel, którym woda płynęła do twierdzy.

Ciemną nocą, po cichu, strzelcy patriarchy weszli tamtędy do klasztoru, pojmali archimandrytę w jego celi i, nie tracąc czasu, wczesnym rankiem zakutego w kajdany dostojnika dostarczyli patriarsze.

Mieszczerinow nie odważył się jednak przelać krwi na Świętej Wyspie. Najbardziej niepokornych starców kazał zadusić sznurami. Pozostali przy życiu mnisi postawili na ich mogile krzyż, pod którym co roku w noc przed Zmartwychwstaniem Pańskim niebieskim światłem paliły się niewidzialne świece. Czy taka świeca zapaliła się też na grobie Nogtiewa – nie wiadomo.

* * *

Historia sołowieckiego klasztoru zaczęła się w czasach nowo-grodzkich rozbójników-uszkujników. Zbierali się nad jeziorem Ilmeńskim, a potem się rozchodzili – jedni na północ, w stronę Oceanu Lodowatego, drudzy na wschód, ku pasmom dzikich, kamienistych gór. Raz płynęli łodziami (tak zwanymi uszku-jami), to znów ciągnęli je lub dźwigali na własnych barkach, przemierzając nieprzeniknione knieje i pustkowia. Zawsze byli na usługi władców Wielkiego Nowogrodu. Gromadzili wokół siebie przeróżne ponure typy o mongolskich rysach i wystają-cych kościach policzkowych. Napadali na grody z nieociosa-nych smolistych bali, grabili je, palili i szli dalej.

Były też inne zastępy wojowników. Ci nie zbierali się przy biciu dzwonu zwołującego na wiec, ale gromadzili się przy mi-łych dźwiękach płynących z soboru Bożej Mądrości (Hagia Sofia). Te dzwony nie posyłały ich na podboje nowych ziem ani na zdobywanie bogactw, takich jak choćby futra północnej zwierzyny, ale po to, co ma stokroć większą wartość, czego nie można kupić na gwarnych targowiskach Nowogrodu – na po-szukiwanie Bożej mądrości ukrytej w milczeniu pustyni i ciszy puszczy. Szli, szukali i znajdowali...

Takimi uszkujnikami byli również pierwsi sołowiec-cy święci: Herman, Zosima i Sawwatij, którzy przypłynęli z Morza Północnego na spokojną, dziewiczą wyspę. Pierw-szymi ludzkimi słowami wypowiedzianymi na jej brzegu była modlitwa uwielbienia: – Chwalcie Imię Pańskie teraz i zawsze, i na wieki wieków. Amen! – co utrwaliły stare rękopiśmien-ne żywoty, które ocalały pośród innych drogocennych rzeczy w komnacie sołowieckiego archimandryty.

Rozbił się wiekowy dzwon strącony bezbożną dłonią nowego moskiewskiego cara – istoty ludzkiej, ziemskiej, przemijającej. Ale swoją gorzką pieśń śpiewały jeszcze dzwonnice Soboru Bożej Mądrości. Z głębin jeziora odpowiadały im niewidzialne dzwony podwodnego miasta, Kitieża[47], wtórowały im drewniane kołatki pierwszej sołowieckiej świątyni pod wezwaniem Przemienienia Pańskiego, wzniesionej z głazów i nieociosanych wiatrołomów. Święta Ruś, spragniona odrodzenia swojego ducha, śpiewała na chwałę Stwórcy gór i kniei, mórz i oceanów. Stwórcy człowieka na obraz i podobieństwo Swoje.

Święci uszkujnicy szukali na Sołówkach również Światła, które przemienia duszę człowieka. Dlatego pierwszy sobór został tam wzniesiony ku chwale Przemienienia Pańskiego.

* * *

W 1922 roku Sobór Przemienienia spłonął. Spalili go pierwsi bolszewiccy włodarze wyspy, aby ukryć grabież kosztowności zdobiących drewniany pięciokondygnacyjny

---

[47] Ok. 700 km na wschód od Moskwy i 120 km od Dolnego Nowogrodu znajduje się niewielkie jezioro Swietłojar, z którym związana jest legenda o podwodnym mieście Kitież. Zostało ono podobno zbudowane przez kniazia Wsiewołodowicza w XII-XIII w. i składało się z Górnego i Dolnego Kitieża. Według przekazów gród ten powstał z miłości i radości duszy, z marzenia o stworzeniu raju na ziemi, o wspaniałej przyszłości wszystkich ziemskich istot... W czasie ataku Tatarów Dolny Kitież został doszczętnie spalony, a jego obrońcy schronili się w Górnym Kitieżu, lecz po kilku dniach walki również tu zostali pobici. Pozostali przy życiu wojownicy i mieszkańcy nie ustawali w modlitwach o ocalenie swojego grodu. Wtedy na oczach zdumionych najeźdźców miasto zapadło się pod wodę, gdzie istnieje i żyje do tej pory. Miejscowi mieszkańcy opowiadają o rozlegających się niekiedy nad jeziorem dźwiękach dzwonów, o pędzących po wodzie świetlistych jeźdźcach, to znów o odbijających się w lustrze wody zarysach wież, baszt czy białych murów podwodnego miasta. *Китежский летописец; Повесть и взыскание о граде сокровенном Китеже* [w:] *Памятники литературы Древней Руси: XIII век*, Москва 1981.

ikonostas oraz kradzież tego, co uchodzący na wyspę Wałaam bracia pozostawili w zakrystii świątyni. W tamtych latach nad całą Rosją świeciła łuna wielkiego pożaru. Nowi władcy palili wszystko, co zdobiło duchową skarbnicę Świętej Rusi.

To, co stworzył człowiek – spłonęło. Wszystko stworzone przez Boga – niewidzialne – żyło nadal. Bo tylko to jest wieczne.

Przez cztery wieki do sołowieckiego klasztoru ciągnęli liczni pielgrzymi-pokutnicy z całej Rusi. Te nieszczęsne istoty, obciążone gniewem, grzechem, cuchnące niegodziwościami, o duszach pokrytych wrzodami i strupami, przy grobach sołowieckich świętych zrzucały ciężar swoich win i okowy niedoli, obmywały się we łzach skruchy, a wielu z nich, pragnąc głębokiego przemienienia, pracowało tu na chwałę Bożą – jedni rok, inni dwa, a nawet dłużej. Jeszcze inni pozostali w monasterze na zawsze i spoczęli na Świętej Wyspie.

Pasma wieków splatają się w kanwę dziejów. Często zawęźlają się lub obrywają. Tak też urwała się złota przędza Rosyjskiego Mocarstwa, Świętej Rusi, a wplotła się w nią umoczona w krwi gruba, surowa nić Rosyjskiej Socjalistycznej Republiki Radzieckiej. Jednak w nich obydwu, w ich ciasnym splocie, tkwią cienkie nitki żywotów nowych sołowieckich posłuszników, zapędzonych przez wichurę bezczasowych lat ku zwęglonym murom Soboru Świętego Przemienienia.

Opowie nam o nich zapis tych właśnie bezczasowych lat.

Rozdział 2

Pierwsza krew

Dotarliśmy w końcu na te straszne Sołówki. Opowiadań o nich słuchaliśmy z zapartym tchem w długie, niekończące się godziny bezsennych nocy na Butyrkach. A więc to są te żarliwie omodlone Sołówki, opiewane przez rzesze wędrowców, pielgrzymów i ubogich w Chrystusie mieszkańców Ziemi Ruskiej. To jest ten święty ostrów Zosimy i Sawwatija, na którym zbudowano monastery dla pogrążonych w medytacjach mnichów, gdzie za zasłoną mgły blado majaczą setki brzóz, a z przeszłości wyłaniają się tysiące trudników i pokutników przybywających ze wszystkich zakątków Świętej Rusi.

Teraz nadciągają tu nowi trudnicy, również ze wszystkich zakątków Rusi, ale już nie świętej, a upadłej, która zatraciła, rozpędziła na cztery wiatry swoją świętą duszę, z Rusi Sowieckiej, która odrzuciła krzyż i kłania się czerwonej gwieździe.

Trudną, dziewięciodniową podróż z Moskwy do Kemi w specjalnym aresztanckim wagonie mamy już za sobą. Dziewięć dni w klatce. Trzypiętrowe boksy ciągnęły się wzdłuż całego wagonu, w każdym po trzech ludzi, a w korytarzu – zakratowane, zamknięte na klucz drzwi, przed którymi chodził tam i z powrotem uzbrojony strażnik. Całe wyżywienie to śledź i trzy kubki wody dziennie. Pewnej nocy kogoś wyniesiono z wagonu; później dowiedzieliśmy się, że zmarłym był jakiś suchotnik zabrany z więziennego lazaretu.

Dopływamy ku wyspie. „Gleb Bokij" dał już trzy sygnalne gwizdki.

Na dziobie parowca setki katorżników tłoczą się w zbity, śmierdzący, zawszony wojłok. Nie zdążyliśmy nawet zawrzeć znajomości czy poznać się wzajemnie. Wśród ściśniętych w ładowni i na pokładzie tysięcy zesłańców czasem mignie jakaś znajoma twarz. Są też moi towarzysze podróży z „leżącego" przedziału osobliwego wagonu: obok mnie – pułkownik sztabu generalnego D., pół-Rosjanin, pół-Szwed, który i tutaj trzyma fason, a koło niego – skrzynia, najzwyklejsza drewniana skrzynia, z której u góry sterczy rozczochrana głowa, a z boków – gołe ręce. To młody opryszek, który w kemskim więzieniu etapowym przegrał wszystko.

Przestępcze prawo nie zna litości: przegrałeś – płać. Nie zna litości również GPU[48]: jesteś goły – marznij. Listopad na Sołówkach to już zima. Ręce łobuza posiniały, nogi truchtają w miejscu.

Koło mnie stoi francuski marynarz w niewyobrażalnie brudnym pasiastym podkoszulku i berecie z pomponem. Jest bardzo rozmowny – zdążyłem już poznać całą jego historię: skuszony „krajem wolności" wyskoczył za burtę francuskiego statku, na którym wpłynął do portu w Odessie i trafił... na Sołówki. Kuląc się, śpiewa „Madeleine", nie traci więc pogody ducha.

---

[48] GPU – Gosudarstwiennoje Politiczeskoje Uprawlenije – Państwowy Zarząd Polityczny.

W moją stronę przeciska się, siedzący na Butyrkach w tej samej celi co ja, żołnierz Korniłowskiego Pułku Uderzeniowego, Telnow, którego przy wycofywaniu się pozostawiono w Noworosyjsku, gdyż jako chory byłby tylko ciężarem. Twarz mężczyzny bez przerwy drga w bolesnych skurczach – to skutek starej kontuzji, pamiątka po bitwie pod Korienowką.

– Dotarliśmy już do celu! I co dalej?

Co dalej? Oczy wszystkich przykuwa wyłaniający się z oparów mgły, niewyraźny jeszcze zarys wyspy.

Nagły powiew wiatru podnosi ów mglisty woal, a z niebios, prosto na jasne ściany monasterskiej twierdzy, pada snop słonecznych promieni. Przed nami, na tle ciemnych, jeszcze nieośnieżonych świerków, wyrasta wspaniały gród księcia Gwidona. Złote makówki malutkich cerkiewek wznoszą się nad otaczającymi je murami najeżonymi licznymi basztami i tłoczą się nad opalonym, pozbawionym głowy masywem Soboru Przemienienia. Nad zdruzgotaną kopułą dzwonnicy znajduje się żerdź, a z niej zwisa czerwona flaga.

Czerwona flaga, która strąciła krzyż i stanęła na jego miejscu, góruje teraz nad spaloną świątynią. Ale dokoła jest jeszcze Ruś – odwieczna, prawdziwa, święta. Stoi jak niezdobyta twierdza, której mury zbudowano z niezniszczalnych głazów. Zwraca ku niebu kopuły ocalałych monasterskich cerkwi i wzywa ciemniejący za klasztorem las do zachowania tajemnic.

Wydaje się, że za chwilę z piany morskiego przypływu wynurzy się trzydziestu trzech legendarnych herosów i zaciągnie przybrzeżną wartę. Ale zamiast nich zbliża się ku przystani zbrojny oddział strażników w szarych szynelach i spiczastych hełmach. Jak widać, Sołówki przygotowały się na nasze przybycie.

– Wychodzić pojedynczo z rzeczami! Nie tłoczyć się na pomoście! Ustawiać się w dwuszeregu!

Wydawać by się mogło, że nie ma gdzie i po co się spieszyć. Każdy ma przed sobą długie lata, które przyjdzie mu spędzić na tej nieszczęsnej wyspie. Ale przyzwyczajenie bierze górę: na pomoście tłok, czyjś plecak strącono do wody, komuś wyrwano z rąk torbę i ten drze się w niebogłosy. Ścisk panuje również na brzegu. W końcu jakoś wszystkich ustawiono, wprawdzie nie w szeregi, a w jakieś dziwacznie wijące się zygzaki.

Zaczyna się procedura przyjęcia. Przed rzędami „uzupełnienia" pojawia się naczelnik, a raczej władca wyspy – towarzysz Nogtiew. Temu człowiekowi przyszło w ciągu całego pierwszego roku naszego pobytu na Sołówkach odegrać szczególną rolę w życiu każdego skazańca. Od niego, a ściślej mówiąc od wybryków jego zboczonej, psychastenicznej fantazji podsycanej pijaństwem, zależał nie tylko każdy nasz krok, ale całe nasze życie. Jednak wtedy, zaraz po przybyciu na wyspę, jeszcze tego nie wiedzieliśmy. Zarówno on, jak i jego pomocnik Waśkow byli dla nas po prostu czekistami, jednymi z wielu, którym wpadliśmy w łapy i zmuszeni byliśmy znajdować się w nich jeszcze przez długie lata.

– Witajcie, gawrony! – pozdrawia nas obozowy władca.

Jest wyraźnie w stanie silnego upojenia alkoholowego i w ironicznie dobrodusznym nastroju. Ręce wsunięte do kieszeni kurtki z foczej skóry – szczyt sołowieckiej elegancji, jak dowiedzieliśmy się później. Czapka wciśnięta głęboko na oczy.

Przez pewien czas sceptycznie omiatał wzrokiem szyki podejrzanych osobników przestępujących z nogi na nogę, a potem zaczął mowę powitalną:

– Musicie wiedzieć, że tu nie panuje władza sowiecka (znacząca pauza obliczona na zaskoczenie), ale sołowiecka! (To sformułowanie szybko spopularyzowało się we wszystkich obozach koncentracyjnych). Dokładnie tak! Należy zapomnieć o wszelkich prawach! My mamy tutaj swoje porządki. – Potem usłyszeliśmy szczegółowe wyjaśnienia obowiązujących zasad w słowach mało dla nas zrozumiałych, za to bardzo niecenzuralnych, niewróżących niczego dobrego.

– No, a teraz – kończył swoje przemówienie – wystąpią ci, którzy uważają się za ludzi uczciwych i przyzwoitych. No już! Trzy kroki naprzód, marsz!

Szeregi więźniów ogarnęło całkowite zaskoczenie. Któż z nas mógł bowiem pretendować do miana człowieka uczciwego z punktu widzenia sołowieckiego czekisty? Milczymy i stoimy w miejscu.

– Ot, durnie! Nie rozumiecie czy co? Chodzi mi o takich, którzy nie są zwyrodnialcami, złodziejami, no i jeszcze… popami, szpiegami, kontrami i podobnymi draniami… Wystąp!

Teraz pojęcie sołowieckiej przyzwoitości stało się dla nas jasne. Paradoksalnie, wyrwani z życia sowieckiego kraju jako wrogowie jego porządków, skazani i napiętnowani licznymi haniebnymi określeniami, tutaj, na tej katorżniczej wyspie staliśmy się ludźmi „przyzwoitymi". Ale cóż ta „przyzwoitość" mogła nam rokować?

Więcej niż połowa przybyłych robi trzy kroki do przodu i szeregi znów się zamykają. Teraz ich linia znacznie się wyrównuje. Widać, że w szyku stoi wielu, którym taki ład nie jest obcy.

Nogtiew znów zaczyna krytycznie nam się przyglądać. Jest wyraźnie zadowolony z szybkiego wykonania rozkazu i uważa, że nadszedł czas, by trochę pożartować.

– Ej, opium – krzyczy na siwobrodego duchownego moskiewskiej cerkwi pałacowej – broda do przodu, a oczy ku niebu. Boga zobaczysz!

Ceremonia powitalna skończona. Następuje część praktyczna – odbiór nowej dostawy skazańców. Nogtiew kaczym krokiem oddala się na koniec przystani i znika za drzwiami budki strażniczej, z której okna niebawem wychyla się jego głowa.

Przed nami stoi naczelnik wydziału administracyjnego sołowieckich obozów specjalnego przeznaczenia, Waśkow, człowiek-goryl pozbawiony czoła i szyi, z ogromną, dawno niegoloną dolną częścią twarzy i obwisłą wargą. Ten goryl jest opasły jak wieprz. Czerwone, świecące policzki podpierają tonące w nich małe, kaprawe oczka i zwisają aż na kołnierz. W rękach trzyma listy, według których wywołuje więźniów, przygląda im się i stawia w papierach jakieś znaczki. Na samym początku wyczytuje duchownych. Każdy wywołany musi przejść obok Waśkowa, potem koło wyglądającego z budki Nogtiewa i dołączyć do grupy stłoczonych za przystanią kapłanów.

Lustrowanie przechodzącego duchowieństwa dostarcza Nogtiewowi, jak widać, dużej przyjemności.

– Na jak długo? – pyta siwego jak gołąb biskupa, z trudem utrzymującego równowagę na wietrze, plączącego się w połach sutanny.

– Dziesięć lat.

– Uważaj, byś dożył. Nie umieraj przed czasem! Władza radziecka nie będzie cię potem z raju wyciągać.

Odliczanie kleru skończone. Przychodzi kolej na kaerów[49].

– Daller!

Pułkownik sztabu generalnego, Daller, energicznie zarzuca na ramię worek i sprężystym, pewnym krokiem zmierza ku budce Nogtiewa. Kiedyś bez wątpienia tak samo spokojnie, powściągliwie, ale pewnie wchodził do gabinetu ministra obrony narodowej. Teraz podchodzi prawie do samego okienka i nagle... pada plackiem. Worek odskakuje w jedną stronę, a szara barankowa papacha, na której widnieją jeszcze ślady po odprutych galonach – w drugą.

Wprawdzie nie słyszeliśmy wystrzału, ale szybko zrozumieliśmy, co się stało, widząc karabin w rękach Nogtiewa.

Dwóch stojących za budką dryblasów, widocznie już wcześniej na to przygotowanych, podbiega i zaczyna ciągnąć ciało za nogi. Łysa głowa Dallera podryguje na zamarzniętych grudach ziemi. Kiedy trup jest już zataszczony za budkę, jeden z osiłków wybiega ponownie, porywa worek i czapkę, którą strzepuje o kolano i, obejrzawszy się złodziejsko, wsuwa ją do kieszeni.

Wywołują następnych.

– Tielnow!

Siedziałem razem z nim w celi na Butyrkach i słuchałem zawiłych, często chaotycznych, ale obfitujących w wyraziste szczegóły opowiadań o Lodowym Marszu[50]. Porucznik Tiel-

---

[49] Kaer, kontra – kontrrewolucjonista.

[50] Lodowy Marsz – operacja wojskowa białych oddziałów Armii Ochotniczej znad Donu na Kubań zimą/wiosną 1918.

now nie kłamał, mówiąc, że często zaglądał kostusze w oczy. Trudno nastraszyć groźbami śmierci kogoś, kto już nieraz przekroczył granicę, za którą zwykle trzeba się wyzbyć nadziei na dalsze życie. Ale teraz blednie i na chwilę zamiera w miejscu, kierując wzrok na sterczącą z okna lufę karabinu. Potem szybko i zamaszyście żegna się znakiem krzyża i rzuca naprzód, jakby wskakiwał z rozbiegu do lodowatej wody. Skulony, wciągnąwszy głowę w ramiona, pokonuje biegiem odległość dwudziestu metrów, która dzieli nasz szereg od budki. Dopiero po jej minięciu staje wyprostowany i znów żegna się z rozmachem.

My wszyscy, przyglądający się tej scenie, oddychamy z ulgą i czujemy, jak rozluźniają się nasze, napięte do granic możliwości, mięśnie.

– Następny! – tu Waśkow wywołuje moje nazwisko.

A więc przyszła kolej i na mnie! Krew odpływa mi z serca i spływa do nóg falą ciężkiego ołowiu. Nie mogę się ruszyć, ale wiem, że trzeba iść. Nie wolno stać w miejscu.

– Niechaj mi Bóg błogosławi i niech się Go boją wszystkie krańce ziemi![51] – szepczę bezgłośnie.

Lufa karabinu nadal sterczy w oknie. Między mną a nią istnieje jakaś niewidoczna, ale nierozerwalna więź. Nie mogę oderwać oczu ani od niej, ani od trzymającej ją włochatej ręki z grubym palcem wskazującym spoczywającym na spuście. Tę dłoń obejrzałem sobie bardzo dokładnie, od każdej najdrobniejszej linii na zgięciach krótkich palców aż do rudego owłosienia znikającego pod mankietem rękawa foczej kurtki.

---

[51] Ps 67.

Nigdy w życiu tego nie zapomnę.

Idę. Lufa jest coraz bliżej i bliżej… Nagle podnosi się… nie… zdawało mi się. Wszystko zniknęło z mojego pola widzenia oprócz tej lufy leżącej na parapecie, która ogromnieje w mych oczach. Jest w niej życie i śmierć. Każda sekunda wydaje mi się wiecznością. Jeszcze tylko cztery kroki…

Mrużę oczy i skaczę naprzód. Potem biegnę. Przeklęta granica powinna być już za mną. Otwieram oczy.

– ???

– Tak!

Znalazłem się obok Tielnowa. Okno budki zostało z tyłu. Nadal sterczy z niego karabin. Waśkow wykrzykuje nowe nazwisko, ale już nie moje!

Czy było strasznie? Bardziej przerażająco niż pod huraganem niemieckich szrapneli? Jeszcze okropniej niż w czasie przecinania drutu kolczastego pod gradem kul?

To był nie tylko strach przed śmiercią, ale przerażenie w obliczu nikczemności śmierci z rąk pijanego kata, śmierci w zapomnieniu, śmierci żałosnej, psiej… Poczucie bezsilności, ubezwłasnowolnienia, niewoli ani na sekundę nie opuszczało najgłębszych zakamarków mej świadomości i czyniło ten strach nie do zniesienia.

Ale już po wszystkim! Żyję! Przepełnia mnie radość życia i rozlewa się w mych żyłach, oszałamia, każe się cieszyć, po zwierzęcemu, dziko…

Żyję! Żyję! Nie wiem, co będzie jutro, za godzinę, za minutę, ale teraz żyję! Lufa karabinu i trzymająca ją ręka – to już przeszłość.

Nie było kolejnych strzałów. Później dowiedzieliśmy się, że w ten sposób odbywały się przyjęcia każdej nowej partii skazańców. Nogtiew zabijał osobiście, według własnego uznania, jednego lub dwóch nowoprzybyłych. Nie robił tego pod wpływem wrodzonego okrucieństwa, nie, w stanie upojenia bywał raczej dobroduszny. Pragnął jedynie, strzelając, napędzić nowym strachu, wpoić w nich świadomość całkowitego ubezwłasnowolnienia, sytuacji bez wyjścia, zniszczyć w zarodku wszelkie próby protestu, spętać ich wolę, uświadomić im pełne, automatyczne podporządkowanie się „władzy sołowieckiej".

Najczęściej zabijał oficerów, ale zdarzało się, że ginęli również duchowni czy kryminaliści, którzy w jakiś sposób ściągnęli na siebie jego uwagę.

Moskwa nie mogła nie wiedzieć o tych bezprawnych, nawet z punktu widzenia GPU, rozstrzeliwaniach (wobec wielu więźniów prowadzono śledztwo jeszcze na zesłaniu), ale akceptowała po cichu administracyjną metodę Nogtiewa; był przecież jej narzędziem wykonawczym. Cała Rosja żyła w strachu przed takim, na pierwszy rzut oka, bezmyślnym, a jednak diabelnie chytrze przemyślanym systemem zduszania swobody przy pomocy ślepego i bezwzględnego terroru, niezrozumiałego dla jego ofiar.

Kiedy Nogtiew przestał być już potrzebny, sam został rozstrzelany, a w jednym z punktów aktu oskarżenia zarzucano mu właśnie owe samowolne egzekucje.

Piętnaście lat później podobnie zapłacił za swoją krwawą działalność okrutny oprawca Jagoda, a po nim – Jeżow.

Los „Maurów czyniących swoją powinność" w ZSSR był z góry przesądzony.

Rozdział 3

Sołówki w 1923 roku

Również w dawnych czasach zdarzali się tacy, którzy nie z własnej i nieprzymuszonej woli przechodzili przez ciężką, żelazem okutą bramę sołowieckiego monasteru. Przywożono ich tutaj, do archimandryty, razem z opieczętowanymi pismami czy imiennymi dekretami, w których znajdowały się zalecenia, jak należy te osoby zwać i jak się z nimi obchodzić: trzymać zakutych w żelazo czy tylko w zamknięciu, w odosobnieniu czy gromadnie, pod własnymi imionami czy anonimowo. Zdarzało się, że nawet sam archimandryta nie znał nazwisk powierzonych jego pieczy ludzi, a w pismach mówiono o nich „dane persony".

Zanim bracia opuścili wyspę, najcenniejsze księgi i rękopisy – było ich wiele w „komnacie bibliotecznej" archimandryty – ukryli w jakimś tajemnym miejscu. Być może je zakopali, a może gdzieś zamurowali. Miejsce to nie zostało ujawnione nawet mnichom, którzy pozostali w monasterze. Pozostawiono tylko księgi gospodarcze z prawie trzech stuleci i fragment klasztornego archiwum. Część owych woluminów, a możliwe, że nawet ich większość, spłonęła w pożarze, reszta zaś została zrzucona do piwnic i „rupieciarni" klasztoru, gdzie znajdowało się już tysiące ikon i ikonek z dawnych, jeszcze przednikonowskich czasów oraz nieco późniejszych. Nowoprzybyli

„trudnicy" dość szybko odkryli te pomniki przeszłości: pisma, księgi, zeszyty, a nawet zwoje, i zajmowali się nimi nocami, po pracy w lesie, a potem umieścili je w muzeum ateizmu. W monasterskim archiwum znajdowały się też dane o skazańcach więzionych przed wiekami w klasztornych lochach.

Pod koniec niedługiego panowania Piotra II został przywieziony na Sołówki – za sprawą swoich wrogów, Dołgorukich, którzy urośli w siłę – pierwszy arystokrata, hrabia Piotr Andriejewicz Tołstoj. Zamknięto go w narożnej baszcie, w której przesiedział ponad dziesięć lat. Przypomniano sobie o nim dopiero za panowania córki Piotra, kiedy Dołgorucy złożyli już swe głowy na szafocie. Przysłany na wyspę sierżant gwardii ogłosił więźniowi łaskę carycy: po uwolnieniu zostaną mu zwrócone wszystkie zajęte przez skarb państwa dobra, przywrócone zaszczyty i tytuły i będzie mógł się osiedlić, gdzie tylko zechce. Jednak starzec nie chciał już wrócić do rozpustnego Sankt Petersburga. Czarna dusza tego, który wydał na męki i śmierć nieszczęsnego carewicza, uległa przemienieniu. Jego dni dobiegły kresu we łzach i skrusze. Zmarł jako jeden z mnichów.

Na kartach sołowieckich ksiąg, których nie dosięgła pożoga, jest też mowa o innych skazańcach. Nie nazwano ich win. Można się jedynie domyślać, że za czasów Katarzyny Wielkiej trafiali tu wolteriańscy ateiści i niektórzy wolnomularze, ale nie na dożywotnie więzienie, lecz by odpokutować za grzechy zgodnie z wyrokami sądów cerkiewnych. Po roku, dwóch byli uwalniani.

Ostatnim sołowieckim więźniem był ataman koszowy Siczy Zaporoskiej, Piotr Kalniszewski, który przebywał w zamknięciu aż do wstąpienia na tron cara Mikołaja I Romanowa. Kiedy przyszło ułaskawienie, liczył sobie sto jeden lat i, tak jak hrabia Tołstoj, nie chciał powrócić do świata, który był mu już obcy. Nie złożył jednak ślubów zakonnych, więc po śmierci nie został pochowany wśród mogił braci, a osobno, pod murami kremla.

Jego grób pozostał nietknięty do dnia dzisiejszego. Leży na nim ciężka kamienna płyta z nieczytelnym już napisem.

* * *

Pierwsi więźniowie sołowieckiej katorgi – Sołowieckiego Obozu Specjalnego Przeznaczenia Zjednoczonego Zarządu Politycznego (SŁON-OGPU) – przybyli na zrujnowaną wyspę w 1922 roku. Byli to przeważnie oficerowie Białej Armii, którzy z własnej woli lub pod przymusem pozostali na terenach byłego Imperium Rosyjskiego, teraz RFSRR.

Przebywali tutaj niedługo. Po miesiącu załadowano ich, ilu się tylko dało, na dwie gnijące, rozpadające się barki, które holownik wywiózł na pełne morze. Tam zostały one zatopione razem ze swymi „pasażerami".

Ale ścieżka została przetarta i podążały nią wciąż nowe zastępy zesłańców. Niektórzy przybywali tu pojedynczo. Największą grupę stanowili „kaerzy" – podejrzani o działalność kontrrewolucyjną (bo ci, który zostali przyłapani na gorącym uczynku, byli oczywiście rozstrzeliwani na miejscu), ale trafiali się również chuligani i recydywiści oraz „legawi" czekiści

z ciężkim bagażem przestępstw. O tamtych czasach opowiada
jedna z sołowieckich piosenek:

Z wszystkich krańców Sowieckiego Sojuza
jadą bez końca młodzi i starzy...
Wszystko się miesza: frak, siermięga, bluza.
To lity tłum bez imion i twarzy.

W 1923 roku, oprócz niewielu ocalałych mnichów, na
czterech wyspach archipelagu: Sołowieckiej, Anzerskiej, Zajęczej i Kond było tylko dwóch czy trzech mężczyzn, którzy
przyjechali tu z własnej woli.

Morskich brzegów strzegł Sołowiecki Pułk Specjalny
(SOP[52]) złożony ze zmobilizowanych czerwonoarmistów. Do-
wodził nim Pietrow, któremu podlegał komisarz Suchow. Obaj
zasłużeni czerwoni partyzanci z czasów wojny domowej i obaj
wiecznie pijani, dlatego też trzymani byli w ukryciu, by nie
wpadali w oczy władzom łagru.

Pierwszym naczelnikiem SŁON był Nogtiew, który później został tutaj rozstrzelany. Był to prostak i półanalfabeta,
a w stanie upojenia – wielki sobiepan. Raz bez najmniejszego
powodu okazywał „poddanym" swe względy – zwalniał skazańców z ciężkich robót czy obdarowywał przejętych w Ar-
changielsku więźniów kanadyjskimi konserwami, a nawet poił
ich alkoholem, zaś innym razem – chwytał karabin i strzelał
przez okno do przechodzących katorżników. Zawsze bez pudła,
nawet po pijanemu.

---

[52]   SOP – Sołowieckij Osobyj Połk.

Palący u niego w piecu kryminalista nazwiskiem Błocha opowiadał, że Nogtiew bardzo męczy się po nocach. Zasypia dopiero wtedy, gdy jest już mocno pijany, ale i wówczas rzuca się przez sen i krzyczy:

– Dawaj mi te gwoździe! Pod paznokcie, wbijaj pod paznokcie!

Do czasów sołowieckich Nogtiew był pomocnikiem Sajenki, znanego w czasie wojny domowej charkowskiego czekisty.

Jego zastępcą, a po nim drugim z kolei naczelnikiem SŁON (wtedy już USŁON[53]) był Łotysz Ejchmans, również czekista, który naraził się władzom licznymi defraudacjami i malwersacjami, za co zesłano go na Sołówki. Należał do ludzi inteligentnych (studiował na politechnice w Rydze), rzeczowych, energicznych, zrobił karierę na rewolucji, ale popełnił błędy, które starał się teraz odpokutować, służąc lojalnie, choć w granicach rozsądku. Nie udało już mu się jednak powrócić na ląd. Z niewiadomych przyczyn – GPU pilnie strzeże swoich tajemnic – przeniesiono go po pięciu latach na Nową Ziemię i tam rozstrzelano. Pod panowaniem Ejchmansa krwawy chaos Nogtiewa przeobrażał się stopniowo w twardy, lecz sprawny system sowieckiej katorgi.

Takimi samymi „prominentnymi" zesłańcami byli pozostali wielmoże Sołowieckiej Satrapii w pierwszych latach jej istnienia: naczelnik wydziału administracji – tępy, podobny do

---

[53] USŁON – Uprawlenije Sołowieckimi Łagieriami Osobowo Naznaczenija – Zarząd Sołowieckich Obozów Specjalnego Przeznaczenia.

krwiożerczej bestii Waśkow, i naczelnik I wydziału USŁON – rubaszny, ale dobroduszny Barinow. Do tej grupy należała też naczelnik działu medycznego, M.W. Feldman, żona członka Rady Najwyższej OGPU, zesłana tu przez własnego męża dla ostudzenia jej gorącego afrykańskiego temperamentu. Dokonała swoich dni jeszcze w sile wieku: została zamordowana przez zazdrosnego wielbiciela w Piatigorsku. Na Sołówkach pozostały po niej dobre wspomnienia: subtelna, kulturalna, absolwentka uniwersytetu w Genewie, wielu więźniom w tych ciężkich latach ułatwiała życie i była jasnym promykiem w mroku sołowieckiej beznadziei.

Właśnie tacy ludzie i podobni im czekiści zajmowali najważniejsze stanowiska we władzach łagru. To z nich składała się ochrona wewnętrzna i z nich kompletowano dowództwo piętnastu aresztanckich oddziałów, czyli rot (szesnasta rota w obozowym żargonie oznaczała cmentarz).

W pierwszych latach istnienia łagru liczba jego mieszkańców-katorżników wynosiła od 15 do 25 tysięcy. Każdej zimy 8-9 tysięcy umierało na szkorbut, gruźlicę lub z wyczerpania. W czasie epidemii tyfusu plamistego w latach 1926-27 zmarła prawie połowa więźniów. Ale pod koniec maja, wraz ze wznowieniem żeglugi, zaczynały napływać nowe uzupełnienia i do listopada norma ustalona dla poprzedniego roku bywała zwykle przekraczana.

Roty miały niejednolity charakter. Różniły się składem, reżimem i warunkami. Pierwsze trzy tworzył „proletariat pracujący", który znajdował się w uprzywilejowanej sytuacji:

więźniowie mieszkali po 5-6 osób w dawnych klasztornych celach, jasnych, ciepłych i czystych i dostawali przepustki za bramę kremla. Byli to robotnicy miejscowych zakładów produkcyjnych, niektórzy pracowali tu jeszcze przed likwidacją monasteru w tzw. przemyśle klasztornym: w stoczni, warsztatach odlewniczo-ślusarskich, przy wyrobie lin, garnków czy w cegielni. Czwarta i piąta rota to roty gospodarcze, o równie łagodnym rygorze. Szósta – duchowieństwo. Ta powstała nieco później, już za rządów Ejchmansa, z konieczności, bo dotąd w kuchni i magazynach z żywnością pracowali katorżnicy różnych kategorii, ale wszyscy bez wyjątku kradli: no cóż – głód nie ciotka. Ejchmans miał już tego dość. Pomysłowy Łotysz postanowił przekazać całe wewnętrzne zaopatrzenie duchowieństwu, rozproszonemu dotychczas po najcięższych rotach karnych, któremu nie powierzano nigdy bardziej znośnych prac. Duchowni chętnie przystali na tę propozycję. Tak więc biskupi stanęli przy wagach i za sklepowymi ladami, diakoni poszli mięsić ciasto, a mnisi-staruszkowie – do stróżówek. Kradzieże się skończyły. W dziesiątej rocie znajdowali się najlepsi specjaliści w wielu dziedzinach i różni urzędnicy. Żyli prawie jak ludzie wolni. Za to jedenasta rota była więzieniem w więzieniu: jej pomieszczenia na noc zamykano. Trzy ostatnie roty należały do najcięższych. Umieszczono je w przystosowanych pośpiesznie ruinach Soboru Przemienienia Pańskiego, w zimnych, ciemnych i brudnych pomieszczeniach z dwupiętrowymi pryczami. Więźniowie żyli w bezustannej wrzawie stłoczonych tu dwóch-trzech tysięcy ludzi, pod rządami bezwzględnych kryminalistów, którzy gonili ich do morderczych robót w lesie, na torfowiskach czy nad morzem, gdzie wiązali tratwy. Przez te roty przechodzili obowiązkowo wszyscy nowoprzybyli, a wielu utknęło w nich na zawsze. Śmiertelność przekraczała tu 50 procent.

Nieliczni szczęśliwcy – po długich poniewierkach – trafiali do odległych komandirowek[54]: do Pustelni Sawwatijewskiej – głównej stacji rybołówstwa, na Muksałmę, gdzie znajdowały się sady i hodowano bydło, oraz do porozrzucanych po wyspie małych skitów[55]. Tam, daleko od władzy, żyło im się nawet całkiem znośnie.

Kobiety umieszczane były oddzielnie w tzw. „żeńskim baraku" w obrębie kremla, a na Małej Zajęczej, oddalonej o pół wiorsty od przystani, znajdował się kobiecy areszt śledczy. Tradycja przeskoczyła dowcipnie granice między wiekami: to właśnie tu, na Wyspie Zajęczej, pątniczki modliły się do sołowieckich świętych, gdyż niewiasty nie miały wstępu na Wielką Sołowiecką. W czasach katorgi na „Zajączkach" mieszkał, jako jedyny mężczyzna, siedemdziesięcioletni Żyd – księgowy z CzK[56] – Morgulis.

Miłość na Sołówkach była jak najsurowiej zabroniona i wykroczenia przeciwko temu zakazowi były bezwzględnie karane: Romeo szedł na Siekirkę[57], a Julia – na Zajączki.

---

54 Komandirowka – mniejszy obóz, filia obozu.

55 Skit – odosobniona pustelnia.

56 CzeKa – skrót od Wsierossijskaja Czriezwyczajnaja Komissija po Bor'bie s Kontrriewolucyjej i Sabotażom – Wszechrosyjska Komisja Nadzwyczajna do Walki z Kontrrewolucją i Sabotażem.

57 *Góra Siekirna* albo Siekirka – miejsce wykonywania wyroków śmierci i wiezienie w byłej cerkwi Wniebowstąpienia.

Karmili nas jednostajnie i niezmiennie polewką z głów dorsza. Dostawaliśmy też po pół kilograma chleba – czasem nie do przełknięcia. Nigdy nie widzieliśmy żadnego tłuszczu. Szkorbut i gruźlica rozwijały się bardzo szybko i z niesłychaną siłą. Chory rzadko zatrzymywał się w lazarecie na dłużej niż pół miesiąca przed swoją ostatnią wyprawą do „szesnastej roty". Tam w każdej chwili czekała na niego otwarta bratnia mogiła.

Choroby te najbardziej dawały się we znaki szpanie[58], gdyż zdrowie większości z nich było zrujnowane przez alkohol i kokainę.

W pierwszych latach sowieckiej katorgi GPU jeszcze nie uświadamiało sobie w pełni, jakie korzyści może czerpać z nieograniczonego wykorzystywania niewolniczej pracy skazańców. System obozów koncentracyjnych narodził się tutaj nieco później. Wtedy jeszcze Sołówki były tylko katorgą o zaostrzonym rygorze, carstwem rozpasanej samowoli, rzeźnią, w której dobijano ostatnich jawnych i domniemanych wrogów sowietyzmu, jak również śmietniskiem wszelkiego przestępczego elementu, z którego oczyszczano stolicę.

Ciężka dwunastogodzinna praca ponad siły większości skazańców była tylko jedną z metod masowej zagłady, ale nie służyła jeszcze celom eksploatacji i osiągania komercyjnych korzyści. Wszyscy nowoprzybyli kierowani byli najpierw do robót publicznych w lesie, na torfowiskach i przy wiązaniu tratw.

---

58 Szpana – chuligani, bandziory, kryminaliści.

Obowiązującą normę – ściąć, oczyścić z gałęzi i wyciągnąć na drogę 10 drzew dziennie – udawało się osiągnąć tylko nielicznym, najsilniejszym. Niewykonanie zadania uchodziło czasem na sucho, ale często pociągało za sobą przetrzymywanie w lesie, na mrozie, przez wiele godzin, a bywało, że i całą noc. Wielu zamarzało. Katorżnicy umierali z zimna również w starym klasztornym gołębniku, gdzie za odmowę pracy zamykano ich w samej bieliźnie. Latem za takie samo przewinienie stawiano „na komarki": nagich skazańców przywiązywano w lesie do pni drzew w miejscach, gdzie zlatywały się chmary komarów i gzów. Za naruszenie obozowej dyscypliny groziły „Siekirka" albo „Awwakumowa szczelina", ale to osobna opowieść. Najsłabszych dobijano często w czasie robót, zwłaszcza nocnych. Ale bito raczej rzadko. Nie pamiętam, aby kiedyś ukarano w ten sposób jakiegoś kaera. Obrywało się głównie szpanie.

Z robót publicznych można było dostać się, przy odrobinie szczęścia, do zakładów produkcyjnych. Tam było już nieco lżej. Najprzebieglejsi spośród inteligencji szybko dostosowywali się do sołowieckich warunków i przechodzili do obozowych urzędów bądź pracowali jako majstrzy, technicy itp. Czyniło to ich życie znośniejszym, można było zamieszkać w lepszych warunkach (jedzenie dawano jednak wszystkim jednakowe), otrzymać przepustkę za bramę i inne przywileje.

W kropli wody, jak mówią, zobaczysz cały ocean. Sołówki odzwierciedlały w sobie wszystkie najistotniejsze cechy ówczesnego życia Związku Sowieckiego, którego ludność, bezlitośnie wyrwana z dawnego systemu, z trudem przystosowywała się do nowego, koszmarnego ustroju.

Na Sołówkach panowała niesamowita ciasnota, dlatego walka o byt przybierała bardzo ostre formy. Było chłodno i głodno, a szarpania, pogryzienia i okaleczenia, jako nieodłączne środki w tej walce, odczuwano niezwykle boleśnie. Tempo rozwoju nowych sowieckich struktur socjalnych na Sołówkach wyprzedzało nawet zmiany zachodzące w państwie: więzienna izolacja, nieograniczona samowola strażników, całkowita pogarda dla człowieka i jego praw, permanentne zakłamanie, wszechwładna sitwa, wszelkiego rodzaju oszustwa w majestacie tutejszego prawa, chamstwo, nieustanny głód, brud, choroby, przymusowa, często bezsensowna praca ponad siły – wszystko to prowadziło ludzi do kresu wytrzymałości.

Kiedy nad krajem kłębiły się już czarne chmury bezczasowych lat, na Sołówkach ciągle jeszcze kiełkowały i wyrastały ziarna wielkich czynów ofiarnych, jako przebłyski przenikającego ludzką duszę poczucia obowiązku i światłości najczystszej Chrystusowej miłości – tego już potem nie było, np. w czasach opisanych przez Iwana Sołoniewicza w książce „Rosja w łagrze", a tym bardziej w nieprzeniknionych, cuchnących odmętach, w których pogrążał się jeszcze później M. Rozanow, autor „Odkrywców białych plam". Najbardziej zbliżony do opisywanego przeze mnie okresu jest esej G. Andriejewa „Wyspy Sołowieckie". Tym niemniej wszyscy trzej wspomniani autorzy pisali prawdę: zmieniały się czasy – zmieniali się ludzie.

Były to ostatnie stare nici wplecione w nowe sowieckie życie. Tutejsi katorżnicy z „pierwszego poboru" byli cząstkami Wielkiego Rumowiska. Nie zostali jeszcze przeszlifowani przez NEP, przetopieni w piecach pięciolatek, ich świadomość nie została starta na proch w śrutownikach sowieckiej propagandy czy zmielona w żarnach zwierzęcego, bydlęcego sowieckiego bytu – byli to ostatni „normalni", którzy nie stali się jeszcze „miernotami" o rozmiękczonej osobowości. Bowiem w takie istoty nieprzerwanie i bezpowrotnie przekształcał naród rosyjski zwycięski socjalizm i związana z nim żałosna, małostkowa i straszna – właśnie w swojej małostkowości – walka o „miejsce pod słońcem", o sto gramów kiełbasy czy o pół metra dodatkowej powierzchni mieszkalnej.

Na Sołówkach to starcie – a zarazem związek dwóch epok – przeżywano ostrzej i dotkliwiej niż „na wolności", gdyż tutaj koncentrowały się sprzeczności, które tam były rozproszone, ale zarówno tu, jak i tam człowiek miał zostać zmieniony w jakiegoś homunkulusa[59], mechanizm, gdzie brzuch przygniatał serce, ale to serce ciągle jeszcze biło...

Na Sołówkach w pierwszych latach ich istnienia bicie tego serca było nawet dość wyraźnie słyszane, gdyż wówczas ściekały jeszcze na tę ziemię ostatnie krople krwi z rozciętych przez rewolucję żył Rosji.

---

[59] Homunculus – karzełek, mały człowieczek, którego w średniowieczu wielu alchemików próbowało stworzyć w sposób sztuczny.

Rozdział 4

Niewinni winowajcy

W pierwszej połowie lat dwudziestych, do czasu ustabilizowania się systemu obozu koncentracyjnego, na Sołówkach nie było ani jednego więźnia, który miałby w sposób prawomocny, nawet według sowieckiego prawa, udowodnioną winę. Katorżnicy wszystkich kategorii, od zwykłego kryminalisty do najwyższego hierarchy Kościoła, zostali zesłani tu – z pominięciem sądów – jedynie na podstawie decyzji Najwyższego Kolegium OGPU i miejscowych trójek – specjalnego organu przy OGPU – powołanych do walki z kontrrewolucją.

Kryminalistów: złodziei-recydywistów, spekulantów, prostytutki i zwykłych włóczęgów, skazywano z art. 49 starego kodeksu karnego RFSRR jako „społecznie niebezpiecznych" na podstawie ich poprzednich wyroków sądowych bądź nieudowodnionych podejrzeń lub po prostu przypadkowych zatrzymań w czasie częstych obław. Przyłapani na kradzieży stawali przed obliczem „sądu ludowego sumienia" i otrzymywali krótkoterminowe wyroki skazujące na pobyt w zakładach poprawczych, gdzie żyli w znacznie lepszych warunkach niż więźniowie w łagrach.

Złodzieje-recydywiści i niebezpieczni zbrodniarze byli na Sołówkach rzadkością. Z uwagi na ówczesną ułomność organizacyjną GPU i URO[60] złapać ich nie było łatwo (nawet przy

---

[60] URO – Uczziotno-raspriedielitielnyj otdieł – Wydział Ewidencyjno-Dystrybucyjny.

pomocy listów gończych), a zatrzymani chętnie przystawali na służbę w tych właśnie instytucjach jako agenci, śledczy, oprawcy czy inspektorzy. Naczelnikiem bandyckiego oddziału moskiewskiego GPU był niejaki Wul, w przeszłości szef groźnej szajki znanej szeroko w świecie przestępczym, spec od „mokrej roboty"; jego pomocnik Szuba – to również dawny bandzior. Później, kiedy tacy „pomocnicy" nie byli już potrzebni, wszystkich, w tym również Wula, rozstrzelano.

Przy doborze zesłańców na Sołówki analogiczną metodę stosowano również na przeciwnym biegunie katorżniczego spektrum – w środowisku „politycznych", do którego wówczas należeli tylko członkowie partii socjalistycznych. Armeńscy dasznacy[61], bakijscy musawatyści[62], nie wspominając o członkach partii niesocjalistycznych – kadetach, oktobrystach[63] i monarchistach, nie byli zaliczani do tej kategorii.

Do 1926 roku „polityczni" żyli oddzielnie, w Skicie św. Sawwatija, w stosunkowo niezłych warunkach, nie byli zmuszani do pracy i korzystali z pomocy i opieki przedstawicielki Międzynarodowego Czerwonego Krzyża w ZSRR, M. Andriejewej, byłej żony Maksyma Gorkiego. „Najwyżsi" partyjniacy – socjaliści-rewolucjoniści, mieńszewicy i bundowcy[64] – trafiali do

---

[61]   Dasznacy – członkowie założonej w 1890 ormiańskiej partii narodowej Dasznakcutjun ['sojusz']; w 1917 ogłosili oderwanie Armenii od Rosji; po zajęciu w 1920 Armenii przez bolszewików, w 1921 wywołali powstanie; pokonani, działali na emigracji.

[62]   Musawatyści – członkowie azerbejdżańskiej partii Musawat ['równość'], działającej od 1911; 1918–20 u władzy w Azerbejdżanie; obaleni przez Armię Czerwoną, działali na emigracji.

[63]   *Oktobryści* (Październikowcy) – prawicowy, umiarkowany odłam burżuazji.

[64]   Bund (w jęz. jidysz Związek) – lewicowa, antysyjonistyczna partia żydowska działająca w kilku państwach europejskich w okresie od lat 90. XIX wieku do drugiej połowy lat 40. XX wieku.

zamkniętego i ściśle strzeżonego aresztu w Suzdalu, a na Sołówki szli tylko szeregowi członkowie, którzy w większości zetknęli się z jakąś partią socjalistyczną dopiero w czasie rewolucji. Główną masę sołowieckich katorżników tamtego okresu stanowili „kaerowcy" skazani na podstawie podejrzeń o działalność kontrrewolucyjną w najszerszym tego słowa znaczeniu. Najbardziej wyrazistą grupę „kaerów" stanowiła kadra oficerska (zarówno biała, jak i ta, która opowiedziała się po stronie rewolucji) i duchowieństwo. Do tej kategorii zaliczali się także najróżniejsi osobnicy: dworscy kamerdynerzy, tambowscy chłopi[65], wszyscy podejrzani o sprzyjanie powstańcom, dyrektorzy wielkich przedsiębiorstw, kaukascy mściciele, damy dworu i prostytutki, młodzież, która ośmieliła się tańczyć zabronionego fokstrota, licealiści, którzy zbierali się w rocznice ukończenia szkoły, chińscy komiwojażerowie, marynarze-anarchiści, generałowie w stanie spoczynku, ich ordynansi, profesorowie, finansiści, waluciarze, smienowiechowcy[66], którzy powrócili z emigracji, zabłąkani w RSRR cudzoziemcy... i wielu, wielu innych.

Terminy „były" lub „znajomy podejrzanego NN" służyły GPU jako wystarczające powody do zesłania. Poszlaka wskazująca na aktywną działalność kontrrewolucyjną lub nawet na jej cień prowadziła już nie na Sołówki, a przed pluton egzekucyjny. Za faktycznych i aktywnych kontrrewolucjonistów

---

[65] Podczas rewolucji październikowej i wojny domowej, która po niej nastąpiła, ówczesna gubernia tambowska była bastionem sił walczących z komunistami. Silny opór miejscowych chłopów przekształcił się w największe w Rosji powstanie ludowe przeciw bolszewikom.

[66] Smienowiechowcy – ruch biorący swą nazwę od wydanego w 1921 przez grupę praskich emigrantów zbioru artykułów „Smiena Wiech". Podstawą ruchu było uznanie władzy i Rosji radzieckiej, która pozostała jedyną siłą dominującą wewnątrz państwa rosyjskiego.

można było uważać jedynie oficerów Białej Armii. Należy podkreślić, że zostali oni objęci amnestią na mocy dekretu Lenina po zwycięstwie nad generałem Wranglem, ale mimo to wszystkich zesłano i stracono. Potencjalnymi pasywnymi „kaerami" byli wszyscy sołowczanie, łącznie z większością kryminalistów, a nawet wraz z niektórymi represjonowanymi czekistami.

Ułomność sowieckiego „prawa" prowadziła często do niewiarygodnie groteskowych sytuacji. Piosenkarz estradowy Żyd Georges Leon został zesłany za... antysemityzm. W swoim repertuarze miał odeskie piosenki żydowskie, które śpiewał z charakterystycznym akcentem. Komuś z władzy to się nie spodobało i Georges Leon pojechał na Sołówki, ale w obozowym teatrze te same piosenki odnosiły sukcesy i to nie tylko w oczach władz łagru, ale również najwyższego pana i władcy, Gleba Bokija, który tu często gościł.

Brat bolszewickiego publicysty i pisarza Wiktora Szkłowskiego, Władimir, zamknięty w sobie filozof, któremu polityka była całkowicie obca, przyjaźnił się z prawosławnym duchownym i przyjął od niego na przechowanie przedmioty podlegające „konfiskacie": krzyż i kielich. Wyszło to na jaw i Żyd Władimir Szkłowski był sądzony jako tichonowiec[67], gorliwy wyznawca Kościoła prawosławnego.

Oficer carski, a potem oficer Armii Czerwonej, W. Mylnikow dostał 10 lat w sprawie „spisku Pułku Przeobrażeńskiego", chociaż jedynym jego znajomym „przeobrażeńcem" był

---

[67]   Tichonowiec – zwolennik moskiewskiego patriarchy Tichona, który przejawiał niewzruszoną postawę antybolszewicką. W 1918 otwarcie potępił zabójstwo rodziny carskiej i ostro protestował przeciwko przemocy bolszewickiej skierowanej w Cerkiew.

porucznik Wiskowski, z którym kiedyś chodził do trzeciego Moskiewskiego Gimnazjum, a po ukończeniu szkoły już nigdy się nie spotkali.

Na Sołówkach tamtych czasów o wiele trudniej było znaleźć człowieka, któremu postawiono by konkretne zarzuty, choćby nawet iluzoryczne. Mnóstwo było z kolei takich, którzy nie mieli najmniejszego pojęcia, za co właściwie ich zesłano. Prowadzone tu dochodzenia znacznie różniły się w stylu i formie od procedur poprzednich okresów: zarówno śledczy, jak i przesłuchiwany byli całkowicie przekonani o niedorzeczności zarzutów i o nieuchronności represji. Z tego powodu śledczy nie dążył ani do wyjaśnienia szczegółów, ani do ujawnienia istoty sprawy. Wystarczyło tylko stwierdzić, kim jest podejrzany i sporządzić listę nazwisk jego znajomych, a „sprawa" zostawała spreparowana, oskarżony otrzymywał zawiadomienie od prokuratora o skazaniu go na mocy wymienionych paragrafów, a później krótki, zawierający tylko numer artykułu wyrok wydany na podstawie „zaocznej pozasądowej decyzji" kolegium lub specjalnego posiedzenia... i już był na Sołówkach, gdzie, według piosenki:

...popi, bandyci i kaery
dożywają swoich dni.
Na każdego jest paragraf
dajcie nam tylko ludzi.

Ludzi w tych czasach nie brakowało, była ich tutaj dostateczna ilość.

Poczynając od lat 1927-28 w sowieckich łagrach koncentracyjnych zaczął stopniowo zanikać typ „kaera"-inteligenta. Rezerwy topniały. Na Miedwiedce, na Kanale Białomorskim (w okresie opisanym przez I. Sołoniewicza) „kaera" zmienił „szkodnik", nieudacznik lub dopuszczający się kradzieży pracownik sektora gospodarczego, ekonomiczny „kontra", „hamulcowy tempa rozwoju" itd. Trwała wtedy pięciolatka. Kolektywizacja wlała do obozów koncentracyjnych gigantyczną falę rozkułaczonych chłopów. Później specyficzna cecha więźnia obozu koncentracyjnego całkowicie zanikła. Zatarła się różnica między skazanym a wolnym przymuszonym do pracy w tego typu łagrze (ten okres opisuje M. Rozanow).

Człowiek jako osoba odchodzi w przeszłość. Jego miejsce zajmuje bezosobowa siła robocza, robot-katorżnik, „obywatel" epoki zwycięskiego socjalizmu.

Część druga

KRZEW GOREJĄCY

Rozdział 5

My też jesteśmy ludźmi

W 1923 roku, w jednym z pierwszych transportów, przybył na Sołówki pewien prowincjonalny aktor, Siergiej Armanow.

Sołowiecki Kreml tamtych czasów, oglądany z zewnątrz, daleki był od tego kipiącego swoim specyficznym katorżniczym życiem mrowiska, w jakie przeobraził się po 1925 roku. W jego centrum czerniły się posępnie osmalone przez pożar kopuły Soboru Przemienienia Pańskiego, a dziedzińce zawalone były gruzem i śmieciami. Ten smutny widok dopełniały jeszcze pozrywane drzwi i powybijane okna. Jednym słowem – pogorzelisko...

Pierwszy rewolucyjny zaborca tego ogromnego, a kiedyś bogatego oraz wzorowo prowadzonego i nowocześnie wyposażonego monasteru – Kemski Wydział Ziemski Archangielskiej Rady Deputowanych – zajął się przede wszystkim grabieżą bogactw nagromadzonych przez pracowitych mnichów na przestrzeni ostatnich czterech stuleci, lecz nie zdążył wywieźć nawet połowy tych dóbr, kiedy przyszedł rozkaz z Moskwy, by przekazać wyspy pod zarząd GPU.

Samozwańczy władca nie miał ochoty na takie żarty, ani też nie miał zamiaru porzucać swojej „spuścizny". Łupieżcy uciekli się do starego, wypróbowanego sposobu – podpalili monaster, aby zatrzeć ślady grabieży. Najbardziej ucierpiał wspaniały pięciokondygnacyjny ikonostas, dzieło suzdalskich mistrzów XVII wieku. Ogień strawił też większą część archiwum z gramotami carów moskiewskich i nowogrodzkich władców oraz wiele cennych przedmiotów zgromadzonych w zakrystii, jednak grube, solidne mury kompleksów mieszkalnych ocalały. W nich to zachowały się komnaty archimandryty, jego niewielka domowa cerkiewka i refektarz pod wspaniałym sklepieniem. Do tego właśnie refektarza trafili nowo przybyli.

Jeśliby talent sceniczny Siergieja Armanowa dorównywał chociaż w połowie jego wielkiej, płomiennej miłości do teatru, aktor z pewnością przyćmiłby swą sławą Talma[68], Garricka[69] czy Moczałowa[70]. Według niego cały wszechświat był jedną ogromną sceną, na której Wielki Reżyser rozgrywał niekończącą się tragedię. Siedząc w śledztwie na Butyrkach, nawet tam, w przepełnionej celi, próbował wystawić coś w rodzaju spektaklu variété z tancerzami, piosenkarzami, recytatorami i chińskim magikiem.

Zesłańcy pospiesznie zbijali prycze z osmalonych desek, a w wyobraźni Armanowa, w głębi refektarza, którego mury przesiąknięte były zapachem codziennej monasterskiej uchy z dorsza, wciąż jeszcze wyraźnie wyczuwalnym, już paliły się światła rampy.

---

[68]   Talma François Joseph (1763–1826) – ulubiony aktor Napoleona, walczył ze sztywną konwencją przedrewolucyjną aktorstwa klasycznego-dworskiego. Współzałożyciel Théâtre de la République, w którym grał w latach 1791–1799.

[69]   David Garrick (1717-79) – angielski aktor, dramaturg i przedsiębiorca teatralny, który wywarł wpływ na całą sztukę aktorską XVIII w. i późniejszą.

[70]   Paweł Moczałow (1800-48) – jeden z największych aktorów rosyjskich epoki romantyzmu.

Rankiem, kiedy dyżurny strażnik wydarł się na całe gardło: „Wstawać! Do apelu! Żywo!" – wynurzyła się przed nim z ciemności chuda i długa postać.

– Chcesz do lekarza, czy co? Potem zameldujesz! Teraz stawaj do apelu!

– Chcę do naczelnika obozu.

– A kim jesteś, ty taki-owaki?

– Sławny artysta Armanow! – zabrzmiała dumnie odpowiedź.

– No jasne – tu są sami artyści... Stawaj!

– Chcę założyć teatr!

Ta przekonująca i sugestywna wypowiedź wywarła wrażenie na nas wszystkich. W południe Armanow już wykładał swoje plany naczelnikowi wydziału, Barinowowi, a wieczorem kręcił się po ciemnych korytarzach, potykając się o leżące tam belki i deski, upadał, czołgał się na czworakach, nadeptywał na czyjeś ręce i nogi, ale wytrwale i uparcie szukał chętnych do zagrania na scenie po 10-12 godzinach ciężkiej harówki na mrozie.

I znalazł.

Robili próby po powrocie z pracy, łyknąwszy w pośpiechu trochę bałandy[71] z głów wędzonego dorsza. Przychodzili na te próby zmęczeni, czasem narzekali, ale kiedy zaczynali powtarzać za suflerem, reżyserem i głównym aktorem Armanowem słowa roli, budzili się, ożywiali, prostowali plecy, a ich oczy odzyskiwały swój dawny blask.

---

[71] Bałanda – obozowa lurowata polewka.

Remont elektrowni wciąż jeszcze trwał, więc nie było światła. W celi palił się jedyny, zdobyty jakimś cudem przez tegoż Armanowa, ogarek. Wydział Kulturalno-Oświatowy aparatu administracyjnego jeszcze się nie ukonstytuował. Powstał później, dopiero po wystawieniu pierwszego spektaklu, jako nadbudowa rozpoczętej „oddolnie" działalności kulturalnej.

Część aktorów wykruszyła się już po pierwszych próbach: jedni sami porzucili zajęcia, inni okazali się do niczego nieprzydatni. Armanow wymienił ich prędko na nowych i po dwóch tygodniach na osmalonym kremlowskim murze koło głównej bramy cieszył oko pierwszy na Sołówkach, wymalowany z zachowaniem wszystkich najdrobniejszych szczegółów tradycji teatralnej, wypisany rozmoczonym chemicznym ołówkiem, afisz:

SOŁOWIECKI TEATR DRAMATYCZNO-KOMEDIOWY

NIEDŹWIEDŹ
Miniatura A.P. Czechowa
Występują: ARMANOW, Owczynnikow, Rachman

SZKLANKA NAFTY
Aktualna groteska polityczna N.B.
Występują: ARMANOW, Klimow, Krasawcew, Czekmazow

Wspaniałe różnorodne divertimento
Tańce kaukaskie. Chór syberyjskich włóczęgów.

Romanse cygańskie.

Kuplecista Iwan Panin we własnym repertuarze.

Solo na bałałajce – wirtuoz Lepesza.

Występuje cała grupa

Wstęp za biletami

Kierownik artystyczny S. ARMANOW

Reżyser S. ARMANOW

Dyrekcja S. ARMANOW

Początek o godz. 7:00 wieczorem

Jedyny raz w życiu Siergieja Armanowa spełniło się jego najskrytsze marzenie: nazwisko artysty widniało na afiszu wypisane dużymi literami. Później władze łagru zabroniły wymieniania nazwisk któregokolwiek z aktorów.

Ale tego pamiętnego dnia Armanow zasłużył bez wątpienia na wieniec laurowy. To on sam jeden dokonał wszystkiego: zbudował scenę ze zniszczonych szaf, w których niegdyś przechowywano szaty liturgiczne, i wykonał dekoracje z pobielonych wapnem worków, z których powstała również kurtyna. Do charakteryzacji użyto żurawiny i sadzy oraz mąki jako pudru. Nawet tekst „Niedźwiedzia" aktor napisał z pamięci, z pewnymi, co prawda, uzupełnieniami... ale z pewnością i sam autor, gdyby jeszcze żył, wybaczyłby mu te przeróbki.

Druga sztuka została zaczerpnięta ze znalezionego przypadkiem u kogoś numeru pisma „Niebieska bluza". Jej bohaterem był „faszysta" Deterding.

Czy potrzebny był afisz w obozie koncentracyjnym, gdzie każda puszczona w obieg pogłoska rozchodziła się błyskawicznie przez aresztanckie „radio-paraszę"?

Potrzebny. Stale kłębił się przed nim tłum. Ludzie czytali go po kilka razy, od początku do ostatniej litery, potem odchodzili bez słowa i znów wracali, znajdując w tym czytaniu jakąś niepojętą przyjemność.

Nigdzie tak nie kochano, nie doceniano własnego teatru jak na katordze. Nigdzie indziej aktorzy i widzowie tak się nim nie chlubili. Wiedział to jeszcze Dostojewski, oglądając przedstawienia „Cedryla-obżartucha". Wiedział i rozumiał. Nie wyjaśnił jednak, dlaczego tak jest. Teatr na katordze – to ważny egzamin z prawa do człowieczeństwa. To odzyskanie praw, których człowiek został tu pozbawiony. Afisz – to dyplom nadający tytuł człowieka zarówno aktorowi, jak i widzowi.

Oto, dlaczego tak się przed nim tłoczono. Znaczyło to:

– My też jesteśmy ludźmi. Mimo wszystko, bądź co bądź, a jednak – jesteśmy ludźmi. Na przekór wszystkiemu – jesteśmy ludźmi!

Później, kiedy spektakle zaczęto wystawiać regularnie, a sam teatr stał się teatrem profesjonalnym, wyrazistość tego doznania znacznie przybladła, ale wtedy, na pogorzelisku, każdy kto czytał afisz, czuł to wyraźnie, nawet sobie tego nie uświadamiając, i dlatego odczytywał go kilkakrotnie, a odchodząc, po chwili znów do niego powracał.

Twórca pierwszego sołowieckiego katorżniczego teatru, trzeciorzędny prowincjonalny aktor Siergiej Armanow miał zatem pełne prawo, by swoje nazwisko wypisać wielkimi, niemal na arszyn, literami.

Kiedy okazało się, że więcej niż połowa miejsc na widowni jest przeznaczona dla żołnierzy Sołowieckiego Pułku Specjalnego, ochrony i władzy, o mało nie odwołano spektaklu.

– Nie dla nich męczyliśmy się na próbach, nocami, po pracy...! – buntowali się aktorzy i tylko obietnica powtórzenia przedstawienia powstrzymała ich od rezygnacji z grania, chociaż wiedzieli, że byłoby to poczytane jako sabotaż i nie uniknęliby represji.

Bilety rozdzielali dowódcy poszczególnych rot, ale żeby je zdobyć, trzeba było poruszyć wszystkie sprężyny wszechmocnego kumoterstwa. Nie obyło się też bez spekulantów, którzy za bilet żądali dziesięciu porcji chleba – na katorżniczym rynku była to cena pary mocnych butów.

Gdyby użyć tylko suchego, potocznego określenia „spektakl odniósł duży sukces", to jakby okraść Armanowa ze wszelkich splendorów w dzień zenitu jego sławy. Widzowie ogłuszająco bili brawa, tupali, wyli, wrzeszczeli do utraty tchu, bez końca wywołując aktorów na scenę. Zapomnieli o wszystkim: katordze, pracy ponad siły, nieustannym poniżaniu, głodzie i czyhającej na wielu z nich śmierci...

Światła rampy, które zabłysły w klasztornym refektarzu, dokonały prawdziwego cudu przemienienia. Ich blask na scenie z rozbitych szaf zmieniał przeciętnego aktorzynę Armanowa wprawdzie tylko w miliardera Deterdinga, ale za to siedzących na ławach widzów przekształcał w ludzi, którzy przestawali być już tylko bezwolnym motłochem pogrążonym w ciągłym strachu i rozpaczy.

Następnego dnia w rozkazie USŁON wydano zarządzenie o utworzeniu Działu Oświatowo-Wychowawczego, a jego naczelnikiem mianowano Niewierowa, czekistę, wiejskiego nauczyciela, postać raczej bezbarwną i słabego charakteru, a przede wszystkim wielkiego życiowego nieudacznika. Tylko tym bowiem można tłumaczyć fakt, że był chyba jedynym na Sołówkach, który przybył tu dobrowolnie. Dano mu do pomocy byłego naczelnika CzeKa Zakaukazia, D.J. Kogana, skazanego maksymalnym wyrokiem (wtedy 10 lat) i to on tak naprawdę prowadził tę działalność. Przed rewolucją Kogan był uważany za wielkiego konspiratora i teoretyka marksizmu, konkurencję dla Kirowa i Ordżonikidze, i to właśnie, jak się wydaje, zapędziło go na Sołówki.

Wkrótce z Butyrek przysłano kilka tysięcy książek i zaczęła pracować biblioteka[72].

Teatr był już uznaną instytucją, ale jego aktorów nadal nie zwalniano z katorżniczej pracy. Samo pomieszczenie teatru w dawnym klasztornym refektarzu zostało jednak nieźle urządzone. Scena, widownia, oświetlenie, dekoracje – wszystko to powstało pod kierownictwem oddanego sługi Melpomeny,

---

[72] Przed rewolucją osadzeni na Butyrkach, zgodnie z tradycją, opuszczając więzienie lub będąc przeniesionymi w inne miejsce, pozostawiali tu przysłane im książki. Te razem z zakupionymi na koszt skarbu państwa woluminami utworzyły pokaźne zbiory. Wiele z tych książek przejęło GPU, ale Biblioteka Butyrska do dzisiaj liczy kilkadziesiąt tysięcy tomów – B.Sz.

Armanowa, który, wypełniwszy otrzymane od losu zadanie, odszedł na dalszy plan, ustępując miejsca nowo przybyłemu komikowi M.S. Borinowi, znanemu szeroko na południu Rosji. Makar Siemionowicz Borin był artystą kutym na cztery łapy. Prawie trzydzieści lat pracy w antrepryzach[73] dały mu nie tylko gruntowną wiedzę sceniczną, ale też coś o wiele większego – znajomość ludzkiej duszy.

Zaledwie kilka dni po wylądowaniu na wyspie już nieźle orientował się w zawiłościach systemu wzajemnych relacji wewnątrz katorżniczego mrowiska i prędko zrozumiał, że Niewierow to zupełne zero, choć zalicza się do kierownictwa WPCz[74], a cała władza spoczywa w rękach Waśkowa, ordynarnego bydlaka, a zarazem wyjątkowego tępaka, którym z kolei rządzi inteligentny i przedsiębiorczy Kogan, a temu trzeba zaprezentować się z jak najlepszej strony. On bowiem zna się na rzeczy i umie przejrzeć aktora na wylot. Dlatego Borin wybrał na swój sołowiecki debiut wymagający interpretatorskiej wirtuozerii „Las"[75] i wystąpił w granej przez siebie setki razy, a więc sprawdzonej, roli Arkaszki. Niesczastliwcewa grał Armanow.

Doświadczonym i wprawnym okiem starego komedianta Borin wyłuskiwał spośród entuzjastów-amatorów niezłych, a nawet bardzo dobrych wykonawców pozostałych ról i pokazał reżyserską „klasę".

---

[73] Antrepryza – dawniej przedsiębiorstwo teatralne, cyrkowe itp. założone przez osobę prywatną.

[74] WPCz – Wospitatielno-proswietitielnaja czast' – Dział Oświatowo-Wychowawczy.

[75] „Las" – komedia w pięciu aktach rosyjskiego dramaturga Aleksandra Ostrowskiego napisana w 1870.

Różnica między nim a Armanowem była bardzo wyraźna, więc Borin został pierwszym kierownikiem sołowieckiego teatru zwolnionym z robót publicznych.

Działając rozmyślnie i przebiegle, budował swoją instytucję cegiełka po cegiełce: na początku uprosił zwolnienie z robót dla kilku najwybitniejszych aktorów, potem dla kilkunastu następnych oraz dla „przyczepionego" do teatru personelu technicznego: krawca, fryzjera, rekwizytora, stolarza...

Po roku w nowym, starannie wykończonym według projektu zesłańca-artysty N. Kaczlina i świetnie wyposażonym teatrze na 1500 miejsc M.S. Borin wystawiał przed przybyłą na Sołówki komisją na czele z „samym" Bokijem, zastępcą Mienżyńskiego[76], prawdziwie galowy spektakl – „Borysa Godunowa" Aleksandra Puszkina we własnych, wykonanych przez artystów-katorżników dekoracjach i wspaniałych kostiumach uszytych z nierozkradzionych do reszty, z powodu niemożności ich zbytu, zasobów brokatu i złotogłowiu przeznaczonego na cerkiewne ornaty.

---

[76] Wiaczesław Mienżyński – wysoko postawiony funkcjonariusz policji politycznej i bezpieczeństwa, zastępca szefa Czeka Feliksa Dzierżyńskiego.

Rozdział 6

Ostatni Mohikanin

Był to trwający 2-3 lata okres maksymalnego rozkwitu życia kulturalnego w sołowieckim łagrze. Prawie połowę jego mieszkańców stanowiła stara inteligencja, która bez przerwy była uzupełniana nowymi jej przedstawicielami różnych zawodów.

Tradycje rosyjskiej kultury, nadwątlone rewolucyjną burzą, wciąż były jeszcze żywe i aktywne. W tamtych latach przystosowawczość nie zdołała jeszcze zetrzeć w proch osobowości tych ludzi. „Ostatni Mohikanie" rosyjskiej inteligencji nie tylko pamiętali, ale czuli i nosili w sobie odchodzące „wczoraj". Duchowieństwo wysoko trzymało krzyż, oficerowie strzegli swego honoru, prawnicy – w tamtych czasach było ich na Sołówkach najwięcej – stali na straży przejrzystości prawa i praworządności, artyści i malarze dążyli do swobodnej twórczości i bezinteresownie służyli sztuce.

Wszystko to znajdowało swoje odzwierciedlenie również w warunkach katorgi, a ściślej – w otwartej mogile, do której upojony zwycięstwem wszechrosyjski Szygalew[77] wrzucał

---

[77] Szygalew – postać z „Biesów" F. Dostojewskiego – ponury i dziwaczny twórca utopii zapewniającej ludziom raj na ziemi w zamian za wyrzeczenie się wolności.

hurtem rzeczywistych i domniemanych wrogów nadchodzącego komunistycznego niewolnictwa.

Sołowiecki teatr w pierwszych latach swego istnienia barwnie i rzetelnie wyrażał żywe jeszcze wtedy tradycje narodowe. Mógł sobie na to pozwolić, gdyż był potrzebny samej władzy jako wyrazisty znak rozwijającej się tutaj kultury i dlatego sołowieckiej scenie pozostawiano względną swobodę – nawet większą, choć to może wydawać się absurdalne, niż ta, jaką w tamtych latach miały teatry na kontynencie.

W repertuarze sołowieckiego teatru lat 1923-27 agitacja była prawie nieobecna, grano nawet zakazane w RFSRR sztuki, jak na przykład „Psyche" J. Bielajewa, „Człowieka starej daty" A.I. Jużyna-Sumbatowa, „Kaszyrskie dawne czasy" D.W. Awerkiewa czy „Szatana" J. Gordina.

– Popów i generałów nic nie da rady przekonać, a zgniłej szpany[78] agitować nie warto! – orzekł, zezwalając na ich wystawianie, zastępca naczelnika Zarządu Obozów, Fiodor Ejchmans.

Wydaje się, że taka wypowiedź była tylko przykrywką dla jego teatralnych zainteresowań. Pragnął bowiem oglądać wartościowe i ciekawe przedstawienia, gdyż lubił teatr, ale podzielał też poglądy kolegium OGPU, że na ten pierwszy obóz koncentracyjny należy patrzeć jedynie jako na śmietnisko ostatnich burżuazyjnych niedobitków.

Pomysł, by wykorzystywać więźniów jako darmową siłę roboczą, zrodził się dopiero później – w latach 1926-27. Ale

---

[78] Szpana – element przestępczy, kryminaliści.

wtedy, tj. do 1926 roku, panowała tu znacznie większa swoboda niż w sowieckiej Rosji, co sprzyjało wydawaniu obszernego miesięcznika „Wyspy Sołowieckie", w którym drukowano „niewspółbrzmiące z epoką" wspomnienia ostatniego carskiego rezydenta w Chiwie (*Uzbekistan*), generała Zajcewa, eseje smienowiechowca N.K. Litwina, dawnego dziennikarza z Rostowa, opowiadania i nowele B. Głubokowskiego, a także artykuły autora niniejszego tekstu i wielu innych.

M.S. Borin, ten doświadczony stary aktor, układał repertuar głównie według własnego uznania. Arkaszka, Sczastliwcew, Rasplujew, Szmaga, Ferdyszczenko – to postacie scenicznej przeróbki zakazanego wówczas w Rosji „Idioty" Dostojewskiego. Dzięki Borinowi wystawiano przed sołowiecką widownią wszystkie klasyczne sztuki z gatunku komedii. Repertuar obejmował najatrakcyjniejsze utwory przedrewolucyjnej dramaturgii. Zaliczają się do nich: „Dzieci Waniuszyna", „Na dnie", a z literatury zagranicznej: „Potop", „Intryga i miłość" czy „Świerszcz za kominem"... Sztuki „rewolucyjne" jak na przykład „Podżegacz" Łunaczarskiego, „Osiedle robotnicze" J. Karpowa i głośny wtedy „Mandat" Meyerholda stanowiły zaledwie nikłą część spektakli.

O powszechnej agitacji, która szeroką falą rozlewała się po całej RFSRR, na Sołówkach wtedy jeszcze nie słyszano.

Kultura sceniczna i technika sołowieckiego teatru stała na takim poziomie, że trochę później, kiedy aktorzy byli już całkowicie zwolnieni z robót publicznych, mógł on dawać po dwie premiery w miesiącu. Raz nawet wystawiono operetkę

„Tajemnice haremu" z orkiestrą, chórem i baletem, przy czym „taniec murzyniątek" wykonywały dzieci komisarzy Sołowieckiego Pułku Specjalnego pod kierunkiem baletmistrza-katorżnika Szełkownikowa.

W tych pogmatwanych, niestabilnych czasach rozwichrzonej Rusi wzajemne relacje między strażnikami a zesłańcami były co najmniej dziwne i pełne sprzeczności. Strażnicy potrafili wieczorem oklaskiwać gorąco i zapamiętale tych, których następnego dnia mogli zastrzelić lub zamrozić na śmierć w leśnej głuszy.

Autor czytanego teraz utworu grał w skeczu, który sam napisał, będąc doprowadzanym na próby i spektakle z karceru o surowym reżimie, do którego dostał się za nadmierne protesty przeciwko niesprawiedliwości dozorców. Personel karceru został utworzony z Gruzinów-mienszewików, uczestników powstania 1923 roku.

Kto grywał na sołowieckiej scenie?

Wszyscy, którzy ją kochali. Ludzie, dla których była ona nie tylko sposobem na otrzymanie lżejszej pracy, ale przede wszystkim możliwością rozwinięcia swych pasji, talentu, którego czasem nawet nie byli świadomi.

Przez prawie cały 1923 rok aktorzy uczestniczyli w próbach dopiero po uporaniu się ze swoimi obowiązkami przy wyrębie lasu. Co więcej, w dniu spektaklu starali się możliwie wcześnie wykonać normę, aby zdążyć doprowadzić się do porządku i ogolić, co nie było łatwe, gdyż nie wolno było posiadać własnej brzytwy. Następnie musieli wyprosić od przyjaciół brakujące części kostiumu, powtórzyć rolę oraz, po prostu, trochę wypocząć...

Trudy pracy scenicznej stanowiły naturalną selekcję, która pozwalała stworzyć mocny trzon teatralnej trupy. Był on niezwykle różnorodny zarówno ze względu na przynależność społeczną, jak i poziom kultury osobistej. Obok wytwornego senackiego urzędnika, wychowanka liceum czy ucznia Warłamowa i Kondratiewa występował półanalfabeta, kozak-bandyta Aleksiej Czekmaza, a przy starym szlacheckim nazwisku von Fitztum prawnika i barona widniała więzienna ksywka Siemki Pszczółki, złodzieja-recydywisty, który w swoim burzliwym życiu chyba już sam zapomniał, jak się naprawdę nazywa. Zawodowi aktorzy: Głubokowski z Kameralnego, Krasowski z MCHAT i inni nie starali się jakoś wyróżniać, ale integrowali się z pozostałymi, tworząc jeden zgrany zespół.

Wśród aktorek nie było żadnej profesjonalistki, ale i tu dało się zauważyć taką samą różnorodność: dama z towarzystwa, mieszkanka Smoleńska, wdowa po dowódcy jednego z gwardyjskich pułków, pani Goldgojer występowała razem z portową dziewką, Korablichą, która z woli losu przybyła na Sołówki razem ze zbuntowanymi kronsztadzkimi marynarzami. Tu zaś ujawnił się jej niezwykły talent do grywania zabawnych staruszek.

Równolegle ze sceną teatralną rozwijała się też estrada koncertowa z wieloma wybitnymi piosenkarzami i solistami, skrzypkami i pianistami. Przed 1926 rokiem powstały dwie przyzwoite orkiestry: dęta i symfoniczna. Dziewięć dziesiątych ich programu stanowiła muzyka poważna. Tutaj, tak jak w teatrze, można było usłyszeć to, co było niedopuszczalne poza granicami łagru: zakazanego „Aleko" Rachmaninowa czy arię Susanina[79] „Słyszą prawdę" w wykonaniu dentysty-szpiega, Hansa Miłowanowa, posiadającego niezwykle potężny, chociaż zupełnie niewyszkolony bas. Teatr był pierwszym ziarnem kultury na sołowieckiej katordze. Zapoczątkował specyficzne i jedynie tam mogące powstać zalążki zorganizowanej społeczności.

---

[79] Michaił Glinka (1804-57), opera „Życie za cara" (1836).

ROZDZIAŁ 7

Błyskawice z zachodu

Ze wzburzonego morza Rosji, która wyparła się swego imienia, leciały na Sołówki bryzgi każdej wezbranej tam fali represji. Tymi bryzgami byli jeńcy: denikinowcy, kołczakowcy, uczestnicy spisków oficerskich i powstań, marynarze Kronsztadu, zbuntowani chłopi ze środkowej Rosji, gruzińscy powstańcy, basmacze z Fergany i Turkmenii, którzy cudem uniknęli rozstrzelania na froncie... Po nich przybywali – mający faktyczne powiązanie z działalnością kontrrewolucyjną lub tylko w nią uwikłani i, jak mówiło się na Sołówkach, „przyszyci" do głośnych „pokazowych" procesów – duchowni-tichonowcy, fiodorowcy[80], baptyści, a nawet kilku masonów i wraz z nimi szumowiny obrosłego już w siłę NEP: waluciarze z czarnego rynku, defraudanci, głównie komuniści (bezpartyjni szli pod sąd), pierwsi przestępcy gospodarczy – niefortunni kombinatorzy oraz schwytane w obławach prostytutki i handlarze kokainą. Tłum skazańców schodzących na sołowiecki brzeg z parowca „Gleb Bokij" był, jak widać, niezwykle barwny.

---

[80] Fiodorowcy – ruch religijny, który powstał na początku lat 20. XX w. w guberni woroneskiej, jedna z katakumbowych cerkwi. Nazwę przyjęli od imienia założyciela ruchu Fiodora Rybałkina, który w 1923 ogłosił się świętym i zdecydowanie wystąpił przeciw władzy radzieckiej, nazywając ją czerwonym smokiem i antychrystem.

Daleki, ale jeszcze niezamknięty za „żelazną kurtyną", wolny, zagraniczny Zachód też rzucał swoje blaski na szare fale spływających na katorżniczą wyspę „uzupełnień". Na Sołówkach, w kalejdoskopie poplątanych lat, fermentujących jak brzeczka, te odblaski europejskiego życia załamywały się groteskowo, czasem wręcz karykaturalne.

Najwyrazistszym tego przykładem byli tzw. „rosyjscy faszyści" i „fokstrotyści", a najwyraźniejszą i najbardziej charakterystyczną postacią pierwszej z tych grup był przedstawiciel przedrewolucyjnej bohemy, artysta Teatru Kameralnego, dziennikarz i bez wątpienia utalentowany – chociaż nie zdążył jeszcze w pełni rozwinąć swych umiejętności – beletrysta Borys Aleksandrowicz Głubokowski[81].

Jego błyskotliwy i wszechstronny talent widoczny był we wszystkim, za co tylko Głubokowski się zabrał. Po ukończeniu z wyróżnieniem Uniwersytetu Moskiewskiego miał niekwestionowane możliwości pozostania na uczelni i zapewnienia sobie kariery naukowej. Mógł również, wybrawszy adwokaturę, zostać asystentem wybitnego prawnika i polityka, zdaje się, Lednickiego (późniejszego pierwszego ambasadora Polski w ZSRR). Był wspaniałym mówcą, a jego temperament i głęboki, nośny, „lwi" głos sprawiał, że uchodził nie tylko za osobę ekscytującą, ale też za płomiennego, potrafiącego przykuwać uwagę słuchaczy oratora. Ale Głubokowski skłaniał się ku teatrowi.

---

[81] Wszystkie imiona i nazwiska wymienione w tym rozdziale są prawdziwe. Nie boję się tego czynić, gdyż znaczna część z tych osób już nie żyje, więc nie mogę im już zaszkodzić – B.Sz.

Tairow z radością przyjął go do swego, znajdującego się wtedy u szczytu sławy, Teatru Kameralnego, dając mu tak zaszczytne role jak na przykład Tigillina w „Salomei" Oscara Wilde'a. Borys Aleksandrowicz radził sobie zgrabnie także w żurnalistyce, która go wprost fascynowała. Później niektóre z jego opowiadań znalazły się w wydawanym za granicą „W przededniu".

Ale Głubokowski był w takim samym stopniu człowiekiem utalentowanym co nierozsądnym, wręcz nierozumnym. Nierozumnym w sensie dosłownym, gdyż, udawszy się początkiem lat 20. na tournée teatralne po Europie, znalazł sposób, by „zgubić" swoją trupę w Berlinie, a samemu znaleźć się w Madrycie, skąd sowiecki pełnomocny przedstawiciel rządu odesłał go na miejsce jego służby. Ta podróż po Europie przyczyniła się pośrednio do zesłania go na Sołówki.

W owym czasie, w pierwszych latach NEP, w Moskwie dużą popularnością cieszył się nocny kabarecik „Bezpański Pies"[82] założony przez szeroko znanego w kręgach cyganerii artystycznej, zręcznego i przedsiębiorczego Borysa Pronina[83].

W piwnicy na Kisłowce, po godzinie drugiej w nocy, można było zobaczyć wielu znanych artystów i literatów; tam hulał Jesienin, zawsze w towarzystwie dość podejrzanej kompanii, często majaczyła nalana twarz Aleksego Tołstoja, który właśnie

---

[82]   Dosł. tłumaczenie: „Wędrowny pies". Nazwa występująca w tekście pochodzi z artykułu Elizy Małek „*Bezpański pies" powraca do piwnicy*, który został zamieszczony w miesięczniku „Tygiel" nr 10-12/2002.

[83]   Więcej szczegółów o barwnej w tamtych czasach postaci Borysa Pronina, który okazał się agentem CzeKa, Czytelnik może znaleźć w szkicu o nim autorstwa G. Iwanowa w interesującej książce „Petersburskie zimy", wyd. im. Czechowa – B.Sz.

wrócił z emigracji i badał grunt pod nogami. Zachodził tu również Łunaczarski w otoczeniu swoich „kurczątek" razem z Natalią Sac w roli duenny[84]. Artyści mieszali się z komunistami i nepowcami. Nietrudno było też natrafić na agentów OGPU, którzy w „Bezpańskim Psie" mieli wspaniałe możliwości podsłuchiwania rozmów prowadzonych w pijackiej szczerości.

Skrzypce w orkiestrze niezmordowanie ciągnęły:

Wszystko co było,
Wszystko to ćmiło,
Wszystko już dawno odpłynęło...

W kawiarnianej toalecie jawnie handlowano kokainą, a na podłodze walały się niedopałki grubych „Poselskich" naznaczone karminem szminki. Dość mierny poeta Borys Parnek, który właśnie wrócił z Paryża, tańczył ówczesny przebój knajpek na Montmartrze – fokstrota i założył w teatrze Meyerholda pierwszy w Moskwie zespół jazzowy.

W takiej to chorobliwie dusznej atmosferze rodził się charakterystyczny dla tych bezczasowych poplątanych lat „Związek Rosyjskich Faszystów".

Nazwanie tego „związku" mianem partii politycznej lub chociażby konspiracją byłoby po prostu śmieszne. Okres podziemnych organizacji oficerskich już dawno przeminął, utonął w krwi przelanej w piwnicach GPU. Chłopski opór stawiany komunizmowi został obezwładniony iluzjami NEP, ale wciąż

---

[84] Duenna – tu: przyzwoitka.

jeszcze wybuchały bojowe zrywy, czasem w najmniej ocze-
kiwanych miejscach i formach. Jedną z takich form był właśnie „rosyjski faszyzm", który zrodził się z odzewu na skąpe
doniesienia sowieckiej prasy o zwycięstwie Mussoliniego nad
komunizmem.

Nikt z „rosyjskich faszystów" nie znał ideologii włoskiego
faszyzmu nawet w ogólnych zarysach, ale w Moskwie, Kijowie,
Charkowie czy Odessie powstawały tego typu organizacje. Ich
odpryski dolatywały aż na Sołówki.

Motywem działania owych organizacji były protesty jej
członków, którzy jako pierwsi doświadczyli rozczarowania rewolucją i ich tęsknota, chociaż jeszcze nie w pełni uświadomio-
na, za zniszczoną i obracająca się w perzynę rosyjską kulturą, co
wyrażało się w wyniesionych wtedy na wyżyny, a potem zaka-
zanych nowelach Izaaka Babla. Przypuszcza się, że właśnie on
i inni zmuszeni do milczenia poeci byli wyrazicielami nastrojów wszystkich rozczarowanych buntowników.

Do „faszystowskiej" grupy weszło kilku młodych poetów,
głównie zapełniających estrady „Domina" i „Stajni Pegaza"[85],
i dziennikarzy oraz paru rozgrzanych winem i kokainą aktorów pełnych niewygasłego jeszcze rewolucyjnego romantyzmu.
Liczba członków owych grup nie przekraczała 20-30 osób. Nie
istniał żaden konkretny program działania. Konspiracja była
dziecinnie naiwna. Zebrania „Związku Rosyjskich Faszystów"
odbywały się głównie w piwnicach „Bezdomnego Psa" i na

---

[85] Dwie moskiewskie „kawiarnie poetów" tamtych czasów, w których zbierali się i czytali
swoje utwory przedstawiciele licznych prądów poetyckich: imażynistów, akmeistów, nicze-
woków i innych. Jest to charakterystyczne zjawisko owych lat – B.Sz.

jednym z takich posiedzeń, po obficie zakrapianej libacji, zaczęto „rozdzielać ministerialne teki przyszłego faszystowskiego rządu". Nie znaleziono jednak kandydata zasługującego na objęcie urzędu ministra spraw zagranicznych, więc funkcję tę zaproponowano siedzącemu przy sąsiednim stoliku, mocno już pijanemu Głubokowskiemu, który dopiero co wrócił z zagranicy, więc był „specjalistą od spraw polityki międzynarodowej". Cała ta historia pozostałaby tylko głupią i śmieszną anegdotą, gdyby nie zakończyła się rozstrzelaniem jedenastu uczestników posiedzenia i zsyłką kilkudziesięciu pozostałych. Wszyscy byli młodzi, a wielu z nich to niekwestionowane talenty.

Głubokowski został skazany na 10 lat obozu koncentracyjnego. Pozostali „członkowie rządu" zginęli. On sam po odbyciu wyroku na Sołówkach wrócił do Moskwy po to, aby tam umrzeć z przedawkowania morfiny. Nie wiadomo – przez przypadek czy świadomie.

Po przybyciu na Sołówki Głubokowski zaczął szybko się wyróżniać spośród ogólnej szarej masy. W tym czasie teatr zajmował już mocną pozycję i poszukiwał aktora właśnie takiego formatu jak on, potrzebował „bohatera". Po debiucie w roli Rogożyna (specyficzna przeróbka „Idioty" Dostojewskiego) zwolniono go z robót publicznych i dołączono do WPCz jako aktora i lektora.

Był bardzo ciekawym, nawet pasjonującym prezenterem, ale dość specyficznym: jego mózg doskonale funkcjonował na płaszczyźnie analizy i krytyki, ale był zupełnie bezradny w przypadku syntezy, a tym bardziej w dziedzinie konstruktywnego, twórczego myślenia. „Nie zostawić na nikim suchej nitki" – było jego dewizą i „nie zostawiał". Robił to odważnie, barwnie i ostro. Krytykował, kogo tylko się dało i co się dało. Czy miał w sobie jakiś kręgosłup moralny, czy choćby pewne niezłomne ideały, dążenia, aspiracje? Znałem go dobrze i śmiało mogę stwierdzić, że nie. Nie miał żadnych. Był tylko żrącym kwasem rozkładającym wszystko, z czym tylko się zetknął. Ta jego charakterystyczna cecha była pierwszym symptomem opadania w nim fali rewolucyjnego patosu i rosnącego rozczarowania rewolucją, co później wyrażało się w gorzkim pytaniu:

– O co walczyliśmy?

Jeszcze mniej treści ideowych niosła druga grupa sołowieckich zwolenników Zachodu (tzw. „zapadników[86]"), przezwana tutaj „fokstrotystami". Tworzyli ją młodzi ludzie, należący w większości do przeciętnej moskiewskiej inteligencji, winni tylko tego, że pragnęli, zgodnie z prawami swojego wieku, bawić się. Zbierali się w Moskwie w ocalałych jeszcze u niektórych z nich dużych mieszkaniach, najczęściej u rozstrzelanego później – i to z zupełnie innych powodów – poważnego urzędnika kolejowego von Mekka i tańczyli fokstrota, który właśnie wchodził w modę. Ich „dancingi" zostały uznane za konspiracyjne spotkania, chociaż „fokstrotyści" byli w większości całkowitymi dyletantami w sprawach politycznych.

---

[86] Zapad – zachód.

Do tej grupy należeli wspaniali pianiści B. Frołowski i N. Radko, uczeń Konstantina Igumnowa. Swą obecność zaznaczyli też: niezły tancerz estradowy N. Rubinstein, który na Sołówkach zmarł na gruźlicę, tancerz akrobatyczny ze szkoły Forrengera N. Korniłow, poeta B. Jemelianow, błyskotliwy wersyfikator występujący w moskiewskich kabaretach epickich z genialnymi improwizacjami na podrzucane przez publiczność tematy, oraz utalentowany młody reżyser 2. MCHAT N. Krasowski. Później dołączył do nich, skazany w innej sprawie, różniący się od nich charyzmatyczną osobowością, poważny i natchniony poeta N. Berner, jeden z niewielu ocalałych w tamtych czasach, który na fali drugiej emigracji wyrwał się na Zachód. Przyjęto go tam z otwartymi ramionami i drukowano jego wiersze w licznych czasopismach pod pseudonimem Bożydar.

Była to utalentowana młodzież.

„Fokstrotyści" również tworzyli bohemę, ale innego typu niż ta, z której wywodził się Głubokowski. Do wybuchu rewolucji uchodzili oni za dobrze wychowanych chłopaczków z „porządnych rodzin", którym dziejowa zawierucha rozwiała domowe ogniska. Ich ojcowie lawirowali między kazamatami GPU a spec-stanowiskami przy Ludowym Komisariacie. Matki sprzedawały na Suchariowce porcelanę i kryształy – towary będące już tylko zbędnym balastem, zaś same, obce sprawom rewolucji, ślepo podążały ku majaczącym gdzieś w oddali „światłom Broadwayu" i łapczywie chłonęły dolatujące stamtąd strzępy odgłosów wolnego życia bez kolejek, ciasnoty, rewizji i głodu...

Poduszki zmięte, poduszki czerwone,
perfumy Coty i koniak Martell.
Twoje oczy wiecznie zmęczone,
a usta pijane jak chmiel...

Tak brzmiał ich hymn. Mało to było wtedy takich? W schodzącym ze statku tłumie „uzupełnień" przemykali czasem smienowiechowcy, boleśnie pokaleczeni przez Zachód, od którego się odbili. Do takich należał N.K. Litwin, dziennikarz piszący przed rewolucją do największych rostowskich gazet, później emigrant z Hrabiowskiej Przystani (*Sewastopol*), który przemierzył półwysep Gallipoli i błąkał się po Bałkanach z jakąś zaimprowizowaną trupą estradową. Stamtąd udał się do Berlina. Nie zalała go jednak fala powojennej pretensjonalności, nie porwała jego delikatnej, lirycznej duszy. Czuł się wyobcowany i samotny nawet wśród rosyjskich emigrantów, podobnie jak niektórzy z natury do niego podobni, na przykład taki Ogniwcew. Litwin, uśmiechając się nieśmiało, siadywał milczący w kąciku celi, gdzie wieczorami zbierało się towarzystwo „Pogodnych Sołowczan" i słuchał ich sporów, nie wdając się w nie, przypatrywał się z boku ruchliwej ciżbie, nie wrastając i nie wczuwając się w nią. Takim też odszedł z Sołówek na Syberię, na którą został zesłany dodatkowym wyrokiem. Już później, kiedy zobaczył w jakiejś gazecie moje nazwisko, przysłał mi list znad Jeniseju, gdzie pracował jako kucharz w rybackim artelu. Tam również czuł się obco, również przyglądał się wszystkiemu z boku, nie włączając się w nurt życia, dopóki śmierć go nie zabrała.

Jednak pretensjonalność Zachodu strząsnęła parę swoich kropel również na Sołówki. Jedną z nich był Misza Jegorow o przezwisku „Paryżanin".

Po raz pierwszy ujrzałem go w celi więzienia na Butyrkach, gdzie trafił.... prosto z Paryża.

Trzasnęły zamykane za przybyłym drzwi i – jak zawsze – wszyscy zaczęli się przyglądać „nowemu".

A było na co popatrzeć!

Przed nami stał elegancko ubrany młody człowiek trzymający w jednej ręce powyklejany jaskrawymi plakietkami hoteli żółty zagraniczny kufer, a w drugiej ogromną błękitną bombonierkę. Z tej też ręki zwisała z gracją spacerowa laska, a z ramienia spływał szykowny i, zgodnie z ówczesną modą, długi, jedwabny, pasiasty szal. Wszyscy w celi zamilkli pod wrażeniem tego niezwykłego dla Butyrek zjawiska.

Przybysz z nieukrywanym zdziwieniem powiódł wzrokiem po wszystkich obecnych, wyrzekł przeciągłe: „N-taaak" i uśmiechnął się szeroko:

– Bonjour szanownemu towarzystwu!

Po godzinie już znaliśmy całą tragikomiczną epopeję Miszy. Jego ojciec był dość znanym średniej klasy kupcem, co nie przeszkodziło synowi już w wieku siedemnastu lat zostać komunistą. Po Październiku, jako osobę obeznaną z komercją, wysłano go do Paryża, do Przedstawicielstwa Handlowego. Tam...

– Pożyłem sobie, chłopaki! I nieźle, niech to diabli, sobie poużywałem! – Uśmiechając się z rozmarzeniem, opowiadał dalej. – Paryż to, jak wiecie, nie jakieś tam Chamowniki!

Życie paryskie Miszy zostało przerwane nagłym wezwaniem do Moskwy. Chłopak pojechał pełen, jak zawsze, pogodnego optymizmu, zabrawszy nawet ogromne pudło drogich pralinek dla damy swego serca. I tak, razem z tą bombonierką i żółtą walizą pełną najmodniejszych kreacji, trafił na Butyrki po wcześniejszym aresztowaniu zaraz przy wyjściu z wagonu ekspresu Paryż-Moskwa. Co właściwie przyczyniło się do zniszczenia kariery Miszy? Może znajomość z paryskimi emigrantami, z którymi hulał wesoło po knajpkach na Montmartre lub też zbyt beztroskie szastanie powierzonymi mu pieniędzmi Przedstawicielstwa Handlowego? Kontaktów wprawdzie nie nawiązał, ale nabyty w Paryżu wdzięk nie opuszczał go nawet później, na Sołówkach. Tu Misza szybko urządził się w jakiejś lekkiej pracy i spacerował sobie po klasztornych dziedzińcach z tą swoją laseczką i jedwabnym szalikiem oraz w nałożonym na bakier filcowym kapeluszu.

Ci, jak mogłoby się wydawać, tak różni z pozoru ludzie (bo co wspólnego miał uciekający przed pretensjonalnością, spokojny i liryczny poeta Litwin z Miszą, który w tej pretensjonalności czuł się jak w swoim żywiole?) łączyli się na Sołówkach w jeden zwarty, zgodny krąg.

Co ich jednoczyło, spajało?

Dopiero teraz, spoglądając w przeszłość, znajduję coś, co przyczyniało się do takiego zbliżenia. Jednym z takich stymulatorów była bezdomność i nieumiejętność znalezienia swojego miejsca w nowych, jeszcze niewykształconych formach wypaczonego życia. Drugim – szukanie tego właśnie miejsca oraz, nierozerwalnie związane z młodością, pragnienie samorealizacji i pewność siebie. Pierwszy rodził się z niepozrywanych dotąd więzi z przeszłością, drugi – z dążenia do wtopienia się w teraźniejszość i w przyszłość; z tego, czego brakowało starszemu pokoleniu, które zupełnie odcinało się od teraźniejszości i od przyszłości wstrząśniętej od góry do dołu Rosji. Splatanie się tych dwóch kontrastowych stymulatorów zbliżało do siebie ich nosicieli, a jednocześnie odtrącało ich od zagubionych na Sołówkach „byłych ludzi", którzy, odrzuciwszy teraźniejszość, odeszli w swoją przeszłość.

Tym grupom inteligentnej sołowieckiej młodzieży nie pozostało nic innego, jak zaangażować się również tutaj w odpowiadające im pod względem duchowym struktury i zorganizować zespół, który nosił na Sołówkach nazwę „ChŁAM".

Rozdział 8

„ChŁAM"

Miało to miejsce pewnego zimowego wieczoru 1924 roku w „Grobowcu indyjskim", jak nazywano celę czystej krwi Hindusa, Nabu-Korejszy, w której czasem ugaszczał nas po spektaklu prawdziwą czarną kawą z cukrem i ciastkami – łakociami rzadkimi w łagrze. Korejsza, siedzący na Sołówkach „za szpiegostwo", był przedstawicielem dużej indyjskiej firmy handlującej jutą, z czego czerpał ogromne zyski w obcej walucie. Nie dostawał tych pieniędzy na rękę, ale mógł kupować za nie, co tylko zechciał i ile zechciał w tajnej spółdzielni NKWD. Takie bogactwo dawało mu nie tylko zwolnienie z wszelkich robót, ale również osobną, ciepłą i jasną celę. W niej to, nazwanej tytułem sensacyjnego w tamtych latach filmu „Grobowiec indyjski", omawialiśmy pamiętnego wieczoru dopiero co skończony spektakl.

– Wszystko to ruina, staroć, zapaść – rezonował Misza Jegorow. – Trzeba szukać nowych form.

– Ma ci ich szukać Borin, dobiegający siedemdziesiątki? – rzucił pogardliwie Głubokowski. – Jak dotąd Tairowa z Meyerholdem jeszcze nie aresztowano i do nas nie przywieziono.

– Można obejść się i bez Tairowa... My sami... – rzekł Misza.

– Co znaczy, sami? Kto konkretnie? Może ty poprowadzisz teatr ku nowej przyszłości?

– Dlaczego właśnie ja? Tylu was tu jest: poeci, literaci, artyści, muzycy... Stwórzmy kolektyw, zorganizujmy się i zaczynajmy!

– Kto ci tu pozwoli na jakąś organizację?

– Pozwolą – oznajmił z przekonaniem Misza. – Kogan z pewnością nas poprze, a Niewierow tańczy, jak tamten mu zagra, zaś Waśkow, cymbał jeden, zrobi wszystko, co mu podsunie Kogan. A więc do dzieła! – zawołał.

Korejsza, którego praktyczna żyłka kupiecka nie cierpiała odwlekania, natychmiast przyoblekł rzucony pomysł w realne kształty.

– Wszystkie sprawy organizacyjne biorę na siebie! Zapewniam, że dopnę swego!

Misza tryskał temperamentem jak fontanna i wszystkich nas zarażał swym optymizmem.

– Czemu miałoby się nie udać? Stwórzmy na przykład teatr małych form, ale oparty nie na przestawieniach „Niebieskiej bluzy", a nasz własny, sołowiecki – poparł Jegorowa Akarski, oficer Denikena, w przeszłości również bliski moskiewskiej bohemie. – Litwin, Głubokowski, Szyriajew opracują teksty, Głubokowski i Krasowski zajmą się reżyserią, a wszelkiej maści wykonawców – aktorów, śpiewaków, tancerzy i muzyków – mamy na Sołówkach pod dostatkiem! Osiągniemy sukces i pociągną do nas młodzi, a na każdym statku przybywają przecież „uzupełnienia". Zatem naprzód, śmiało!

– A jak ochrzcimy ten twór? Nazwa jest bardzo ważna: jak utrafimy w nutę władzy, to nam pozwolą, ale jak chybimy – grób-mogiła.

– Organizacja proletariackich…

– Do diabła z proletariatem!

– Cech...

– Do diabła z wszystkimi cechami! Może jeszcze powiesz art-niewol-siła?! Idiota!

– ChŁAM! – wypalił znienacka niezgrabny, długi jak tyczka i wiecznie popadający w tarapaty poeta Borys Jemelianow, wprawiający szpanę w zachwyt swoim czarnym płaszczem--skrzydlakiem, w którym przechadzał się po Sołówkach zimą i latem. – ChŁAM – powtórzył ponuro, ale stanowczo.

– Ty co, zgłupiałeś do reszty? – naskoczył na niego Miszka Jegorow. – Masz pęcherz zamiast głowy?

– To ty jesteś durniem – spokojnie i już nie tak ponuro odezwał się Jemelianow. – Chudożniki *(artyści)*, literaci, aktorzy, muzycy; początkowe litery: ch, ł[87], a, m dają ChŁAM.

Wszyscy osłupieli jak w finalnej scenie „Rewizora".

Pierwszy ocknął się Misza i wrzasnął:

– Bingo! To jest to! Pod taką nazwą przejdzie u Waśkowa nie tylko każda organizacja artystyczna, ale nawet kontrrewolucyjna! Jej dwuznaczność wszystkim się spodoba! Oczywiście – ChŁAM – i żadnych przekrętów!

I w taki to sposób w „Grobowcu indyjskim" Nabu-Korejszy zrodził się, jeśli nie najwyrazistszy, to w każdym razie najszczerszy i najbardziej otwarty, sceniczny propagator nastrojów społecznych w tych gorączkowych i niespokojnych latach, kiedy

---

[87] Rosyjskie „l" jest zmiękczonym „ł". Chłam – graty, rupiecie.

resztki odchodzącego splatały się z bezbarwnymi, cienkimi nićmi prowadzącymi ku mglistej, niejasnej przyszłości rosyjskiej kultury. Rodził się na sołowieckiej katordze, gdyż właśnie tam w owych latach była największa wolność sumienia, o wiele większa niż w pozostałej części kraju, dlatego, że tam jeszcze świeciły Niegasnące Płomienie Ducha. Tylko tam. Resztę Rosji otaczały zaś ciemności bezczasowych lat.

Zdobycie zezwolenie na spektakl pod szyldem „Wolnego ChŁAM", a nie Wydziału Oświatowo-Wychowawczego, było dość trudne, ale udało się, jak to przewidział Misza Jegorow, przy pomocy – popierającego wszystkie nowe poczynania – partyjnego inteligenta Kogana. Wszyscy zgodnie współpracowali, wzajemnie się uzupełniając. Nie stawiano sobie żadnych „celów" ani nie formułowano „programów". Każdy uczestnik ChŁAM działał swobodnie, obmyślając, opracowując i realizując swoje zamierzenia.

Kiedy repertuar pierwszego wieczoru został dość jasno nakreślony, a teksty literackie były już gotowe, okazało się, że ciężar gatunkowy sołowieckiej twórczości znacznie wykracza poza ramy oficjalnego programu, a niektóre frazy brzmią zbyt śmiało. Niejednemu zepsuło to humor.

– Waśkow zgniecie nasz ChŁAM, zanim ten się narodzi. Chłopaki, przesadziliście. Trzeba spokojniej, ostrożniej... – dawały się słyszeć bojaźliwe głosy.

Ale odważniejsi upierali się.

– W tym właśnie jest siła! Zobaczycie, że akurat to się spodoba. Przecież im samym już znudziła się agitacyjna papka.

Żeby tylko przeskoczyć cenzurę Waśkowa! On z głupoty może wszystko zarżnąć.

Naczelnik wydziału administracyjnego, Waśkow, rzeczywiście był prostakiem i tępakiem jakich mało. Na szczęście - przede wszystkim dla niego samego, jak również w tym momencie dla ChŁAM - poniekąd zdawał sobie sprawę ze swego ograniczenia i starał się je zamaskować. Dobierał więc na wyczucie sensownych pomocników, na których przerzucał robotę. W sprawach ideologicznych i propagandowych ślepo ufał mądremu i elokwentnemu erudycie Koganowi i dlatego, nie czytając, podpisał przedłożony przez niego program ChŁAM.

Misza Jegorow przewidział i to, że sołowczanie jeszcze przed pojawieniem się ChŁAM na scenie odniosą się do niego z sentymentem. Głównie dlatego, że był „wolny", ukształtował się z inicjatywy i przy udziale samych katorżników, a nie pod naciskiem Wydziału Oświatowo-Wychowawczego. Był mu co prawda podporządkowany, ale tylko formalnie na skutek braku zdecydowanego charakteru naczelnika WPCz z jednej strony i dzięki mocnemu wsparciu D.J. Kogana z drugiej.

Do ChŁAM garnęły się już ujawnione talenty sceniczne i nowe, pojawiające się czasem tam, gdzie nikt się ich nie spodziewał. Na przykład starsza pani, która nosiła zaszczytny tytuł Damy Komandora Orderu, żona dowódcy jednego ze słynnych pułków gwardii, niemająca nigdy nic wspólnego z moskiewską bohemą – rdzeniem ChŁAM. Owa generałowa Goldgojerowa, dźwigająca już szósty krzyżyk, nagle odkryła w sobie wyraźne i osobliwe zdolności sceniczne. Razem z nią w tym zespole występowały: pięknie tańcząca rodowa szlachcianka, dziedziczka Chomutowa-Hamilton, „le-di", jak nazywano ją na Sołówkach, oraz zacna moskiewska kupcowa, „herbaciarka" Wysocka. Kobiety te doskonale wyczuwały atmosferę ChŁAM i prędko zgrały się zarówno z młodzieżą, jak i z profesjonalnymi aktorami, takimi na przykład jak artysta estradowy, Żyd George Leon.

Cała ta pstra, wielobarwna gromada o różnych cechach osobowości była silnie złączona i zespojona – niczym twardym cementem – tęsknotą za zabranym kolorytem i melodią życia, za dążeniem do osobistej, wolnej, na ile było to tylko możliwe, twórczości, a – co najdziwniejsze – tę największą swobodę, jaka mogła istnieć w tamtych czasach, znajdowaliśmy właśnie na owej katorżniczej wyspie, na gruzowisku roztrzaskanej w drobne kawałki rosyjskiej kultury. Poza tym małym skrawkiem wielkiego i rozległego Związku Sowieckiego było to już niemożliwe. Tam zrodzone przez rewolucję „dziś" wypełniało pustkę po odrzuconym i zgwałconym „wczoraj".

W końcu nadszedł wieczór pierwszego przedstawienia ChŁAM. Na inauguracyjny spektakl wybrano inscenizację romansu „Zgiełk i wrzawa nocnej Marsylii". Bohaterem sztuki był apasz, a akcja toczyła się przy ostrej muzyce – dźwiękach tanga – w portowej tawernie, gdzie „służący murzyn ścierał krew z podłogi"...

Publiczność łatwo przyswoiła sobie tandetny romantyzm, a szpana długo i burzliwie oklaskiwała swojego „bohaterskiego" zachodniego współbrata, kiedy tylko pojawił się na scenie.

Głównego bohatera, apasza, grał z pełną gracją białogwardzista Jewrejnow, z wdziękiem tańcząc tango – sedno akcji sztuki – a jego partnerką, zagadkową „damą w czarnych rękawiczkach", którą osobiście nauczył tego tańca, była szwagierka dowódcy strzegącego nas Sołowieckiego Pułku Specjalnego.

Trudno teraz uwierzyć w owe wspomnienia. Ale ta bardzo piękna i, jak się okazało, niezwykle utalentowana dziewczyna stała się później gorliwą „chłamistką", przesiadującą na próbach do późna w nocy i dzielącą wszystkie radości i smutki „chłamistów"-katorżników, chociaż była przecież osobą wolną. Sam dowódca pułku, Pietrow, nie protestował przeciwko jej związkom ze skazańcami. Wręcz przeciwnie, pochwalał nawet jej uczestnictwo w ChŁAM, gdzie od katorżniczek-arystokratek uczyła się wdzięku i dobrych manier.

Innym wyrazistym osobnikiem pojawiającym się na scenie ChŁAM był starszy oficer marynarki, kapitan I stopnia, książę X-iński. On, niestety, był absolutnym beztalenciem, ale, ustępując jego błaganiom, dano mu statyczną rolę owego murzyna, który, według słów scenariusza, w portowej spelunce „co rano ścierał krew z podłogi". Książę z ochotą przystał na taką kreację, starannie smarował sobie twarz sadzą i zanudzał wszystkich jednym i tym samym pytaniem:

– Prawdziwy Hotentot, prawda? Typowa murzyńska twarz! Widywałem takich, kropka w kropkę, na Madagaskarze! No, i jak?

Ale właśnie kurtyna idzie już w górę. Solista przy akompaniamencie gitar i mandolin śle na salę słodko brzmiące strofy:

Gwarno w Marsylii nocami
w knajpie pod „Trzema włóczęgami".
Marynarze ale tam popiją,
a kobiety tabaki zażyją...

To, co dalekie, nieosiągalne, staje przed oczami widzów jak namacalna rzeczywistość... Światła rampy stwarzają tu dziwny, magiczny świat...

W rękawiczkach czarnych dama
do knajpy śmiała wejść sama,
tam murzynowi kazała
podać wina...

Nie, to nie wchodzi szwagierka dowódcy SOP i nie błyskotliwie odgrywający „nieznajomego" Miszka Jegorow w wyciągniętej z walizy oszałamiającej, wściekle jaskrawej kraciastej marynarce. To nie umazany sadzą książę X-iński stawia przed nimi oplecioną słomą flaszkę. To...

Ale co?

– Romantyzm reklam papierosowych – jak pogardliwie wyraził się o inscenizacji „Marsylii" Głubokowski i wtedy mu nie zaprzeczyłem. Ale teraz, patrząc na szary sznur minionych lat sowieckiego łagru unicestwiającego indywidualne wartości jednostki, zmęczony nudnym przeżuwaniem wyświechtanych sloganów, znudzony bezbarwnością, bezgłośnością rozciągających się na całą Rosję socjalistycznych katorżniczych koszar, rozumiem, dlaczego na widowni sołowieckiego teatru zrobiło się ciszej niż...

w knajpie pod „Trzema włóczęgami"
i nikt nijak nie potrafił
oderwać oczu od damy.

Teraz i ja z głęboką wdzięcznością i uznaniem wspominam każdego, kto wtedy porywał zapałem, umiał i chciał pokazać sołowieckim katorżnikom „muzę wędrującą w oddali", choćby nawet w niezgrabnej szacie „papierosowej reklamy".

A niech tam. Należy się uznanie zarówno utalentowanemu poecie Gumilowowi, jak i bezimiennemu włóczędze. Obydwaj mieli prawo do życia i radości.

Jako następny punkt programu był grany mój skecz satyryczny, którego ostrze skierowane było przeciwko naszej „przodującej sile roboczej" – nadzorcom wybranym spośród więźniów, w większości gruzińskich powstańców. Był to nader ryzykowny numer. Zaczynał się dość banalnym chwytem scenicznym: ucharakteryzowani na Gruzinów aktorzy, wymachując sękatymi drągami, wpadają na scenę prosto z widowni i zaczynają zaganiać grających na niej aktorów do współzawodnictwa pracy.

Chwyt ten był na tyle bliski sołowieckiej rzeczywistości, że publiczność przyjęła go na poważnie. Niektórzy ze szpany zaczęli uciekać, by się gdzieś schować, a wtedy sam Ejchmans, wstawszy z miejsca, wołał oburzony:

– Kto zezwolił na współzawodnictwo? Do diabła z tą całą „siłą roboczą"!

Po takim, usłyszanym przez całą salę, okrzyku władcy wyspy ośmieleni aktorzy, przy życzliwym aplauzie widowni, zaczęli ze zdwojoną siłą miotać gromy satyry w nienawistnych, zaprzedanych odszczepieńców naznaczonych przezwiskiem „zsuczonych"[88].

Ale najryzykowniejszy moment był jeszcze przed nami. Na końcu programu leciała króciutka wesoła jednoaktówka z piosenkami i tańcami „Miłość to księga złota", której autorem był N.K. Litwin.

Należy wyjaśnić, że na Sołówkach miłość we wszystkich jej przejawach była bezwzględnie zabroniona i ścigana, a przyłapanym na tym „przestępstwie" zakochanym groziły co najmniej trzy miesiące aresztu. Romeo szedł na Siekirki, a Julia – na „Zajączki". A jednak ta „złota, odwieczna księga" ciągle była czytana.

Specjalnym i odgórnie ustanowionym prześladowcą miłości w sołowieckim kremlu, jej inkwizytorem i niestrudzonym myśliwym polującym na wszystkich Romeów i Julie był zesłany tu czekista Rajwa, ubierający się zawsze w długi kawaleryjski szynel i noszący na głowie niewiarygodnie brudną białą czapkę kawaleryjskiej gwardii. Tę postać znali wszyscy i krótka sztuka Litwina kończyła się właśnie jej pojawieniem i paniczną ucieczką zaskoczonych kochanków.

Sam Rajwa siedział w pierwszym rzędzie i z dużym zainteresowaniem oglądał przedstawienie.

---

88 Słowo „zsuczony" w katorżniczym żargonie – lizus, sprzedajna dusza; pochodzi od słowa „suka". Zsuczyć się – znaczy stać się suką – B. Sz.

Nagle jego wierny sobowtór w charakterystycznej czapce kawalera gwardii wyskoczył na scenę i zmusił do ucieczki splecioną w miłosnym uścisku zakochaną parę.

– Rajwa! – w dzikim szale zawyła szpana.

Prawdziwy Rajwa odruchowo złapał się za głowę. Tym razem nie było na niej kawaleryjskiej czapki, a nasadzona w pośpiechu futrzana uszanka.

Na „stróża moralności" patrzył już ze śmiechem cały pierwszy rząd: i obrończyni sołowieckiej miłości, naczelniczka działu medycznego M.W. Feldman, żona członka kolegium OGPU, zesłana przez niego na wyspę właśnie dla ostudzenia swego gorącego temperamentu, i gruby, dobroduszny Barinow, i sam Ejchmans.

W obronie Rajwy trzeba przyznać, że nigdy później nie mścił się za „krytykę" i, odbierając skradzioną mu przed spektaklem czapkę, burknął tylko:

– Nigdy więcej mi już jej nie buchniecie. Spał w niej teraz będę.

Ale nie trzeba było jej już kraść – ani następnym, ani żadnym innym razem: na kolejne przedstawienia ChŁAM Rajwa sam ją wypożyczał i, siedząc w pierwszym rzędzie, niezmiennie oklaskiwał swojego scenicznego sobowtóra.

– Patrzcie no, jak dzieci, czego to nie wymyślą!

Zupełnie inaczej odnieśli się do skierowanego przeciw sobie ostrza satyry nadzorcy niewolniczej siły roboczej. Wystosowali oni do Ejchmansa oficjalne zażalenie, oskarżając autora skeczu o podrywanie ich urzędowego autorytetu, oraz żądali surowego ukarania winnego i zdjęcia spektaklu. Ejchmans podarł ten raport. Wtedy stróże porządku zaczęli systematyczną nagonkę na mnie i występujących na scenie aktorów, wyznaczając nas do najcięższych robót. Nagonka ta również została przerwana przez Ejchmansa, którego o poczynaniach satrapów poinformował sam Kogan.

Pierwszy spektakl ChŁAM cieszył się ogromnym powodzeniem zarówno „góry", jak i „dołów" głównie dlatego, że wyczuwało się w nim nieśmiały, ledwie uchwytny, ale jeszcze żywy powiew wolności, a tęsknili za nią nie tylko katorżnicy, ale podświadomie również więzienni strażnicy. Na dodatek w światłach rampy urzeczywistniały się wszystkie tajone marzenia, do których przyznanie się, choćby nawet przed samym sobą, byłoby naiwną dziecinadą – marzenia o „dalekich wędrówkach". Pierwszy program ChŁAM był powtarzany trzykrotnie, a u wykonawców zamówiono specjalny spektakl dla oczekiwanej z Moskwy „komisji rozładunkowej" na czele z naczelnikiem wszystkich łagrów, członkiem OGPU, Glebem Bokijem.

– A może by tak dosypać trochę pieprzu? – Głubokowski spytał wprost Ejmansa, pokazując zlecenie.

– Walcie, nie krępujcie się – odrzekł tamten – tylko żeby było wyraziście i dowcipnie.

Wieść o tym poruszyła wszystkich chłamowców.

– Jak to? Tak swobodnie? Będzie można nawet powiedzieć prawdę?

Sceptycy krakali:

– Chlapniecie taką prawdę i macie dodatkowy wyrok.

Ale to nie studziło gorących głów.

– Do diabła z wyrokiem za to…

Mądry, znający ludzką psychikę i duszę widza stary Borin przyjmował te sugestie z uznaniem:

– Można. Generałowie najbardziej lubią anegdoty właśnie o samych generałach. To nic nowego pod słońcem. Walcie śmiało!

I oto nastał dzień najuroczystszego i najważniejszego spektaklu w życiu ChŁAM. Pierwszy rząd zajęli przyjezdni na czele z Glebem Bokijem, który przybył na statku noszącym jego imię zamiast monasterskiego „Świętego Sawwatija".

Kurtyna rozsuwa się. Na scenie cała trupa wita gości. Ku rampie podchodzi kuplecista George Leon we fraku i z chryzantemą w butonierce. Kłania się teatralnie Bokijowi.

Wszyscy szeptali…. Lecz któż mógł dać wiarę?
W taką pogłoskę nie wierzył nawet kiep,
że tu przyjedzie zmienić naszą dolę
na „Glebie Bokiju" – sam Bokij Gleb.

Zabrzmiały pierwsze wersy pieśni witającej „rozładunek". Chór podchwyca refren:

Tych, co nagrodzili nas Sołówkami
prosimy: przyjeżdżajcie tu sami,
spróbujcie kilka lat na nich przetrwać,
aby je potem z podziwem wspominać!

Dalej solista skarży się na swój wrodzony pesymizm i uroczyste powitanie kończy słowami:

Wokół niepokój, lecz jestem spokojny.
Cała ta wrzawa traci wszelki sens.
Odjedzie sobie, tak jak przyjechał
na „Glebie Bokiju" – Bokij Gleb.

Po wstępnych kupletach, w których była mowa o sławnej sołowieckiej karze „komarków" i o Sierkirce:

Wspaniałe są wiosenne komary
piękny jest widok z Siekirnej Góry

leciał skecz „Gubernator Zielonej Wyspy" przedstawiający dobrodusznie, choć ironicznie, ale niezwykle dowcipnie i trafnie obyczaje administracji Sołowieckiej Satrapii, a nawet pewne charakterystyczne cechy władcy wyspy, Ejchmansa.

Te nikłe iskierki prawdy o sołowieckim bycie, które zabłysły w spektaklu ChŁAM nie odegrały oczywiście żadnej znaczącej roli w życiu katorżniczej społeczności. Wszystko pozostało po staremu. Niezwykle jednak podniósł się prestiż ChŁAM wśród widzów, zwłaszcza tych z „nizin".

– Nie przelękli się! Dali mu powąchać tabaki! – powtarzano z uznaniem.

Tę maleńką szczyptę „tabaki" przeżywano solidarnie, z katorżniczą dumą. Przyjezdni członkowie kolegium zrozumieli to i wzięli pod uwagę przy „rozładunku". Efekty były jednak mizerne: zwolniono zaledwie 20-30 kryminalistów i przestępców gospodarczych, a dwustu-trzystu politycznym zmniejszono wyroki. Wśród tych ostatnich znalazł się kierownik ChŁAM B. Głubokowski (z 10 lat na 8) i kuplecista George Leon (z 3 na 2 lata).

ChŁAM naznaczony był piętnem nepowskiego renesansu i ten stygmat zaznaczył się w czasie uroczystego powitania Nowego 1926 Roku.

– Świętowanie Nowego Roku na katordze? – zdziwi się Czytelnik.

Tak. Po pierwsze, kalendarz i tutaj zachowywał nadal swoje, choć ograniczone, znaczenie. Katorżnicy również potrzebowali wesela i radości, czekali na nie w napięciu i gorąco ich pragnęli. A po wtóre, NEP w tym czasie przeżywał pełnię swego rozkwitu.

„Bogaćcie się!" – krzyczał Bucharin i wielu ludziom wydawało się, że „budowanie socjalizmu" rozpłynęło się już w falach codzienności, zostało odsunięte przez życie na nieokreślenie odległy czas. Ci, którzy nie wierzyli w ten odwrót „na poważnie i na długo", co obiecywał im jeszcze Lenin, porwani przez społeczną euforię tańczyli na wulkanie.

Swoisty NEP panował również na Sołówkach, które odzwierciedlały każdą zmianę w życiu sowieckiego kraju. Otwarto komercyjną stołówkę. Grał w niej kwartet smyczkowy i można było zjeść przyzwoity obiad za jedyne 50 kopiejek. Kierował nią „Paryżanin", Misza Jegorow, który okazał się sprytnym maître d'hôtelem. Hulali w niej po nocach SOP-owscy dowódcy, wolni urzędnicy i uprzywilejowani zesłańcy-czekiści. Premiery teatru były również płatne i można było na nich siedzieć już obok swojej damy, a nie osobno, jak dotąd. Przysyłane zesłańcom pieniądze nie trafiały jednak do ich rąk, ale zostawały zamienione na wypuszczone wówczas bony towarowe honorowane na równi z pieniędzmi. W sklepach wielobranżowych, gdzie realizowano owe bony, było wszystko, łącznie z szampanem i kawiorem. Przestępcy walutowi i gospodarczy mieli coraz więcej pieniędzy. I oto, na takiej „bazie ekonomicznej" i w odpowiadającym jej „duchu czasu", zezwolono na powitanie Nowego Roku w teatrze, pod warunkiem wykupienia niewiarygodnie drogiego wstępu – za całe 5 rubli. Organizację imprezy powierzono również Miszy Jegorowowi, a sprawy dekoracyjno-sceniczne – ChŁAM.

W tym czasie była już gotowa nowa, elegancka sala teatralna. Przy jej dekoracji zatrudniono Kolę Kaczalina, zdolnego artystę, który ją też zaprojektował. Zabłysnął tu pełnym blaskiem swego talentu, zwłaszcza jeżeli chodzi o efekty świetlne: raz niezwykle delikatne i miękkie, to znów zaskakujące nieoczekiwanie swoją ostrością.

I ani jednej czerwonej plamy! Ani jednego hasła! Ani jednego portretu „wodza"! Nawet teraz trudno w to uwierzyć.

Nie było żadnych wielkich flag i banalnych girland z malutkich proporczyków ani też żadnych, wprowadzonych wówczas do kanonu dekoracji, kultowych mechanicznych elementów: trybików, zębatek, przekładni… Tendencje konstruktywistyczne wyrażały się jedynie w umiejętnym połączeniu barwnych figur geometrycznych.

Scena była zastawiona stolikami, a w jej głębi lśniła i skrzyła się kryształowa bryła lodu. W niej znajdował się szampan, który podawały najznakomitsze lokatorki kobiecego baraku:

wysoka, o kształtnym profilu kamei, Engelhardt, olśniewająca paryską toaletą (chociaż trochę już niemodną) herbaciarka Wysocka oraz jeszcze inna piękność z „beau-monde".

Sala była wypełniona do ostatniego miejsca. Nie wiadomo skąd pojawiły się przyzwoite, nawet gustowne stroje. Na parterze uprzątnięto krzesła – tam tańczono, a na balkonie ustawiono, zaprojektowane przez tegoż Kaczalina, futurystyczne instalacje: ogromne jaskrawe parasole pod oślepiającym reflektorem. Symbolizował on słońce, którego brak wszyscy na Sołówkach tak bardzo odczuwali. Między parasolami – arcydzieło mistrza scenografii, starego, znającego jeszcze Szalapina i nawet kiedyś przez niego pobitego (o czym wspominał z dumą i rozrzewnieniem) teatralnego stolarza i rekwizytora, Gołowkina – palmy osobliwego gatunku, „całkiem jak prawdziwe".

Znów iluzja, realizacja chorobliwego, do bólu przeszywającego, tajonego w zakamarkach duszy marzenia o tym, co niemożliwe, niedościgłe, odebrane...

Dla jednych wieczór ten był nirwaną, czasem powrotu do przeszłości, krokiem w tył, a dla innych – też nirwaną, ale skokiem w przód, w nieznany świat blichtru płytkiej kultury materialnej. Niektórzy ze szpany również brali udział w noworocznej imprezie, ale któż by rozpoznał na niej bandytę Aloszkę Czekmaza czy kieszonkowca Wańkę Pana? W tej egzotycznej scenerii oni również ulegli metamorfozie.

W bufecie sprzedawano wino, wódkę i kruszon z konserwowymi owocami. Niektórzy „burżuje" solidnie sobie łyknęli, ale tego wieczoru w sali teatru, na tak ściśle zespolonych z macierzą Sołówkach, nie było ani jednego skandalu, nie padło ani jedno wulgarne słowo.

Artyści występowali na scenie między stolikami. Tam prześlizgiwały się delikatne „chińskie cienie", przy zgaszonym świetle migotały wesoło różnobarwne „świetliki", „porcelanowy kawaler z markizą" tańczył pretensjonalny, staroświecki gawot... ChŁAM dał tego wieczoru wszystko, na co było go stać i trudno powiedzieć, kto doświadczał większej przyjemności – widzowie czy artyści.

„Kuranty" – gawot porcelanowych figurek do sypiących się kryształowych dźwięków Mozarta – tańczyłem z prostytutką-złodziejką Sońką Głazką, wiotką i smukłą jak terakotowa figurka. Choreograf, wytrawny solista i reżyser 2. MChAT, N. Krasowski długo „urabiał" nas na próbach i uczył „wczuwania się" w nastrój tańca, ale w pełni „wczuliśmy się" w niego dopiero na scenie. I teraz, po 27 latach, wyciągając tamten wieczór z dna szkatuły pamięci, wciąż czuję subtelny dotyk ręki markizy skręcającej konopne liny i prawdziwy (a niech to!) zapach papierowej (nie, dla mnie prawdziwej, żywej!) róży, którą mi wtedy podała.

Na krótką chwilę, na jeden moment byłem kawalerem des Grieux pochylającym się nad dłonią prawdziwej, realnej Manon Lescaut[89] – katorżniczki Sońki Głazok! Wzruszający nastrój owej chwili trwa do teraz...

---

[89] Antoni Franciszek Prevost „Historia Manon Lescaut i kawalera des Grieux" – opowieść o miłości do najprawdziwszej kobiety, jaką kiedykolwiek stworzono, kobiety naiwnej, zepsutej, sprytnej i niebezpiecznej, ale też kochającej i uroczej.

Rozdział 9

„SWOI"

Embrion twórczej wolności – ChŁAM – zaczął rozwijać się również wśród kryminalistów. Tam powstał specyficzny zespół pod nazwą „Swoi"[90].

Terminem „swój" w więziennym żargonie określa się osobę przynależącą do świata przestępczego, w odróżnieniu od „frajera" – przyzwoitego obywatela, obiektu wykorzystania przez zdeprawowane środowisko. W świadomości kryminalistów przymiotnik „swój" daje poczucie dumy z członkostwa w kaście. Ta charakterystyczna cecha rosyjskiej szpany nie jest zbyt odległa od światopoglądu korporacyjnego, „sławnego starego Heildelbergu". To właśnie tam, przy dębowych stołach trzechsetletnich piwiarń, świat dzielił się na „dobrych burszów"[91] i „filistrów".

Tradycje rodzą się na „wyżynach" i przesiąkają do „nizin" – powoli, lecz zdecydowanie. I tam zaczynają żyć własnym

---

[90] Teatr ChŁAM i zespół „Swoi" były jak atomy wolności w duszach ludzi, którzy znaleźli się w żelaznym imadle zniewolenia i urabiania osobowości za pomocą systemu socjalistycznych obozów koncentracyjnych. Dlatego właśnie teatr zapadł tak głęboko w pamięć ludzi przebywających na Sołówkach w tamtych i późniejszych latach, o czym świadczy szczera i wyrazista opowieść G. Andriejewa „Wyspy Sołowieckie" (Grani, nr 8), w której autor bardzo ciepło wyraża się o sołowieckim teatrze – B.Sz.

[91] Bursche – chłopak.

życiem, chociaż w groteskowej i zdeformowanej postaci. Wy-
blakła „na wyżynach" figura Childe Harolda[92] jawi się w prze-
braniu i przy wtórze smętnych motywów „klasycznej" pieśni
bezdomnych dzieci „Zapomniany, porzucony", której słowa:
Porzucony ojcowski dom
porasta trawą już...
Pies, mój wierny druh,
zawyje u jego wrót.
powtarzają niemalże dosłownie strofy Byrona.

Organizatorami „Swoich" byli: bandyta Aleksiej Czekmaza, włamywacz Wołodia Biedrut i kieszonkowiec Iwan Panin.
Każdy z nich był wyrazisty, oryginalny i barwny.

Aleksiej Czekmaza był dońskim kozakiem. Pierwsza wojna światowa, a potem wojna domowa wyrwały go z jego ojczystego kurenia, zakręciły nim, zawirowały i tak przykładny
obywatel stał się zręcznym bandytą. Nie wpadł jednak „przy
pracy". Został schwytany w obławie na „szkodników społecznych" i tak trafił na Sołówki. Lecz dążenie do osobistej, duchowej kultury żyło w nim i ujawniało się z niezwykłą siłą.
Czytał dużo i uważnie, starał się później z kimś inteligentnym
o tym porozmawiać, sam próbował pisać wiersze, czasem nawet
szczere, choć dość nieskładne, w teatrze zaś nieźle wychodziły
mu wszelkie „rubaszne" role. Był bardzo dobrym organizatorem: rzeczowym, rzetelnym i w miarę władczym. Wyszkolenie

---

[92]   Postać tytułowa poematu Georga Byrona „Wędrówki Childe Harolda" (1809-18).

w kozackim pułku nie poszło na marne. Wiele lat później słyszałem, że po zwolnieniu z katorgi zerwał ze swoją kryminalną przeszłością i został kierownikiem jakiejś dużej stołówki zakładowej.

Zupełnie innym typem był Biedrut. Syn moskiewskiego lekarza, skończył jedno z najlepszych prywatnych gimnazjów i wszedł w lata bezczasowości, zaraziwszy się zabójczym „heroizmem" złodziei-dżentelmenów w stylu leblanowskiego Arsèna Lupina, który zastąpił zgrzybiałego Rocambola[93]. Współcześni tego ostatniego prezentowali jednak pewne zasady moralne, które chroniły ich przed demoralizującymi wpływami literackiego bohatera. Kształtująca się w latach rewolucyjnej destrukcji świadomość Biedruta nie mogła już niczym przeciwstawić się Arsenowi Lupinowi. Jego droga życiowa była taka sama jak wielu inteligentnych chłopców tamtych czasów. Ona to przywiodła Biedruta na Sołówki, gdzie stał się pewnego rodzaju ogniwem łączącym kaerów z kryminalistami. Dopasował się „do miejsca", czyli do środowiska „swoich", gdzie umiejętności włamywacza pozwoliły mu zająć wysoką pozycję w swego rodzaju kastowej hierarchii oraz zdobyły uznanie wśród kontrrewolucyjnej młodzieży. On sam jednak nie przystał ani do jednych, ani do drugich.

Nie był też pozbawiony zdolności: z łatwością pisał poprawne, typowe dla swoich czasów wierszyki i był niezły

---

[93] Rocambol – rozbójnik, tytułowy bohater cyklu francuskich powieści awanturniczych Ponsona du Terraila (1859-84).

w rolach, w które głęboko się wczuwał, jak na przykład w postać Nieznamowa[94].

Niekwestionowany talent przejawiał natomiast trzeci z organizatorów – Iwan Panin, śpiewający na scenie piosenki i kuplety własnego autorstwa oparte na chodliwych motywach. Wykonawca subtelnie, a jednocześnie ostro reagował w nich na otaczającą rzeczywistość, umiejętnie przeplatał łagodny humor ze złośliwą satyrą, pełniąc funkcję łagrowego Zoila[95] lub „sołowieckiego Bérangera[96]". Niezbyt liczył się z cenzurą, uzupełniając oryginalne teksty ekspromptami i improwizacjami. Czasem zamykano go za to w karcerze, ale nie trzymano zbyt długo. Reprezentowany bowiem przez niego gatunek sceniczny przypadł do gustu samym strażnikom, a głównym jego orędownikiem był sztab Sołowieckiego Pułku Specjalnego. Odpowiadał ich poziomowi kultury dowódców i takim też teatralnym potrzebom.

– Patrzcie, s… przegina! Igra z ogniem!

Artysta ten cieszył się niezmiennym powodzeniem i nawet na utrzymanych w poważnym tonie koncertach, po Czajkowskim czy Borodinie, kadra dowódcza SOP kategorycznie

---

[94] Nieznamow – postać z dramatu „Niewinni winowajcy" Aleksandra Ostrowskiego (1823-86).

[95] Zoil – zawistny, nadmiernie surowy, niesprawiedliwy krytyk literacki. Pojęcie to pochodzi od imienia starożytnego gramatyka, cynika i krytyka literackiego Zoilosa z Amfipolis (IV w. p.n.e.), który wsławił się tym, że w swoich dziełach poświęconych Homerowi negatywnie ocenił jego utwory, przez co sam zyskał przydomek *Homeromastiks* (*bicz na Homera*).

[96] Pierre-Jean de Béranger (1780-1857) – francuski poeta, autor wielu popularnych pieśni, znany przede wszystkim ze swojej satyrycznej twórczości.

domagała się Panina, który zawsze był pod ręką i zawsze dysponował świeżym repertuarem.

Był „numerem jeden" wśród „Swoich", a ich największym osiągnięciem artystycznym był 150-osobowy chór założony i szkolony przez byłego regenta Imperatorskiego Konwoju, niezwykle utalentowanego muzycznie starego kozaka. Ten chór i wyłonione z niego tria, kwartety i sekstety wystawiały szeroki, różnorodny repertuar rosyjskich pieśni ludowych oraz więziennych i katorżniczych piosenek. ChŁAM i „Swoi" przetrwały aż do 1927 roku. Kiedy zaś socjalizm obozów koncentracyjnych ostatecznie się ukształtował, zmiótł również ich ze swej zwycięskiej drogi.

Słuchając pieśni „Swoich", Głubokowski i ja zainteresowaliśmy się „błatnym"[97] językiem i swoistym więziennym folklorem. Zebraliśmy dość obszerny materiał: złodziejskie piosenki, teksty krótkich sztuk scenicznych przekazywanych ustnie i granych w więzieniach, „błatne" słownictwo, kilka zrodzonych w kryminalnym środowisku legend o znakomitościach tego świata. Niektóre z tych pieśni były wyraziste i barwne. Oto jedna z nich:

Szło dwóch urkaganów
z odeskiego kiczmanu,
z odeskiego kiczmanu
do domów swych wracali.

---

[97] Oto przekłady „błatnych" wyrazów (z żargonu więzienno-łagrowego): „urkagan" – złodziej, „kiczman" – więzienie, „malina" – spelunka, „szyrmacz" – kieszonkowiec, „zagrać w skrzynkę" – umrzeć, „fart" – powodzenie lub los, „bana" – dworzec, „legawy" – milicjant.

Gdy tylko wstąpili
do zatęchłej meliny
grozą tam na nich powiało...
„Towarzyszu miły,
szyrmaczu-włóczęgo –
jeden z urkaganów powiada –
ja swój los dobrze znam
i w skrzynkę tu zagram,
aby serce mnie boleć przestało..."
A drugi mu na to,
że też fart swój dźwiga,
bolą go rany na piersi;
jak jedna się zgoi,
to druga zaczyna,
a trzecia zaś w boku go wierci...
„Towarzyszu miły,
ja też nie mam siły,
zakop moje ciało pod banę!
Żeby pamiętali
ci durni legawi
bohatersko ginącego szpanę!".

Czyż tekst tej piosenki nie przypomina „Dwóch grenadierów"[98] odbitych w krzywym zwierciadle romantyzmu przestępczego świata?

---

[98]   Popularna rosyjska piosenka żołnierska powstała podczas pierwszej wojny światowej.

Na swoją pracę patrzyliśmy jak na fiksację żywego materiału folklorystycznego dla przyszłego badacza. Wydawnictwo USŁON, o którym będzie mowa dalej, wypuściło niewielki zbiorek tych utworów, liczący około 100 stron, w ilości 2000 egzemplarzy. Niektóre z nich dotarły do sklepików OGPU na Sołówkach, w Kemi i w innych łagrach, a nawet do Moskwy. Powstała tu nieoczekiwana, ale charakterystyczna dla tamtych czasów anegdota: wydanie zostało błyskawicznie wykupione. Materiały z dziedziny folkloru były rozchwytywane tak jak śpiewniki czy zbiorki modnych wówczas (w całym ZSRR) romansów.

Później sowieckie kino wyprodukowało w oparciu o ten materiał cieszący się dużym powodzeniem film „Droga do życia".

Ale obowiązkowe 12 egzemplarzy wydanych przez USŁON trafiło zgodnie z rozporządzeniem do głównych księgozbiorów Związku Sowieckiego i w ten sposób nasz trud nie poszedł na marne.

Rozdział 10

Pod kuratelą diabła

Jaszce Cyganowi dostała się tego dnia niezwykle lekka praca. Nie pędzono go do lasu. Brygadzista-Gruzin, obrzuciwszy spojrzeniem nierówny szereg, początkowo pogroził palcem zanoszącemu się od napadu kaszlu Miercałowowi, a później zatrzymał swój władczy wzrok na „kołach"[99] Cygana. Ten element jego przyodziewku rzeczywiście zasługiwał na uwagę. W bardzo dalekiej przeszłości buty Jaszki służyły pewnie jakiemuś bandziorowi, o czym świadczyła zachowana na jednym z nich ochronna gumowa nakładka, ale teraz but ten w ogóle nie miał podeszwy, a w drugim brakowało górnej części noska. Te defekty techniczne, jak widać, nie martwiły obecnego właściciela obuwia, a wręcz przeciwnie, pobudzały jego twórcze inwencje. Podeszwę zastępowała deska, coś w rodzaju krótkiej narty, starannie, a nawet elegancko, w wymyślny sposób przymocowana kawałkami przewodu elektrycznego, a przez dziurę w miejscu brakującego noska sterczało coś na kształt olbrzymiej gruszki ze zmiętego papieru.

Sam Cygan nie tylko nie narzekał na niedoskonałości swojego obuwia, lecz nawet z wyraźną dumą obnosił się ze swym

---

[99] Koła – w więziennym żargonie – obuwie.

racjonalizatorskim pomysłem, dziarsko szurając „nartą" o płyty posadzki. Był niepoprawnym optymistą.

To właśnie wzbudziło współczucie w surowym zarządcy i, chociaż wielu miało jeszcze gorsze buty, zawołał:

– Ej, ty, ofermo! Chodź no tutaj!

Przekazawszy brygadę drwali konwojentom, Gruzin zaprowadził Cygana i Miercałowa do piwnicy pod dawną klasztorną kuchnią i nakazał:

– Wyczyścić mi to pomieszczenie! Deski i wszystko, co jeszcze może się przydać, układajcie tutaj, a śmieci zwalajcie tam. Pamiętajcie, to kumoterska robota.

Miał rację. Na dworze szalał trzaskający mróz, a w piwnicy było ciepło i zacisznie.

Z Miercałowa niewiele było pożytku. Suchy, duszący kaszel skręcał jego cherlawe ciało jak płomienie ogniska wyschniętą korę brzozy.

– Hej, zdechlaku, wyciągaj pomału! Przynajmniej te deski z kąta – pokrzykiwał na niego Cygan. – Ciągnij ku sobie! Cóż za stary dziad z ciebie!

Pod deskami, na stercie gruzu matowo połyskiwał jakiś dziwny przedmiot. Wyciągnęli go, obejrzeli. Coś jakby latarnia z różnokolorowymi szkiełkami przymocowana do dużego metalowego uchwytu. Sama latarnia również była zrobiona z metalu.

– Może to „ryże"[100]? Mnisi żyli tu sobie bogato...

---

[100] Ryże – złote.

Cygan postukał palcem w drzwiczki latarni.

– Nie! To nie „ryże"! Widzisz, wżarła się tu zielona rdza. Jednak to delikatna robota, we wzory. Odłóż na bok, potem pomyślimy.

Przy dalszych wykopaliskach znaleźli drugą latarnię, do pary z tą pierwszą. Potem wyciągnęli coś w rodzaju chorągwi z podartymi, starymi płachtami, na których były jakieś obrazy.

Cygan doskonale wszystko obmyślił. Można by skitrać[101], ale po co? Jaki z tego będzie pożytek? Komu, do diabła, potrzebne takie lampy? Najlepiej zameldować o tym kierownictwu: może wtedy wpadnie jakaś nagroda?

A kierownictwo, w osobie Barinowa, właśnie schodziło do piwnicy.

– Skarb znaleźliśmy, obywatelu naczelniku – podbiegł do niego Cygan. – Proszę popatrzeć, jakie precjoza... – Cygan lubił wyszukane słowa.

– Rupiecie... Przedmioty kultu. – Barinow kopnął w chorągwie. – Ale przyglądaj się dalej tym starociom. Może znajdzie się coś sensownego. Wszystko możliwe.

– „Jak coś takiego znajdziemy, to i bez ciebie będziemy wiedzieć, co z tym zrobić" – pomyślał Cygan. – Bądźcie spokojni, obywatelu Barinow, niczego nie przegapimy – powiedział głośno – tylko każcie przydzielić mnie do tej roboty. Już ja..!

– No, dobrze! Będziesz tu za wszystko odpowiedzialny. Jak się nazywasz?

---

[101] Skitrać – w żargonie więziennym – schować.

Stojąc w kolejce po barszcz z dorsza, Cygan chełpliwie i z patosem rozgłaszał wieści o swoim znalezisku, dzięki któremu dostał lekką pracę w cieple. Wśród słuchaczy znajdował się docent P-ski, historyk, mający na swoim koncie pewną znaczącą pracę naukową z przedmową akademika Płatonowa. Przełknąwszy pośpiesznie swoją baładnę, naukowiec pobiegł do piwnicy, starając się po niej uważnie rozejrzeć, zanim skończy się przerwa. A wieczorem, w „Grobowcu hinduskim", odbyła się wojenno-operacyjna narada wybrańców losu.

– Lampy wykonane są bardzo misternie. To pewnie robota włoskich artystów. Zamiast szkieł wstawiono grubą, kolorową, zdobioną mikę. Ich wartość historyczna jest bezcenna. Bardzo ciekawe są również chorągwie. Pochodzą niewątpliwie z XVII wieku. Podobne znaleziska będą się pewnie jeszcze powtarzały. Rozgrabione zostały głównie przedmioty ze złota i srebra. Trzeba się jakoś postarać zebrać te skarby i zabezpieczyć je, stworzyć coś w rodzaju muzeum – mówił P-ski.

– Ale się zagalopował! Na Sołówkach miałoby być muzeum?!

– I do tego religijne! To absurd!

W kącie siedział B. Jemielianow, poeta-fokstrotysta, milczący, tyczkowaty i dość niezgrabny. Nie odznaczał się zbytnią błyskotliwością umysłu, więc często służył za cel niewybrednych żartów, ale to on właśnie zauważył:

– Jeśli religijne – to coś takiego tutaj nie przejdzie, ale antyreligijne, ateistyczne – to na pewno.

Sens tego spostrzeżenia zrozumieliśmy dopiero po dalszym wyjaśnieniu:

– Nie chodzi tu o szyld, a o uratowanie cennych przedmiotów i, wierzcie mi, pod taką nazwą z pewnością ocaleją.

Rozgorzał, zgodnie z rosyjskim zwyczajem, burzliwy spór. Znaleźli się zwolennicy „nieskalanych szat", oburzeni umieszczeniem świętości „pod kuratelą diabła", ale zdrowy rozsądek zwyciężył.

– Być albo nie być! Ratunek „pod pieczą antychrysta" lub nieuchronna zagłada!

– Ale kogo wyznaczyć na kustosza? Tu trzeba wybrać niezwykle rozważnie... Nikt z nas za bardzo się na tym nie zna. Poza tym Ejchmans nikomu nie dowierza.

– Wybierzmy Waśkę Iwanowa – zdecydował Misza Jegorow – on najlepiej się do tego nadaje.

– Tego bezbożnika? Mnicha, który zrzucił habit?

– Bezbożnika?! – zaprotestował Misza. – Ten człowiek jest dla was wszystkich bezbożnikiem, a ja z nim przeżyłem trzy miesiące w jednej celi. Jak tylko gasło światło, Waśka żegnał się pod kocem i zaczynał szeptać modlitwy. W czasie białych nocy wszystko widać! Bezbożnik! Co wy tam wiecie?!

Waśka Iwanow był jedną z barwniejszych postaci na katordze. Nie widziałem nikogo o bardziej odpychającej powierzchowności: nadzwyczaj niskiego wzrostu, prawie karzełek, z krzywymi nogami, ze zwisającą wstrętnie dolną wargą i ogromnymi, sterczącymi jak skrzydła nietoperza uszami przypominał jedną z odrażających chimer Notre Dame. Do tego wszystkiego wyróżniał się nieprzyjemnym, głośnym i piskliwym falsetem.

Na Sołówkach Iwanow pełnił obowiązki ateistycznego lektora i, słuchając jego nieskładnych okrzyków, szpana rezonowała:

– Waśka stara się obrazić Boga za to, że Ten tak bardzo go skrzywdził.

Był prymitywny do ostatnich granic. Nawet osławiony „podręcznik" Jemieliana Jarosławskiego próbował poprzekręcać tak, że Kogan musiał się za niego wstydzić.

– Ty, Waśka, trzymaj się lepiej rzeczywistości – mówił – i przestań bredzić o jakichś Ozyrysach czy Izydach.

Swoje wykłady Iwanow zaczynał zawsze jedną i tą samą barwną anegdotą:

– Napoleon – piszczał – wziął lunetę i zaczął patrzeć w niebo. Gdzie jest ten Bóg? Nie ma Boga! „Laplace! – przywołał swojego nadwornego astronoma. – Ty już trzydzieści lat wpatrujesz się w niebo, więc powiedz, widziałeś tam kiedyś Boga?".

Do czasu aresztowania Wasilij Iwanow był mnichem. W więzieniu zrzucił habit i na piśmie wyrzekł się wiary, ale i tak dostał trzy lata, więc teraz wyłaził ze skóry, żeby tylko skrócono mu wyrok.

Takie oto indywiduum Misza zaproponował na stróża sołowieckich świętości, relikwii zamierzchłej przeszłości. I nie pomylił się w swojej trzeźwej ocenie.

Nazajutrz rozmawialiśmy z Koganem, bezpośrednio i otwarcie, kładąc jednak nacisk nie na religijną, a na kulturową wartość zabytków. Na górze może on potem inaczej przedstawił całą tę kwestię, ale jakich by nie użył argumentów, to i tak powstanie Muzeum Ateizmu było sprawą przesądzoną. Do swojej dyspozycji dostał prawie nienaruszoną cerkiew domową sołowieckiego archimandryty w jego prywatnych komnatach. Wkrótce zatwierdzono sztab stałych pracowników muzeum, któremu przyznano prawo do zarekwirowania wszystkich eksponatów o wartości historycznej. Miało to poważne znaczenie, gdyż nadgorliwi włodarze cerkiewnego majątku już na wiele z tych obiektów położyli swą łapę; na przykład pracownia instrumentów muzycznych zagarnęła dla siebie resztki słynnego pięciokondygnacyjnego ikonostasu z Soboru Przemienienia Pańskiego, bo wielowiekowe drewno ikon świetnie nadawało się do wyrobu gitar i bałałajek.

Wiele innych cennych przedmiotów zdążyli już sobie przywłaszczyć grabieżcy i ignoranci z dyplomami wyższych uczelni technicznych.

Waśka okazał się niezastąpiony przy odzyskiwaniu skradzionych rzeczy. Może kierowało nim pragnienie zadośćuczynienia, a może jeszcze coś innego, nie mnie o tym sądzić, ale przeklinał, piszczał, pluł, latał na skargę do kierownictwa, zabiegając o każdy kawałeczek zrujnowanej i zbezczeszczonej wspaniałości, o każdy strzęp dawnej świetności... Jak Pluszkin[102] zgarniał ku sobie wszystko bez wyjątku, więc specjalistom-muzealnikom, wyłowionym wśród ludzi najróżniejszych zawodów, pracy nie brakowało.

---

[102] Pluszkin − bohater „Martwych dusz" M. Gogola, uosobienie skąpstwa i zachłanności.

Tego typu specjaliści pojawiali się wręcz nieoczekiwanie. Wśród ciężko okaleczonych inwalidów znalazł się kupiec-staroobrzędowiec, Szczapow z Nierechty czy Kinieszmy, wybitny i wytrawny znawca ikonografii. Nad strzępami i skrawkami rękopisów ślęczał docent P-ski, a klasyfikacją i oceną rzeźb, haftów i wyrobów z brązu zajmował się znany moskiewski antykwariusz, skazany na Sołówki za sprzedaż cudzoziemcom jakiejś rzadkiej kolekcji porcelany gromadzonej przez wiele pokoleń pewnego staromoskiewskiego rodu.

Wszelkiego rodzaju wartościowe przedmioty wlewały się do muzeum niekończącym się potokiem. W jednej z piwnic na stercie śmieci znaleziono dwie okute miedzią skrzynie z księgami gospodarczymi z XVII wieku. Na ich podstawie docent P-ski sporządził wyraźny obraz ekonomiki nadbrzeżnych rejonów Morza Białego tamtych czasów, terenów prawie w całości należących do potężnego i rozwiniętego gospodarczo klasztoru, prężnego ośrodka kultury, którego dewizą były słowa: „Praca nas ocali"!

O tej pracy pisano w miesięczniku „Wyspy Sołowieckie" a niektóre osiągnięcia gospodarcze klasztoru zostały uwzględnione i wykorzystane przez pierwszego organizatora obozów koncentracyjnych N. Frenkla, chociażby tylko przy zagospodarowywaniu Koły, Soroki, Wybrzeża Kemskiego i Peczory.

Mnisi uchodzący na Wałaam taborami i pieszo nie byli w stanie zabrać nawet setnej części wyposażenia bogatej klasztornej zakrystii, w której gromadzono dobra od czasów Marfy Posadnicy. Grabieżcy z Archangielskiej Rady Deputatów zabierali tylko to, co nadawało się do szybkiej i łatwej sprzedaży. Tego również było pod dostatkiem. Wzniecony przez owych złodziei pożar tylko powierzchownie uszkodził zakrystię, ale zachowało się wiele szat liturgicznych ze starych weneckich brokatów, mnóstwo zasłon, chust, pokrowców na płaszczanice wyszytych przez pobożne pustelnice, bojarskie córy i wielkie księżne moskiewskie. Wszystko to trafiło do muzeum, ale, jak się później dowiedziałem, część tych kosztowności została wywieziona do Moskwy i z pewnością spieniężona. Zapasy fabrycznie nowego brokatu przekazano teatrowi i z nich zostały uszyte wspaniałe kostiumy do przedstawienia „Borysa Godunowa" Puszkina, spektaklu granego na Sołówkach aż 22 razy, a więc tylko o dwa krócej niż w Akademickim Teatrze Artystycznym. Później grano w tych strojach również „Cara Fiodora Iwanowicza", „Popłoch wśród dziewcząt" J. Milutina i „Wasylisę Melentiewą".

Znalezione przez Cygana lampy okazały się arcydziełami sztuki floreńskich mistrzów renesansu. Zostały one podarowane klasztorowi przez papieża Innocentego (nie pamiętam, którego), a podobne do nich znicze były darem weneckiego doży.

Nie udało się odnaleźć klasztornej biblioteki. Należy przypuszczać, że archimandryta zabrał ze sobą skrzynię z gramotami nowogrodzkich posadników i moskiewskich carów wraz z innymi ważnymi dokumentami, a pozostałe rękopisy i księgi zostały zakopane bądź zamurowane, ale gdzie – to wiedział podobno tylko jeden zakonnik, który z garstką mnichów pozostał na wyspie, ojciec Irianarch. Ale czy na pewno? Starano się za wszelką cenę wydrzeć tę tajemnicę z prostego, jakby wyciosanego toporem mnicha – jednak ten niczego nie zdradził. Ejchmans, sam pasjonujący się poszukiwaniem skarbów, upijał go do nieprzytomności, a nawet woził samolotem. Bo też ojczulek Irianarch lubił sobie wypić, ale nawet w stanie największego upojenia milczał jak zaklęty.

Teraz pewnie już nie żyje lub został wygnany z wyspy, a więc najcenniejsze unikaty na zawsze zginęły dla potomnych. Na Sołówkach przechowywano też podobno unikalne rękopisy staroobrzędowców, wśród których znaczną część stanowiły polemiki starców, zwolenników dawnej bogobojności, z nowoczesnymi nikonianami[103]. Przechowywane były oczywiście w ukryciu i z pewnością dlatego nie weszły do wydanego drukiem katalogu. Natomiast w zakrystii odnalazł się rękopis Apostoła[104], jak głosi legenda, przepisany ręką carewny Zofii. Został on wysłany do Moskwy celem dokładnego zbadania. Pamiętam jego wspaniałe winiety i wzorzyste iluminacje pierwszych liter rozdziałów. Kto pokrył je złotem, lazurem i cynobrem? Czyżby siostra, godna swego wielkiego brata, była tak utalentowaną artystką?

Największa ilość religijnych, artystycznych i historycznych kosztowności była z pewnością ukryta w monasterskiej

---

[103] Nikonianie – zwolennicy Nikona (1605-81), patriarchy Moskwy w całej Rusi, który w latach 1653-56 przeprowadził reformę liturgiczną, co spowodowało rozłam w Kościele prawosławnym.

[104] Apostoł – lekcjonarz, księga liturgiczna zawierająca czytania z Pisma Świętego i pisma Ojców Kościoła.

„rupieciarni", która przeszła pod zarząd i opiekę muzeum. Ta „rupieciarnia" mieściła się w dużej i suchej piwnicy, wypełnionej prawie po sufit gromadzonymi w niej przez wieki ikonami. Mnisi mówili, że składowano tu obrazy z niezliczonych cerkwi i kaplic. Ikony były już bardzo stare i zniszczone, to znaczy okopcone, popękane, o niewyraźnych rysunkach. Docent P-ski znalazł w tej graciarni również zarządzenia wydane na mocy decyzji soborów, ze Stugłowym włącznie, i na polecenia Synodu dotyczące składowania ikon wycofanych ze świątyń i domów modlitw staroobrzędowców oraz z ich pustelni. Dowodem na to był często odnajdywany obraz Jana Chrzciciela ze skrzydłami[105]. Ten kanon ikonograficzny został zakazany jeszcze w XVII wieku.

Trafiły tu z pewnością również stare ikony napisane w monasterskiej pracowni ikonograficznej jeszcze przed okresem nikonowskim, zdjęte po „pojednaniu się" monasteru z moskiewskim patriarchatem, od którego ten odłączył się w 1654 roku i z którym walczył przez około 15 lat.

Przez cały czas pobytu na Sołówkach nie udało mi się zapoznać nawet pobieżnie choćby z niewielką częścią bogactw „rupieciarni". Jedyny pracownik działu ikonograficznego muzeum, staruszek Szczapow, okazał się bardzo skrupulatnym i precyzyjnym badaczem. Nie zadowalał się tylko zewnętrznymi oględzinami, ale zgłębiał tajemnice sztuki dawnych mistrzów: zestaw kolorów, sposób nakładania politury, gruntowania

---

[105] Jako anioł pustyni.

drewna itd. Praca wykonywana z taką starannością pochłaniała mnóstwo czasu, więc udało mu się zbadać jedynie zewnętrzną warstwę sterty ikon, tych względnie nowych. Można przypuszczać, że największe skarby skrywały jej głębsze pokłady.

Jeszcze wiele dałoby się napisać o bogactwie sołowieckiego Muzeum Ateizmu. Co z tego, że nad eksponatami wisiały trywialne i głupie napisy? Te kawałki kartonu zginą, a uratowane skarby, jak Bóg da, przetrwają i znów – odnowione i na nowo poświęcone – będą służyły ku chwale Bożego Imienia.

Wierzę święcie i niezłomnie, że odstępca, bluźnierca i oszczerca był również narzędziem w rękach Boga, atomem Jego niepojętej mądrości, i za uratowanie, za zaszczyt przechowania wiekowych świętości Rosji wszystkie grzechy i grzeszki popełnione przez błądzącego, marnotrawnego mnicha Wasyla w jego nędznym ziemskim i, bez wątpienia, pełnym cierpienia życiu zostaną mu odpuszczone.

Rozdział 11

Kaczki edredony
i szczury piżmowe

– Mam na Sołówkach fachowców w każdej dziedzinie –
Ejchmans chlubił się mieszkańcami swojej Satrapii.

Miał rację. Bo kogóż tam wtedy nie było! Jakież to zawody,
umiejętności, a czasem nawet talenty kryły się w szarej, zawszo-
nej masie mieszkańców wyspy, zbitej w zwartą ludzką miazgę!
Od dowódcy armii do kieszonkowca o zwinnych palcach, od
dyrygenta orkiestry symfonicznej do tresera psów myśliwskich.
Byli i tacy – na przykład polski szlachcic, „bardzo honorowy
pan" - którzy gardzili każdego rodzaju pracą.

W uznaniu dla Ejchmansa trzeba przyznać, że do czasu
utworzenia przez N. Frenkla w obozach koncentracyjnych systemu socjalistycznego niewolnictwa (na przełomie lat 1926/27),
potrafił on z łatwością umożliwić każdemu, kto tylko chciał
i umiał pracować, rozwój własnej inicjatywy w dowolnej dziedzinie działalności. Nawet pan szlachcic znalazł dla siebie zajęcie, zostając łowczym przy tymże Ejchmansie i „wychowawcą"
psów myśliwskich dla magnatów OGPU. Później przeniesiono
go do takiej samej pracy na jednym z ogromnych terenów łowieckich należących do owego urzędu.

W 1924 roku, z jedną z pierwszych partii skazańców, przybył na wyspę nauczyciel zoologii pewnego gimnazjum w kubańskiej stanicy, kozak Niekrasow. Nie wyróżniał się niczym szczególnym, był zwykłym prowincjonalnym nauczycielem, ale kochał swój przedmiot. I to nie tylko książkowo, scholastycznie, ale prawdziwie, namiętnie i płomiennie, łącząc mądrość teoretyczną z jej istotą – życiem zwierząt.

Niekrasow dostał się przypadkiem do oddalonej od kremla komandirowki[106], a ściślej mówiąc, do Służby Ochrony Wybrzeża. W tym głuchym zakątku wyspy gnieździło się mnóstwo kaczek edredonowych. Zabrał pisklęta i oswoił je, udomowił, jak mawiał. Artykuł o swoim eksperymencie i możliwych korzyściach płynących z jego zastosowania na skalę przemysłową zamieścił w dopiero co zaczynającym się pojawiać tygodniku „Nowe Sołówki". Potem znalazł się tam jego drugi artykuł, omawiający, być może niezbyt dokładnie przemyślaną, hipotezę pochodzenia sołowieckich „labiryntów". Takie „labirynty" nie są rzadkością na wybrzeżach i wyspach Morza Białego. Mają kształt ustawionych na sztorc kamiennych płyt tworzących ogrodzone „komórki". Niekrasow wysnuł teorię, że te minosowe labirynty były w przeszłości „zagrodami dla zwierząt", w których prehistoryczni mieszkańcy Północy trzymali żywe foki w okresie, kiedy ich stada odpływały na zimowiska w morskie przestworza. Foki były w tamtych czasach głównym pożywieniem mieszkańców Sołówek.

---

[106] Komandirowka – filia łagru.

Te artykuły zostały zauważone. W rezultacie Niekrasowowi stworzono szerokie możliwości kontynuowania eksperymentów związanych z udomowieniem kaczek i pod jego kierownictwem, w byłej letniej rezydencji archimandryty oddalonej o trzy kilometry od kremla, nad brzegiem krystalicznie czystego jeziora, zorganizowano Sołowiecki Ogród Botaniczny. Niekrasow lubił, chciał i umiał pracować. Potrafił zawsze „trafić w sedno" i zainteresować swoją działalnością kogo trzeba. Zaproponował więc Ejchmansowi, by na Sołówkach zaczęto hodować cenne ze względu na swoje futro szczury piżmowe oraz szarobrunatne lisy.

Ejchmans to „połknął", jak zwykle bolszewicy „połykają", a właściwie „połykali" wszystko, co nowe i nieznane. Ta cecha ich charakteru prawdziwie i wiernie przedstawiona została w utworze „Fatalne jaja" autorstwa wykreślonego bezapelacyjnie z literatury rosyjskiej utalentowanego Michaiła Bułhakowa. Nie licząc się z kosztami, sprowadzono więc na Sołówki amerykańskie szczury i syberyjskie lisy. Przetłumaczono również i wydano kilka broszur o amerykańskich fermach zwierząt futerkowych oraz założono pierwszą w ZSRR fermę futrzaków. Słyszałem, że później, kiedy zniesiono odpowiedzialność indywidualną, a wprowadzono pod przymusem socjalistyczną odpowiedzialność zbiorową, zlikwidowano też sołowiecki Ogród Botaniczny jako coś zbędnego. Sama idea jednak, która w Rosji po raz pierwszy została wprowadzona w życie z woli i inicjatywy sołowieckiego katorżnika Niekrasowa, znalazła dalsze formy rozwoju: pod Moskwą i w innych miejscowościach Europejskiej Rosji, a zwłaszcza na Syberii, funkcjonują nadal fermy nie tylko zwierząt futerkowych (lisów, kun i soboli), ale i „leczniczych" marali[107], których rogi (panty) są bogate w hormony.

Do 1927 roku niekrasowska farma przekształciła się w niewielką stację biologiczną pod patronatem Akademii Nauk i wykonywała zlecone przez nią zadania w zakresie studiów nad florą i fauną Morza Białego. Badała nie tylko jego wierzchnie warstwy, ale penetrowała też głębiny, obserwując wodne życie przy temperaturze poniżej zera.

Wśród pracowników ogrodu byli zarówno ludzie nauki, jak i zwyczajni miłośnicy tego typu zajęć. W gronie tych ostatnich zapamiętałem jedną niezwykłą postać – to mogło zdarzyć się tylko w ZSRR – brazylijskiego konsula w Egipcie, seniora Violaro, zesłanego na Sołówki wraz z żoną.

Jego historia jest wyjątkowa i wyróżnia się nawet w wielobarwnej mozaice sołowieckiego kalejdoskopu. Bogaty hacjender, jako młody dyplomata, po przybyciu do Kairu ożenił się z rosyjską emigrantką, księżniczką Czawczawadze. Jednakże matka jego młodej żony nie mogła na czas wyemigrować i została w ZSRR. Próby wydostania jej legalną drogą prowadziły donikąd i krewki Brazylijczyk, gotowy zrobić wszystko dla ślicznej małżonki, porwał się na ryzykowne przedsięwzięcie. Pokładał pewnie zbyt wielkie nadzieje w swoim paszporcie dyplomatycznym, gdyż przyjechał do ZSRR razem z żoną i zaczął poszukiwania teściowej, w wyniku czego znalazł się na Sołówkach.

---

[107] Maral – azjatycki podgatunek jelenia.

W stosunku do niego złagodzono nieco tutejszy rygor. Jako jedyny z zesłańców mógł mieszkać razem z żoną i nie nałożono na niego obowiązku pracy. Być może pomogły też wielkie pieniądze, które przysyłano mu z Brazylii (do ręki oczywiście ich nie dostawał). Jego małżonka pracowała dobrowolnie w ogrodzie, pielęgnując rzadkie rośliny, i zajmowała się pisklętami kaczek. W mojej pamięci rysuje się ona zawsze w otoczeniu ich piskliwej gromadki. Jego zaś widzę, jak obserwuje tę idyllę, stojąc w cieniu ciemnego świerku w białym kapeluszu z szerokim rondem, eleganckiej marynarce i nieskazitelnie białych, starannie odprasowanych spodniach.

Jakież to niespodzianki, niedorzeczności i absurdy występowały na Sołówkach w tamtych zmiennych, niestabilnych czasach!

Praca naukowa sołowieckich katorżników nie ograniczała się tylko do muzeum czy ogrodu botanicznego.

Jedną z ciekawszych postaci katorgi był 84-letni profesor Kriwosz-Niemanicz. Całe jego długie życie było pasmem zachłannego gromadzenia wiedzy. Był rodowitym Serbem, znał około 30 języków, w tym staroegipski, staroaryjski i aramejski. Jego przekłady ze staroegipskiego były drukowane w specjalistycznych czasopismach. Oprócz tego studiował takie dziedziny, w których słowo „nauka" brane jest w cudzysłów: magię, chiromancję czy kryptologię. W tej ostatniej osiągnął duże postępy i z powodzeniem wykonywał – jeszcze na zlecenie carskiego rządu – zadania specjalne związane z szyfracją i deszyfracją korespondencji. Bolszewicy po dojściu do władzy również korzystali z jego umiejętności. Nie wiem, czy pracował u nich dobrowolnie czy pod przymusem, ale wkrótce spotkało go nieszczęście. Został aresztowany i skazany na 10 lat Sołówek. Prawdopodobnie dlatego, że za dużo wiedział.

– Dziękuję – powiedział zawsze uprzejmy i dowcipny staruszek – przypuszczałem, że umrę za jakieś 2-3 lata, ale teraz uważam za swój obowiązek dożyć 94 roku w myśl rozporządzenia radzieckiego rządu.

Na Sołówki przybył ze specjalnym „paszportem" zapewniającym mu znośne warunki życia z jednoczesnym zastosowaniem wobec niego ścisłej inwigilacji, a nawet częściowego odizolowania od reszty katorżników.

Ejchmans, zszokowany ogromem i różnorodnością wiedzy profesora Kriwosz, zapytał go:

– Znacie się może na meteorologii?

– Interesowałem się – odparł tamten – coś-niecoś jeszcze pamiętam...

– Obejmiecie zatem stanowisko kierownika stacji meteorologicznej.

Stacja meteorologiczna na Sołówkach została założona jeszcze przez mnichów i z powodzeniem służyła klasztornej żegludze i flocie rybackiej, ale po rozpędzeniu zakonników poszła w rozsypkę. Kriwosz-Niemanicz odbudował ją i wyposażył. Mieszkając w pobliżu, w osobnym domku, znajdował się pod stałą obserwacją. Mając przepustkę do kremla, często tam chodził, ale zawsze w towarzystwie tajnego pracownika, z którym nawet się zaprzyjaźnił.

Wykłady profesora Kriwosza, wygłaszane w sali sołowieckiej biblioteki na najróżniejsze tematy popularno-naukowe, gromadziły tłumy słuchaczy, i to nie tylko ze środowisk inteligenckich. Uczony był wspaniałym „lekkim" mówcą, który w prosty i ciekawy sposób wyjaśniał skomplikowane zagadnienia naukowe.

Jednak tajemnica popularności „trzydziestojęzycznego" profesora tkwiła w czymś innym – w jego zdolnościach chiromantycznych. Mówiono, że kilka miesięcy przed rozstrzelaniem przepowiedział „śmierć od kuli" pierwszemu władcy Sołówek – Nogtiewowi. Na moje pytania w tej sprawie Kriwosz zawsze odpowiadał coś żartem, nie potwierdzając ani nie zaprzeczając. To, co przepowiedział autorowi niniejszych wspomnień (m.in. zbliżającą się emigrację, a nawet życie we Włoszech, o czym oczywiście na Sołówkach nie śmiałem nawet marzyć), jak na razie się sprawdza. On sam do tej wiedzy odnosił się z rozwagą i bardzo poważnie, nie popadając jednak w skrajny mistycyzm.

Wspomniawszy o sołowieckiej bibliotece, muszę powiedzieć o niej jeszcze kilka słów. Do 1927 roku jej zbiory przekraczały 30 tysięcy tomów. Największą część stanowiły egzemplarze przysłane z więziennej biblioteki na Butyrkach, ale w 1925 roku, w czasach bujnego rozkwitu sołowieckiej kultury katorżniczej, sam naczelnik łagru Ejchmans pod wpływem nalegań Kogana zażądał od NKWD przysłania dużej ilości książek. Wtedy z Moskwy napłynęło kilka zarekwirowanych bibliotek prywatnych i komercyjnych. Obowiązki cenzury spoczęły na tymże Koganie, ale on, wychowany jeszcze na starych tradycjach rewolucyjnego podziemia, przeprowadzał ją bardziej niż pobieżnie, przeznaczając zaledwie kilkadziesiąt tomów do tajnych zbiorów, dostępnych tylko za specjalnym zezwoleniem WPCz. W ten sposób w sołowieckiej bibliotece można było wypożyczać książki, które na lądzie już znajdowały się na indeksie: „Biesy" Dostojewskiego, pełny zbiór dzieł K. Leontiewa, „Rosję i Europę" Danilewskiego i inne.

Biblioteką zarządzał dawny bolszewik i emigrant z czasów carskich Scheller-Michajłow (Michajłow to jego partyjny pseudonim) o przezwisku „Rywal Lenina", z pewnością pierwszy wśród odchyłowców. Powróciwszy z Londynu do Rosji po lutowej rewolcie w 1917 roku i będąc członkiem SDPRR *(Socjaldemokratyczna Partia Robotnicza Rosji)* „rozszedł się w poglądach" na jakąś tam sprawę nie z kim innym, jak z samym Leninem. Założył „własną partię", do której zwerbował pięciu czy sześciu ludzi. Finał był nietrudny do przewidzenia. Wszyscy członkowie owej „partii" zostali aresztowani i zesłani, ale nieszczęście nie przestało prześladować pechowego „Rywala Lenina". GPU nie uznało jego „partii" za faktycznie istniejącą i zamiast do „politycznych" – do jakich zaliczali się członkowie partii socjalistycznych, żyjący w wyśmienitych warunkach na terenie Sawwatijewskiej Pustelni – skierowano go, jako „kaera", do pospolitych katorżników.

Znał się dobrze na sprawach bibliotecznych i prowadził je wzorowo. Poważnym defektem sołowieckiej biblioteki był zupełny brak gazet (nawet takich jak „Prawda" czy „Izwiestia"), które, zgodnie z rozporządzeniem Moskwy, nie zostały dopuszczone do łagrów. Wieści o tym, co dzieje się w świecie, sołowczanie czerpali wyłącznie ze skąpych informacji tygodnika „Nowe Sołówki".

Przy bibliotece znajdowała się duża czytelnia. W niej odbywały się wykłady, wygłaszano referaty, odczyty, a nawet prowadzono dyskusje. Odczyty miały dwojaki charakter: jedne, wygłaszane raz w tygodniu, były obowiązkowe w ramach szerzenia politycznej i ateistycznej propagandy – wysyłano na nie przymusowo całe roty. Drugi rodzaj prelekcji stanowiły wykłady i dyskusje na swobodnie wybrane tematy. Na nie chodziło się bez przymusu, często nawet nie były ogłaszane, a jedynie w WPCz, u Niewierowa, znajdowała się lista proponowanych zagadnień. Na tych odczytach zbierał się tylko niewielki krąg inteligencji. Najczęściej wybierano mało przystępne masowemu odbiorcy zagadnienia naukowe i historyczne. Był na przykład cykl wykładów z historii masonerii wygłoszony przez profesora Makarowa (zmarł na Sołówkach) czy referaty o historii Sołówek, z którymi wystąpił docent Prikłoński. O skarbach Ermitażu mówił artysta Brazow (zastępca kustosza Ermitażu), a o literaturze starożytnego Wschodu – profesor Kriwosz-Niemanicz itd.

Najgłośniejsza i najbardziej ożywiona była dyskusja na temat „Przestępczość w społeczeństwie socjalistycznym". Brali w niej udział zarówno inteligenci, jak i marksiści, a nawet szpana. Szczególnie wyraziste było wystąpienie B. Głubokow-skiego. Twierdził on, że przestępczość w ZSRR wzrasta na skalę masową, niszcząc etyczne fundamenty społeczeństwa. Był 1925 rok i dalsza sowiecka rzeczywistość potwierdziła tezy prelegenta, ale w tym czasie na lądzie przypłaciłby takie wystąpienie... Sołówkami. A na Sołówkach przeszło wszystko gładko i wzbudziło tylko współczujące odzewy kaerów i kryminalistów. Były to paradoksalne i pogmatwane czasy.

Rozdział 12

„Nowe Sołówki" i „Wyspy Sołowieckie"

Pomysł wydawania gazety zrodził się po raz pierwszy w głowie N. Litwina, smienowiechowca, a w przeszłości – pracownika jakiejś poważnej rostowskiej gazety, zdaje się, że „Priazowskiego Kraju". Wtenczas opuścił właśnie lazaret i dochodził do sił po długiej i ciężkiej chorobie. Cichy i milczący przemierzał kremlowskie dziedzińce, podpierając się laską.

Co przyczyniło się do zmiany jego orientacji politycznej – tego nie wiem. Nigdy przed nikim nie otwierał głębin swej duszy; opowiadał tylko, że krążył po Bałkanach z jakąś trupą świeżo upieczonych aktorów i był, jak się wydaje, zadowolony ze swojej pracy, z pewnością nie głodował, aż tu nagle... powrócił i oczywiście trafił na Sołówki jako były współpracownik OSWAG[108], czego nigdy nie ukrywał. Litwin nie zdradzał nikomu swoich planów, działał jak zwykle w pojedynkę, zawsze w taki sam sposób – przez Kogana. Okoliczności mu sprzyjały – właśnie w tym czasie uruchomiono drukarnię, której organizatorem był przemytnik z dziesięcioletnim wyrokiem, człowiek

---

[108] OSWAG – Oswietitielnoje agientstwo – Wydział Propagandy.

rzeczowy i niezwykle pracowity, niejaki Slepian z Siebieża. Ten niewysoki, wiecznie zaaferowany i niepozorny Żyd skrywał w sobie przebiegłość Talleyranda[109] i wytrwałość Fabiusza Kunktatora[110]. W Siebieżu miał własną drukarnię, która służyła jednocześnie za magazyn przerzucanych przez granicę kosztowności, głównie złota. Był to obiekt pilnie obserwowany i poddawany prawie cotygodniowej rewizji, ale za każdym razem bez rezultatów. Slepian przetapiał bowiem złoto w sztabki o kształcie metalowych czcionek drukarskich, ich powierzchnię pokrywał takim samym metalem co czcionki i trzymał je w najbardziej widocznym miejscu.

– Zdarzało się – opowiadał – że zakończono rewizję, spisywano protokół, a ja kładłem te sztabki na ich papiery, żeby się nie pogubiły.

Mimo wszystko wpadł. Wydał go któryś z jego wspólników. W celu skrócenia swojej odsiadki postanowił rozwinąć na Sołówkach jakąś wyjątkową działalność, więc stworzył wzorcową drukarnię.

Pozwolono nam na wydawanie codziennej gazety, ale bez wymieniania nazwisk redaktora czy wydawcy. Wszystkim i tak było wiadomo, że faktycznym jej redaktorem jest P. Pietriajew,

---

[109] Charles-Maurice de Talleyrand-Périgord (1754–1838), znany jako Talleyrand – francuski dyplomata, minister spraw zagranicznych Francji. Reprezentant Francji na kongresie wiedeńskim. Uchodził za zręcznego dyplomatę, cynicznego i bezwzględnego. Mimo to jest ceniony ze względu na swoje niewątpliwe osiągnięcia dla dobra kraju.

[110] Fabiusz Kunktator, Quintus Fabius Maximus (265-203 p.n.e.) – rzymski wódz i polityk, kilkakrotnie konsul i dyktator; podczas II wojny punickiej stosował taktykę defensywną w walkach z Hannibalem w Italii.

sekretarzem – Twerie, zaś cenzorem – komisarz sołowieckiego specpułku, Suchow. Każdy z nich był barwną postacią na Sołówkach tamtych czasów.

Kapitan gwardii, Paweł Aleksandrowicz Pietriajew, nie należał do dominującej wówczas grupy dobrze urodzonej i bogatej gwardyjskiej arystokracji. Majątku, sądząc z jego opowiadań, nie posiadał i służba w gwardii miała być początkiem jego kariery. Karierowiczostwo, jak widać, pchnęło go również do wstąpienia w 1918 roku w szeregi sowieckich oficerów, gdzie szybko się wybił i doszedł nawet do stanowiska dowódcy XIII korpusu armii sowieckiej walczącej na froncie północno-zachodnim. Po zakończeniu działań wojennych objął funkcję inspektora artylerii, ale wkrótce został „pożarty". Mówiono, że związał się z przegranym już wtedy Trockim. Możliwe, ale trudno tego dowieść. Na pozycji redaktora katorżniczej gazety, a później miesięcznika, znalazł się jako właściwy człowiek na właściwym miejscu. Był wybitnym znawcą literatury rosyjskiej, którą kochał i doskonale rozumiał; zawsze zrównoważony, opanowany, subtelny i doskonale zorientowany w ciągle zmieniającym się na Sołówkach rozkładzie sił. Potrafił z łatwością i niezauważalnie omijać wszelkie pułapki oraz taktownie i zgrabnie usuwać pojawiające się przeszkody. Nigdy nie szedł przebojem, ale prawie zawsze osiągał zamierzony cel, wyczuwając dyskretnie psychikę przeciwnika i zgrabnie nią manewrując. Bez wątpienia popełnił błąd, zostając wojskowym. Jego powołaniem była dyplomacja.

Życie wewnętrzne Petriajewa pozostawało dla nas tajemnicą. Nie wiedzieliśmy nawet, czy jest kaerem, czy komunistą.

Umiejętnie protestując i dowcipnie żartując, odpierał wszelkie usiłowania przeniknięcia „do jego wnętrza", ale przejawiał niezwykłą wrażliwość na ludzkie nieszczęścia. Nie pamiętam sytuacji, by kiedykolwiek odmówił pomocy potrzebującym i żeby się za kimś nie wstawił, ryzykując nawet własną pozycję.

Oficjalna cenzura nie krępowała Pietriajewa, gdyż cenzorem był Suchow, dożywotny wachmistrz, który przeszedł szkołę budowniczych socjalizmu. Obróbka komunistyczna nie zdołała wymazać z jego duszy stygmatu zwolennika pewnych żelaznych zasad wpojonych mu przez dowództwo pułku carskiej armii. Teraz, na Sołówkach, ten dawny wachmistrz był komisarzem wojskowym pułku, a Pietriajew, były kapitan gwardii i dowódca rewolucyjnych sił zbrojnych – katorżnikiem, ale w podświadomości Suchowa Pietriajew ciągle pozostawał kapitanem i, jakkolwiek by było, dowódcą armii, generałem. Komisarz wojenny straży czuł wyraźny respekt przed katorżnikiem i bezapelacyjnie podpisywał do druku wszystko, co tamten mu przedłożył, często nawet bez czytania. Ale gdyby nawet uważnie to czytał, nie byłby w stanie zorientować się w wielu zagadnieniach.

Zupełnie innym człowiekiem był sekretarz redakcji, czekista-komunista Twerie – ponury i zgorzkniały nieudacznik. Kiedy wysłano go w celach agitacyjnych do Niemiec, został tam zdemaskowany, ciężko pobity przez studentów i wrzucony do ścieku z nieczystościami. Takich wpadek w GPU się nie wybacza: zesłano go więc na Sołówki, ale i tutaj, zapewne za jakieś poważne uchybienie, znaleziono sposób, by odpowiednio go ukarać. Umieszczono nieszczęśnika na jedną dobę w słynnej „Awwakumowskiej szczelinie" – był to kamienny wór w murze kremla, gdzie nie można było ani stać, ani leżeć. Wiecznie zrzędzący i podejrzliwy Twerie (prawdziwe nazwisko Tweros) był czarną plamą redakcji. Na szczęście pozostał w niej niedługo, gdyż przeniesiono go do oddziału ochrony w Kemi.

Po jego odejściu Pietriajew sprowadził obowiązki sekretarza redakcji do czysto technicznej działalności i powierzył je, będącemu zupełnym przeciwieństwem Tweriego, miłemu, życzliwemu i usłużnemu Szenbergowi. On, tak jak Twerie, był Żydem, ale, wychowany w bogatej rodzinie kupieckiej, otrzymał staranne wykształcenie. Tragiczną rolę w jego życiu, co było prawdziwą ironią losu, odegrali... Japończycy.

Szenberg był jednym z niewielu żydowskich oficerów, którzy awansowali za czasów Kiereńskiego. Biegła znajomość francuskiego i wysoka pozycja społeczna ojca pozwoliły mu dostać się na placówkę we Francji, gdzie zastał go Przewrót Październikowy. W tym czasie miły, elegancki i posiadający nienaganne maniery Szenberg miał już w Paryżu narzeczoną, Francuzkę. Aby otrzymać obywatelstwo Republiki, wstąpił w randze młodszego oficera w szeregi wojsk kolonialnych i został skierowany do Indochin. Wydaje się, że jako Rosjanin znalazł się w dość trudnej sytuacji.

W Indochinach los wymierzył mu pierwszy cios: związał się z kochanką Japonką, która okazała się szpiegiem. Biedny

Szenberg został nie tylko wyrzucony z wojska, ale również z granic Francji i jej kolonii.

I co teraz? Stanął więc przed dylematem: błąkać się jak bezdomny włóczęga po Oceanii, czy zaryzykować powrót na łono rodziny, do Moskwy? Nie będąc w najmniejszym stopniu smienowiechowcem (jako że żadnych „wiech"[111] nie posiadał), Szenberg wybrał tę drugą możliwość: przez Szanghaj i Władywostok wrócił do ojczyzny, dopełniając wszelkich formalności i nie zatajając niczego ze swej przeszłości.

Pierwszy kontakt z GPU we Władywostoku przeszedł całkiem gładko i jako były oficer francuskich wojsk kolonialnych otrzymał wszystkie prawa obywatelskie RFSRR. Zamieszkał w Moskwie, gdzie prędko znalazł intratne stanowisko sekretarza misji handlowej Japonii. Zrobiło się jednak wokół niego głośno, a informacje dotarły na Łubiankę. Wezwano tam Szenberga i zmuszono go do śledzenia swojego szefa.

Nowa „służba" położyła się cieniem na sumieniu uczciwego oficera. Nie mógł się od niej wykręcić, więc poszedł na kompromis, powiadomiwszy o wszystkim Japończyków, a później opowiedział o tym jeszcze komuś ze swoich rosyjskich przyjaciół.
Rezultat takiej naiwności nie kazał na siebie zbyt długo czekać: najwyższy wymiar kary (rozstrzelanie) z zamianą na dziesięć lat obozu koncentracyjnego!

---

[111] Wiecha – tu: najważniejszy, główny etap, „kamień milowy" w rozwoju człowieka.

Tajfuny Oceanu Indyjskiego zmieniły się w ostre, sołowieckie, północno-zachodnie wichry, a zarośla bananowych dżungli – w ciemne świerkowe puszcze. Brodząc w ich mrocznej głuszy, biedny Szenberg ronił gorzkie łzy, które spadały na listy paryskiej narzeczonej dochowującej mu nadal wierności. Dziewczyna wciąż jeszcze do niego pisała. Paryżanka nie mogła zrozumieć pewnej istotnej zmiany, jaka zaszła w sercu jej narzeczonego. Myślała, że dowodzi on rotą jakiegoś sowieckiego przygranicznego pułku i ofiarnie wyrażała swoją gotowość na połączenie się z nim nawet wśród lodów strasznej rosyjskiej Północy.

Kogan, żyjący jeszcze według starych tradycji przedrewolucyjnego podziemia, pragnął uczynić z „Nowych Sołówek" masowy organ prasowy sołowieckiej społeczności, płynący, oczywiście, sowieckim korytem zgodnie z tym, co na lądzie było organizowane w formie sławetnego ruchu robotniczo--chłopskiego. Było to oczywiście niemożliwe. W gazecie pracował jedynie wąski krąg dawnych fachowców i pracowników naukowych. „Masy" wypowiadały się głównie głosami swoich najgorszych, najbardziej amoralnych przedstawicieli. Większość napływających z tej strony pism i notatek była gęsto, aż do obrzydzenia, nasączona lizusostwem i „dobrowolnie" wymuszonym fałszem, co stawało się teraz kwintesencją całej sowieckiej prasy. Ich autorzy mówili w nich o swoim przeobrażeniu, reedukacji, a nawet wychwalali zalety katorżniczego reżimu – „smaczną zupę rybną" i „przyjemną pracę na świeżym powietrzu"…

Na Sołówkach takie nikczemności znajdowały pewne usprawiedliwienie: naiwni autorzy mieli nadzieję na skrócenie wyroku, co dla wielu było równoznaczne z uratowaniem życia, ale taka obłuda była zbyt jaskrawa i bezczelna.

Podobne pisma niezmiennie lądowały w koszu. W możliwość „przekucia" nikt tu nie wierzył, nawet w środowisku czekistowskiego kierownictwa łagru. Nawet o nim nie mówiono. W latach przedziwnego splotu odchodzącej w przeszłość Rosji z wdzierającą się przemocą w ludzkie umysły sowietyzacją żywe istniały jeszcze resztki pojęcia o sumieniu, wstydzie, godności osobistej, i to nawet wśród czekistów.

Naczelnik wydziału administracji, Waśkow, wręczając Pietrajewowi jeden z takich listów przesłanych za pośrednictwem jego wydziału z nadzieją, że ktoś go przeczyta, powiedział:
– Masz, weź. Znów jakaś swołocz ci tu łże.

Ale gazeta była czytana i nawet kupowana. Z nakładu 1000 egzemplarzy 100-120 kupowano i rozprowadzano w abonamencie po innych filiach łagru. Jej cena wynosiła 5 kopiejek odpisywanych z książeczki pracy (na rękę nikt nie dostawał przysłanych pieniędzy). Pozostałe egzemplarze szły na ląd, gdzie większość abonentów stanowiły rodziny zesłańców pragnące przynajmniej z gazety dowiedzieć się czegoś o życiu swoich bliskich. I coś-nieco się jednak dowiadywali.

Na Sołówkach zaś czytano przede wszystkim bardzo lakonicznie podawane informacje o życiu w ZSRR i takie same krótkie wiadomości o sytuacji międzynarodowej. Było to w pełni zrozumiałe. Innych gazet nie dopuszczano. Wczytywano się głównie w ostatnią stronę, gdzie znajdowała się część oficjalna: niektóre decyzje kolegium OGPU i zarządu łagrów. Czytano również recenzje teatralne i poczciwe, lekkie felietony Litwina na lokalne tematy.

O wiele wartościowszy i ciekawszy niż owa gazeta był miesięcznik „Wyspy Sołowieckie". Zawierał 250-300 stron pisanych gęstą czcionką i można go śmiało nazwać najbardziej wolnym wśród rosyjskich czasopism wychodzących w tym czasie w ZSRR. Dopiero teraz rozumiem powody, dla których dopuszczano taką swobodę. Periodyk bowiem nawet w najmniejszym stopniu nie zagrażał bolszewikom. Jego nakład 500 egzemplarzy znajdował się w całości w dyspozycji OGPU. Kolportaż miesięcznika z wyspy na ląd był dopuszczany tylko za specjalnym zezwoleniem, zaś gazetę można było w tym samym czasie wysyłać swobodnie.

Ale OGPU przynosił on niewątpliwe korzyści. Po pierwsze, uświadamiał mu (wbrew woli i zamiarom autorów) nastroje w niektórych kręgach rosyjskiej inteligencji, w pierwszym rzędzie w środowiskach moskiewskich; po drugie, był atutem reklamowym w rękach urzędu, który zręcznie nim manipulował na oczach cudzoziemców jako dowodem humanitaryzmu sołowieckiego systemu. Rzecz najważniejsza: ukazywał, że na wyższych szczeblach jego macierzystej partii działała jeszcze silna opozycja starych bolszewików (np. Riazanow, Ciurupa, Krasin, Tomski i inni), która negatywnie odnosiła się głównie do narzędzia w ręku Lenina – Dzierżyńskiego, oskarżając go o wyniszczenie rosyjskiej inteligencji.

Ale wtedy o tym jeszcze nie wiedzieliśmy i pracowaliśmy w miesięczniku upojeni możliwością wyrażania, chociażby w niewielkiej części, swobodnego myślenia.

Czasopismo było wydawane solidnie, elegancko, na dobrym papierze, w poważnej szarej oprawie, ze stroną tytułową według projektu utalentowanego N. Kaczalina. W niczym nie przypominało prowincjonalnego pisma, a jego szata graficzna przywodziła na myśl najlepsze stare wydania tego typu. W sumie wyszło siedem czy osiem numerów.

Treść czasopisma dzieliła się na dwie części: literaturę piękną i naukowo-krajoznawczą. Ta druga była znacznie obszerniejsza.

Beletrystyka była dość uboga. Drukowano opowiadania Litwina, Głubokowskiego i moje. Więcej było wierszy. Jewrejnow, Berner, Rusakow, Jemelianow pisali niezłą lirykę, która rzetelnie i wiernie odzwierciedlała sołowieckie nastroje. W poezji można było powiedzieć więcej, wyrazić swoje uczucia w sposób nieuchwytny dla cenzury. Sołowieccy poeci robili to znakomicie. Na śmierć Jesienina „Wyspy Sołowieckie" odpowiedziały całym cyklem (około dziesięciu) utworów lirycznych różnych autorów. Brzmiał w nich głęboki smutek z powodu przedwczesnej śmierci poety i zarzuty pod adresem jego prześladowców.

Nie ustrzegli kędzierzawego Sierioży,
ostatniego kwiatka na skoszonej łące...

Na lądzie żadna gazeta nie ośmieliłaby się czegoś takiego napisać. Tamtejsi poeci dorównywali chamstwem cynicznemu epitafium dla Jesienina autorstwa Majakowskiego.

Ciekawy był dział wspomnień. Zapamiętałem pamiętniki generała Gałkina, ostatniego rosyjskiego rezydenta przy ostatnim chanie chiwińskim. Rzucały one jasne światło na życie tej mało znanej rubieży Rosji, tego dziwacznego przeżytku azjatyckiego despotyzmu. Wiele było wspomnień wojny 1914-17 i wszystkie one, na równi z pamiętnikami gen. Gałkina, mogłyby śmiało uchodzić za współczesne dzieła emigracyjne.

Przepiękne ilustracje, głównie szkice starych Sołówek, były dziełem artysty Braza, który został tu zesłany za protest przeciw grabieży skarbów Ermitażu, w którym kierował jednym z działów.

Druga część czasopisma – naukowo-krajoznawcza – zaciekawiała nie tylko specjalistów w tej dziedzinie. Oczywiście, materiały z zakresu biologii, klimatologii, oceanografii mało kogo interesowały oprócz samych autorów, za to wszystko, co dotyczyło historii Sołówek, znajdowało uznanie wielu czytelników. Pracownicy muzeum dostarczali obszernych materiałów. Obrazy długiego i wypełnionego twórczą działalnością tajemniczego życia klasztoru pojawiały się w piśmie jeden za drugim.

Nowogrodzcy mnisi-uszkujnicy, wojowniczy staroobrzędowcy, którzy przetrzymali oblężenie strzelców wojewody Mieszczerinowa, zesłani atamani Zaporoża, a nawet niektórzy dekabryści – wszyscy oni przeszli przez stronice tego miesięcznika na tle ogromnych kulturalnych i gospodarczych dzieł klasztoru dokonanych na przestrzeni ponad czterystu lat, na którego zgliszcza zostali teraz rzuceni ostatni Mohikanie, drobne odłamki rozbitej, zbezczeszczonej kultury rosyjskiej. Pustka po zrujnowanym klasztorze i ponura cisza gęstwiny północnej puszczy były ich ostatnim schronieniem na ojczystej ziemi – tak nam się wtedy zdawało…

* * *

Kiedyś w dzieciństwie trafiłem przypadkiem do ubojni bydła. W jednym z pomieszczeń zobaczyłem stos wnętrzności zabitych zwierząt. Martwo różowiły się płuca, bielały zwoje jelit, a między nimi ciemniały grudy serc. Ciekła z nich gęsta, czarna krew…

Serca jeszcze żyły. Pulsowały, kurczyły się i rozprężały w nerwowym, gwałtownym rytmie. Siła życia, której zostały pozbawione, jeszcze nimi rządziła i zmuszała je do drgania. Jedne zamierały, inne jeszcze pracowały, chociaż już na próżno, gdyż zostały wyrwane, odłączone od organów, którym służyły, i rzucone na brudną, zalaną krwią posadzkę.

Takim zwaliskiem wyrwanych z ciała, ale jeszcze pulsujących, krwawiących wnętrzności wydawały mi się Sołówki lat 1923-27. Te wyrzucone na rosyjski śmietnik organizmy nie miały żadnej przyszłości ani teraźniejszości. Była tylko przeszłość. I owa bezmiernie potężna przeszłość ciągle wstrząsała wykrwawionymi już sercami. Na tym bezładnym wysypisku walały się też szczelnie wypełnione gnijącą strawą żołądki. Od nich rozchodził się duszący fetor. Te były już martwe, za to serca wciąż żyły...

* * *

Pewnej cichej, bezksiężycowej wrześniowej nocy wracałem piechotą z odległej komandirowki. Droga wiodła przez las i w pewnym momencie zboczyłem ze ścieżki. Przyszło mi iść na wyczucie, błądzić wśród wysokich paproci, potykać się o wiatrołomy i plątaninę suchych gałęzi.

Drogi ciągle nie było, więc straciłem nadzieję, że trafię na nią jeszcze przed świtem. Nagle zobaczyłem przed sobą migotanie jakiegoś nikłego płomyka. Poszedłem w jego kierunku, nie wierząc jednak, że może on pochodzić z siedliska człowieka. Ledwie się tlił, a chwilami zupełnie znikał lub chował się za gałęziami świerków.

Dopiero kiedy podszedłem zupełnie blisko, zobaczyłem, że jasność wydobywa się z maleńkiego okienka niewidocznej w ciemności ziemianki. Zajrzałem do środka.

Naprzeciw mnie paliła się lampada, a jej blade światło padało na ciemne oblicze drewnianej ikony. Poniżej widniał nienakryty anałoj[112], a na nim - otwarta księga. I to wszystko. Ale

---

[112] Anałoj, analogion – rodzaj pulpitu, na którym w cerkwi kładzie się księgi liturgiczne i święte obrazy.

kiedy się dokładniej przyjrzałem, udało mi się dojrzeć postać klęczącego mnicha pochyloną nad anałojem, a obok, na ławie, zarys otwartej trumny.

Stałem u wejścia do tajemnej samotni ostatniego schimnika[113] Świętej Nietykalnej Rusi.

Nie ośmieliłem się jednak wejść. Czyż można było zakłócić spokój modlitewnej rozmowy milczącego mnicha z Bogiem swoimi przyziemnymi potrzebami szukania schronienia?

Do samego świtu tkwiłem pod tym oknem, nie mając sił, by odejść, oderwać się od bladych promieni Niegasnącej Łampady przed obliczem Zbawiciela.

Myślałem... nie... ja wierzyłem, byłem pewien, że dopóki świeci się ten blady płomień Niegasnącej, dopóki chociaż najsłabszy promyczek oświetla oblicze Odkupiciela ludzkiego grzechu, dopóty żyje Duch Rusi – grzesznej, błądzącej, cuchnącej i krwawej, ale skąpanej w Jego Krwi, w Niej ochrzczonej, skruszonej, rozgrzeszonej i podążającej ku odrodzeniu – Przemienionej Kitieżskiej Rusi.

* * *

Wiem, że wśród wielu Czytelników zrodzi się pytanie:
– Dlaczego, z jakiego powodu autor wymienia te kilkadziesiąt nazwisk nieszczęsnych, wynędzniałych, wygłodniałych

---

[113] Schimnik – mnich, którego jedynym obowiązkiem jest nieustanna modlitwa.

i okaleczonych pracowników nauki i sztuki rzuconych na sołowiecką katorgę, ostatnich nośników rosyjskiej kultury? Przecież w tym czasie na całym terytorium ZSRR rozwijał się proces wspaniałego, okazałego budownictwa, skupiającego ogromny potencjał sił twórczych na najwyższym poziomie? Jak można porównywać zakres i kreatywne efekty tych potężnych mocy z marnymi wysiłkami żałosnej garstki artystów-skazańców?

Pewien włóczęga, wygnaniec, zbiegły niewolnik i katorżnik, Cervantes, siedząc w więziennych okowach, ujrzał oczami duszy i utrwalił słowem obraz Wiecznego Rycerza. Runęło potężne Imperium, nad którym nigdy nie zachodziło słońce, a zrodzony w kazamatach Wieczny Rycerz ciągle błąka się po świecie, kocha, cierpi i walczy, obraca się w proch i znów powstaje, znów kieruje swą włócznię przeciw zawziętym olbrzymom i podstępnym czarownikom! Ludzie, państwa, władze przemijają, ale on trwa niezmienny, bo on – to Duch.

Klejnoty ludzkiego ducha, do których należy również rosyjska kultura, nie podlegają ani fizycznym, ani matematycznym, ani żadnym innym dostępnym człowiekowi parametrom. Marny grosz ewangelicznej wdowy przeważył świątynne skarby. Słowo natchnione przez Boga pokonało najsilniejsze Imperium, jakie stworzyła ludzkość. Dwunastu galilejskich ubogich wędrowców przeciwstawiło swojego Ducha i opromienioną Nim myśl przemożnej sile niepokonanych szatańskich legionów – i zwyciężyło je!

Działalność kulturalna mizernej grupki rosyjskich inteligentów na Sołówkach to też dzieło Ducha. Ich praca – bezinteresowna, motywowana tylko niezłomną wolą jej wykonawców – była niezwykle ciężkim wysiłkiem, czasem wręcz heroicznym. Wielkim osiągnięciem było powołanie do życia teatru przez Siergieja Armanowa, miernego w mistrzostwie scenicznych przeobrażeń, ale wielkiego w swojej miłości do niego.

Człowiekiem niezwykle i ofiarnie oddanym nauce był docent Prikłoński, mozolnie zbierający i sklejający przy świetle kaganka strzępy podartych wiekowych zapisków.

Minęły dziesięciolecia i wielu wydawało się, że gotowość jednostki do poświęceń została na zawsze zdruzgotana, starta na proch ciężkim młyńskim kamieniem, którym socjalizm starał się zmiażdżyć wszelkie przejawy indywidualności i osobistej odpowiedzialności. Wydawało się, że zgasł zdławiony płomień Niegasnącej Łampady – duszy Rosji... Wtedy mnie również tak się zdawało...

Lecz tylko się zdawało. Pan Bóg pozwolił mi jednak zobaczyć coś innego, o czym opowiem na końcu tej książki.

Rozdział 13

Jak to się zaczęło?

W 1926 roku statek „Gleb Bokij" przywiózł na wyspę komisję „rozładunkową" z Glebem Bokijem na czele, ale przywiózł też – w na głucho zamkniętej ładowni – niewielką partię nowych zesłańców, wśród których znajdował się odesski przemytnik z dziesięcioletnim wyrokiem, N. Frenkel, oraz roznosząca tyfus plamisty wesz.

Gleb Bokij, bez którego podpisu nie został zatwierdzony żaden wyrok śmierci wydany przez GPU, był mordercą wielu tysięcy ofiar.

Wesz, jako roznosicielka tyfusu plamistego, przywleczona do łagrów i w nich do tej pory niepokonana, stała się również zabójcą wielu tysięcy ludzi.

Natan Aaronowicz Frenkel, któremu było sądzone zostać założycielem i głównym konstruktorem systemu obozów koncentracyjnych w kraju zwycięskiego socjalizmu, może śmiało pretendować do miana ludobójcy wielu milionów.

Błędem byłoby nazwanie go autorem czy wynalazcą systemu socjalistycznego przymusu. System ten bowiem logicznie wynika z samej doktryny socjalizmu. Obozy koncentracyjne OGPU są tylko pierwotnymi komórkami, bazami socjalistycznego państwa–łagru, w którym życie „wolnego" obywatela niewiele różni się od życia więźnia obozu koncentracyjnego za drutem kolczastym. Frenkl nie był więc pomysłodawcą systemu, ale w jego potężnym, realistycznie myślącym mózgu ta jeszcze wtedy abstrakcyjna i mglista idea nabrała konkretnych kształtów. On ją stworzył, ukształtował i wdrożył do działania. Sołówki były pierwszym eksperymentem szerokiego zastosowania owej idei.

Większość karier komunistycznych zaczyna się szybkim wzlotem, a nierzadko kończy jeszcze szybszym upadkiem i kulą w podziemiach znanego na całym świecie urzędu.

Kariera Natana Frenkla rozwinęła się dokładnie w odwrotnym kierunku: od więcej niż prawdopodobnej kuli w podziemiach – ku gwiazdom, w których zbiorze do tej pory błyszczy ta jedna, która o mało nie przerwała jego kariery i drogi życiowej.

Rozkwit NEP w Odessie był niezwykle bujny. Miasto pamiętające łaskawą dla przemysłowców epokę porto-franco, miasto liczące nawet w czasach carskich ponad dziesięć tysięcy zarejestrowanych wszelkiego rodzaju i specjalności przestępców, w sprzyjającym sobie żywiole odżyło i odrodziło się. Szabrownictwo, spekulacja i przemyt rozwinęły się w Rosji na niespotykaną dotąd skalę.

W tych czasach młody biznesmen, rodowity odesyjczyk Natan Aaronowicz Frenkel błyskawicznie zrozumiał i ocenił „ducha epoki", który zaistniał, jak to obiecał Lenin, „na serio i na długo". Inteligentny Frenkel wyciągnął z wypowiedzi wodza „wnioski organizacyjne" i przystąpił do ich realizacji – stworzył z wielkim rozmachem, prawdziwie po amerykańsku, trust przemytników.

Kilka statków, cała flota parowców i kutrów należących do tego trustu odbywała regularne rejsy między sowieckimi portami Morza Czarnego a Rumunią i Turcją.

„Dzieło" było prowadzone tak otwarcie i jawnie, że mogło uchodzić za szczyt bezczelności. Wszelkie towary, zaczynając od jedwabnych pończoch, a kończąc na walutach różnych krajów, znajdowały miejsce w ładowniach tej flotylli i w walizach zaufanych agentów Frenkla. Straż graniczna, organa ścigania, sądy, a nawet samo GPU zostały przekupione.

Frenkel rzeczywiście był biznesmenem w wielkim stylu i dzieckiem swojej epoki w najprawdziwszym znaczeniu tego pojęcia.

Historia lubi czasem stroić sobie żarty. Tym razem takim żartem była podróż służbowa do Odessy członka kolegium OGPU, Deribasa, którego nazwisko szpana uważała za dowcipny pseudonim. „Deribas" w więziennym żargonie znaczy: wydzierający się na całe gardło, bezczelnie i nachalnie. Było to wszelako jego prawdziwe nazwisko, tyle tylko, że przed rewolucją pisano je trochę inaczej – de Ribas – z dodatkiem wdzięcznego tytułu. Noszący je czekista był w prostej linii potomkiem francuskiego emigranta, arystokraty, najbliższego współpracownika budowniczego Odessy, księcia Richelieu, który w Rosji znalazł nową, bardziej przyjazną ojczyznę, a główna ulica tego portowego miasta nosiła jeszcze wtedy jego imię.

Ostatni z rodu de Ribas był jaskrawym przykładem degenerata. Odznaczał się bardzo niskim wzrostem, prawie jak karzeł, ogromnymi sterczącymi uszami, łuszczącą się jak u żmii skórą i odrażającymi rysami twarzy, czym w środowisku katorżników wzbudzał uczucia obrzydzenia i niesmaku połączonego z przerażeniem, jakiego doznaje się zwykle na widok pająka, żaby czy innego jadowitego stworzenia.

On o tym wiedział i nie starał się nawet w najmniejszym stopniu zamaskować swojej szpetoty, wręcz przeciwnie – popisywał się, podkreślając ją swoim nader nieprzyjemnym sposobem bycia, bezczelnością, chamstwem i lekceważeniem elementarnych zasad przyzwoitości.

Miał równie odrażającą psychikę (błędem byłoby powiedzieć – duszę; wątpliwe, czy coś takiego posiadał). Deribas był kimś więcej niż zwykłym sadystą: był jakimś koncentratem wszystkich gatunków zła, „butelką lejdejską" napełnioną przez samego diabła w najgłębszych czeluściach piekła. Nienawidził wszystkiego i wszystkich. Nie znosił uśmiechu zadowolenia nawet na twarzach swoich najbliższych współpracowników i towarzyszy. Zazdrościł całemu światu w ogóle i każdemu jego atomowi w szczególności. Nigdy nie przepuszczał możliwości sprawienia komuś bólu czy wyrządzenia krzywdy, nawet ludziom ze swego obozu. Jeśliby OGPU uważać za nóż gilotyny rewolucji, to on był ostrzem tego noża. Nienawidzili, a jednocześnie obawiali się go również członkowie wszechmocnego Kolegium. Chateaubriand czy Lermontow znaleźliby w nim gotowy prototyp uosobienia demonizmu, którego bez powodzenia szukali wśród ludzi.

Właśnie te cechy Deribasa zwróciły na niego uwagę Dzierżyńskiego w pierwszych latach niezwykłej epoki. Twórca CzeKa, a raczej wykonawca zadania zleconego przez Lenina, pozytywnie ocenił zewnętrzne i duchowe zwyrodnienie tej człekokształtnej istoty i szybko wyniósł go do rangi członka Kolegium. Takich ludzi tam potrzebowano i Dzierżyński nie pomylił się w swoich oczekiwaniach: Deribas okazał się nawet bardziej „przydatny", niż spodziewał się tego sam naczelny kat. Kierowany potęgą swojej nienawiści do wszystkiego, co żyje, był on w istocie... bezproduktywny. Nienawiść przewyższała w nim wszystkie inne uczucia, pragnienia czy namiętności.

Przybywszy do Odessy z nieograniczonymi pełnomocnictwami, Deribas oczywiście od razu dowiedział się o przemytniczym truście Frenkla. Również Frenkel wiedział o uprawnieniach Deribasa. Zaczęła się więc swoista gra.

Frenkel był z pochodzenia Żydem, ale nic nie łączyło go z wielką i potężną odesską gminą żydowską kierowaną przez szanowanych rabinów. Był cynicznym i zdeklarowanym ateistą, kłaniał się tylko złotemu cielcowi i szczodrze obsypywał podarkami tych, których potrzebował, ale nigdy nie dał ani grosza na synagogę czy na żydowską działalność charytatywną. Rabini byli wobec niego nastawieni nieprzychylnie. Opowiedział mi o tym na Sołówkach inny Żyd, odesski czekista średniej rangi. Od niego to dowiedziałem się szczegółów o początkach działalności Frenkla.

Właśnie te antagonizmy między Frenklem a gminą żydowską pomogły Deribasowi osiągnąć zwycięstwo. Walka z Frenklem w tamtych czasach była sprawą niełatwą nawet dla takiego asa jak Deribas, gdyż przeciwnik miał przekupionych „swoich ludzi" nawet w samym Kolegium. Można sądzić, że jednym z nich był, znajdujący się w tym czasie u szczytu swej władzy, Jagoda, który później, już w drugim okresie kariery Frenkla, jawnie go osłaniał. Główna persona Mienżyński, w NKWD tamtych lat, był w rzeczywistości bezwolną figurą. Doprowadzony do całkowitej degeneracji przez narkotyki i wszelkiego rodzaju rozpustę, był pionkiem w rękach swoich najbliższych współpracowników, między którymi, jak to zawsze bywało, jest i będzie we wszystkich instytucjach i organizacjach partii komunistycznej, toczyła się zaciekła walka wewnętrzna. Wściekłe pająki wzajemnie się pożerały. Chytry, wyrachowany i świadomy przebiegu tej walki Frenkel orientował się we wszystkich zmianach w układach sił wewnątrz NKWD i spekulował na tym ile się dało, jak na walucie.

Ale tym razem natrafił na godnego siebie przeciwnika. Macki ośmiornicy, rozciągające się od Moskwy do Konstantynopola, natrafiły na żądło żmii. Żmija ta czaiła się pod samym sercem ośmiornicy, w Odessie.

Deribas, zwykle siejący wokół siebie przerażenie, grę z Frenklem prowadził niezwykle ostrożnie. Umiejętnie sprawiał wrażenie, że sam chce zedrzeć z przeciwnika grubą, bardzo grubą forsę. Suma była tak duża, że Frenkel, niemający w takich wypadkach skrupułów, po zastanowieniu zaczął się targować za pośrednictwem zaufanych osób. Dopóki trwał ów targ, do Moskwy, w tajemnicy przed odesskim wydziałem NKWD, jak również przed niektórymi członkami Kolegium, docierały doniesienia Deribasa. Pomagała mu w tym, nastawiona przeciwko biznesmenowi, część pobożnych odesskich Żydów.

I oto pewnej bardzo niedobrej dla Frenkla i jego przyjaciół nocy przybył do Odessy tajny pociąg z oddziałem moskiewskich czekistów, którzy trafili pod dowództwo Deribasa. Frenkel, cała wierchuszka odesskiej Czeki i główni „dyrektorzy" trustu zostali tamtej nocy aresztowani, a po kilku dniach sam Deribas dostarczył ich do Moskwy.

Ta awanturnicza opowieść rozegrała się dalej następująco: Kolegium OGPU wydało na Frankla i jego najbliższych współtowarzyszy wyroki śmierci, ale ich opiekunowie nie złożyli broni. Frenkla sprowadzono już nawet do piwnicy i tam... ogłoszono mu akt łaski, a dokładnie zamianę wyroku śmierci na dziesięć lat sołowieckiej katorgi.

Dziwna, niewidoczna nić związała Frenkla z przywiezioną razem z nim wszą – roznosicielką tyfusu. Pierwsza zaczęła działać wesz. Na wyspie z niezwykłą siłą rozszalała się epidemia. Lazaret nie mieścił już chorych. Na tę straszną chorobę zapadali więźniowie w kremlu, w pustelniach, na sąsiedniej wyspie Anzer, w izolatorze na Siekirnej Górze... Dół na cmentarzu klasztornym, do którego wrzucano zwłoki, poszerzano codziennie o kilka metrów.

Takie było działanie wszy - ślepe i żywiołowe. Zabijała i sama ginęła na trupach przez siebie zabitych...

Frenkel działał inaczej – w sposób przemyślany i systematyczny. W pierwszych dniach po przybyciu na Sołówki wkręcił się przy pomocy łapówki do grona dyspozytorów i uważnie przyglądał się życiu sołowieckiego mrowiska. Jego skrupulatny pragmatyzm handlowy konstatował bezcelowość i nieprzydatność pracy dwudziestu tysięcy katorżników. Praktyczne efekty ich działań były znikome. Maszyna pracowała na jałowym biegu, tracąc bezużytecznie paliwo. Można sądzić, że od pierwszych dni pobytu na wyspie w głowie Frenkla zaczął rysować się wielki plan, zgodny w pełni z tym, który właśnie powstawał w pracowniach moskiewskiego Kremla i który wszedł w życie ZSRRR pod nazwą pierwszej pięciolatki.

Ale trzeba było czekać na okazję, by przeprowadzić pierwsze testy. Czekać na warunki sprzyjające rozwojowi poczętego embrionu. Te warunki stworzyła roznosząca tyfus wesz.

Burzliwy przebieg epidemii zmusił władze do zastosowania natychmiastowych środków profilaktycznych. Mieszkańcom wysp, całkowicie odciętym od świata na skutek zaprzestania żeglugi, groziło zupełne wymarcie jeszcze przed nadejściem wiosny. W pierwszej kolejności potrzebne były banie[114] – zarówno w kremlu, jak i w porozrzucanych po wyspach komandirowkach. Potrzebne nieodzownie i jak najprędzej.

---

[114]   Bania – łaźnia.

Inżynierowie, którym zlecono sporządzenie planów i kosztorysów budowli, twierdzili, że można je wykonać w ciągu 10-20 dni. W planach, jakie powstały z inicjatywy Frenkla, czas wybudowania największej z nich wynosił zaledwie 24 godziny i przewidywał zatrudnienie tylko 50 robotników wybranych według uznania pomysłodawcy.

Barinow wezwał pomysłodawcę do siebie.
– Jesteś gotów wybudować łaźnię w ciągu doby? – spytał z niedowierzeniem.
– Jestem gotów, jeśli dacie wszystko, czego potrzebuję.
– Damy. Ale jak zawiedziesz – to Siekirka!
– Wiem!
– No, to do dzieła!

Frenkel wybrał około 30 silnych, młodych robotników, w większości kronsztadzkich marynarzy o zręcznych rękach. Pracując na stanowiskach dyspozytora i brygadzisty, dobrze ich poznał, więc bezbłędnie wyłonił najlepszych. Pozostałych wziął z baraku dla inwalidów.
– Na diabła ci takie barachło? – dziwił się Barinow.
– To moja sprawa.
– Jak tak, to bierz. Popów i generałów mam pod dostatkiem. Tylko pamiętaj: popędzę na Siekirkę!
Obie drużyny – robotników i inwalidów – Frenkel ustawił naprzeciw siebie w miejscu wyznaczonym pod budowę. Wiał nordost[115]. Mróz kąsał wściekle uszy i dłonie. Starcy stojący

---

[115]   Wiatr północno-wschodni.

w krótszym szeregu marzli i kulili się, drepcząc w miejscu. Większość była w łachmanach.

– Sprawa wygląda tak – Frenkel zwrócił się do robotników. – W ciągu 24 godzin musimy zbudować tu banię. Jeśli tego nie zrobimy, trafimy prosto z roboty na Siekirkę. I wy, i ja, i oni – wskazał na starców. – Gorący posiłek – mięsny – przyniosą nam tutaj. Będzie też po szklaneczce spirytusu. Zaczynamy.

Młodzież spoglądała na starców, starcy patrzyli na młodzież. I jedni, i drudzy byli przecież ludźmi. Młodzież rozumiała, nie tyle umysłem co sercem, że od niej i tylko od niej zależy w tym momencie życie tych niedołężnych istot.

– Do roboty, chłopy! Razem! Całą załogą!
– Wszyscy na pokład, bosmanie!
– Alarm bojowy!

W dawno minionych czasach Świętej Rusi zapewne tak samo gromadnie i z takim samym wysiłkiem budowano cerkwie powstające w ciągu jednego dnia, wypełniając w ten sposób złożone śluby. W sercach zbuntowanych kronsztatowców, ostatnich marynarzy Rosyjskiej Imperatorskiej Floty, żyły jeszcze, wyniesione z krwawych mgieł ciężkich czasów, tradycje Sewastopola i Port-Artura. Oni to niegdyś śpiewali pieśń o bohaterskiej śmierci załogi „Wariaga"[116].

---

[116] Nazwę Wariag nosiło kilka okrętów rosyjskich i radzieckich, najsłynniejszy z nich to krążownik pancernopokładowy „Wariag" zatopiony podczas wojny rosyjsko-japońskiej w 1904.

Ściany z grubych bali były jeszcze niewykończone, ale na ogrodzonej nimi przestrzeni już stawiano piece. Deski, listwy, belki – wszystko jakby samo fruwało w powietrzu. Silne, wprawne ręce wbijały jednym uderzeniem młotka dwucalowe gwoździe.

– Dawaj! Prędzej! Uważaj! – rozlegało się nad budową.

Sterani wiekiem mężczyźni też pomagali, jak tylko mogli, ale mogli niewiele. Frenkel umyślnie wybrał najsłabszych, najstarszych biskupów i generałów. Sam był punktem ciężkości całej roboty, jej mózgiem, a polecenia wydawał spokojnie, rzeczowo i rozważnie. Danych obietnic dotrzymał: był gęsty kapuśniak z kawałkami mięsa i chleb bez ograniczeń oraz spirytus.

Ponury dzień sołowieckiej zimy powoli zamierał. Nad budową zabłysły reflektory, ale praca trwała dalej w niezmienionym tempie.

Kiedy na drugi dzień zjawił się w tym miejscu Barinow, mógł już wejść do pachnącego świeżymi sosnowymi wiórami przedsionka łaźni. Zza drzwi biła biała para z kipiących już kotłów.

– Zuchy – niech was kule biją! – ryknął zachwycony Barinow. – Wszystkim po szklance spirytusu! Ode mnie! A ty – zwrócił się do Frenkla – wstąp do mnie... pogadamy...

Praca została ukończona na dwie i pół godziny przed terminem. Do lazaretu zabrano tylko dwóch najstarszych duchownych, którzy w nocy o mało nie zamarzli.

Ten dzień był początkiem nowej ery w życiu sołowieckiej katorgi. Weszła ona właśnie do systemu budownictwa socjalistycznego, który obejmował terytorium jednej szóstej świata...

Druga połowa zimy przebiegała pod znakiem wytężonej pracy zarówno wszy-roznosicielki zarazy, jak i Natana Aaronowicza Frenkla.

Pierwsza działała na nizinach, transportując – już nie do jednego, a do dziesiątków dołów wykopanych w zamarzniętej ziemi – wciąż nowe setki trupów. Drugi działał na wyżynach, przygotowując transporty tych właśnie wytworów przemysłu socjalistycznego już nie do dziesiątków, a do setek, tysięcy i setek tysięcy bratnich mogił.

Zarządzanie SŁON zostało dogłębnie zreorganizowane. Jego działy, które powstały w okresie chaotycznego rozwoju Sołówek jako wysypiska niedobitków, poddano gruntownym przekształceniom. Niektóre zostały zlikwidowane i zastąpione nowymi, wprowadzonymi do spójnego systemu wychowania przez pracę, na czele którego stał Frenkel.

Dla specjalistów i wszelkiego rodzaju techników nastał złoty wiek. Jako pierwsi weszli w niego ekonomiści-planiści (potworny, pasożytniczy zawód zrodzony z praktyki gospodarki socjalistycznej) i księgowi. Dzień i noc stukały w urzędach maszyny do pisania, produkując stosy planów, kosztorysów, schematów, które jedyny wtedy sowiecki samolot ledwie nadążał przerzucać na ląd – do Kremla, a stamtąd na Łubiankę.

Sołówki zawsze były mikrokosmosem odzwierciedlającym subtelnie, w wielokrotnym pomniejszeniu wszystkie procesy, jakie zachodziły na kontynencie. Przeżyły one swój okres komunizmu wojennego, swój NEP, a teraz wstępowały w epokę socjalistycznego poddaństwa.

Odzwierciedlały również ostatni bój tygrysów rewolucyjnego podziemia z entuzjastycznymi głosicielami nadchodzącej armii robotów. Wydział Wychowawczo-Oświatowy wszedł na drogę wychowywania przez pracę. Kogan przystąpił do walki z Frenklem i został pokonany, zmuszony do milczenia, utraciwszy za jednym zamachem wszelkie swoje wpływy. Inaczej być nie mogło. Sołówki były zwierciadłem życia całego ZSRR.

Razem z wydziałem reedukacyjnym zostały rozbite także wszystkie sołowieckie komórki uznane za przeżytek rosyjskiej kultury. Jako pierwszy padł miesięcznik, a niedługo po nim gazeta. Muzeum przetrwało jedynie jako instytucja pokazowo-reklamowa. Jego pracownicy – krajoznawcy zostali roztasowani po różnych kancelariach, a część z nich – geologów, topografów, kartografów, geodetów i innych – skierowano do odkrywkowych robót na torfowiskach Koły, do tajgi Północnego Uralu, a nawet na Nową Ziemię, gdzie planowano utworzenie bazy przemysłowych łowisk fok, morsów i dorszy. Ogród Botaniczny podupadł, a teatr został podzielony na kilka niewielkich zespołów objazdowych szerzących propagandę w nowych, bez przerwy powstających łagrach i komandirowkach.

Rozmach Frenkla był niezwykle szeroki, a jego zdolności organizacyjne bez wątpienia wielkie. Jeśli przed pojawieniem się tego człowieka dysponenci sołowieckiej siły roboczej w większości wypadków nie wiedzieli, co robić z przybywającymi katorżnikami, to teraz ciągle brakowało robotników i specjalistów z różnych dziedzin. W wysyłanych do Moskwy planach i projektach zgłaszano zapotrzebowanie na dziesiątki, setki, tysiące rąk do pracy... co OGPU realizowało w systemie natychmiastowym.

Moloch socjalistycznego niewolnictwa rósł z każdym dniem, a mizerna północna wyspa nie mogła już pomieścić nawet jego mózgu. Zarząd Obozów Specjalnego Przeznaczenia został przeniesiony na ląd, a same Sołówki przekształciły się w 1930 roku w trzeciorzędny łagier, ostatnią przystań beznadziejnych dochodiagów[117]. Ich rola była skończona.

Sołowiecki etap rozwoju socjalistycznego niewolnictwa został zastąpiony kombinatem Białomorsko-Bałtyckim opartym na pracy skazanych na eksterminację zesłańców. Na czele tego gigantycznego systemu stał N. Frenkel, który z katorżnika z najwyższym wyrokiem zmienił się we władcę milionów istnień ludzkich, wielokrotnie odznaczonym orderem Bohatera Pracy Socjalistycznej. Trzeba jednak oddać mu sprawiedliwość: miał pełne prawo do noszenia tego tytułu. Jego wkład w praktyczną realizację idei socjalizmu był nie do przecenienia.

Obecnie[118] Frenkel nadal prowadzi swoje potworne dzieło, rozwijając je coraz szerzej i szerzej. Teraz ma już stopień generała Służb Bezpieczeństwa Państwa i wiele orderów. Z Deribasem też pewnie się rozliczył: ten ostatni zniknął w okresie terroru 1938 roku na Dalekim Wschodzie.

---

[117] Dochodiaga – więzień w stanie skrajnego wyczerpania.

[118] Przed 1950 r.

Część trzecia

LATOPIS CHŁOPSKIEGO CARSTWA

Rozdział 14

Frołka Guniawy

Tę prawdziwą historię niezbyt długo istniejącego Ureńskiego Carstwa opowiadał mi w długie zimowe wieczory mój współtowarzysz niedoli, z którym razem wiązaliśmy tratwy na sołowieckim wybrzeżu – Aleksiej Niłowicz. Nie miał on właściwie nazwiska, a podpisywał się Niłow – od imienia ojca.

Opowiadał po mistrzowsku, przeplatając swoją płynną, szemrzącą jak strumyk, śpiewną północną mowę ozdobnymi zwrotami, powiedzonkami, staroruskimi wyrażeniami pachnącymi smolistym borem i kwitnącym łąkowym zielem. Nie mogłem wówczas zapisywać tych opowieści: przy zwolnieniu z sołowieckiej katorgi przeprowadzono u mnie gruntowną rewizję i wszystkie rękopisy albo zarekwirował wydział śledczy, albo po prostu je zniszczono. Zabrać ze sobą jakieś książki czy zeszyt można było dopiero po ich szczegółowym przeglądzie i uzyskaniu specjalnego zezwolenia administracji łagru.

Nie byłem w stanie zapisać ich również później, gdyż żyjąc na „sowieckiej" wolności w każdym momencie mogłem spodziewać się rewizji lub aresztowania, a znalezienie takiego zapisu dałoby mi nie mniej niż trzy lata obozu koncentracyjnego.

Obecnie, po dwudziestu pięciu latach, wiele rzeczy zostało niestety zapomnianych, ale jednocześnie tutaj, na brzegu spokojnej, błękitnej Zatoki Neapolitańskiej obramowanej zielenią gajów pomarańczowych rysują się w mojej pamięci, z niezwykłą siłą i wyrazistością, surowe i milczące północne sosny, bieleje lodowate morze i staje on – Niłycz. Z pewnością dzieje się tak na zasadzie kontrastu: „piękno z oddali".

I to, co sobie przypomniałem – zapisałem, starając się w miarę możliwości odtworzyć ozdobne wiązanki wypowiedzi Aleksieja. Nie potrafię przekazać ich w pełni dokładnie, ze wszystkimi odcieniami i zmiennością barw. W zakresie poznania piękna i potęgi naszego języka Niłycz dał mi nie mniej niż sama moskiewska Alma Mater w swoim szczytowym rozkwicie na początku XX wieku.

Niłycz był mężczyzną niewielkiego wzrostu, ale o nadzwyczaj proporcjonalnej budowie: w miarę barczysty i krępy. Bywają takie ogórki: kształtne, jędrne, gładkie, nazywane na północy Rosji „skatnymi". Taka też harmonia i regularność stanowiła główne cechy całej jego fizjonomii. Wyrażało się to w twarzy o nieco wystających kościach policzkowych i fińskich rysach, w głosie, ani cichym, ani głośnym, ale dźwięcznym i śpiewnym. Kiedy opowiadał, miało się wrażenie, jakby stary kot mruczał na ciepłym przypiecku albo brzuchaty samowar zawodził swoją wieczorną pieśń w izdebce z geranium na parapetach i szydełkowymi serwetami na komodach. Wówczas w zimnym mroku sołowieckiego soboru zamienionym na więzienne kazamaty robiło się jakby cieplej, a nawet przytulnie.

Lekko skośne oczka Niłycza nigdy nie bywały spokojne: ani wtedy, gdy mówił o czymś zabawnym – a lubił i cenił sobie wesołe, soczyste opowiastki, ani też, gdy opowiadał o czymś tajemniczym – wtedy jego oczka biegały jak słoneczne zajączki po ścianie; przytaczał również często poważne, pobożne słowa – wznosił wtedy oczy ku górze, ale nie fałszywie czy obłudnie, lecz święcie wierząc w siłę i znaczenie wypowiadanych słów. Każde bowiem słowo było dla niego czymś fizycznie namacalnym, realnym, mającym swoją wagę, czymś na kształt barwnego kamyka w mozaikowym obrazie. Ach, z jakąż miłością układał te kamyczki, ciesząc się nimi jak dziecko. Wielki artysta słowa żył w naszym Niłyczu.

Przez trzy lata swojego pobytu na Sołówkach z nikim się nie posprzeczał ani nie pokłócił. Jeśli zaś jego obrażano, to albo odpowiadał krzywdzicielowi dosadną, lecz dobroduszną ripostą, wzbudzając ogólną wesołość otoczenia, albo tylko machał ręką:

– Niech ci Bóg wybaczy!

Przesyłek z domu, tak jak pozostali sołowieccy ureńczanie, nie dostawał, ale żył sobie nieźle i jadł do syta, zarabiając na wymyślnie rzeźbionych drewnianych łyżkach. Państwowe na Sołówkach nie przysługiwały, a posiadanie osobistej łyżki przy wspólnym garnku na sześciu chłopa, wielkich apetytach i nieproporcjonalnie małych porcjach kapuśniaku z dorszem było życiową koniecznością. Za łyżkę płacono grzywnę lub odpowiednią ilość kromek chleba, a grzywna wówczas, w rozkwicie

NEP, posiadała wielką wartość również na Sołówkach, gdzie pieniądz miał zawsze wysoką cenę, zwłaszcza wśród zakonspirowanych hazardzistów.

Poza tym, urwawszy się szybciej z pracy, co mu się zawsze udawało, Niłycz potrafił w mgnieniu oka nazbierać poziomek, malin czy borówek, zależnie od sezonu, a przede wszystkim białych grzybów, których na wyspie rosła cała masa. Las znał jak własną kieszeń.

Przyjaźnił się z brygadą rybacką i zawsze coś tam wymienił na rybkę. Był to chłop sprytny i obrotny, ale nie sknera i zdarzało się, że jakiemuś głodnemu nieudacznikowi ze szpany oddawał za darmo nową, zgrabną łyżkę.

– Bierz, kochany, bierz w imię Boże, bo, widzisz, ci twoi sąsiedzi to takie chapały... Łykają wszystko żarłocznie jak lwy!

* * *

Nad mętną Wisłą i mglistą Dźwiną od dawna huczały i grzmiały ociężałe i niemrawe armaty, a za wystrojonym w szmaragdowy sarafan odwiecznym mocarnym borem, nad srebrzystą Unżą, panowała niezmącona cisza. Po dawnemu, według ustanowionych przez praojców obyczajów, w wiosce Ureń, w chatach z solidnych, ociosanych grubych bali toczyło się zwyczajne i spokojne życie. Od tracącego rozum świata odgradzały ją szczelnie gęste, bezdrożne lasy rozrzucone na przestrzeni setek wiorst i dymiące szaroniebieskimi mgławicami bagna – grząskie i nie do przebrnięcia. Tak jak dawniej hukał i uhał w nich odwieczny gospodarz tych ziem – leśny duch, strasząc niewiasty zbyt późno powracające z grzybobrania; w jasne majowe noce wychodziły ze swoich błotnych świetlic bezwstydnie czarujące dziewki i pluskały łabędzimi skrzydłami po perłowych lustrach leśnych jezior, a mglistą jesienią, kiedy pierwsze poranne przymrozki wprawiały w drżenie purpurowe grona jarzębin i zwijały w trąbki dębowe liście, zmęczony gorącem lata Jaryło[119]-Kupała[120] wypuszczał na wolność dwanaście sióstr-trzęsawisk, które pląsały w błotnistych mirażach, trzepotały wywiniętymi rękawami śmiertelnych koszul i napędzały na ureńczan ogniste gorączki i zimnice.

Dolegliwości te leczyła babka Lutonicha przy pomocy wywaru z jej tylko wiadomych wonnych ziół zerwanych w lasach w ciemne kupałowe noce, kiedy ureńskie panny i młodzieńcy skakali przez płomienie ognisk i sami płonęli wsłuchani w miłosne szepty zaczarowanego boru.

Mądra to była babka, miała bardzo starą czarną księgę i chociaż sama była niegramotna, to nie mogli się z nią równać nawet kostromscy doktorzy: i krew zatamowała, kiedy kogoś niedźwiedź drasnął, i w nagrzanej do gorąca łaźni zwichnięte stawy nastawiała, nie mówiąc już o położnicach – w czasie swego długiego życia (dobiegała prawie setki) niemal wszystkich mieszkańców Urenia na swoje ręce przyjęła. Bywała nawet

---

[119] Jaryło, Jaryła, Jaruna – bóstwo słowiańskie występujące w folklorze Słowian wschodnich i południowych, gdzie utożsamiane było ze św. Jerzym.

[120] Kupała, Kupało, Kupajło – słowiańskie bóstwo płodności.

swatką, ale nie taką, jakie w Soliganiczu czy na Wietłudze bywają, które za półrublówkę każdy grzech na swą duszę wezmą i koślawą czy kulawą komuś wepchną – nie, przyjdzie do Lutonichy baba, która ma dziewkę na wydaniu, pokłoni się tuzinem łokci samodziałowego ręcznie tkanego płótna, a babka spojrzy w tę swoją czarną księgę, poszepcze nad oparami lub osadem kwasu chlebowego, potem wejrzy na oblicze Panienki Niebieskiej w starej ikonie i pobożnie, jak każą pisma, się pomodli.

– Za Fiodora ty Marię wydawaj, a nie za Waśkę-swawolnika. O tym nawet nie myśl.

Wszystkie jej słowa się spełniały. Rodzice Fiodora nie mogli, choćby nawet chcieli, sprzeciwiać się Lutonisze, więc na Matkę Boską Opiekuńczą wieźli na ustrojonych saniach „kniazia" Fiodora z „kniaginią" Marią.

W cerkwi rzadko ślubowano. Ureńczanie wierni byli dawnej pobożności, zaliczali się bowiem do bezpopowców[121]. Jednak cerkiew w wiosce była i służył w niej pop Jewtichij; niczego sobie batiuszka – grzeczny, uprzejmy. Ureńczanie nie mogli się skarżyć na żadne naciski z jego strony, nawet niemowlęta rozkoszne bez chrzcielnicy do ksiąg zapisywał.

– Zgodnie z prawem – powiadał – pozwala się babkom wątłe noworodki w imię Przenajświętszej Trójcy bez popa chrzcić, bo to są, gołąbeczku, anielskie duszyczki, chociaż takie słabiutkie. Zobacz, nawet kurzego piórka by nie podniosły!

---

[121] Bezpopowcy – odłam staroobrzędowców, niemający duchownych.

Ureńczanie bardzo szanowali takiego uprzejmego popa,
więc żył sobie w dostatku, zdrowo, a jeśli o ogrodnictwo idzie,
to i w trzech guberniach takiego gospodarza byś nie znalazł.
Samych ogórków nie mniej niż ze dwadzieścia sortów hodował.
Wybieraj, jakie chcesz: i muromskie, i wiaznikowskie, choć do
kiszenia najzdatniejsze, bo jak dąb twarde, i nieżyńskie – małe
jak naparstek, i sprowadzone z samej Moskwy „cudo Ameryki"
ważące po trzy funty każdy. Ale te hodował raczej dla zabawy,
bo specjalnie smaku to one nie miały.

Ureńczanami rządził wybrany przez nich starosta Miele-
ta wespół z uriadnikiem niżniegorodskiego pułku dragonów
w stanie spoczynku, bombardierem i człowiekiem obytym,
chociaż obcym – rodem z Wielkiej Ustiużyny, jednak prawym
i z uriańską starszyzną w zgodzie żyjącym. Piśmienną powinność przy nich wypełniał przysłany z ziemstwa nauczyciel.
W szkole nie miał prawie żadnej roboty, bo mało kto w Ureniu
chciał się uczyć, a jeśli byli tacy, co zdobywali książkowe mądrości, to raczej na uczonych stronicach dawnych starodruków
psałterza i „Brylantów pobożności". Ale po co komu w Ureniu, oprócz pisarza i uriadnika, potrzebna była gramotność?
To tamci dostawali z miasta urzędowe pisma i wyjaśniali narodowi, co trzeba. Ot, i cała gramotność. Dziad Zinowiej nigdy w życiu nie trzymał w ręku żadnego papieru, a jak zacznie
w poście filipowym na biesiadkach opowieści snuć i starodawne
facecje bajać, tak i do zapustów skończyć nie może, a żadnej
dwa razy nie powtórzy.

Ureńczanie żyli według twardych jak górski dąb praw, odgrodzeni lasami i błotami od oszalałej Rosji, która straciła swoje dawne oblicze. Słyszeli oczywiście, że niemiecki car siłą wielką najechał ruskie ziemie, że naszemu carowi jest ciężko i potrzebuje pomocy od swego narodu. Rozpowiadali o tym na wiecach starosta i uriadnik, a najlepiej wyjaśniał wszystko wielki znawca leśnych tropów łosia, Niłycz, który do samej Kostromy odległej o sto dwadzieścia wiorst w dwie doby dobiegał, po powalonych przez burzę drzewach skacząc. On i pocztę nosił, i w mieście bywał, i tam też powiódł latem, kiedy w szkole nie uczono, pierwszych zmobilizowanych; bo latem do Urenia nie dojedziesz.

No cóż, wola Boża! Baby powyły, polamentowały i ucichły. Zdarzało się tak i dawniej, ale Bóg chronił Ureń. Do tego jeszcze był czas młócki i nie było kiedy płakać.

Ale przyszły takie czasy, jakich nigdy nie bywało. Przed samą Wielkanocą, ostatnią sanną, wraz z beczką nafty i belami kwiecistego perkalu subiekt kupca Żyrowa przywiózł z Kostromy niepojęte i straszne wieści.

– Nie mamy już cara... Nie ma naszego ojczulka, nie ma! A w Kostromie nikt nie wie, co się dzieje: gubernator w ostrogu[122] siedzi i ciężko cokolwiek pojąć...

Zrobiło się strasznie, jakby za lasem grom uderzył. Rosja straciła rozum i hurmem zwaliła się na odcinającą się od jej opętańczych wybryków Ureń. Do jesieni jednak we wsi był

---

[122] Ostróg – tu: więzienie.

spokój: latem leśne dukty zanosiło błotem, a oprócz nich innej przejezdnej drogi nie było. Prawda, tymi leśnymi szlakami zbiegli do Urenia z frontu dwaj nasi żołnierze, ale choć wiele mówili, to sens był tylko jeden:
– Nie da się niczego z tego zrozumieć.

Matkę Boską Opiekuńczą uczciliśmy jak należy, a jak Unża stanęła i niedźwiedzie zległy w swoich zimowych gawrach, starosta i uriadnik wybrali się do miasta. I tyle ich widziano. Do wsi już nie wrócili. Dopiero na Chrzest Pański dowiedzieliśmy się, że ich w zajeździe pod straż wzięli i gdzieś powieźli, ale gdzie – nie wiadomo.

Przyszła maslenica[123]. W borze zaryczał łoś, zwiastując bliską wiosnę, i zaczęły tokować cietrzewie. Miejscami, tam gdzie przygrzało słoneczko, z rzeźbionych okiennic zasypanych śniegiem ureńskich chat zwisały lodowe sople. Zaczęły się zabawy. Starzy, jak zwyczaj karze, samogonu i miodów syconych dobrze pokosztowali, a dziewki i młodziki słomianą marzannę na łubianych saniach i w łykowej uprzęży za cmentarz wywieźli i tam ją spalili – ze śpiewem i korowodowymi pląsami.

W Niedzielę Wybaczenia, kiedy ureńczanie, wyparzywszy się w bani aż do utraty tchu i wytarzawszy się w śniegu, obwiązali sobie bolące głowy wyszywanymi ręcznikami, obłożyli

---

[123] Maslenica – prawosławne ostatki. Nie jada się już mięsa, ale śmietana i masło są jeszcze dozwolone (stąd nazwa).

skronie kiszoną kapustą, a do uszu napchali moczonej żurawiny (jedyny sposób na przepicie) i zasiedli leczyć kaca dziurawcem, do wioski przybyli jacyś nieznajomi. Przyjechali na czterech podwodach i ruszyli prosto do domu popa. A prowadził ich przez gąszcze i zaspy naniesione lutowymi zamieciami nasz swojak, Frołka Guniawy, żołdak rozpustny.

Tego Frołki dawno w Ureniu nie widzieliśmy. Był kawalerem. Chodziły o nim słuchy, że babka Lutonicha nawet ostatniej dziewuchy, której by już nikt nie chciał, do niego by nie dopuściła.

Nie ma dymu bez ognia. Frołka był człowiekiem o mocno nieczystych rękach i sumieniu. Zaczął swoje popisy jeszcze jako podrostek, a chodziło wtedy o błahostki – pranie ze sznurów ściągał, a kiedy wszedł w swój wiek, zwąchał się z Cyganami i zaczął konie podprowadzać. Wodzili go za to po wiosce w wilczej skórze i tłukli ile wlezie. Zgodnie ze zwyczajem grozili, że mu kiszki na pal wymotają. Jednak ta nauczka na nic się zdała: odleżał Frołka swoje, wylizał się, a już po tygodniu pierwszemu ureńskiemu bogaczowi, Siłajewowi, dopiero co kupionego źrebaka uprowadził; trzy katarzynki dał Siłajew za to źrebię – to już nie były żarty! Po tym, co się stało, Frołka więcej do Urenia nie wrócił. Do moskiewskich duchownych przystał, a przez kogoś mu życzliwego paszport sobie wyrobił. Taki był.

Frołkę nie od razu żeśmy poznali: szuba na nim miastowa, jelenim futrem podbita, a pod nią – kubrak z miękkiej skórki, na głowie zaś czapka uszanka z czerwoną gwiazdą. Wygramolił się łotr bez pośpiechu z niskich sań wyłożonych kobiercem, rozprostował nogi i gospodarskim krokiem na popi ganek wszedł. Za nim ciągnęli pozostali. Walonek ze śniegu nie obmietli, tylko prosto do izby się zwalili, nawet czapek nie zdjąwszy, ani o Boże błogosławieństwo nie poprosiwszy.

– Zdrowia życzę waszej tłustobrzuchej świątobliwości! Jak tam sobie pożywacie?

Przestraszył się pop Jewtichij… Nie wiadomo, co to za ludzie, ale widać, że z niczym dobrym nie przyjechali. A Frołka zęby jak wilk wyszczerzył. Śmieje się, cygaretkę z gazety sobie kręci i na popa spogląda. Jak wiecie, ludziska w miastach antychrystowym zielem się kalają. Zrobił sobie skręta i podszedł ku obrazowi. Łampadkę niegasnącą sprzed Oblicza Zbawicielowego zdjął i cygaretkę sobie przypalił. Był to wprawdzie obraz według fałszywego pisma ikonowego, ale toż to przecież Chrystusowe Oblicze z dwupalczastym znakiem. Że też Bóg za to przeklętnika na miejscu nie zabił!

Pop jakby zamarł i ani słowa nie powiedział, a Frołka pod ikoną się sadowi i nogę za nogę zakłada.

– No, popie, przyjmuj gości z honorami. Każ swojej matuszce jajecznicy nasmażyć, kapuśniaku z pieca wyjąć, a twój popi synek niech się koło samowaru zakręci, bo na taki mróz czaj najlepszy. A wy, towarzysze, rozgośćcie się u tego opiuma[124], bo i on jest dla narodu. To przecież jasne!

---

[124] Marks uznawał religię co najwyżej za *opium narodów* – B.Sz.

Przyjezdni strzelby do kąta postawili, kożuchy z siebie pościągali, a pod nimi każdy taśmę z nabojami miał, za pasem zaś wetknięte rewolwery. Frołka wydawał dalsze komendy:

– Dzwoń, popie, w swój miedziany kocioł, a po modlitwach każ obwieścić, by naród na placu się zebrał. My tymczasem trochę się rozgrzejemy.

Popowi nie tylko ręce się trzęsły, cały drżał jak osika, a w oczach wszystko mu migotało. Wziął się jednak w garść, z jakąś zakąską się uwinął, a parobka do starszyzny wysłał.

Uderzono w dzwon.

Marniutki ten dzwon w Ureniu był, zaledwie pięciopudowy, większego by tu nie dowieźli, ale i ten, po prawdzie, do niczego nie był przydatny, bo mało kto do cerkwi chodził. Po skończonych modłach zastukały drewniane kołatki głoszące zatrważającą nowinę. Ureńczanie żegnali się przed swoimi pociemniałymi ze starości ikonami, zdejmowali z gwoździ obszerne kożuchy z romanowskich owiec i brnęli schodkowatą dróżką wzdłuż płotów zbitych ze skrzyżowanych tarcic. W Ureniu nikt nie lubi się spieszyć, a starszyźnie to już w ogóle pospiech nie przystoi.

Rozdział 15

Chlebek „w pocie czoła"

Tymczasem Frołka i jego towarzysze zdążyli się już uraczyć samogonem i zakąską. Watażka kazał na podwórze wielki stół z domu popa wynieść, a na nim drugi, nieco mniejszy postawić.

– To – mówi – będzie trybuna, bo teraz bez niej obejść się nie można.

Pod trybuną swoje niskie sanie postawił, a na nich – jakąś dziwną maszynę na trójnogu i z kółkiem.

– To jest nasz główny orator – kpił sobie Frołka – sześćset słów na minutę z siebie wyrzuca. A nazywa się – towarzysz Cekaem. Nie widzieliście jeszcze czegoś takiego, kmiotki, co? Sam wam go z frontu zamiast gościńca przywiozłem.

Wszyscy się już zebrali. Oczywiście baby z dzieciakami też przybiegły, ale z boku stanęły.

Frołka jednym susem na stół wskoczył i zaczął:

– Towarzysze! Uważam miting w wiosce Ureń za otwarty, a słowa wstępnego udzielam sobie, towarzyszowi podkomisarzowi Guniawem. Wszystko jasne? Najważniejsza rzecz – mówi – jak widzę, to brak u was jakiejkolwiek władzy, a tym bardziej sowieckiej, oraz to, że w waszych lasach ukrywa się hydra kontra. Sam towarzysz Lenin ludziom na państwowych stanowiskach dał władzę i jej zasady określił. Przystępuję zatem do wyboru rewkomu[125].

Mówił dosadnie i twardo, jakby toporem rąbał, ale nikt nie rozumiał, co to jest ten rewkom i po co im jakiś podkomisarz? Czy chodzi może o naczelnika policji czy też o kogoś nowego?

A Frołka ciągnął dalej:
– Poddaję pod głosowanie listę kandydatów. Są na niej towarzysze: Guniawy Froł, Tichonow Piotr i Jeroszkin Jefim. Kto jest przeciw? Nikt. Kto się wstrzymał? Też nikt. To znaczy, że zostali wybrani jednogłośnie. Przechodzimy do spraw bieżących: urząd gminy zapewni opał dla rewkomu i dla dowództwa, a wymienionych towarzyszy zakwateruje w domu popa, u Siłajewa i u dawnego starosty. Zrozumieliście?

Wszystko jasne. Przyszła nowa władza, a z czym przyszła – zobaczymy.
Nie trzeba było długo czekać. Następnego ranka Froł wezwał do siebie nauczyciela.
– Dawaj spisy!
– Jakie spisy?
– Wszystkich mieszkańców Urenia! Powinny takie być.
– A jakże, są. Wszystko w porządku.

---

[125] Rewkom – Riewolucjonnyj komitet – Komitet Rewolucyjny.

Posadził Frołka dwóch swoich wojaków za stołem, a nauczycielowi kazał czytać rejestry.

– Mamy tu rewkom – mówi – w pełnym składzie. Przystępujemy zatem do spraw podatku w naturze.

Nauczyciel czyta, Frołka wyznacza każdemu człowiekowi jego powinność, a wojak zapisuje.

– Jewstigniejewowi - 100, Miedowi – 100, Cukaczowi dodamy jeszcze 50, da rady...

Jak doszło do Siłajewa, któremu ten łobuz kiedyś źrebaka ukradł, pięścią w stół uderzył:

– Dwieście temu czortowi niderlandzkiemu napisz! Nie, trzysta! Czekaj, mało, niech będzie pięćset!

Starszyzna, która zebrała się w urzędzie – bo tego Froł nie zabronił – słucha, ale niczego nie pojmuje – do czego te rachunki doprowadzą? Przecież ten Siłajew już tylko klonowym kosturem się podpiera. Na razie jednak wszyscy milczą. Czekają, co będzie dalej.

A oto, co się zdarzyło. Froł zakończył swoją wycenę i mówi:
– No więc tak, sowieccy obywatele, sąsiedzi wilków i niedźwiedzi! Teraz nauczyciel odczyta wam listę. I co tam komu przyznano, tak już będzie. Otwierajcie komory i spichlerze i sypcie złote ziarno, matuszkę-pszeniczkę. Sam będę wagę nadzorował. Popracujemy dzień-dwa dla naszej władzy robotniczo-chłopskiej, a w czwartek z samego rana odwieziemy wszystko do powiatu, bo dowództwo nie ma tu po co dłużej się zatrzymywać. A w Kostromie za to zboże po pół funta wytłoków na ryj dostaniecie. Taki jest rozkaz Lenina.

Nauczyciel odczytał wykaz.

Milczeliśmy. No bo cóż tu mówić, skoro to jawna niesprawiedliwość. Dawniej brano z nas i pogłówne po 32 kopiejki, i z ziemi po pół rubla płaciliśmy, i nigdy wioska żadnych długów nie miała. A teraz po sto pudów z każdego jednego gospodarstwa albo i więcej! Tak być nie może! Frołka się z nas naśmiewa, ma nas za głupków. I co to za rozkaz? Kim jest ten Lenin, co go podpisał? Ale nikt się nie odzywał. Rozeszliśmy się do domów, by tam wszystko obgadać.

Co bogatsi chłopi zebrali się u Siłajewa i rezonują:
– Niemożliwe, żeby taki rozkaz został wydany! Toż to zguba dla chłopów! To niesłychane, by od Siłajewa pięćset pudów brać, kiedy on najwyżej jakieś dziesięć uzbierał! Tym bardziej, że ziemie nasze lesiste są, zboża nie rodzą, dla siebie samych tylko siejemy, a dochody czerpiemy głównie z lnu i bydła. Jeśli im wszystko oddamy, to ziarna nam nawet na siewy nie starczy, a na przednówku całkiem bez chleba zostaniemy.

Gadali tak do późna, aż w końcu uradzili:
– Nie będziem zboża oddawać, dopóki Frołka nakazu nie pokaże, a ten podpisany być musi i z pieczęcią. Żadnego Lenina tu nie znamy. Kto mu dał władzę i w czyim imieniu? To wszystko Frołka musi nam wyjaśnić.

Rankiem, już bez dzwonu, wszyscy zebrali się na majdanie. Całą gromadą! Siła narodu! Z ponad trzech setek zagród, bo aż tyle nasza sioło liczy. Z babami i dzieciakami to tyle ludzi naszło, że zliczyć trudno.

Czekaliśmy niedługo. Frołka prosto od popa do gminy poszedł i stamtąd wojaka z czerwoną flagą przysłał. Ten nad gankiem ją zawiesił, gwoździem przybiwszy, a my stoimy i patrzymy.

– Matko Przenajświętsza! Toż to spódnica popiej żony, do noszenia pod spodem. W Kownie kupiona.

Baby się śmieją, palcami pokazują:

– Rozebrał Frołka, bezwstydnik, naszą popadię! I pewnikiem za grzech tego nie uważa! Boże, przebacz!

Flagę przybito, a na ganek wojacy karabin maszynowy wytoczyli i zaczęli się koło niego krzątać. Wyszedł i Frołka, ale z ganku nie schodzi.

– Czego chcecie, towarzysze? Z czym przyszliście?

Zaczęliśmy wykrzykiwać jeden przez drugiego:

– Nie ma takiego nakazu, żeby zboże do ostatniego ziarenka zabierać!

– Skąd mamy brać żyto? Sami je kupujemy...

– Nie damy i koniec! Pieniądze za pogłowne zebrać możemy, tak jak dotychczas, a czy dla cara, czy dla twojego Lenina – nam bez różnicy!

Frołka słucha i milczy. A jak tylko pospólstwo trochę przycichło, rewolwer za pasem poprawiwszy, spokojnie, a nawet żartobliwie mówi:

– Wszyscy łżecie, sukinsyny! Myślicie, że po raz pierwszy was widzę, że wcześniej was nie znałem? Po sto pudów oddać nie możecie, a w stogach zboże od trzech lat niemłócone leży. Mam na to odpowiedni nakaz, a po radzieckiemu nazywa się on mandat. – Wyjął papier i mówi dalej. – Jest tu pieczęć, znaczy wszystko zgodnie z prawem, ale mam jeszcze inny nakaz – taki...

Złapał rewolwer zza pasa i jak nie palnie, a wojacy z ganku zaraz karabinem zaterkotali.

Czegoś takiego ureńczanie nigdy w życiu nie słyszeli ani nie widzieli, chociaż w wiosce wielu myśliwych było. Rzucił się naród do ucieczki, potrącając i depcząc się wzajemnie, świata wokół siebie nie widząc. Baby drą się niemiłosiernie i dzieciska za sobą ciągną. Starszyzna kostury pogubiła i w zaspy powpadała. Wszyscy lamentują i Boskiego imienia wzywają.

A Frołka krzyczy za nimi:

Tym razem, blagierzy przeklęci, tylko po starej znajomości kule górą posłałem! Następnym razem prosto strzelać będę! A towarzysz Cekaem nie pudłuje: sześciu za jednym zamachem przeszyje i dopiero na siódmym się zatrzyma!

Tak więc masz ci swój rewkom z podkomisarzem! Doczekaliśmy się! Frołka zaś, nie tracąc czasu, cekaem ku pierwszej z brzegu chacie podciąga, we wrotach ustawia, a sam z rewolweru do gospodarza mierzy:

– Dawaj klucze do spichlerza! Duchem!

Cóż było robić! Oby tylko duszę uratować...

– Masz, potępieńcze, bierz, co chcesz! Twoja wola! Zostaw tylko nasze dusze w ciele...

A Frołka już ze spichrza woła:

– Worki dawaj i szufle! Sanie szykuj, koniom obroku nasyp i sąsiadów wołaj! Sami nie damy rady!

Nie minęła godzina, jak wszystkie spichlerze wyczyścili, że nawet kurka lepiej by nie wydziobała. Ziarno do worków wsypali i na sanie ładują.

Nagle – jedna z bab martwa pada, dzieciska krzyczą jakby ze skóry obdzierane, a Frołka, antychryst, jakby nigdy nic hardo się przechadza, wstrętną cygaretkę kopci i, czapkę z gwiazdą na bakier nasunąwszy, przednio się bawi.

– Tak będzie z każdym, kto zboże ukryje. A kto da po dobroci, temu coś tam na życie zostawię. Sowiecka władza nie lubi żartować!

I tak chodzili – z podwórza na podwórze. Wyładowane sanie zawozili do gminy. Tam stali wartownicy. Odczytywali z listy, ile pudów każdy ma oddać. Na ważenie nie było czasu: Frołka wszystkich popędzał i odmierzał na oko.

Jeśli widzi, że w spichrzu już gumno się bieli i łopata o deski stuka, wtedy woła:

– Wystarczy! Pisz: kontyngent zdany!

A kiedy doszedł do Siłajewa, całe ziarno do czysta wybrał i jeszcze kazał wszystkie zakamarki dokładnie miotłą powymiatać; do chaty wszedł, babom mąkę zabrał i na wietrze rozsypał, a zaczyn z dzieży na podłogę wylał!

– Będziesz, czorcie, swojego źrebaka pamiętał!

Na noc wszystkie wrota w Ureniu zawsze są zamykane; nie żeby jakieś psoty tu bywały, a zwyczaj taki jest: las dokoła, więc przed zwierzyną obejścia chronić trzeba. Tej nocy nie tylko bramy na skoble pozamykano, ale jeszcze kłodami od środka podparto: już za dnia wszyscy dość strachu się najedli.

Zamilkła wiejska ulica, ale w obejściach praca wre - chłopi ziarno chowają, gdzie tylko się da: jedni w słomę, inni do ziemianek albo na strych, a nawet w kopy siana. Byli nawet tacy, co i do studni worki spuszczali. Jeśli taki worek jest szczelnie zbożem nabity, to zbyt wielkiej szkody nie będzie: zmoknie tylko po wierzchu, ale do środka woda nie dojdzie.

Między sobą nawet wiele nie gadano, bo i kiedy. Za dnia nie było na to czasu, a widząc, jak wojacy zboże zabierają, każdy tylko jedno miał w głowie: uratować swoje dobro ciężkim trudem zdobyte, gorzkim potem zrodzone, chłopskie złoto, ich największy skarb – chlebek.

Co tam – pieniądze! W każdej chacie w Ureniu była taka tajemna szkatułka, w której leżało nazbierane przez wieki srebro i złoto, znajdowały się w nich ciężkie srebrne ruble z podobizną miłościwej carycy i cieniutkie jak klonowy listek złote półrublówki z carem Piotrem Fiodorowiczem (który w tajemnicy starą wiarę wyznawał). Papierów ureńczanie nie szanowali. Nie wierzyli im. Jak powiadali starzy: nazbierali kiedyś tych papierów i kiedy zniesiono pańszczyznę, zanieśli je do miasta na wymianę, a tam mało, że ich nie wzięli, to jeszcze ich wyśmiali:

– Mchem chyba obrośliście, w tym waszym Ureniu siedząc i z duchem leśnym w gwoździe grając. Te wasze asygnaty już od pięciu lat nie są nic warte i już się ich nie wymienia. Wy, ureńczanie, kurze rozumki macie, a wodę łapciami czerpiecie (jest takie powiedzonko o mieszkańcach Urenia).

Jedni od razu te papiery spalili, niektórzy do dziś trzymają. Stara, trochę zdziwaczała Seliwestria co roku na świętego Piotra ze szkatułki je wyjmuje i na słoneczku rozwiesza – niby pranie suszy.

– Nie wierzę temu – mówi – żeby pieniądz z carskim orłem wartość stracił. To tylko ci soligaliccy kupcy, trzema palcami się żegnający, naród okłamują i na nowo prawdziwą wiarę prześladują.

Pieniądze – rzecz nabyta! Przed wojną każdej zimy, w poście przed Bożym Narodzeniem, ureńczanie ruszali taborami do Bietługi, Buja, Soligalicza, a nawet do samej Kostromy. Wieźli miód, topiony wosk, garbowane i surowe skóry baranie, mrożone ryby, jazgarze i miętusy z czystych wód leśnych jezior wydobyte oraz zmiędlony len.

Wszystko to przez Boga nam dane, z Jego wielkiej szczodrości, ludziom na pokrzepienie, a chlebek – z pracy rąk ludzkich pochodzi, jak powiedziano o nim w Piśmie: „w pocie czoła" zapracowany, a o miodzie czy baraninie nic takiego nie napisano.

Czym zaś są pieniądze?! Z nich tylko rozpusta i zgorszenie się bierze.

Coś tam jednak za nie kupowano: babom perkal i mitkale[126] kwieciste, fabryczne; maszyny do szycia; dzieciakom cukier i białe pszeniczne obwarzanki (choć od nich tylko zęby chorują), a chłopi, którzy tam słabsi w wierze bywają, to zdarzało się, że i potajemnie chińskie ziele przebrzydłe za pazuchę chowali. Oczywiście przywożono też inne rzeczy, chociażby naftę.

A chlebek zaś u nas nie kupny, chociaż bez niego i mysz nie przeżyje. Ześle Pan Bóg deszczyk we właściwym czasie, to ziemia syta będzie i radosna, a rozgniewa się – święta Jego wola – uschnie ziemia ze smutku i żadnego z niej dla człowieka pożytku.

Rano, kiedy jasna zorza jeszcze sobie za lasem spoczywała, już kędzierzawe dymki nad Ureniem się wiły – to baby piece rozpalały, skrzypiały wrota – dziewki po wodę szły, drewniane kubły na ozdobnych koromysłach[127] niosąc, ale od studni bez wody przybiegły, by prędko straszną nowinę ogłosić:

– Nocą Frołkowi wojacy Siłajewa i jeszcze pięcioro majętnych gospodarzy z domów zabrali i w gminie pod strażą trzymają.

---

[126] Mitkal – tkanina bawełniana.

[127] Koromysło – nosidło o kształcie pałąkowatej deski zakładane na ramiona.

Znów odezwał się dzwon nad wioską. Znowu chłopi na majdan ciągną, ale tym razem babom i dzieciarni zabronili za sobą podążać.

– O grzech nietrudno.

Zaś Frołka, nie spodziewając się aż tylu ludzi, z ganku do narodu woła:

– Pójcie konie i zaprzęgajcie, żeby za godzinę tabor już w drodze był, a o tych, których aresztowałem, nie macie się co martwić. Zabrano ich za ukrywanie zapasów i poniosą za to rewolucyjne konsekwencje zgodnie z proletariacką sprawiedliwością. To jest właśnie ta hydra-kontra, która przeciwko Leninowi i partii bolszewickiej występuje. Z nimi rozmowa będzie krótka! Jeśli uczciwie wskażą, gdzie schowali ziarno, nie mają się czego bać.

Ureńczanie zaczęli głowami kręcić i drapać się po nich. Co to za dziwne słowa! Rewolucyjna, proletariacka, hydra-kontra... pewnie i sam pop Jewtichij nic by z tego nie zrozumiał, a on przecież w guberni wszystkie rozumy pozjadał. To prawda.

Utworzono tabor ze stu podwód. Poszło z nim czterech wojaków. A Frołka nawet odsapnąć nie daje – już drugi transport szykuje. Koni i sań jest w Ureniu pod dostatkiem. Gospodarstw bez koni nigdy we wsi nie było, a czasem niektórzy i po dwie pary trzymali – paszy w lesie nie brakowało, a i siana na polanach obfitość.

Cichy i spokojny Ureń stał się teraz nie do poznania. Nad urzędem gminnym spódnica popiej żony powiewa i deska wisi z napisem: „Er-es-ef-es-er. Ureński Gminny Komitet

Rewolucyjny". W samym pomieszczeniu zaś stoły poustawiane, a nauczyciel do nocy siedzi i pisze. Carski portret Frołka z ram wyrwał, węglem nieprzystojnie porysował i na ulicę rzucił, gdzie i inne obrazy poleciały. Baby pozbierały je i pochowały. Ramę z carskiego portretu jednak starszyzna ocaliła: złocona przecież i uczciwe pieniądze za nią zapłacono. Frołka poawanturował się, a potem splunął i rzekł:

– Czort z nią! Niech tam sobie na razie pusta wisi. Przywiozę z miasta Lenina, to w nią wstawię.

Samego Frołkę zabroniono nawet z imienia czy imienia ojca wspominać. Ale ten kazał się do siebie zwracać:

– Towarzyszu predrewkomie[128].

Niektórym ciężko przychodziło to słowo wymówić: język inaczej się obróci i wychodzi coś takiego, że – tfu, Boże przebacz! – i powiedzieć nie przystoi; baby chichoczą, a Frołka nic, wcale się nie obraża.

– Przez pierwsze pięć lat – mówi – będzie wam trudno, ale potem przywykniecie.

Dawniej w Ureniu zimą bywało spokojnie. Na ulicach tylko dzieciska śnieżkami rzucały, a chłopi z babami w obejściach i w chatach swoimi sprawami zajęci byli: baby tkały i przędły, a gospodarze wszelaki sprzęt na lato szykowali: jedni rybackie sieci naprawiali, inni brony reperowali. Rzeźbiono też

---

[128] Predrewkom – predsiedatiel rewolucjonnowo komiteta – przewodniczący komitetu rewolucyjnego.

łyżki, sukno na walonki gnieciono i wałkowano i owcze skóry garbowano.

Teraz w Ureniu, w urzędzie rewkomu, niesamowity rwetes panuje. Bywa, że Frołka tabor za taborem z nadwyżkami do miasta goni. Spieszy się. Wie, bies, że już niedługo saniami da się jeździć, najwyżej jeszcze miesiąc. Ziarno pozabierał, to teraz za bydło się wziął. Ono też, mówi, na podatek idzie, a jak mrozy zelżą, to i po ziemniaki przyjedziemy.

Wieczorami wojacy po chatach chodzą i naród do urzędu zaganiają; tam Frołka albo jego przyjaciel Jeroszkin o komunie i o towarzyszu Leninie rozprawiają. Wszystko będzie pięknie, mówią. Nie dalej jak na jesieni, kiedy zbierze się urodzaje, na całym świecie ten Lenin pełny porządek zaprowadzi. Pieniądze nie będą już nikomu potrzebne – bierz, co chcesz, manufakturę czy co innego. Poboru do wojska też nie będzie, bo nie będzie z kim wojować. Wszystkie księstwa i carstwa taką samą komunę musowo przyjąć winny, a Lenina carem nad całym światem się ustanowi. O ziemi też mówili: odebrać ją panom i między chłopów podzielić. Jedno tylko dziwiło ureńczan: wioska, jak świat światem, zawsze państwowa była, a żadni panowie tu nie byli potrzebni. Oprócz tego na wiele wiorst dookoła też państwowe lasy się będą ciągnąć – obiecują przybysze. Na polanach trawę sobie koś, grzyby zbieraj, chrust, wiatrołomy, bydło paś – nikt ci słowa nie powie. Co najwyżej ktoś z dobrego serca objeżdżającemu ziemię strażnikowi Mitryczowi jakąś grzywienkę przed świętami podaruje, ale też tylko z szacunku.

Według Froły wszystko miało się pięknie układać, a w rzeczywistości – nic tylko chłopska nędza. Byli tacy oczywiście, którym udało się trochę zboża schować, ale większość ostatnie śmiecie dojadała – potem już tylko zguba, bo na nowy urodzaj jeszcze pół roku czekać przyjdzie. Bydła też się wyzbyli.

Ktoś tam jednak dał się złapać na słodkie słówka Froły i zaczął potajemnie do niego na popią kwaterę zachodzić. Zwłaszcza ci, którzy słabość do wódki mieli. Z nimi Frołka osobliwe rozmowy prowadził.

– Komitet biedoty – mówił – stworzymy i wszystkie takie Urenie między siebie podzielimy.

ROZDZIAŁ 16

Car Piotr Aleksiejewicz

Nawet nie zauważyliśmy, kiedy wiosna nastała. Na świętą Marię Egipską[129] ostatni tabor z miasta do wsi powrócił. Ledwie się przedostał. Łopiany i piołuny koniom do brzuchów sięgały. Jeszcze dzień, a wszyscy w lesie by utknęli. Bo też wiosna się rozrzewniła i płakała rzęsiście.

Nowe, straszne wieści przywieźli ze sobą powracający: starego zamożnego gospodarza Siłajewa i wszystkich wraz z nim zabranych w ostrogu śmiercią ukarano. Ureńscy woźnice prosili, by choć nieboszczyków im wydać. Zasłużyli przecież na godny pochówek, ale w odpowiedzi tamci tylko w nos im się śmiali:

– Gdzie ich tam po takich roztopach powieziecie? Jeszcze ich sobie leśny duch na zakąskę porwie. U nas, w większej kompanii, weselej im będzie.

Cały Ureń pogrążył się w żałobie. Uczona w piśmie starszyzna na modlitwach się zamknęła, panichidy[130] za niewinnie

---

[129] Maria Egipcjanka (IV w.) – pustelnica i pokutnica, święta Kościoła katolickiego, prawosławnego, koptyjskiego i ormiańskiego, wspominana 2 (14) kwietnia.

[130] Panichida – nabożeństwo żałobne.

zabitych odprawia i święty Psałterz czyta. W chatach nowych sług Bożych baby w głos lamentują, ale wyjść na ulicę, jak obyczaj każe, nikt się nie odważy. Tak Frołka wszystkim strachu napędził.

Kiedy już całkiem się ściemniło, a w borze sowa zahukała, czas sił nieczystych oznajmiając, w chacie Piotra Aleksiejewicza zebrali się przedstawiciele chłopstwa. Przybyli tu po kryjomu, opłotkami, bojąc się jawnie iść drogą. Uzbierało się około piętnastu gospodarzy i wszyscy zgodnie o Piotrze Aleksiejewiczu pomyśleli.

Był to chłop niezbyt majętny, lecz żyjący godnie: porządne obejście, czysta chata, obora, ogród i wszystko, co w gospodarstwie potrzebne. Ale nie za dostatek szanowano w Ureniu Piotra Aleksiejewicza, a za prawość. Jak ktoś umrze, a synowie majątkiem sprawiedliwie nie umieją się podzielić – wzywają Piotra Aleksiejewicza:

– Rozdziel po Bożemu!

Skandal jakiś się zdarzy, to zamiast na zebraniu gromadnie sprawę rozważyć, idą do Piotra Aleksiejewicza:

– To i to się stało. Co mamy zrobić z łobuzem?

Sam świętej pamięci starosta Meleta, zanim swoje ostatnie słowo powiedział, zawsze się Piotra Aleksiejewicza pytał, co ten o wszystkim myśli i jak postąpić należy.

Szanowano Piotra Aleksiejewicza za jego prawość. I nie z książek się tego nauczył, a od urodzenia już takim był. Uczeni starcy, którzy Pismo Święte na wylot znają i każde słowo w swojej mądrości rozważają, to jednak wiele grzechów na swe dusze biorą, kiedy upodobaniu do bogactwa ulegają. Piotr Aleksiejewicz choć był niepiśmienny i nic ponad „Wierzę" i „Ojcze nasz" na pamięć nie umiał, to nie tylko srebrnym rublem, ale i grubymi tysiącami przekupić go i przywieść jego duszę do zguby nikomu jeszcze się nie udało.

Był olbrzymi, mierzył jakiś sążeń[131] bez werszka[132], a siłę miał przeogromną. Na niedźwiedzia zawsze w pojedynkę chodził, strzelby nigdy ze sobą nie brał, a dawniej – tylko nóż i kuszę. Kiedy w młodości wezwano go do poboru, to naczelnik wojskowy, spojrzawszy na niego, prawie załkał:

– Powinieneś stać – powiada – za imperatorskim tronem w złotej zbroi czy też we wspaniałym mundurze kawalera gwardii, ale zaciągnąć cię nie można...

Miał bowiem odcięty palec wskazujący u prawej ręki, gdyż dzieckiem jeszcze będąc, z braćmi się zabawiał i toporem go sobie odrąbał.

Charakter miał Piotr rozsądny i zawzięty, można rzec, chłop twardy jak dąb, co raz powie, tego się trzyma, a i w swoim domu od wszystkich tego samego z niezwykłą wprost surowością wymagał. Z nikim w bliższą komitywę nie wchodził i wódki do ust nie brał, nawet w święto Chrystusowego

---

131 Sążeń rosyjski – 2,1 m.

132 Werszek – 4,45 cm.

Zmartwychwstania. Jednak przy całej swojej surowości nikomu żadnej przykrości ani krzywdy nigdy nie wyrządził: ani domownikom, ani sąsiadom, ani chłopskiej braci.

U takiego prawego człowieka zebrali się w owej czarnej godzinie ureńscy wieśniacy. Przymknęli okiennice, zasłonili okna. Przeżegnali się przed obrazami i usiedli na ławach wedle porządku: starsi – bliżej oblicza Zbawiciela, młodsi – bliżej drzwi. Światła nie zapalali – jarzyła się tylko lampada.

– Nadchodzi śmierć, Piotrze Aleksiejewiczu, to już ostatnia godzina!

– To zguba dla chłopów, władza sowiecka wzięła górę, niektórym wszystko doszczętnie wyżarła, przeklęta, nawet myszom nic na przetrwanie nie zostało...

– To Frołka, duch nieczysty, wojaków do Urenia sprowadził. Żyliśmy dotąd spokojnie, władzy sowieckiej nieznani.

– I dalej byśmy sobie tak żyli, gdyby nie Frołka!

Gorączkowali się wieśniacy, pomstowali. Oburzenie każdemu w duszy się gotowało. To przecież nie zgrzybiali starcy zeszli się u Piotra, a jego rówieśnicy, chłopi w kwiecie wieku, koło czterdziestki, gospodarze i parobkowie.

– Nie chcemy żadnej władzy sowieckiej. Jeśli już nawet carskiej nie ma – powołamy swoją, chłopską!

– Piotrze, zlituj się, ratuj nas i Ureń! Bo kto ma nas ratować? Wszawi wojacy, darmozjady?!

Kiedy się wyszumieli i emocje ostygły, wtedy zamilkli i na Piotra Aleksiejewicza patrzą:

– Co ty na to?

Piotr wstał, godnie dwoma palcami krzyż na piersi nakreślił i po brodzie się pogłaskał:

– W imię Ojca, Syna i Ducha Świętego! Macie rację: nie ma już życia dla chłopów. Po co mamy w pocie czoła się trudzić? Dla pogańskiej, nienasyconej władzy sowieckiej? Na pożytek nam wszystkim czy na naszą zgubę? Jedną tylko widzę drogę przed nami: żołdaków razem z ich sowiecką władzą przegnać i swoje rządy w Ureniu zaprowadzić.

Chłopi krzyczeli z ożywieniem:

– Uwolnimy Ureń od tych swawolników! Tylko zabierz nas z tych lasów i topielisk...

– Jeśli przyjdzie do walki, swoich trzysta strzelb wystawimy... Wszyscy są tu myśliwymi, u każdego znajdzie się ołów z trucizną...

– No, to niech tak będzie!

Postanowili jeszcze tej samej nocy, po pierwszym pianiu koguta, wojaków wraz z Frołką porwać i związać. Trzeba to było zrobić w niewielkiej gromadzie, żeby hałasu i przelewu krwi nie było. A rano spokojnie wezwać wieś i wprowadzić swoją władzę, która ma obowiązywać wszystkich, bez wyjątku.

Wybrał Piotr Aleksiejewicz jedenastu chwatów, sam dwunastym będąc, kazał pobiec po strzelby i topory i poprowadził...

Żołnierzy wzięli bez hałasu. Przywykli już psiajuchy do spokojnego życia w Ureniu, rozleniwili się. Z początku wystawiali wartę w sieni przy cekaemie, a teraz i drzwi zapomnieli zamknąć. Ureńczanie weszli w walonkach, po cichu i widzą: lampa na stole przykręcona, kopci, strzelby w kącie postawione, a sami wojacy, rozebrani do spodniej bielizny, smacznie sobie chrapią. Gorąco. Porządnie napalone. W Ureniu nie żałuje się polan do pieców.

Piotr Aleksiejewicz od razu na dwóch pierwszych się zwalił, a za nim pozostali. Rozczochrana dziewka nawet warkocza zapleść by nie zdążyła, tak prędko wszyscy kawalerowie powiązani leżeli. Było ich około szesnastu. Nie raniono nikogo, jeno kilku lekko poturbowanych zostało, głównie tych, co w Piotrowe łapy się dostali. Ważyło chłopisko jakieś osiem pudów[133].

Z Frołką już tak łatwo nie poszło. Pop trzymał wrota zamknięte. Psy zaczęły wyć i szczekać. Zanim popi parobek je usłyszał i z trzeciego snu się ocknął, zanim na wołanie odpowiedział i zamarznięte zasuwy pootwierał, Froł zdążył zwęszyć nieszczęście. Ubrał się, nie zapalając światła, złapał rewolwer i próbował dostać się do ogrodu, skąd do lasu już tylko kamieniem rzucić. Ale się nie udało. Na podwórzu popie psy go dopadły. Na noc gospodarz spuszczał je z łańcucha, a Frołki, widać, nie uznały jeszcze za swego.

---

[133] 1 pud – 16,38 kg.

Ogania się od nich, niecnota, jak może, kopie je, ale milczy, żeby po głosie się nie zdradzić. Dopiero jak mu największy pies zębami ciało aż do kości przegryzł, predrewkom nie wytrzymał:

– Ach, ty, mać twoja taka-owaka, bydlaku przeklęty!

Nasi słyszą – toż to przecież głos Frołki. Tylko po nim poznaliśmy w ciemnościach swojego pasożyta. Nagle Guniawy z pistoletu wypalił i w wychodku się zamknął. Chłopi za nim. Okrążyli latrynę:

– Wychodź, Frołka, bo jeszcze się przeziębisz!

Łajdak znów z pistoletu przez deski pali. Wtedy ureńczanie zezłościli się już na dobre:

– I tak nam się nie wymkniesz! Nie przelewaj na darmo krwi chrześcijańskiej. I bez tego sześć niewinnych dusz Panu Bogu się na ciebie żali, a biedne sieroty łzy leją.

– Należało się gadom! Przysięgnijcie, że zostawicie mnie przy życiu!

– Nie chcemy grzechu popełnić, Frołuszko, i nie będziemy przysięgać. Stanie się, jak gromada osądzi.

– A za co wy, gady włochate, chcecie mnie sądzić?

– Za wszystko, Frołuszko: i za nowe, i za stare...

– Niech was diabli porwą, i waszego Boga, i krew waszą... – znów wystrzelił, ale nikogo nawet nie drasnął.

Chłopi widzą, że nie da się wziąć Frołki bez przelewu krwi. Przebiegłością trzeba. Zwykła sprawa – wszyscy są przecież niedźwiednikami. Naznosili słomy z popiego stogu, zwalili na kupy, a te po cichu drągami ku wychodkowi przysunęli. Żaru w garncu przynieśli i zapalili.

Jak dym zaczął Guniawego dławić, a ogień przypiekać, wyskoczył bies z wygódki.

– Wszystko mi jedno – wrzeszczy – ale jak ginąć to nie samemu i nie sam w mokrej ziemi zlegnę! – I z pistoletu w Piotra celuje.

Strzelił, ale z powodu dymu nie trafił, a w tejże chwili któryś z chłopów go żerdzią pod kolana grzmotnął. Frołka upadł. Wtedy wszyscy się na niego zwalili i związali go.

Mało kto w Ureniu spał tej nocy. Frołkowe strzelanie wszystkich postawiło na nogi, ale do wschodu słońca nikt na ulicę nawet nosa nie wytknął. Dopiero kiedy dziewki po wodę szły, zobaczyły, że spódnica popowej żony podarta na śniegu leży, a obok niej – zapisana tablica. Wtedy chłopi hurmem do urzędu ruszyli i w świetlicy się tłoczą – ciżba taka, że jabłko nie miałoby gdzie upaść, a pozostali przed domem się gromadzą. Rwetes nie do opisania.

Ale oto czcigodna starszyzna na ganek wyszła, w pas się narodowi kłania i świętym krzyżem ramiona znaczy, aż pył od nich idzie. Nafanaił, choć sędziwy, jeszcze pełnią sił się cieszy i przemawiać zaczyna:

– O tym, że tej nocy antychrysta Frołkę i miastowych wojaków powiązaliśmy, to już wam, chłopom, wiadomo. Wiadomo też, za co ich wzięto. Teraz wspólnie, całą gromadą rozsądzimy, co dalej z nimi zrobić: skazać na śmierć za ich ciężkie przewinienia czy ułaskawić? Jak naród zarządzi, tak też będzie. Słowo ludu – wolą Bożą jest.

Znów zrobiło się gwarno:

– Od kogo zaczniemy?

– Od Froły, on wszystkiemu winien.

– Od wojaków, a Frołę potem, o nim trzeba osobno pogadać.

– Wprowadźcie wojaków!

Wprowadzono. Postawiono ich związanych przed narodem. Stoją, trzęsą się, a niektórzy nawet łzy leją. Stoją tak, jak ich zabrano, w spodniej bieliźnie i boso.

A chłopi się srożą. Doznane krzywdy ludziom do serc napływają, krew się burzy. Kto bliżej stoi, ten ma chęć każdego sołdata pięścią zdzielić albo kijem mu przygrzać. Zwłaszcza baby się bieszą: szarpią skazańców za włosy, za nosy, szczypią w policzki... Wiadomo, że nic niewiast w gniewie nie powstrzyma. A te z tyłu stojące tylko się wydzierają:

– Nie ma co z nimi się długo certolić! Wszystkich na osikę!

– Brzuchy rozpruć i mąką napełnić! Niech się nażrą, czorty nienasycone!

– Kamieniami w nich!

– Do piachu!

Niesądzone więc wojakom dalej żyć. Sami już widzą śmierć przed sobą. Padają na kolana i zawodzą jakby rozumu i honoru zbyci:

– Litości, prawosławni, na rany Chrystusa!

Lecz naród coraz gwałtowniej napiera. I byłby to już ostatni dzień tych nieszczęśników, gdyby nie Piotr Aleksiejewicz, który donośnym głosem zawołał:

– Przestańcie! Dajcie coś powiedzieć!

Temu głosowi wszyscy byli posłuszni i dano spokój sołda-
tom. A Piotr Aleksiejewicz na ganek wychodzi i, kłaniając się,
mowę zaczyna:

– Nie w gniewie Bóg się objawia, a w sprawiedliwości. Wojacy – to naród bezwolny. Wszystko jedno czy idą za głosem
cara, czy władzy sowieckiej. Nie mają oni prawa o sobie decy-
dować. Co im każą, to muszą wykonać. Nie możemy brać ich
krwi na swoje sumienie, bo to przed Bogiem wielka odpowiedzialność i za to On nas nie pochwali. Moim zdaniem żołnierzy trzeba ułaskawić!

Znów zawrzało. Ale teraz szło o coś innego: wypuścić ich
czy trzymać pod strażą? W końcu postanowiono:

– Uwolnić i ubrania im zwrócić. Ale strzelb ani chleba na
drogę nie dawać. Dojdą do miasta – ich szczęście, nie dojdą –
wola Boska.

Tak też zrobili. Teraz przyszła kolej na Frołę. Wyprowadzili
go na ganek i pokazują ludziom. Trudno było poznać psubrata:
lewego oka za czarnym siniakiem prawie nie widać, kosmyki
włosów krwią pozlepiane, wargi spuchnięte – przez całą drogę
do urzędu był bity. Jednak teraz stoi wyprostowany i zdrowym
ślepiem łypie. Znowu wystąpił starzec Nafanaił:

– Oto Froł – mówi – którego winy wszystkim są znane:
wielu chrześcijan przez niego srogi głód cierpi. O pomstę do
nieba wołają wdowy i sieroty po tych, których wymordował.
Ich niewinne dusze teraz przed Bożym tronem stoją. Za coś,
Herodzie, Siłajewa na śmierć posłał?! Z zemsty, że ukarał cię,

Belialu[134], za złodziejstwo, któregoś się dopuścił?! Po coś prawdziwą wiarę kalał i do bezbożnych nikonianów przystał? Po co żeś, anatemo, wojsko antychrystowe na zagrody nasze przywiódł? Nie ma dla ciebie Boskiego przebaczenia. Bezeceństwa twoje w stronę Jego tronu krzyczą... Gehenna i piekło się cieszą, na ciebie czekając!

Straszny jest ten Nafanian, jak prorok starotestamentowy bezbożnych władców potępiający. Oczy mu płoną pod nawisłymi na nie brwiami, ręką potrząsa, a palcem na Frołę pokazuje.

Zamilkł naród trwogą ogarnięty. Tylko uczeni starcy, za Nafanaiłem stłoczeni, kosturami postukują, palcami Frołę wytykają, a niektórym z oburzenia aż brody dęba stanęły.

– Musisz, Froło, anatemo przeklęty, duszy potępienie od Boga przyjąć, a od ludzi – srogą karę śmierci. Za swoje bezeceństwa będziesz bity bez litości. Za nocne grabieże wnętrzności twoje zostaną wyprute zgodnie ze zwyczajem. Za zabicie niewinnych i spustoszenie zagród napełnią mąką twój śmierdzący brzuch, a ciało przebrzydłe rzucą do lasu zwierzętom na pożarcie. Tak to my, starcy niegodni, postanowiliśmy.

Ludziom jakby mowę odjęło. Choć w ich sercach złość na Frołę kipi, to tak okrutna kaźń wszystkich przeraża. Milczą. Nikt jako pierwszy nie ma odwagi potwierdzić owego strasznego wyroku. Jeden na drugiego tylko spogląda.

---

[134] Belial – jeden z upadłych aniołów, biblijne określenia zła.

Wystąpił naprzód Piotr Aleksiejewicz i w imieniu wszystkich rzekł:

– Słusznie. Niech więc tak się stanie.

Egzekucję postanowiono wykonać nazajutrz. Tamtego dnia była akurat Niedziela Palmowa, więc w tak wielkie święto przelewać krew, choćby nawet sprawiedliwie, byłoby grzechem śmiertelnym.

Ale w Wielki Poniedziałek egzekucja też się nie odbyła: Froł zniknął. Zamknęli go poprzedniego wieczora w izbie na tyłach urzędu, okiennice na głucho gwoździami zabili i przy drzwiach postawili wartę. Rano przyszli – nie ma Frołki, a okno na oścież otwarte. Obejrzeli okiennice: gwoździe kleszczami wyciągnięto. Znalazł się jednak w Ureniu jakiś zwolennik Guniawego, ale kto – do dziś nie wiadomo. Podejrzewali wielu: głównie tych, co potajemnie do niego chodzili, bo kusiło ich utworzenie komitetu biedoty. Nawet na córkę popa wskazywali, jakoby ta zakochała się we Frołce. Moc o tym powiadali, ale niczego udowodnić nie mogli.

Tego samego ranka uczeni starcy i chłopi w urzędzie się zebrali, aby silną i sprawiedliwą władzę wybrać. Bez władzy przecież nie da się żyć.

Odgrodzili się od pospólstwa, bo trzeba najpierw w małym gronie coś postanowić, a potem dopiero światu oznajmić. Inaczej tylko jeden wielki harmider powstanie, z którego żadnego pożytku nie będzie.

Ale i za zasuwami wielki gwar zapanował. Nafanaił ze swoimi starcami naciska, aby im władzę przekazać, bo przecież oni w pismach uczeni. Majętni chłopi swojej linii się trzymają: trzeba, jak dawniej, starostę wybrać i uriadnika mianować. Młynarza na starostę wysuwają.

Coraz gwałtowniejszy spór o mało nie doprowadził do bijatyki. Kiedy ludzie nieco przycichli, przemówił Łukicz Seliwerstow, który może nie był zbyt zamożny, jednak w sprawach handlowych biegły. Skupywał w Ureniu len, wosk i inne dobra i sam je do miasta zawoził; tam też rozumu się uczył.

– Czcigodni starcy, wybaczcie – rzekł – ale wy na wiele nam się nie zdacie. Pismo, ma się rozumieć, świętym Słowem Bożym jest, ale my tylko ludźmi jesteśmy, w grzechu tkwiącymi, według Pisma żyć nie umiemy. Z drugiej strony rozumując, starosta i uriadnik to władza podporządkowana jakiemuś zwierzchnictwu. Dotąd urzędowi stanowemu i policji powiatowej, a ostatecznie carskich ukazów trzymać się musieli. A teraz – kogo mają słuchać? Wychodzi na to, że tego tam towarzysza Lenina, który na carskie miejsce wstąpił, a przez niego znowu Frołce czy innemu łotrowi w łapy wpadniemy. Tak sprawy stoją. Musimy się zastanowić, bo tenże Frołka wyjaśniał, że towarzysz Lenin wydał rozkaz, by miejscową władzę wprowadzić. To znaczy, że my mamy prawo stworzyć w Ureniu własną władzę i to taką, żeby wyższej nad nią nie było.

– Czyżby cara?

– A choćby i cara…. czy coś w tym rodzaju…

Posiadali starcy i gospodarze. Jest nad czym dumać. Bo coś trzeba z tym zrobić, ale wszystkich lęk ogarnia. Car jest przecież pomazańcem Bożym! Gdzie tam ureńczanom do kogoś takiego? Jednakże carowie rosyjscy z Ipatijewskiego monasteru się wywodzą, ich domostwa do dnia dzisiejszego stoją nienaruszone, mnisi po nich pątników oprowadzają. Żadnego cara w tamtych czasach na Rusi nie było, na tron wstępował władca przez naród wybrany i przez prawowitego patriarchę zatwierdzony. Było tak zanim nastał ten przeklęty Nikon.

Z drugiej strony patrząc: Lenin tę władzę we wszystkich miejscowościach wybierać każe, to znaczy, że nie ma mowy, aby mu się sprzeciwiać, a do tego Ureń – miejsce odludne, ukryte w lasach i topieliskach, a latem dojazdu do niego nie ma.

Uczeni starcy również z tym się zgadzają:

– Co nie pochodzi od Boga, władzą być nie może – powiadają – tak też w Pismach powiedziano.- Podług nich tylko samemu carowi dane jest rządzić, jak za dawnych, prawych czasów bywało. Nie wolno mu żegnającym się trzema palcami ustępować, ale ma trwać w prawdziwej bogobojności.

Zdecydowali się na cara. Wyszli do ludzi, a Nafanaił uroczyście obwieścił:

– Będziemy swojego cara wybierać, a kogo chcecie obwołać carem – tego wywołajcie!

I cały naród jednym głosem zawołał:

– Chcemy cara Piotra Aleksiejewicza i tylko jego!

Sprawa skończona. Starcy znów się z majętnymi gospodarzami zamknęli i radzą. Trzeba werdykt wyborczy spisać, by wszystko było jak należy. Wezwali nauczyciela i kazali mu pismo stosowne sporządzić, żeby potem żadnych wątpliwości nie było. Ale przy naradzie, w jaki sposób Piotra na tron wprowadzić, znów doszło do sporu.

Uczona starszyzna twierdzi:

– Po soborowemu namaścimy. Tak trzeba, by carstwo silne było.

Chłopi zaś taki przykład im przytaczają:

– A korona wasza dawna zdatna jeszcze będzie? Surową nicią bez supła zszyta być musi! W molennach[135] w ukryciu się żenicie, a po metrykę dla dziecięcia od Boga danego do cerkwi biegniecie. Żeby kłopotów się ustrzec, trzeba i kiesą potrząsnąć. A czyż już tak nie bywało, że jeden z drugim potajemnie się ożenił, a potem żonę zostawiał i z drugą w cerkwi ślub brał? Nie, wy tam swoją pobożność wyznajecie, jak chcecie, a według prawa bez cerkwi obejść się nie można. Wzywajcie popa!

Przyszedł pop Jewtichij i po kolei wszystkich wysłuchał, a potem rzekł:

– Decyzja jest słuszna i zbożna. Jasna sprawa: to Piotra na urzędzie posadzić należy, a nie Frołkę niegodziwca i potępieńca! Nie mogę jednak bez zezwolenia konsystorza Piotra na pomazanie poprowadzić i ektenie[136] nad nim odprawić. Ale modły z akatystem[137] dziękczynnym za wybawienie od wroga

---

[135] Molenna – dom modlitw staroobrzędowców.

[136] Ektenia – rodzaj litanii obecnej w rozmaitych rytach liturgii w Kościołach wschodnich.

[137] Akatyst – rodzaj hymnu liturgicznego typowego dla Kościołów Wschodu, przede wszystkim dla Cerkwi prawosławnej.

czy modlitwy o zdrowie i powodzenie w słusznych sprawach zmówić mogę. Tak też uczynię.

Zgodzono się co do jednego: starcy w molennie jeśli zechcą, obrzędy odprawią, a w cerkwi zaś będzie osobne nabożeństwo i starszyzna nie ma tam po co przychodzić.

Nad werdyktem trudzili się do samego wieczora. Sześć razy nauczyciel gramotę przepisywał. W końcu ustanowiono: Piotr Aleksiejewicz zostaje pełnoprawnym carem i monarchą absolutnym nad całym Ureniem. Jako car ma władzę wedle prawa Bożego i własnego sumienia sprawiedliwe sądy sprawować. Sądy te będą niepodważalne, choćby miały kogoś majątku czy nawet żywota pozbawić. Nikt z ureńczan nie ma prawa takim sądom się sprzeciwiać.

Car Piotr Aleksiejewicz winien też armię powołać, jeśli taka będzie potrzeba, i zostać jej zwierzchnikiem.

Wszyscy zaś chłopi ureńscy należni są carowi Piotrowi oddanie i posłuszeństwo, a za jego carskie trudy zobowiązani są składać mu co roku jako daninę pół puda ziarna i pół rubla od dymu, ale żadne pogłówne czy pańszczyzna nie mogą na nich być nakładane. Pisarza sam car w swojej carskiej łaskawości będzie utrzymywał.

Tenże werdykt ma po wsze czasy nienaruszony pozostać.

Podpisał się pod nim, kto tylko mógł, a sam car krzyż nabożnie postawił.

Pomazanie według starych obrzędów odbyło się w molennie, w obecności nielicznych tylko wiernych, a do cerkwi na nabożeństwo, krom starców, cały Ureń się zszedł. Co prawda większość koło świątyni stała. Ceremonia jednak była wielce uroczysta. Sam Piotr ze łzami w oczach się modlił, z kolan nie wstając. Chłopi też godnie fason trzymali. Wszyscy rozumieli jedno:

– Wielka sprawa się dzieje.

Z cerkwi cały naród Piotra do jego chaty poprowadził i od tej godziny był już carem wszystkich ureńczan jako Piotr Pierwszy.

Znów życie w Ureniu spokojnym nurtem płynąć zaczęło. Święta Pascha dla całego narodu prawdziwym zmartwychwstaniem była. Razem z Frołką uciekł strach z wioski. Po skończonym poście we wszystkich chałupach stoły suto zastawione stoją. Wszyscy mieszkańcy swoim dostatkiem się chwalą. Nie boją się, że władza sowiecka, jak w czasach żołnierskiego panowania, za „nadwyżki" się weźmie. Takie przechwałki chłopom za grzech poczytane być nie mogą: owoc ich trudu stół zdobi, to „pot z ich czół".

Tym, którym Froł do ostatniego ziarenka zboże odebrał, car Piotr Aleksiejewicz kazał udzielić pomocy i mąkę dla nich zebrać. Każdy miał dać według swojej majętności, a on pierwszy trzy pudy odważył. Ale nie jako jałmużnę, na Boga, bo takiego upokorzenia żaden gospodarz by nie zniósł, a jako pożyczkę, co miała zostać zwrócona przed świętem Matki Boskiej Opiekuńczej, i na to nauczyciel papiery wystawił.

Uroczystą jutrznię jedni odstali w cerkwi, a inni w molennie, jak tam komu od ojców przekazane zostało. Sam car do cerkwi nie poszedł, a do Nafanaiły. Ale popa z krzyżem u siebie przyjął, troparion zmówił, ucałował się z nim na Zmartwychwstanie i wódką poczęstował. Nafanaił i starszyzna nie sprzeciwiali się temu – przecież car nad wszystkimi panuje: i nad prawowiernymi, i nad odszczepieńcami. Oby tylko bogobojności przestrzegał.

Zaczęły się zabawy. Bez nich żadnego święta być nie może. Nawet do jakiejś bójki między wyrostkami doszło. Car zaraz, na miejscu winnych osądziwszy, karę wyznaczył: wszystkim awanturnikom bez wyjątku, i bitym, i nie bitym, po tuzinie rzemiennych pasów kazał wymierzyć, aby ich rozumu nauczyć. Nakazaną liczbę każdemu sumiennie odliczono.

Było już po świętym Tomaszu. Nastał Rusałkowy Tydzień. Brzoza w pachnące listowie się wystroiła i w swoich wiosennych szatach jako panna młoda stoi. Leśne gęstwiny wyścieliły się złocistymi pierwiosnkami. Od boru letnim zapachem powiało. Niedźwiedź tam zimową sierść o dębową korę sczesuje – leśnemu gospodarzowi na walonki. Rusałki i czarodziejki z zimowego snu się pobudziły i swawolnie na jeziornej gładzi igrają. Wesoły Jaryło-Kupała zdjął z nich lodowe zaklęcie Dziadka Mroza, dlatego też tydzień ten Rusałkowym się nazywa.

Na świętego Igora baby poubierały się w chińskie letnie szatki (teraz takich kitajek już nawet w Moskwie nie znajdziesz), a starcy do świętych Froły i Ławra się pomodlili, aby ci bydło w swej opiece mieli. Gospodarze kropili swe obejścia wodą święconą.

Zagrał na brzozowej fujarce najstarszy ureński pastuch Jemela, a dziewuchy pognały giętkimi wierzbowymi witkami zabiedzone przez zimę czarne siodłate gąski-okularnice na swobodny wypas, na słodką młodą trawkę.

Wszystko toczyło się jak za dawnych czasów, a może i lepiej. Poprzedni uriadnik nieboszczyk lubił się popisywać, nieraz też krzyknął, bo zawzięty był i do rękoczynów skory. Można było od niego nawet w ucho niewinnie oberwać, zwłaszcza kiedy bywał podchmielony, a wódką nie gardził. Zaś car Piotr Aleksiejewicz do obcych spraw się nie mieszał, od urodzenia milczącym był, niewinnego nawet palcem by nie tknął i nikogo nie niepokoił. Dlatego też z dnia na dzień krzepła jego carska władza. Majętni gospodarze w pas mu się kłaniali i tytułowali go nie inaczej jak:

– Carze nasz, Piotrze Aleksiejewiczu.

Ale pobyt Frołkowych wojaków w Ureniu nie minął tak całkiem bez śladu. Na Krasną Górkę[138] umyśliła sobie matka Kołourycha niedojrzałej jeszcze córze wesele wyprawić. Była ku temu przyczyna: panna ta, Jewpraksija, z jednym żołnierzykiem sobie pohulała. W Ureniu z tego powodu nikt dziewkom wyrzutów nie czyni. Panują tam swobodne obyczaje: nie trzyma się dziewek pod kluczem. Zwłaszcza w tych domach, gdzie starą wiarę wyznają. Co innego z babami. Baby – kruche na-

---

[138] Krasna Górka – staroruskie święto wiosny. Z nadejściem chrześcijaństwa obchodzono je w pierwszą niedzielę po Wielkanocy. W tym dniu zawierano też najwięcej małżeństw.

czynia – w bojaźni Bożej i w powinności mężowi żyć im należy. Czyż nie powiedziano w Piśmie, a starcy stale to powtarzają, że „żona bać się winna męża swego". O dziewkach zaś się milczy.

Pokłoniła się Kołourycha babce Lutonisze, na stół płótno i ze sto jajek położyła, a ta w księgę swoją zajrzała i kawalera wskazała, Kuzniecowego syna. Stary Kuzniec też nie był od tego. Kołourychowie to gospodarze stateczni, dom ich zasobny i ród sławny, dostojny; wyprawy córze nie poskąpią – hańbą by się okryli. Narzeczony też się zgadza: dziewka soczysta jak jagoda.

Ale z wesela nic nie wyszło. Zaparła się pannica jak narowista kobyła:

– Nie i nie! Za kogo ja zechcę, za tego pójdę! Własnym rozumem wybiorę sobie ukochanego, księcia mojego!

Próbowano to jakoś dziewczynie perswadować. Nawet starowinki z pustelni przychodziły, by jej do sumienia przemówić – nic nie pomagało, a na pustelnice nawet nie spojrzała.

– Jak były młode – warczała – tak samo żyły, miłości słodkiej się oddawały, a kiedy uroda przeminęła, w czarne wrony się zmieniły, pończochy pieniędzmi nabijają…

Ojciec kijaszkiem ją pouczył, ale w nocy panna zniknęła. Piechur Niłycz później powiadał, że w mieście ją widział.

Wojaka swojego jednak tam nie znalazła, bo utopił się w błotach, kiedy z Urenia uciekał. Ale w mieście honorowo sobie żyła. Warkocze ścięła, czerwoną chustkę po nikoniańsku zawiązała i została kimś na podobieństwo władzy. W głównej radzie zasiada i na chłopów pokrzykuje.

Bywały już dawniej w Ureniu wesela-skrętki – śluby zawarte potajemnie czy bez zgody ojców. Jednak pod wieńcem, choćby i nikoniańskim. Ale takiej hańby, żeby warkocz ściąć i bez męża żyć, jeszcze nigdy nie było.

W innych dziewkach też diabeł zaczął palić. Niegdyś, wedle obyczaju, w święta, pod wieczór, poschodziły się panny i o Aleksym Bożym czy też o Księdze Gołębicy (od Ducha Świętego pochodzącej) stichiry[139] wyśpiewywały albo też starodawne piosnki zawodziły: „Ogród winorośli" czy „Biały łabędź".

Teraz o świętym Aleksym nawet wspominać nie chcą. Śmieją się:

– Aleksy – człowiek Boży, do nas, dziewek, niezbyt hoży.

Smutkiem z tej pieśni wieje, a nie chcielibyście posłuchać:

Jabłuszko czerwone, drobno pokrojone!

Nie całuj mnie, bo mam liczka barwione.

Od wojaków się tego, paskudy, nauczyły.

Od naszych chłopaków też żołnierski zapach się niesie. Są tacy, co od sołdatów tabakę kurzyć się nauczyli. Spoganieli. To Frołka, bies jeden, antychrystowe zielsko i rozpustę ze sobą przywlókł.

– Niczego w tym złego nie ma – mówią. – Wszystko o grzechu to te stare kutwy wymyśliły.

---

[139] Stichira – hymn liturgiczny oparty przeważnie na psalmie.

Kiedy z urzędu ikony wyrzucano, wojacy jedną wzięli i zapaloną cygaretkę Zbawicielowi do ust przykleili:

– Masz – powiadają – towarzyszu Boże, zapal sobie, bo popi nawet na to Ci nie pozwalają.

I nic im za to Pan Bóg nie zrobił.

Ojcowie co niektórym kijem nauczkę dali, ale nic nie poradzili: chłopcy nadal swawolili. Jak dotąd jeszcze w chatach nie kopcą, bo matczynego ujadania się boją, więc na gumnach ukradkiem dym puszczają i tylko patrzeć, jak stodoły podpalą. Wilkiem dokoła patrzeć zaczęli.

Kiedy trochę podeschło, co odważniejsi z nich leśnymi krętymi ścieżkami do miasta biegać zaczęli, a powróciwszy, chwalili tamto życie:

– W mieście po prawdzie głód panuje, bo skąd mają te kuce kobyle chleb brać?! Za to jest wesoło! Zebrania różne się odbywają, a na nich mądre słowa słychać: o Bogu, o władzy sowieckiej, zagranicznych burżujach i innych rzeczach.

Ot, jakiego rozumu nabrali! Co wieczór w składzie mącznym kupca Baranowa (tego, co go wtedy zabrali) przyjezdni komedianci przedstawienia wystawiają. Pietruszkę[140] albo kino pokazują.

---

[140] Pietruszka – postać z teatru jarmarcznego.

O komediantach już wcześniej słyszeliśmy, to ludowi przebierańcy czy, jak dawniej ich nazywano, skomorochy[141], ale co to kino – tego nikt nie wiedział. Dopiero nauczyciel nam wyjaśnił:

– To amerykański wynalazek. Żywa, ruchoma fotografia.

Dalej niczego nie pojmowaliśmy.

Przed sianokosami powrócili ostatni z ureńczanów, których onegdaj na wojnę zabrano. Nazywają siebie teraz frontowcami. Do cna spoganieli. Cygaretek przez cały dzień z gęby nie wyjmują i w chatach kurzą, a z babskiego ujadania tylko się śmieją:

– Od tego naszego dymu, baby, zdrowsze będziecie. Wędzona szynka nawet po trzech latach jest dobra.

Wrócili głodni, ale przyodziewek na nich przyzwoity, a ich buty ślady cienkiego oficerskiego chromu nosiły. Mieli też strzelby i naboje.

– Towarzysz Lenin nam je dla obrony sowieckiej władzy zostawił.

Znowu on, ten jakiś Lenin! Wszędzie można było się na niego natknąć.

Początkowo młokosy hulali sobie tylko i popisywali się:

– Przecież my, tacy-owacy, podporą rewolucji jesteśmy!

Ale car Piotr Aleksiejewicz wnet ich poskromił, chociaż bez bitki się nie obeszło. Jeden frontowiec na zawsze

---

[141] Skoromouchy – wędrowni aktorzy.

z krzywą gębą został, jak go carska dłoń po pysku pobłogosławiła. I strzelby wszystkie im car Piotr pozabierał. W urzędzie razem z cekaemem zamknąć je kazał.

Zmarkotnieli zuchy kurażu pozbawieni, widzą, że tu władza nie do nich należy. Nawiasem mówiąc, przyszło siano kosić. Nastały pogodne, suche dni, a każdy wart zimowego miesiąca. Zajęli się więc gospodarskimi sprawami. Jednak nie przestawali drzeć ryjów, o Bożym podobieństwie zapominając.

Rozdział 17

Igiełka za sto rubli

Kiedy uporano się z sianem, car i starszyzna postanowili pchnąć piechura Niłycza do Kostromy. I tak chłopi przez dwa tygodnie nie mają nic do roboty. Przed świętem Znalezienia Krzyża nigdy żyta się u nas nie kosiło.

Niłycz wyruszył z domu jeszcze przed świtem. Nawet dwóch wiorst gościńcem nie uszedł, jak ku bagnom zboczył. Z kępki na kępkę jak zając przeskakuje i kosturem twardego gruntu szuka. Zwinny był, choć już siódmy dziesiątek kończył. Słonko jasne dopiero na południu stało, kiedy Niłycz już trzęsawisko pokonał i nawet łapci nie zmoczył. Przysiadł sobie na zwalonej kłodzie, w cieniu, chlebuś i sól w szmatkę zawiniętą z węzełka wyjął, posilił się, a przeżegnawszy się ku wschodowi, popił wodą z kałuży i ruszył dalej.

Miło szło mu się borem. Ziemia czysta, żółtym igliwiem jak piaskiem morskim wysypana. Potężne sosny zwartą ścianą stoją i swymi wierzchołkami o niebo się opierają. Chłodno. Nie przebije Jaryło swoimi słonecznymi strzałami zielonych kopuł świątyni Bożej ręką ludzką nieuczynionej. Co rusz młode cietrzewie spod nóg pierzchają. Chytra lisica z gęstego paprotnika ostronosy pyszczek wysuwa. W zaroślach, w gęstwinie to i na samego gospodarza wpaść nietrudno. Wtargnie taki gwałtownie w maliny, rozgarnie łapskami krzaki i przyssie się do dojrzałych soczystych jagód. Nie ma się czego bać. W tym czasie niedźwiedź człowiekowi niestraszny. Syty, cały sadłem obrośnięty, samą borowiną się żywi. Do jagód i słodkiego miodu go ciągnie. Nawet gdyby mu ciołka pod sam nos podsunąć – odwróci się, a tylko huknij na niego ze świstem, to w te pędy ucieknie.

W kniei Niłycz niczego się nie lęka. Zna się na wszystkich leśnych znakach: spojrzy na omszały pień, a ten zaraz wskaże mu drogę.

Ciemny bór pełen jest boskich stworzeń i każde chwałę swojemu Stwórcy głosi. Weźmy na przykład takie grzyby – zdawać by się mogło, że nie ma od nich prostszych istot. Tylko babom i dzieciom zajęcie dają. A zobacz, każdy z nich ma swoje zwyczaje. Stoi sobie nadęty borowik i jak kupiec się panoszy. Jeśli takiego znajdziesz – zaraz obok drugiego szukaj. Zawsze w parach żyją. A bielaki – całą gromadą w kupę się zbijają, suchymi liśćmi nakrywają i cicho do siebie tulą. Jesienią opieńki na gnijące pniaki wskakują jak kurczaczki pod kwokę. Można je garściami zbierać.

Zarośla paproci mogą nawet skarby ukazać, jeśli tylko zna się zaklęcie. Wiele ich pewnie po lasach zakopanych. Tu przecież przed carskim gniewem liczni rozbójnicy się kryli. Co nagrabią nad Matuszką-Wołgą, to do lasów znoszą, gdzie już carska ręka nie sięga.

Nasłuchał się Niłycz od dziadów swoich niezliczonych historii o puszczach, a i sam też sporo widział. Uczeni ludzie powiadają, że żadnego leśnego ducha nie ma, że to czysta fantazja. Ale zanocuj tylko w głuchym borze, a sam go usłyszysz i zobaczysz. Za dnia to on sobie śpi, ale nocą gospodarstwo swoje obchodzi i dogląda. Jak go spotkasz, to idź ku niemu bez strachu, lecz z szacunkiem, zdejmij czapkę i grzecznie go pozdrów: „Witaj, dziadku Kogtiew!", a nic ci się nie stanie.

To samo rusałki. Ckni im się bez męskiego plemienia, wiadomo – wszystkie dziewki jednakie. Jeśli na nie trafisz, nie opieraj się ich igraszkom. Zabaw te wodne panny, piosenkę im zaśpiewaj. Poigraj z jedną, z drugą. Grzechu w tym nie ma. To przecież żadne tam pomioty diabelskie, a dusze nieszczęsne i też stworzenia boskie.

Niłycz przespał w lasach dwie noce, a trzeciego dnia wyszedł na łąki, które Matuszka-Wołga swymi wodami poi. Dlatego też się je poidłami nazywa. Zajaśniały w oddali kopuły Ipatija[142]. Święte i stare to miejsce. Stąd Ziemi Ruskiej początek się wywodzi.

Niłycz minął bramę klasztorną. Ale cóż to za zwyczaje? Brama na oścież otwarta, a żadnych mnichów ani pomniejszych braci nie widać. Pora też i jutrznię zaczynać, a tu śpiewające dzwony, starannie ongiś dobrane, milczą. Nad wrotami czerwone płachty rozciągnięte, a na nich coś tam kredą wypisane.

---

[142] Monaster Ipatijewski, w którym przechowywana jest jedna z najważniejszych ikon prawosławia – wizerunek Matki Boskiej Kostromskiej.

Czegoś takiego Niłycz na żadnych świętych wrotach jeszcze nie widział.

– To cuda jakieś!

Przez Kostromę most jak dawniej prowadzi. Tylko nie ma już człowieka, który zawsze tu kopiejkę za przejście pobierał. Co się dzieje?

No i doszedł do miasta.

Oto stoi tam fabryka Zotowa. Wielka taka, że dziesięć tysięcy ludzi wykarmi. Ale nadal żywej duszy nie widać i nigdzie dym z kominów się nie unosi. Czyżby Zotow zamknął swój ogromny zakład? Jakże teraz naród żył będzie?

Im dalej, tym coraz dziwniej się robi. Na głównym placu, od którego wszystkie ulice się rozbiegają, słup kamienny jak dotąd stoi, pod nim Susanin[143] na kolana upadł, a młodego cara jakby wiatr zdmuchnął... Zamiast figur czerwony sztandar na słupie umocowany. I na urzędzie, i na kordegardzie, i na siedzibie gubernatora – wszędzie czerwone szmaty powiewają. Cała chmara narodu na placu się zebrała. Ludziska spieszą się, biegną, ale dokąd – trudno zgadnąć. Na Rusinowej ulicy wszystkie sklepowe okna deskami zabite.

---

[143] Iwan Osipowicz Susanin – starosta wsi Domnino, rosyjski bohater narodowy. Jak głosi legenda, zimą 1612-13 został wynajęty przez jeden z polskich (lub litewskich) oddziałów wojskowych w charakterze przewodnika celem doprowadzenia do ukrywającego się we wsi cara Michaiła Fiodorowicza. Wierność carowi przypłacił życiem, ale wielu wrogów utonęło na bagnach.

Niłycz skierował się na rynek. I tu pełno ludzi. Przy mięsnych straganach baby sobie wołowinę wydzierają. A mięso dziwne jakieś, prawie czarne...

Pyta Niłycz jedną z nich:

– Ile żeście, gosposiu, za tę wołowinę zapłacili?

A ona na niego oczy wytrzeszcza:

– Ślepy jesteś, czy już z samego rana denaturatem spity? To nie żadna wołowina, a konina!

– Fuj, obrzydlistwo!

Przed piekarnią – prawdziwy koniec świata. Ludzie pchają się do drzwi, tratują się wzajemnie, a trochę dalej, niecałe pół wiorsty, jeden za drugim w kolejce stoi, a wszyscy jazgoczą. Nagle ktoś ze sklepu wyskoczył i coś małego w rękach trzyma, a właściwie w jednej garści: kawałek chleba i coś tam jeszcze.

Zaciekawiło to Niłycza:

– Co tu się dzieje?

– Nie widzisz czy co, stary czorcie? Znów tylko ćwiartka chleba i pół funta makucha[144] na talon!

No tak, to dlatego ludzie tak się pieklą!

Z przeciwka idzie jakaś baba. Paczkę igieł w ręce trzyma. Akurat tego Niłycz potrzebował. Kazała mu żona igły kupić.

– Ile, matko, paczka kosztuje?

– Na sztuki sprzedaję. Sto sowieckich albo czterdzieści kierenek.

Zwariowała czy żartuje?

---

[144] Makuch – placek z wytłoków.

– Niłycz! Witaj! Dokąd Bóg prowadzi? Chwała Ci, Panie! Nareszcie jakiś znajomy człowiek.

To żyrnowski subiekt, co do Urenia towar przywoził.

– Zdrowia życzę. Na swoich, na cudzych, byle z pierwszym śniegiem ruszyć.

– Widzisz go, jaki wesoły! Z Urenia?

– Z samego.

– Słyszałem. Carstwo tam sobie założyliście, a u nas, sam widzisz, jest republika.

– Niby widzę, ale nie pojmuję. Babinka, ta tutaj, sto rubli za igiełkę żąda…

– Wkrótce, staruszku, do tego dojdzie, że i tysiąc zapłacisz.

– Ależ to przecież zguba narodu!

– A kogóż tu gubić? Rusinową ulicę widziałeś? Wszystkie kramy zamknięte, a towar, jaki tam był – rozgrabili. Co bogatszych kupców wzięli jako zakładników i w ostrogu trzymają, a Ogorodnikowa, dziedzica, co za złodziejami i rzezimieszkami w sądzie się wstawiał, pierwszego rozstrzelali. Taka jest ta republika.

Subiekt Niłycza na stronę ciągnie i na ucho szepcze: „Czerwony terror nastał, chcą wszystkich burżujów wyplenić. CzeKa do miasta przybyła i rządzi razem z marynarzami. Teraz trzeba uszu nastawiać. Poczekaj trochę, to i do was dojdą. Siła ich! No, żegnaj, Niłyczu, muszę żonę zmienić, bo już od wieczora w kolejce stoi".

I pobiegł. Niłycza jakby ktoś obuchem w łeb walnął. Tu ci dopiero ciemna puszcza! Ani do kogo pójść, ani kogo zapytać, co to wszystko znaczy.

Postanowił udać się do mierniczego. Dobry z niego ziemianin, uczony, pięć lat temu, kiedy urząd państwowy w Ureniu wymierzał, u popa mieszkał. Od tamtej pory Niłycz zawsze u niego w kuchni nocował, kiedy do Kostromy przybył. Więc teraz do niego poszedł.

Zastał mierniczego w domu. W ogródku kopał. Niłycza zaś grzecznie powitał.

– Herbatki się napijesz? Nie bój się, bracie, to żadna rozpusta, jest z marchewki. Chińska – to ho, ho, skończyła się już dawno, niech spoczywa w pokoju. No, mów, z czym przyszedłeś.

Wszystko mu Niłycz wyłożył: i o Frołce, i o wyborze cara, i o koninie, i o sturublowej igiełce.

– Powiedzcie, panie, na Boga, co tu się wyprawia?

Mierniczy w brodę się podrapał i okulary przetarł.

– Trudno ci to wszystko wyjaśnić. Mamy rewolucję i upadek struktur społecznych.

Geodeta mówił długo. Dziwne słowa wypowiadał i nie wszystkie dało się zrozumieć, ale trochę w mózgu rozjaśnił. Naród, obaliwszy cara, rozswawolił się: nikt pracować nie chce, a każdy tylko po gotowe by sięgał. I to bez umiaru. Wszyscy chcą tylko żreć. Panów ograbili, kupców tak samo, a chłopskie zagrody do cna wyczyścili. Tak właśnie wygląda komuna. Teraz nie ma już kogo obdierać. Dlatego w piekarni tylko makuch, a igła sto rubli kosztuje. Te wszystkie Frołki ostatnią skórę z chłopa zedrą.

– Ale kiedy to się skończy?

– A co, czy to ja prorok jestem? Można tylko mieć nadzieję. Z nadejściem zimy ma wybuchnąć narodowe powstanie i wtedy ustrój sowiecki padnie.

– I nad Leninem wieko się zatrzaśnie?

– Bez wątpienia. I to nie dalej jak przed Nowym Rokiem.

– A co z nami?

– Z wami może być dwojako: albo z nastaniem zimowych dróg was zniszczą, albo system sowiecki do tego czasu upadnie i wtedy będziecie uratowani.

– To znaczy, że musimy czekać?

– Czekać i mieć nadzieję, a w miarę możliwości bronić się.

– Tak... Wszystko w rękach Boga! Może być i tak, i siak.

Mierniczy – człowiek uczony, a też niczego nie wie. To jak my mamy to wszystko pojąć?!

Tej samej nocy Niłycz wyruszył w drogę powrotną do domu. Pal licho Kostromę!

Z powrotem biegnie jeszcze szybciej. Ziemia mu się pod nogami pali. Już go nie cieszy ani rześkie powietrze, ani zielona gęstwina, ani ptasie trele. Zobaczył ludzką mękę, paskudztwo i nędzę. Myśli z trwogą, że i w Ureniu tak samo być może.

Wyrąbią cię, gęsty sosnowy borze, wygonią twoje ptaki i zwierzęta, zginą rusałki i dziewki czarowne, a gospodarz – duch leśny – w inne miejsce odejdzie. Prawdę rzekł mierniczy: „naruszone zostały fundamenty naszego życia". Jak zatem Ureń ma się ostać, kiedy cała Wielka Ruś chaosem ogarnięta i w rozpuście się pogrąża?

Rozdział 18

We wszystkim jest wola Boża

Niłycz przybiegł do wsi i, nawet nie odetchnąwszy, zaraz carowi i starszyźnie opowiedział wszystko, co widział.

Chłopi i starszyzna siedzą i milczą. Żadnych rozmów ani nawet szeptów. Czekają na carskie słowo. Sporo czasu upłynęło, zanim car Piotr Aleksiejewicz swoją mowę zaczął:

– To, że miastowi zamiast chleba o bydlęce jadło się biją i pogański tatarski machan[145] żrą, nic nam do tego. Nam chleba wystarczy, a tym bardziej mięsiwa. Igły po sto rubli się sprzedaje – też niewielkie nieszczęście; w dawnych czasach drewnianymi i kościanymi igłami szyli, to i teraz baby takimi szyć będą, a że sklepy i stragany pozamykane stoją, to nawet lepiej – mniej pokus na chłopstwo czyha. Sedno tkwi w tym, co tamten ziemianin dwuznacznie określił: czy ureńczanie wytrwają do czasu, kiedy Lenina i jego władzy kres nadejdzie, czy też wcześniej siły niszczycielskie do nas dotrą i miasto nas ujarzmi. Oby Pan Bóg dopomógł prawowiernym ureńczanom przeżyć i oby stało się tak, jak ów ziemianin mówił, że przed Bożym Narodzeniem Leninowi i jego szatańskiej hordzie koniec nastanie. Na razie trzeba mocno stać na nogach: dobrze się obwarować, warty na drogach porozstawiać, drzewa pościnać i zasieki zbudować.

---

[145] Machan – sucha kiełbasa z końskiego mięsa.

Drogę wymoszczoną faszyną, co do halickiego szlaku biegnie – rozorać. Możemy wystawić nawet trzy sotnie dobrych strzelców. Mamy przecież jeszcze wojskowy cekaem, z którego to frontowiec Jaszka strzelać umie. Jak Bóg da – wytrzymamy.

Jeśli zaś słowa tamtego pana się nie spełnią, to lepiej dla nas na układy iść i miastowych też do tego namówić. Pokłonimy im się chlebem, rybką, mięsiwem – tego mamy pod dostatkiem. Głodny naród za chleb to i święty krzyż z szyi zdejmie, i tym bardziej na naszą stronę przejdzie. Z tej to przyczyny musimy gromadnie sprawy rozważyć.

Po tych słowach zrobiło się gwarno. Wszyscy coś krzyczą i nikt nikogo nie słucha.

Młynarz woła:

– Znamy to już z przykładu Frołki! Jak tu takich nienażartych nakarmisz?! W samej tylko Kostromie czterdzieści tysięcy gęb, innych miast nie licząc. Obedrą nas do czysta!

– Racja! Daj im palec, to całą rękę wezmą.

– Nie! Trzeba do zgody dążyć! Nie można z motyką na słońce się porywać! Sam powiedziałeś – jedna tylko Kostroma to czterdzieści tysięcy. A w całej guberni ile? Nie damy rady takiej sile – drze się Łukicz Seliwerstow, co handlem się para.

– Tym bardziej, że naród wygłodzony jak wilki na Mikołaja Zimowego.

– Z wygłodzonymi pójdzie łatwiej, bo jaka tam w nich siła?

– Będzie, jak Bóg zechce!

– Chodźmy na ugodę!

– Pozamykajmy się!

– Zginiemy w zamknięciu!

– Przeczekamy, Pan Bóg miłosierny!

Wstał Nafanaił i otwartą dłoń podniósł. Oczy mu żywym ogniem płoną, a skufia[146] aż na ciemię mu się z czoła zsunęła. Zawołał wielkim głosem, wszystkich przekrzykując:

– Stać! Jako filary wiary prawdziwej! Awwakumowi podobnymi być macie, bowiem podążać jego śladem – to łaska. Wycierpieliśmy już wiele prześladowań, trwając w prawdziwej wierze, a i teraz w chatach naszych lampady przed świętymi wizerunkami się palą. W gęstwiny leśne uciekaliśmy, w pieczarach i norach zwierzęcych schronienia szukaliśmy i wytrwaliśmy. Nieraz przyjmowaliśmy pohańbienie i wieniec męczeństwa, a jednak do dziś żyjemy! W ogniu się paliliśmy, a nie zgorzeliśmy! Teraz też pokonamy złość przeciwników i poskromiona zostanie duma antychrysta! Wytrwamy, nie ukorzymy się! Przeżyjemy w zamknięciu, bo z nami jest Bóg!

Nafanaił, jako lew ryczący, strach w ludziach budził. Prawdziwie siła Boża na nim spoczywała! Ci, którzy za ugodą byli, przerazili się i poddali. Każdy majątek swój liczył – dlaczego miałby większą jego część mieszczuchom oddawać?

Car zamysły chłopskie rozumiał. Wstał, przeżegnał się dwoma palcami i rzekł:

---

[146] Skufia – miękka spiczasta czapeczka z czarnego fioletowego aksamitu noszona przez duchownych prawosławnych.

– Obwarujemy się i będziemy nie do ruszenia!

Skończono żniwa i wymłócono sprzątnięte z pól zboże. Najważniejsze, że chłopi w porę ze wszystkim się uporali, len zmiędlili i ziemniaki wykopali. Jeleń w Unży dawno już swe poroże wymoczył – teraz jej wody za zimne dla niego. Pierwsze przymrozki trawy szronem pokryły, a w lesie jarzębina spłowiała.

– Czas nadszedł!

Zwołał car całą gromadę. Policzył siły – razem z wojakami ponad trzy setki strzelb się zebrało, chociaż większość starego typu – na wycior, a nawet krzemienne z szeroką lufą się zdarzały. Wszystkich, kto tylko swój wiek miał, pod broń powołano. A komu strzelby nie starczyło, kosę na sztorc przybił lub kuszę zmajstrował. Widły też okazały się przydatne, przecież nieraz i na niedźwiedzia się z nimi chodziło.

Kiedy przyszło oddziały tworzyć, car Piotr wykazał się całą swoją mądrością. Od tego się zaczęło!

Niczym Skobielew[147] – biały generał – rozkazy wydawał. Wszystkich w Ureniu na dwa oddziały podzielił, a każdy oddział na trzy sotnie. Wyznaczył dowódców oddziałów, komendantów sotni i dziesięcioosobowych drużyn. Arakczejewski trakt ureńczanie dalej niż na dwie wiorsty zaorali, a nieopo-

---

[147] Michaił Skobielew (1842-82) – generał, dowódca wojsk carskich, bohater wojny rosyjsko-tureckiej. Przeszedł do historii pod przezwiskiem „biały generał", gdyż do boju jechał zawsze na białym koniu i w białym mundurze.

dal, w lesie, ziemiankę wykopali i starannie ją zamaskowali. Pozostawili w niej Niłycza z jego druhami i kazali nieprzerwanie trwać na posterunku. Przed samą wioską liczne zasieki ze ściętych sosen postawili.

– Spróbuj tylko! Bierz nas teraz!

W Ureniu czekają na miastowych bez zbytniego strachu. Nadzieję w Niłyczu pokładają. Stary na pewno się nie spłoszy i na czas wieści przyśle. Śnieżek zaczyna powoli prószyć, ale prawdziwej, przejezdnej drogi jeszcze długo nie będzie. Po Unży tylko śryż idzie, ale żadnego lodu nie ma.

Chłopstwo nabrało otuchy:

– Nie ruszą na nas miastowi! Przestraszyli się! Za słabi na taką rozprawę!

Poweselało też carskie oblicze. Tak sobie myślał:

– Zbliża się już czas, jaki ziemianin sowieckiej władzy wyznaczył. Dobre wieści z miasta płyną: głód na najbliższy rok jeszcze większy się zapowiada, drew na opał też tam brakuje, bo chłopi niczego do miasta nie przywożą. Cały naród na władzę sowiecką wielce się obraził. Nawet robotnicy z fabryk, co wcześniej murem za nią stali, teraz się wycofują. Na Lenina koniec przychodzi. Do tego jeszcze pogoda się trzyma. Chociaż śnieg pada, to prawdziwej zimy ciągle nie widać.

Trzaskające mrozy nadeszły dopiero na świętą Barbarę Męczennicę. Unżę w ciągu jednej nocy skuło. W błotach woda jednak cieplejsza, od spodu grzeje. Na nich tylko cienka skorupka powstała.

Ale sowiecka władza o tym nie wiedziała i natychmiast, jak tylko rzeka stanęła, wojsko na Ureń ruszyło. Niłycz posłańca przysłał:

– Już ich widać. Idą dawnym szlakiem i teraz przed rozoranym traktem stanęli.

Niedługo znów ten sam człowiek przybiegł:

– Wpadli, przeklęci, miejsc naszych nie znając, w topielisko, tam gdzie dawniej trakt był. Nawet stu kroków nie uszli – swoją armatę w bagnie utopili! A siła ich: nie mniej niż dwie setki albo nawet trzy...

I zaraz z powrotem pospieszył. Codziennie jakieś wieści przychodziły:

– Spędzili chłopów z Czudowa, żeby drogę mościli. Robota migiem idzie.

– Armatę już wyciągnęli.

Nocą wszyscy trzej wartownicy prosto do cara przybiegli:

– Na twardą ziemię wyszli. W borze nocują, ogniska palą. Jutro pewnikiem przyjdzie nam gości czekać.

O wschodzie słońca car kazał w gong uderzyć. Całe chłopstwo nie tyle idzie, co pędzi na majdan. Niektórzy się cieszą, ale inni miny mają nietęgie. Jeden drugiego pyta, jednak nikt niczego pewnym nie jest. Ktoś puszcza pogłoskę:

– Wielka ich siła idzie, a z nimi sam Lenin.

Inny się śmieje:

– Zbiegłych wojaczków, dezerterów, którzy z workiem na plecach po chłopskich zagrodach za chlebem chodzą, za wojsko wzięli... Też mi Aniki-żołnierzyki...

Car na ganek wyszedł i wszystko dokładnie objaśnił. Naród na grupy podzielił i po sotniach rozprowadził. Na spotkanie miastowym mały oddziałek wysłał. Najprzedniejszych myśliwych, którzy na nartach pobiegli.

Z pozostałymi na majdanie prowadzoną przez starców modlitwę odmówił, a obrońcy prawej wiary do popa na nabożeństwo pospieszyli. Potem zebrał Piotr Aleksiejewicz wszystkich dowódców i zamknął się z nimi na naradzie.

Tam car przemówił:

– Korzystniej byłoby nam samym dzisiejszej nocy na przeciwnika uderzyć, dopóki na skraju trzęsawisk obozem stoi. Noc jest porą grozy. Natrzemy, potem trochę się cofniemy, z twardej ziemi ich zepchniemy, a na bagnach lód jeszcze słaby, bo błoto od spodu grzeje. Ugrzęzną ludzie, a już z pewnością ich cekaemy. Będziemy górą.

Dowódcy i wiejska starszyzna mieli jednak wątpliwości:

– Nasi chłopi swych zagród nie opuszczą, a nawet jeśli się ruszą, to ze strachem i trwogą. Nie stanie im siły ani kurażu do walki.

Zarówno car, jak i starszyzna dobrze o tym wiedzieli:

– Chłop jest jak pies łańcuchowy: na swoim podwórzu szczeka i ujada, a wyprowadź go tylko trochę dalej od domu – ogon podwinie i spokornieje. Cała waleczność się z niego ulotni. Tak właśnie bywa.

Zdecydowali, że jednak za zasiekami pozostaną. One dają pewne i bezpieczne schronienie. Strzelców mamy wyborowych:

do wiewiórek kulką między oczy celnie trafiają, żeby skórki nie psuć.

– Spodoba się Bogu miastowym odpór dać, wtedy chłopi śmiałości nabiorą i duch bojowy w nich się obudzi. Może nawet odszczepieńców na mokradła zagonią, a błota tam dostatek.

Tak też postanowili:

– Zostać na miejscu i bronić się.

Wtedy car dowódcom oddziałów i sotni miejsca do boju wyznaczył.

Tej nocy dwóch od Niłycza na nartach przybiegło.

– Do dębu Diwijowego[148] doszli i wokół kapliczki, co ją kupiec, później przez zbójów zabity, w dawnych czasach postawił, obozem stanęli.

Dąb ten rósł jakieś osiem wiorst od Urenia. Aby go objąć, aż trzech chłopów potrzeba. Wiekowe drzewo wiele już widziało, więc zaszczytne imię nosiło. Na Świętą Trójcę ureńskie dziewki, co pod czepiec iść chciały, wianki wstążkami przystrojone na jego gałęziach zawieszały, żeby Diw im przed świętem Matki Boskiej Opiekuńczej kawalerów statecznych znalazł. A kim był ów Diw i jaką godność piastował, tego już nikt nie pamiętał.

Nocami wokół wioski warty chodziły, jednak niczego nie zauważono. Jeszcze słonko jasne na niebo nie wyszło, a już

---

[148] Diw, Diwij – leśne bóstwo (zob. *Słowo o wyprawie Igora*: „Czy to Diw z wierzchołka drzewa nawołuje...?").

wszyscy nasi przy zasiekach stoją, a car ze starszyzną na przedzie. Czekamy. Przybiegli ostatni narciarze.

– Są blisko. My lasem biegliśmy, a tamci w pięć sań po nowym dukcie ślady znaczą. To przodownicy, a główna siła za nimi, jakieś dwie wiorsty dalej.

Nie minęło zbyt wiele czasu, a na drogę wytacza się pięć sań, dokładnie tak jak tamci mówili. Jadą niezbyt spiesznie. Trakt to nie gościniec. Śniegu moc. Konie po brzuchy w nim grzęzną.

Do sań, co na samym przedzie jadą, wielka czerwona flaga przymocowana – robi niezwykłe wrażenie, tak jak dawniej chorągiew na złotych sznurach z frędzlami. Konie również jakimiś czerwonymi płachtami przystrojone. Na każdych saniach pięciu siedzi. Niczego więcej na razie nie widać.

Podjechali na jakieś dwieście kroków. Na razie nie strzelamy. Czekamy. Tamci z sań wysiadają. Podwody obracają, w szeregu ustawiają i nadal przy nich się krzątają.

Trzech z nich flagę bierze i ku nam idzie. Flagą tą wymachują i wołają z daleka:

– Towarzysze chłopi, nie strzelajcie! Naprzód porozmawiajmy!

– Porozmawiać można. Czemu nie?

Podeszli nie bliżej niż na cień dębu, czyli na jakieś dwadzieścia kroków. Trzech ich było. Jeden w jenociej szubie spiętej pasem. Pozostali w żołnierskich szynelach.

Ten w szubie stanął, flagę drugiemu przekazał i krzyczy:

– Towarzysze chłopi, okłamano was! Zuchwali kontrrewolucjoniści, wrogowie władzy sowieckiej podłe pogłoski o nas rozpuszczają. Nie wierzcie im! Jesteśmy komunistami, niesiemy chłopstwu pokój i uwłaszczenie... – I języor rozpuścił.

Ureńczanie tylko słuchają. Wiedzą, że pokój pokojem, tak jak to już Frołka wyjaśniał, a zboże do ostatniego ziarenka wygrzebią i bydło policzą... Ale cóż, posłuchać można. To nawet ciekawe.

Wtem podszedł do nich car, a za nim przybiegła starszyzna.

Przywódca nie poznał cara, bo ten niczym się nie wyróżniał – chłop jak pozostali – a uczoną starszyznę poznał po skufiach i sędziwym wieku.

– Oto ci – woła – popi wasi, opiumową truciznę roznoszą!

Starcy zaczęli się burzyć:

– Antychryst! Anatema! Belial! Słowa twoje nierząd i smród sieją! Odejdź od nas, przeklęty!

Nafanaił krzyczy ze wszystkich sił:

– Nie będziemy słuchać słów twoich gorszących i zwodniczych! Idź precz, szatanie! Niestraszne nam bramy piekielne! – Wyskakuje przed zasieki i w prowodyra mierzy.

Nam też przykro, że naszych szanownych nestorów jakiś obcy zniesławia! Że srebro lubią, to prawda, ale truciem ludzi nigdy się nie parali. Tego przenigdy nie było.

Zaczęliśmy więc w miastowych śnieżkami i kawałkami drewna rzucać. Jednego w sam nochal trafiliśmy, aż jucha mu

pociekła. Widzą intruzy, że ich przemowa skończona. Chłopi
wrzeszczą, wymyślają, a Frołkę i jego kompanów przeklinają,
na czym świat stoi.

Narciarze powrócili i ku saniom się skierowali. Na ostatnią chwilę zdążyli, a Simka Trochimow, co sokoli wzrok miał,
cekaemy w saniach dojrzał.

– Zobaczcie – woła – w pokojowych zamiarach przybyli,
a w słomie karabiny maszynowe mają…

Chłopi strasznie się zeźlili i już strzelać chcieli, ale car nie
zezwolił, bo czas jeszcze nie po temu był.

Zaczęła się zbliżać ich główna siła. Przyjezdni cekaemy
z sań wyciągnęli i do lasu powlekli. Ale przecież w Ureniu też
swoją maszynę mają: w środku zasieków, na drodze ustawiona,
frontowcy ją świerkowymi gałęziami przykryli. Teraz pięciu
chłopa przy niej stoi.

Żołnierzyki dwoma oddziałami do lasu wchodzą, ale
strzelać nie zaczynają. Ureńczanie też swojego sumienia grzechem obciążać nie chcą, a jak na myśliwskie pociski, to trochę
im za daleko.

Car Piotr Aleksiejewicz zasieki obchodzi, a z nim starszyzna – ikony stare obnoszą i stichiry drżącymi głosami śpiewają.
Pozostali ureńczanie też spokój zachowują, żadnego lęku nie
okazując. Trwało to ponad godzinę. We wszystkich otucha
wstępować zaczęła. Kto na duchu podupadł, ten teraz nieco
poweselał.

235

– Trzeba się układać, to bez krwi się obejdzie. Nie napadną przecież żołnierze na Ureń – takie myśli w głowach wielu chłopów się rodziły.

Nagle jak nie huknie! Coś zawyło, zaświszczało... Jakby żmija ognista z lasu wypełzła... Na skraju boru karabiny maszynowe niby cietrzewie zatokowały.

– Matko Przenajświętsza! Pani Niebieska! Toż to prawdziwa wojna się zaczyna!

Kule między nami świszczą i o sosnowe zasieki stukają: stuk, stuk. Ureńczanie też strzelać zaczęli, ale nie do jakiegoś konkretnego celu, a raczej tylko dla dodania sobie odwagi.

A tu znowu uderzyło, zawyło, zaświstało... I jeszcze raz, i jeszcze, i tak z pięć czy sześć razy...

Nasi frontowi wrzeszczą:

– Szrapnel! Po wiosce walą!

Wasiutka Żeleznow, co to dopiero od Matki Boskiej Opiekuńczej żonaty, zwija się na śniegu jak piskorz i wykrzykuje żałośnie:

– Śmierć po mnie przyszła! Nadeszła moja godzina! – W brzuch go kula trafiła.

Obejrzeliśmy się, a od wioski baby biegną, dzieciaki za sobą wloką i taszczą, co tam której pod rękę podeszło. Jak przy pożarze. Tak ich ten szrapnel przeklęty nastraszył. Całkiem rozum straciły.

Car Piotr Aleksiejewicz wzdłuż zasieków biegnie i, burzę śniegu wokół siebie wzniecając, na frontowców z daleka woła:

– Czemuż to, tacy-owacy, nie zaczynacie ze swojego ceka-
emu strzelać?!

A ci – przez zasieki – myk! Pobiegli na odległość około
dwudziestu kroków, ręce podnieśli i drą się do tamtych:

– Nie strzelajcie! Tu swoi!

Wtedy na Ureń strach padł. Rozbiegli się chłopi, gdzie kto
mógł. Jedni do wsi, do bab i swoich majątków, a inni do lasu.

Car Piotr ku środkowym zasiekom podążył i cóż widzi:
nikogo już tam nie ma, tylko sami starcy, którzy wokół Nafanaiła w ciasną gromadę się zbili, a kto bardziej wiekiem sterany
i słabszy, na śniegu siedzi i żegna się. Nafanaił zaś, starą ikonę
z wizerunkiem Cudownego Oblicza Chrystusa wysoko pod-
niósłszy, jak słup stoi, oczy wytrzeszcza, usta ma otwarte, ale
głosu żadnego nie wydaje. Jakby skamieniał.

Piotr Aleksiejewicz na cztery strony świata się rozejrzał,
potem się przeżegnał, a w końcu swoje mocarne dłonie bezradnie opuścił i pod sosenką stanął.

A wojacy już ku zasiekom biegną, na całą ich szerokość,
karabiny przed sobą dzierżą, ale nie strzelają. Najwyżej jeden
z drugim z zuchwałości wypali. Dobiegli. Okrążyli cara i starszyznę i skierowali w ich stronę bagnety.

– Poddajcie się!

O jakim poddaniu tu mówić? Sami przecież widzą: stoją
przed nimi bezradni starcy, żaden z nich broni nie ma… Piotr
Aleksiejewicz zawczasu swój karabin w śnieg rzucił. Żołnierze
jazgoczą:

– Skończyła się wasza kontra, gady! Patrzcie, jak to sobie wymyślili: władzę sowiecką chcieli obalić! Mądrzejsi od was tego próbują i nadaremnie się trudzą!

Nasi frontowcy już między nimi się kręcą, cygaretki od nich przypalają i na Piotra Aleksiejewicza pokazują:
– Oto i sam car, co na czele ludu stanął!
Żołnierze hurmem się na niego zwalili i, pas mu zrzuciwszy, ręce z tyłu związali. To samo zrobili z Nafanaiłem. Obaj nie stawiali oporu.

Napastnicy mocarności Piotra Aleksiejewicza się dziwują:
– Ale siłacz! To z tego powodu pewnikiem na cara wybrany. Po prostu Piotr Wielki.
– Bo też go Piotrem zwą – mówią ze śmiechem ureńscy frontowcy.

Przyszedł i ten w jenociej szubie.
– Ten jest carem? – pokazuje na Piotra.
– On ci.
– Zdrowia życzymy Waszej Ureńskiej Wysokości – drwi sobie.

Wszystkich zaprowadzono do Urenia. Car razem z Nafanaiłem przodem kroczyli pod ostrzami wymierzonych w nich bagnetów, a pozostali starcy szli gromadnie z tyłu. Nikogo jednak nie bito, a tylko grożono im i ubliżano.

Car przez całą drogę słowem się nie odezwał. Zawsze był człowiekiem małomównym, a teraz jakby skamieniał. Dopiero kiedy go na ganek gminnego urzędu wprowadzili, rozejrzał się dokoła, w pas się Ureniowi pokłonił i rzekł:

– Niech się dzieje wola Twoja, Panie!

Po zajęciu wioski przez Armię Czerwoną zaczęło się prawdziwe śledztwo. Oprócz cara, Nafanaiła i kilku uczonych starców zabrali około pięćdziesięciu co znaczniejszych chłopów, młynarza, kupca Seliwestrowa oraz popa wraz z nauczycielem. Wszystkich jeszcze tej samej nocy pieszo do Kostromy popędzili, pozwoliwszy im, co prawda, z rodzinami się pożegnać. Oddział pozostał we wsi.

Rozszalała się taka grabież, że ureńczanie z rozrzewnieniem Frołkę wspominali:

– Ten jedynie zboże zgarniał, ale coś tam na przeżycie zostawiał, a bydła tylko parę sztuk zabrał. Ci zaś...

Wioska zobowiązana była nie tylko oddać podatek w naturze, ale też wyrównać wszystkie zaległości wyliczone w nader wysokich cyfrach oraz wnieść grzywnę i zapłacić kontrybucję.

Jako gwarancję spłaty zabrano zakładników. Żony aresztowanych, oszalałe z przerażenia, wyciągały sekretne szkatułki i wytrząsały ich zawartość w poły żołnierskich szyneli. Wszyscy czerwoni żołdacy, którzy uczestniczyli w „ureńskiej wyprawie" tak się obłowili, że cena złota i „romanowskich" rubli spadła na kostromskim bazarze prawie o połowę.

Ziarno wybrali do czysta i pognali znaczną część bydła. W bogatym Ureniu zabrakło nawet podwodów, by to wszystko wywieźć. Wezwano woźniców z sąsiednich wiosek. Kartofle też zabrali i, jak to zwykle w gospodarce socjalistycznej bywa, zwalono je w ogromną stertę na podwórzu urzędu gminy, gdzie wkrótce wszystkie przemarzły. Wywieziono je dopiero ku wiośnie: głodne mieszczuchy wszystko zeżrą i jeszcze w kolejkach bić się o nie będą.

Łakomiono się na każdy drobiazg. Wejdzie taki czerwonoarmista do chaty, zobaczy porządne chłopskie buty albo walonki i zaraz żąda:

– Dawaj przymierzyć!

Oczywiście. Zawsze się do nogi dopasowały. Jedwabiem wyszywane ręczniki spod obrazów też zwykle szły „na ochronę". Ale istniała tu swoista złodziejska etyka: czerwonoarmista mieszkający na kwaterze, w swojej chacie nie kradł i nawet bronił gospodarstwa przed napastnikami, jeśli tylko baba tłusto karmiła.

– Spaśli się, krwiopijce, jak wieprze przed Wielkanocą – mówił Niłycz, lecz sam już Świąt nie doczekał, bo zabrali go w pierwszej kolejności i razem z carem i starcami powiedli do Kostromy.

Wzięto wtedy około trzydziestu chłopa, w tym: cara, pisarza, całą starszyznę razem z Nafanaiłem, prawosławnego duchownego, diaczka, przywódcę ureńskiego pospolitego ruszenia, Niłycza z podkomendnymi, młynarza, a z gospodarzy – tylko tych majętniejszych. Ci poszli na pierwszy ogień, ale po tygodniu podążyło za nimi tyle samo nowych zakładników. Brali też i później, lecz już nielicznych – po dwóch, trzech, najwyżej pięciu.

W kostromskim ostrogu przemianowanym na Poprawczy Dom Pracy i ozdobionym ogromnym plakatem z napisem: „Władza sowięcka nie karze, a reedukuje" panowała jeszcze wtedy chaotyczna „wolność". Większość cel za dnia nie była zamykana, paczki można było otrzymywać w dowolnym czasie i prawie bez sprawdzania zawartości, ale ciasnota była potworna. W pojedynczych celach siedziało po 8-10 ludzi, bo inaczej nie można byłoby pomieścić takich tłumów, dziesięciokrotnie przewyższających pakowność więzienia. Aresztanci spali nawet na korytarzach. Czeka[149] dopiero się tworzyła i kształtowała swój kościec. Działały „sądy ludowego sumienia", trybunał wojskowo-rewolucyjny, trybunał służb kolejowych, więc na nią przypadały zaledwie drobiazgi, głównie wykańczanie ostatnich oficerów i wyławianie „niedobitków".

Rozstrzeliwali wprawdzie, ale niezbyt gorliwie. Pod tym względem Kostroma była „spokojnym" miastem. Zdarzało się to czasem, tak po prostu, nawet bez wyroku: zabiorą człowieka nocą „z rzeczami" – i domyśl się, co to znaczy.

---

[149]   Czeka, CzK - Czriezwyczajnaja komisija – akronim nazwy radzieckiego organu czuwającego nad bezpieczeństwem państwa, odpowiedzialnego za represje w Rosji Sowieckiej.

Pierwszym głosem „śpiewali" marynarze. Oni to tworzyli trzon rewolucyjnych trybunałów, wiedli prym w „sądzie ludowym", więc coś w Czeka jednak znaczyli. Byli silną grupą, liczącą 80-100 ludzi, która trzymała w łapach zarówno miasto, jak i całą gubernię.

Do nich właśnie trafili ureńczanie. Na ich powitanie zbiegła się całą marynarska brać. Gęgotali:

– Baczność! Równaj w prawo! Czołem Jego Ureńskiej Wysokości!

– Który to jest tym carem?

– Co, nie widzisz? Ten najwyższy...

– Prawdziwy Piotr Wielki z Kunstkamery[150]!

– Będzie miał ponad sążeń.

– Zdrowia życzymy, Waszej Imperatorskiej Wysokości!

Ustawiali się w szyku i oddawali honory, szyderczo wykręcając rozcapierzone dłonie, i w pas się kłaniali z rękami przyciśniętymi do brzucha.

Piotr Aleksiejewicz przeszedł obok nich, jakby ich wcale nie było. Wchodząc do bramy, przeżegnał się dwoma palcami i, obejrzawszy się do tyłu, pokłonił się nisko. Było to jego pożegnanie z wolnością.

W więzieniu powtórzyło się prawie to samo. Zbiegli się aresztanci ze wszystkich otwartych cel. Korytarz tak się zatłoczył, że rozstawiono konwojentów z bronią, a nawet któryś

---

[150] Kunstkamera – najstarsze muzeum w Rosji, otwarte dla zwiedzających w 1727 w Petersburgu.

z nich dwa razy wypalił w powietrze. Chłopi, osadzeni za nie-oddane podatki, byli ciekawi, jak ów car wygląda, bo słuchy o Ureńskim Carstwie po całej guberni się rozeszły, a żuliki bar-dziej jeszcze niż marynarze z cara szydzili. Więzienie to prze-cież ich „ojczysty dom", są z nim zżyci.

Kiedy przyjmowano ich według listy i pytano o wiek i po-chodzenie, Piotr Aleksiejewicz oświadczył:
– Chłop.
– To jak carem zostałeś?
– Widocznie car też może z chłopstwa się wywodzić…

Rozlokowali ich po celach. Cara wraz ze starszyzną popę-dzili do pojedynczej i drzwi zatrzasnęli. Do nich dostał się też Niłycz.
– Było ciasno, to prawda – opowiadał później. – W dzień to jeszcze nic, siedzimy sobie pod ścianami na workach, ale ze spaniem już ciężko było. Kładliśmy się na boku, jak najciaśniej, jeden koło drugiego, i leżeliśmy dokładnie na całej długość celi. Nocą, jak ktoś chciał się odwrócić albo za swoją potrzebą wstać, to wszystkich budził. Wszyscy więc wstawali, a potem znów się kładli.
W tej Kostromie żyło się nam nawet znośnie: baby przyjeż-dżały, przywoziły chleb czy pierożki; nie głodowaliśmy, dzięki Bogu. Szpana też się zbytnio nad nami nie znęcała. Bano się nas. Ureńczanie to wprawdzie naród przyjazny i do rękoczy-nów nienawykły, ale w zapusty niekiedy komuś pięści się do bitki zaciskały, a czasem i w codziennym życiu się zdarzało; no

chodź, tylko spróbuj! Jak pierwszy oberwał, to inni zostawiali nas w spokoju.

Na przesłuchania prowadzali nas pojedynczo. Właściwie nie mieliśmy czego zeznawać. Sprawa była jasna – kontrrewolucyjne powstanie. Sami ureńczanie nie wypierali się tego. No bo po co łgać? Co było, to było. Tylko nad jednym komisja śledcza musiała się nieźle natrudzić:

– Kto był prowodyrem? Kto podburzał, by cara wybrać i sowieckim zarządzeniom się przeciwstawić?

– Tak naród zdecydował – słyszano zawsze jedną i tę samą odpowiedź.

Ten nieogarniony, a jednocześnie nieokreślony „naród" spotkał się z pełnym zrozumieniem marynarzy, którzy sami wywodzili się przeważnie z chłopstwa, ale był czymś niepojętym dla miejskiej inteligencji, która prowadziła śledztwo. Im byli koniecznie potrzebni „sprawcy". A przecież żadnych sprawców tu nie było. Z tego powodu powstał rozłam w środowisku samych sędziów, którzy jednocześnie byli śledczymi. Aż z Łubianki wezwano śledczego do spraw specjalnych, by spór rozstrzygnął

Niłycz tak o nim opowiadał:
– Był to urzędnik uprzejmy i grzeczny. Nie przeklinał tak jak marynarze. Miał długie włosy, jak u diakona, a sam chuderlawy był, cały czas pokaszliwał i spluwał do słoika, który zaraz pokrywką zamykał. Widać chory jakiś.

Wezwał nas wszystkich, na ławkach posadził, a naszego cara na krześle.

– Witajcie – mówi – obywatele. Przyjechałem z Moskwy, by z wami porozmawiać, gdyż wasza sprawa jest niezwykle ciekawa.

Milczymy, a on dalej wyjaśnia, że cara obalono i nastała władza ludu, a wy, mówi, sami tym ludem będąc, przeciwko ludowi występujecie.

Odpowiadamy:

– Nie, panie towarzyszu, to nie tak. Nasz car – jak najbardziej za władzą ludową jest, przecież to lud go wybrał.

– No – mówi – dobrze, wasz car rzeczywiście z ludu pochodzi, a car Mikołaj to niby od kogo? Przecież nawet go nie widzieliście.

– I on jest z ludu, przez naszych dziadów wybrany, a my cóż, w błotach siedzimy, to i nie widzieliśmy go, nie ma w tym nic dziwnego. Za to inni go widzieli.

– Przecież on – prawi śledczy – ten car Mikołaj, was śmiercią karał, dręczył, podatkami gnębił…

– Niczego takiego od niego nie doznaliśmy. Może w jakiejś innej wsi, ale u nas, w Ureniu, o karaniu śmiercią nie słyszeliśmy, a jeśli tam kogoś uriadnik wychłostał, to za naszym społecznym przyzwoleniem. Co do podatków, to, panie, pomału. My je nawet bez cara na własnym grzbiecie czuli!

Wtedy zwrócił się do Piotra Aleksiejewicza:
– Dla jakich korzyści objęliście panowanie?

– Nie dla korzyści – odrzekł tamten – a z woli ludu. Każdy winien służyć narodowi. Od tej służby nie ma wymówki.

– Przecież wyście nie służyli, a panowali, rządzili i podatki dla siebie zgarniali.

– Słuszne słowo – panowałem, ale zarazem swemu narodowi służyłem, prawa strzegłem i przestrzegania prawa wymagałem. Podatki też ściągałem, to prawda, jednak za powszechną zgodą jako zapłatę, która się za pracę należy.

Widzi urzędnik, że nie pokona nas na słowa. Poddał się. Zdjął okulary i chusteczką przetarł.

– Wasza sprawa – powiada – jest bardzo skomplikowana. To nie jest zwykła kontrrewolucja, ale problem o wiele głębszy.

Tego, co dalej do nas mówił, nie rozumieliśmy. Jakby nie po naszemu, jakichś dziwnych słów używał. A mówił długo i obiecał wszystko w sądzie wyjaśnić.

Nadszedł i sąd. Głównymi sędziami byli właśnie marynarze, a ten pan zasiadał w nim, jak sam powiedział, jako prokurator. Przewodniczący – główny marynarz – był człowiekiem wesołym i bez ręki. Nie złościł się, nie przeklinał. Bardziej wymyślała nam kobieta, która obok niego siedziała.

– Gady – krzyczy – wrogowie robotniczej sprawy!

Żądała, by wszystkich nas rozstrzelać i tak stukała w stół, że aż atrament rozlała.

Moskiewski prokurator też nam od wrogów wymyślał, ale było widać, że bez gniewu.

– To są szczególni wrogowie – mówił – nie można ich porównywać do generałów i burżujów. To nie ta linia. I my też musimy w stosunku do nich specjalną linię przyjąć.

Na końcu rozprawy bardzo się z tamtą kobietą posprzeczał. Nawet krew mu z ust poszła, całą chusteczkę ubrudził i bardzo osłabł.

– Róbcie – mówi – jak tam chcecie, ale ja się trzymam swojego zdania i zaraz o tym do Moskwy napiszę.

Napisał czy nie – nie wiadomo. Ale po tym jego wystąpieniu marynarze jakby złagodnieli i nawet na pomstującą nakrzyczeli.

– Niech ci będzie, wampirzyco! Nie oficerów przecież sądzimy, a chłopów. To każdy głupi rozumie...

Wyprowadzili nas z sądu już po ciemku, a rano znów tam przywiedli.

– Wstańcie – powiada ten bezręki – i słuchajcie sprawiedliwej decyzji naszego proletariackiego sądu rewolucyjnego. Wyrok przeczyta wam sekretarz, bo sam prawie niepiśmienny jestem. Potem, jeśli będzie trzeba, ustnie go wyjaśnię.

Długo czytali ten wyrok. Na początku coś tam było o rewolucji, ale to nas nie dotyczyło, a potem to już tylko o nas: ile kto dostał, każdy osobno, wedle swoich zasług.

Piotra Aleksiejewicza skazali na rozstrzelanie, ale zaraz złagodzili karę ze względu na nieuświadomienie i jego chłopskie pochodzenie. Stanęło na dziesięciu latach. Popowi, starcowi Nafanaiłowi i nauczycielowi wyroku nie złagodzili. Pozostali zostali różnie skazani: jedni na pięć, drudzy na osiem, a jeszcze inni na całe dziesięć lat – na równi z carem. Takoż i mnie dziesięć latek przypadło. Bezręki marynarz śmiał się:

– Patrzcie, starcy, będziecie żyć przynajmniej tak długo, aż wyrok odsiedzicie. Zabrania się wam umierać! Władzy sowieckiej nie oszukacie...

Rozdział 19

Zmarli tak, jak żyli

Stąd właściwie zaczęła się nasza poniewierka. Popa Jewti-chija, Nafanaiła i nauczyciela jeszcze tej samej nocy rozstrzelali, a nas zaczęli rozsyłać małymi partiami po różnych miejscach. Niektórym nawet, dzięki Bogu, udało się dostać na kineszem-skie budowy. To niedaleko. Do Kineszmy Matuszka-Wołga na swoich wodach zaniesie. Ale nam z carem Piotrem Aleksiejewi-czem Bóg inny los wyznaczył: wielką poniewierkę i tułaczkę.

Jeszcze miesiąc od sądu nie minął, jak nas ośmiu do kan-celarii wezwano: cara, czterech najbardziej wiekowych starców, dwóch naszych komendantów, co ureńskimi oddziałami w bi-twie dowodzili, no i mnie…

Strażnik więzienny najpierw papier nam przeczytał, a po-tem dokładnie wszystko wyjaśnił:

– Moskiewskie władze bardzo się wami interesują, ale decyzji sądowej was dotyczącej jeszcze nie zatwierdziły. Poje-dziecie teraz wszyscy do białokamiennej stolicy, aby tam naj-ważniejszy u nas urząd, Czeka, nowe dochodzenie i śledztwo przeprowadził. Tego żąda sam towarzysz Dzierżyński, które-mu Lenin pełnię władzy nad wrogami rewolucji powierzył. Co dalej z wami będzie, nie wiadomo, przypuszczam, że was tam kropną. Mimo wszystko wydam każdemu po trzy funty chleba.

W więzieniu tylko po ćwierć bochenka dawali.

Jeszcze tej samej nocy pociągiem nas powieźli. Do Moskwy w ciągu jednej doby dojechaliśmy. Dostali nam się dobrzy strażnicy, obyło się bez skandalu, a na stacjach nawet wrzątkiem nas częstowali.

– Pijcie, staruszkowie, niech wam idzie na zdrowie. Musicie od środka się rozgrzewać, bo sędziwi już jesteście i szybko zamarznąć możecie.

Dojechaliśmy. W Moskwie nas do samobieżnej maszyny zapędzili. Ta zaś jak nie szarpnie, jak nie zawarczy, starcy aż na kuprach posiadali, żegnając się i łagodność króla Dawida wspominając.

W Moskwie dopiero poznaliśmy, co to prawdziwe więzienie. Istna Sodoma i Gomora. Zimno, głód i wszelkie inne plugastwa. Narody różne w jedną kupę zbite i rozróżnij je tu. Ciasnota i smród. Pobożni ludzie razem ze złodziejami siedzą, jednako tu wszystkich traktują. Tuśmy prawdziwego głodu zakosztowali. Z domu oczywiście nic nie dojdzie, bo ślad po nas zaginął i nawet psy gończe by nas nie znalazły. W więzieniu stale to samo jadło i to ze wspólnego kociołka, ohydnego i niebielonego. My, trudno się zapierać, jeszcze tego samego dnia od swoich zwyczajów odstąpiliśmy, ale starcy dzielnie swego honoru strzegą i oprócz pół funta chleba niczego nie przyjmują. Minął tydzień, drugi... Widzimy: marnieją pobożni wyznawcy starej wiary, słabną. Bywało, że tylko o wyznaczonej godzinie na kanon się podnoszą i przepisane modły odmawiają. Aresztanci z nich drwią i nieprzyzwoite piosnki im śpiewają, ale oni, jak kłody w leśnej gęstwinie, nawet nie drgną, jeno wargami pod obwisłymi wąsami ruszają. Kiedy zaś kryminaliści wszystkich nas pod prycze zapędzili, mówiąc, że taki jest zwyczaj w moskiewskich ostrogach, duchowni o stałych porach na czworakach spod prycz wypełzali, czołem o kamienną posadzkę bili, żegnali się i z powrotem wracali.

Ojciec Barnaba pierwszy z tego świata zszedł. Wyciągnęliśmy go za nogi z barłogu i chcieliśmy ciało na stole położyć, by je obmyć i obrzędy odprawić, ale gdzie tam! Aresztanci zaczęli się drzeć:

– Dokąd tę padlinę wleczecie? Stół chcecie zapaskudzić? Zapukajcie na dyżurnego!

Strażnicy znieśli nieboszczyka do piwnicy, gdzie jeszcze ze dwadzieścia takich samych leżało, a pod wieczór ostatnich starców od nas zabrali, mówiąc, że do szpitala. I tyle ich widzieliśmy.

Minął kolejny miesiąc. Myśleliśmy, że pewnie już o nas zapomnieli. Ale nie, wzywają.

– Podpiszcie. – I papier podsuwają.

– A co tam stoi napisane, dobry człowieku?

– Tu jest napisane, że macie jechać do sołowieckich łagrów specjalnego przeznaczenia i tam będziecie pokutować za swoje grzechy przez najbliższe dziesięć lat… Zrozumiano?

Na Sołówkach ureńczanie trzymali się razem w osobnej grupie, jakby związani w ciasny snop mocnym powrósłem z żytniej słomy. We wspólnych koszarach Soboru Przemienienia twardo walczyli o swój kąt i bronili go przed atakami szpany, a nocą, kiedy gospodarze tego pomieszczenia, skończeni kryminaliści, podkradali się, by obmacywać solidne ureńskie mieszki, car Piotr Aleksiejewicz strzegł swych poddanych i pod jego żelazną ręką napastnicy padali jak podcięci.

Tak oto ureńska kropla wpadła do mętnego sołowieckiego potoku, ale ani się w nim nie rozpłynęła, ani też się nie połączyła z jego wodami. Nie przejawiano żadnej przyjaźni ani wrogości, żadnego zbliżenia ani wyobcowania.

Wkrótce uwagę sołowczan zwróciła ogromna, groźna postać Piotra Aleksiejewicza, a pogłoski o jego potężnej sile zaczęły obrastać legendami. Od butyrczan, którzy razem z nim przyjechali, dowiedzieliśmy się o niezwykłym Ureńskim Carstwie i poznaliśmy jego historię. Różni ciekawscy garnęli się do cara z pochlebnymi uśmieszkami:

– Wszyscy tu interesujemy się waszą sprawą...

Albo z niespodziewanym szyderstwem:

– No, Wasza Niedźwiedzia Wysokość, opowiedz, jak to z Leninem wojowałeś?

I jedni, i drudzy dostawali taką samą odpowiedź: milczenie. Tak jakby Piotr Aleksiejewicz nie widział krążących koło siebie natrętnych much.

Z biegiem czasu coraz rzadziej się odzywał, tylko wtedy, kiedy było to konieczne, krótko i zwięźle. Rzucał słowa jak zrzuca się z ramion ciężkie wory zboża.

Pod koniec drugiego miesiąca pobytu ureńczan na Sołówkach zdarzyło się coś, co raz na zawsze wyznaczyło pozycję
ureńskiego cara w nieprzebranym katorżniczym mrowisku.

Szpana zgodnie z obowiązującym niezłomnym więziennym zwyczajem postanowiła okraść nocą ponownie tu przybyłych powstańców z Inguszetii. Ci, zauważywszy rankiem
brak swoich rzeczy, wołali coś do siebie charakterystycznymi
schrypniętymi ptasimi głosami, machali rękami, aż w końcu
zastygli zbici w ciasną gromadkę i tylko błyskali niebieskawymi
białkami nieruchomych okrągłych oczu.

Szpana poczuła się rozczarowana. Spodziewała się krzy-
ków, lamentów, przekleństw, po prostu – zwyczajnego darmo-
wego spektaklu, możliwości poznęcania się bez powodu nad
słabszymi, popisania się żałosną imitacją brawury i zuchwałości. Zamiast tego – milcząca pogarda.

Przez stłoczony tłumek, który otoczył Inguszy, przecisnął
się Wańka Pan, pomysłodawca całego zajścia, „artysta więziennej
estrady" wyśpiewujący wieczorami sprośne kuplety nosowym tenorem. W jego dłoniach powiewały pasiaste trykotowe spodenki.

– Szurum-burum, chałat kupuj! – wydzierał się, naśladując
moskiewskich handlarzy starzyzną. – Spróbuj zagrać tego wieczoru w oczko o ten łachman! Będą płakały za tobą te porcięta,
ty świńskie ucho. I zamierzył się, by cisnąć zwiniętymi w kulę
spodenkami w twarz najbliższego Ingusza.

W powietrzu mignęła zwinna śniada ręka, dał się słyszeć
suchy trzask dartego materiału, a w dłoni Wańki została tylko
jedna smętnie zwisająca nogawka.

– Ty co? „Kupione" chciałeś odebrać? Ach, ty gadzie pełzający! – I, będąc pewnym wsparcia ze strony otaczających go koleżków, Wańka rzucił się na mieszkańca Kaukazu.

Rozgorzała walka jak na komendę. Ingusze wskoczyli na prycze, kopali i machali rękami, a szpana grzmociła ich przygotowanymi na tę okazję, zawczasu wyrwanymi z barłogu deskami. Atakujący mieli wyraźną przewagę i krucho byłoby z poszkodowanymi, gdyby do walki nie włączyła się nieoczekiwanie trzecia siła.

Tą siłą był Piotr Aleksiejewicz. Nie odzywając się ani jednym słowem, podszedł powoli do wrzeszczącego i wyjącego, zbitego w kłąb zbiegowiska. Zaczął wyszarpywać z niego zacietrzewione szpanięta i odrzucać je na tylne prycze. Ci w jego rękach momentalnie się uspokajali. Robił to tak, jakby wykonywał zwykłą codzienną pracę. Wyrwane szare grudy z podobiznami ludzkich twarzy wylatywały w powietrze i plaskały o twarde deski barłogów. Tak z pewnością w swoim rodzinnym Ureniu rzucał ciężkie snopy żyta na wysokie sterty. Po minucie już tylko on sam stał przed skuloną na narach garstką również zamilkłych Inguszy, a u jego kolan wił się, z wykręconymi do tyłu rękami, pozieleniały ze strachu Wańka Pan.

– Wszystko, co zostało zabrane, oddać mi zaraz z powrotem, bo jak nie... to tego tu połamię!

– Oddawajcie „towar", braciszkowie – chrypiał Wańka – bo on mnie naprawdę do skrzynki zagoni[151].

---

[151] W więziennej gwarze: uśmierci.

W soborze, gdzie jeszcze przed chwilą panował zgiełk i harmider, zaległa głucha cisza. Niektórzy ze szpany kryli się po kątach, a jeden z nich zakradł się jak złodziej w stronę Inguszy i znów się schował, przedtem rzuciwszy szybko na ich prycze koszulę, worek, ręcznik...

Piotr Aleksiejewicz wypuścił z rąk Wańkę, który na czworakach popełznął ku swoim, oglądając się za siebie jak zbity pies.

Tego samego dnia o wydarzeniu dowiedziały się całe Sołówki i stało się ono przełomowym momentem w życiu „społeczności" Soboru Przemienienia. Na czas pobytu w nim Piotra Aleksiejewicza skończyły się zwyczajowe grabieże dokonywane na nowoprzybyłych. Czekistowska ochrona nie tylko je dopuszczała, ale jeszcze do nich podżegała, otrzymując z tego swoją dolę. I nie tyle siła fizyczna ureńskiego herosa odegrała tu główną rolę, co wielkość jego duchowej przewagi, którą szpana sobie podświadomie uzmysłowiła. On jeden potrafił stanąć przeciw gromadzie – nawet zwartej masie. Jeśliby pozostali ureńczanie pospieszyli mu z odsieczą, skończyłoby się to zapewne inaczej: setki szpaniąt pobiłyby ich i pokaleczyły, tak jak to już nieraz bywało.

Wieści o tym epizodzie dotarły nawet do kierownictwa obozu. Komendant Sołówek, Nogtiew, wezwał Piotra Aleksiejewicza do swojego gabinetu, otaksował go uważnie mętnym, pijanym wzrokiem, jakby ten był źrebakiem na targu i, splunąwszy przez zęby, powiedział w zamyśleniu:

– Tak... Gdyby ktoś taki siedział na miejscu Mikołajka, to nigdy nie doszłoby do rewolucji... Możesz odejść!

Kiedy opadła fala gwałtownego zainteresowania ureńskim carem, on nadal odznaczał się na tym ogromnym, pozbawionym oblicza sołowieckim bazarze. Gdzie by się nie pojawił, zawsze wokół niego robiło się pusto – powstawała martwa przestrzeń, jakby dziwna, niewidzialna moc oddzielała go od pozostałych więźniów – zarówno kryminalistów, jak i różnego rodzaju „polityków". Nie był to strach ani przejaw wyobcowania, a swego rodzaju poczucie niemożności dorównania mu. Coś takiego, co zmusza do mówienia szeptem w pustej cerkwi.

Straszna epidemia tyfusu plamistego w 1926 roku zmniejszyła o połowę liczbę mieszkańców Sołówek. Zabrała też wszystkich ureńczan. Pierwszą jej ofiarą padł Niłycz. Kiedy poczuł oznaki choroby, od której nie było ratunku, nie mógł w to uwierzyć, nie potrafił pogodzić się z nieuniknionym odejściem z życia, które tak bardzo rozumiał i kochał we wszystkich jego przejawach.

– Nie chcesz? – bezdźwięcznym głosem spytał go car, kiedy tamten odmówił przyjęcia podanej mu kromki chleba.

– Nie, tak mnie coś... Ten chleb chyba jakiś niedopieczony...

Następnego dnia wyszedł jak zwykle do pracy, ale kiedy wlazł do lodowatej wody – wiązaliśmy tratwy – zaczęły nim trząść jakby przedśmiertne dreszcze. Szarpnął jednak mokrą linę i, wytężając całą siłę woli, próbował zaciągnąć węzeł, ale palce, które ścisnął skurcz, odmówiły posłuszeństwa. Nie mogliśmy na niego nie patrzeć, chociaż każdy z nas czuł, że nie wypada mu się przyglądać. Niłycz powiódł po nas pytającym spojrzeniem i zrozumiał to, w co nie chciała uwierzyć cała jego natura. Zrozumiał, co się dzieje i uśmiechnął się do nas szelmowsko, ale niezwykle łagodnie. Był to ten rodzaj uśmiechu, którym zwykle kończył jakąś trudną sprawę lub ujawniał słuchaczom niespodziewaną puentę wymyślonej przez siebie anegdoty.

– No, widzicie... To znaczy, że nadszedł mój dzień. Pan Bóg mnie wzywa.

Wyszedł ze spienionej grzywy przypływu i momentalnie opadł z sił, jakby zwiotczał. Przysiadł na głazie, dysząc ciężko i łapiąc gwałtownie powietrze.

Nie był już w stanie samodzielnie iść. W jednej chwili zgasła w nim cała siła życia. Strażnicy, którzy lubili tego wesołego i gadatliwego staruszka, pozwolili zaprowadzić go do lazaretowych baraków. Odprowadzaliśmy go we dwóch: car i ja.

Był koniec maja; wątłe sołowieckie brzózki dopiero co otulały się delikatną pajęczynką wonnego listowia. Niłycz zerwał jeden listeczek, roztarł go w palcach, długo wdychał jego aromat, potem jeszcze raz zmiął go w dłoni i zaczął żuć bezzębnymi ustami. Następnie schylił się, podłubał w parującej przydrożnej ziemi, rozkruszył jej grudkę i też zaczął żuć. Nie wypluł jej. W ten sposób ciałem i krwią jednoczył się ze swoją Wielką Chłopską Matką...

– Ziemia ma teraz grzybowy smak, wyczuwa się w niej wyraźną słodycz, co dobry urodzaj wróży. To pewny znak.

Przy drzwiach baraku, z którego nikt jeszcze nie wyszedł żywy, przekazaliśmy Niłycza sanitariuszowi – więźniowi wybranemu spośród kryminalistów. Staruszek z poczuciem winy, a zarazem błagalnie, zajrzał mi w oczy:

– Postaraj się, by koszula i portki, które dostanę, czyste były i dopilnuj, w imię Chrystusa, żeby w całości...

Potem w pas nam się pokłonił:

– Wybaczcie, jeśli w czymś wam uchybiłem... Zostańcie z Bogiem...

Wieczorem, kiedy przynieśliśmy jego śmiertelny przyodziewek, sanitariusz powiedział, że Niłych stracił już świadomość i, choć w malignie, to wciąż śpiewa wesołe piosenki... A znał ich wiele.

Piotra Aleksiejewicza tyfus dopadł dopiero wtedy, kiedy już wszyscy ureńczanie zostali przykryci czarnym całunem sołowieckiej ziemi. Rano przed pracą, którą wykonywał jak zawsze bez pośpiechu i dokładnie, powierzono mu nowe zadanie. Kiedy tylko przekroczył bramę kremla, nie skierował się do swego gmachu, tylko przeszedł przez całe gwarne o tej porze podwórze i zastukał do drzwi szóstej roty, gdzie skupiło się prawosławne i katolickie duchowieństwo.

– Do ojca Siergieja...

Najstarszy z zesłanych tu duchownych, ojciec Siergiej Sadowski, uchylił drzwi celi.

– Do mnie? Czym mogę... – I zdziwiony zaczął gładzić swoją brodę, przyglądając się wyblakłymi oczami znanej wszystkim okazałej postaci przybysza.

– Wyspowiadać się chciałem, batiuszko, i przyjąć komunię...

– Przecież ty... wy starej wiary się trzymacie?

– Przed Bogiem wszystkie wiary równe. Będę umierał.

– Wejdźcie. – Kapłan otworzył drzwi.

Dopiero po godzinie ureński car wyszedł z celi, kiedy wyspowiadał się Bogu ze swoich wielkich i małych grzechów i przyjął z okrągłej, niepomalowanej chłopskiej łyżeczki sok żurawinowy i ciężki aresztancki chleb przemieniony w Sakramencie Ofiary i Cierpienia w Ciało i Krew Odkupiciela.

Wróciwszy do swej celi, wyjął coś z worka, starannie zawinął w haftowany w koguciki ręcznik i zawołał dowódcę roty.

– Wszystko, co tu jest – dotknął ręką worka – rozdaj ubogim i nagim. W intencji mojej duszy.

– Co z tobą? Upiłeś się? Przecież jesteś zdrowy jak byk!

Piotr Aleksiejewicz w milczeniu podniósł rękę i podwinął płótno koszuli.

– Obsypało cię?! Chyba sam czart trzyma cię jeszcze na nogach – zdumiał się czekista. – No, maszeruj do lazaretu. – I dodał po cichu: – Żegnaj, carze ureński! Pokój z tobą!

Nikt nie odprowadzał ureńskiego cara w jego ostatniej ziemskiej drodze. Opiekująca się skazanymi na śmierć baronessa Fryderyka, która niedługo potem również zmarła, opowiadała, że Piotr Aleksiejewicz, rozebrawszy się i położywszy na pokrytej słomą podłodze baraku, przeżegnał się i wyciągnął na całą długość swego ogromnego ciała, jakby kładł się na długo oczekiwany spoczynek.

W lazarecie nie wyrzekł już ani jednego słowa. Milczał również, kiedy był nieprzytomny. Nikt nie spostrzegł agonii, jego zgon zauważono dopiero następnego dnia w czasie porannego obchodu.

Stara frejlina trzech koronowanych rosyjskich caryc zamknęła oczy temu niekoronowanemu ostatniemu na Rusi carowi dźwigającemu na swoich chłopskich barkach cząstkę czasów wielkiej potęgi państwa, któremu służył.

* * *

Od tamtej pory minęło ćwierć wieku. Ciemna noc nadal otula cierpiącą Ruś i nie zamierza zsunąć z niej swych czarnych zasłon. Czasem w tym nieprzeniknionym mroku zapalają się i gasną pojedyncze jasne iskierki, a w ich drżącym świetle widzę twarz ureńskiego cara, jego szerokie, barczyste plecy i przykryte nawisem krzaczastych brwi nigdy nie uśmiechające się oczy.

W mojej pamięci jawi się on takim, jakim widziałem go, kiedy pracowaliśmy przy wiązaniu tratw przeznaczonych na eksport do Anglii. Potem holownik ciągnął je do Kemi i Murmańska, gdzie były ładowane na statki. Źle związana tratwa mogła zostać rozbita przez fale, dlatego tak bardzo ceniono sobie dobrych fachowców w tej dziedzinie: nieźle ich karmiono, dawano im dużo chleba, a nawet mięso. Ale praca ta uważana była za najcięższą z możliwych, nawet na sołowieckiej katordze, i tylko niewielu dawało radę stać przez sześć godzin po pas w lodowatej wodzie Morza Białego, gdzie nawet latem temperatura nie przekraczała sześciu-siedmiu stopni.

Od początku wiązałem tratwy „w parze" z Niłyczem, a car, oprócz wiązania, wykonywał w naszym artelu jeszcze inną osobliwą pracę.

Kiedy ciężarówka przywoziła kolejną partię kłód drewna i zwalała ją przed stertą głazów okalających brzegi, trzeba było szybko je przerzucić przez kamienną zaporę w wody spienionego przypływu. Pracowaliśmy, nie szczędząc sił, gdyż utrzymywanie szybkiego tempa robót leżało w naszym interesie. Przerzucanie drewna przez zwarty, wysoki na pięć metrów skalny wał zajmowało sporo czasu.

Gdy klakson samochodu oznajmiał, że kłody zostały zrzucone, Piotr Aleksiejewicz bez pośpiechu (zresztą on nigdy się nie spieszył) znikał za pasmem skał.

– Uwaga!

Rozbiegaliśmy się, a spoza zwaliska, jak z krateru wulkanu, wylatywał nieprzerwany grad dziesięciometrowych bali. Gigantyczne strzały, połyskując smolistą powłoką, wyfruwały ponad wał i padały w pianę przypływu, wbijając się w przybrzeżny żwir. Przerzucenie dwóch ton nigdy nie zajmowało temu osiłkowi więcej niż pięć minut.

– Gotowe!

Po chwili Piotr Aleksiejewicz dostojnym krokiem wychodził spoza wału i z godnością, jaka przystoi rosyjskim herosom, władczo zmierzał ku brzegowi.

Ani jedna kropla potu nie błyszczała na jego szerokim, obramowanym posrebrzoną czernią czole. Mocarna pierś wzdymała się rytmicznie pod rozpiętą u góry koszulą. Na ciemnej, żylastej szyi widniał miedziany krzyż. Wąską i długą brodę, jak u apostoła Pawła na starych ikonach, wiatr lekko zdmuchiwał mu na ramię.

Stąpał po sołowieckiej ziemi jak jakiś ruski męczennik czy trudnik i szedł przez dzikie, ciemne gęstwiny ku chłodnemu spokojowi północnego Morza Białego.

Część czwarta

SPRAWIEDLIWI TAMTYCH DNI

Rozdział 20

Wigilia

Było to w pierwszym roku mojego pobytu na Sołówkach. Męczyłem się wtedy na robotach publicznych. Wyrębywałem w lesie zakutane w śnieżne szuby smukłe i wyniosłe świerki, oczyszczałem je z gałęzi i wywlekałem na drogę. Ale najtrudniejsze przychodziło na końcu: trzeba było we dwójkę dźwigać dziesięciopudowy kloc, zapadając się po pas w śniegu. Przeklęte drzewo raz spadało nam z ramion, to znowu my upadaliśmy wraz z nim. W ciągu dnia należało wykonać dwadzieścia takich kursów po pół kilometra każdy. Przerastało to siły wielu drwali, a dla starszych i nienawykłych do pracy fizycznej mężczyzn okazywało się czymś niemożliwym do wykonania. Wraz z moim partnerem, miczmanem[152] G-skim jakoś sobie radziliśmy. Byliśmy młodzi, uprawialiśmy sport i służyliśmy czynnie w wojsku, on – w marynarce, ja – w kawalerii, więc jako zdrowi mężczyźni, kiedy tylko nauczyliśmy się władać toporem, sprawialiśmy się z robotą. Cierpieliśmy głównie z powodu głodu, jako że obaj byliśmy biedni jak myszy kościelne, oraz z powodu wszy. Obaj spaliśmy na trzeciej kondygnacji prycz w ruinach Soboru Przemienienia.

---

[152] Miczman – najniższy stopień oficerski w marynarce wojennej Imperium Rosyjskiego.

Ale są jeszcze dobrzy ludzie na świecie. Nawet na Sołówkach. Robiliśmy wszystko, by przy ich pomocy dostać się do dziesiątej roty składającej się z urzędników i utalentowanych fachowców. Trafiłem w końcu do obszernej celi jako jej szósty lokator.

Współmieszkańcy okazali się bardzo miłymi ludźmi. Żyliśmy w przyjaźni, ufaliśmy sobie, rozmawialiśmy swobodnie i solidarnie walczyliśmy z uciążliwościami reżimu: raz usilnie protestując, to znów, obchodząc przepisy, kombinując i uciekając się do różnych podstępów.

Lecz wszyscy różniliśmy się między sobą naszym „wczoraj" i „dziś".

Szefem celi był Misza Jegorow „Paryżanin" i tu zawiązała się między nami przyjaźń. On, jak na przełożonego przystało, zajmował stojący koło pieca olbrzymi, choć niezgrabny, ale za to posiadający oparcie drewniany tapczan zwany hipopotamem, pozostawiony tu zapewne przez mnichów. Na drugim takim samym tapczanie – jako że w naszej celi w dawnych czasach mieszkało dwóch zakonników – rozłożył się jego kompan ze szkoły handlowej, Wasia Owczynnikow, także moskiewski kupiec, ale z ulicy Rogoskiej, staroobrzędowiec wychowany w surowej, przestrzegającej odwiecznej tradycji rodzinie żyjącej według równie surowych zasad starej ruskiej bogobojności. Przyjaciele bardzo się lubili, ale to nie przeszkadzało im ciągle wzajemnie sobie docinać.

Trzecim współlokatorem był Turek, Reszad-Sedad, ich rówieśnik, ale z zupełnie inną, bo barwną i egzotyczną nawet jak na Sołówki przeszłością. W czasie wojny domowej Reszad zajmował się handlem między Turcją a Gruzją, a może i jakąś kontrabandą. Po zdobyciu Tyflisu przystał do bolszewików i od razu dopasował się do nowych warunków. Wstąpił do partii, gdzie w tamtych czasach, jako cudzoziemiec, został przyjęty z otwartymi ramionami i zaczął robić karierę, spekulując na samookreślaniu się narodów. Początkowo wszystko szło jak z płatka: kupiec-przemytnik został ni mniej, ni więcej a samym narkomem[153], ministrem oświaty autonomicznej Republiki Adżarskiej. Potem jednak zdarzyło się coś, o czym Reszad mówił krótko:

– Żyłem sobie wspaniale, jak jakiś gentil... Ale nastąpiło małe potknięcie...

I poleciał. Z Batumi – na Sołówki.

Ignorowanie politycznej „poprawności" przez Reszada wynikało z całkowitego braku zainteresowania polityką. Rozumiał i dowartościowywał ją jedynie z handlowego punktu widzenia. Oddawanie czci mamonie nie przeszkadzało mu jednak w byciu prywatnie całkiem porządnym, uczynnym człowiekiem i dobrym, wiernym przyjacielem. Poza tym posiadał wiele różnych talentów i umiejętności. Był i grafikiem, i rysownikiem, potrafił robić zabawki, instrumenty muzyczne, wyrabiać ser, mydło i cukierki z ziemniaków, wędzić ryby... Czegóż to on

---

[153] Narkom – narodnyj komissar – komisarz ludowy, minister.

jeszcze nie umiał! Z taką wiedzą się na Sołówkach nie zginęło: Turek został kierownikiem pracowni rękodzieła zabawkarskiego przeznaczonego na eksport. Interes nieźle prosperował, bo obrotny biznesmen umiał wykorzystać różnorodność zawodową sołowieckich katorżników.

Obok niego, na przykrytym jakąś lichą szmatą tapczanie, spał stary baron Johann-Ulrich Ritter von Rikpert der Gelbensandt – całkowite przeciwieństwo swego sąsiada. Ten nie umiał absolutnie nic, nie potrafił chociażby w najmniejszym stopniu przystosować się do sołowieckiej rzeczywistości. Całe życie przesiedział w swoim rycerskim zamku nad Bałtykiem, czytając „Gocki Almanach" i luterański modlitewnik. W drodze na Sołówki został przez szpanę doszczętnie ograbiony ze wszystkiego, co posiadał, a już pierwszego dnia przy pracy w lesie wbił sobie topór w kolano i, pozbawiony rzepki kolanowej, jako kompletny inwalida został nocnym stróżem przy jakimś magazynie. To uratowało mu poniekąd życie. Jego rodacy znad Bałtyku, którym jako-tako udało się osiągnąć mizerne katorżnicze szczęście, wepchnęli starego do uprzywilejowanej roty. W ciągu dnia nie pracował, więc pedantycznie pilnował porządku w celi, sprzątając po swoich bałaganiarskich kolegach, a doprowadziwszy pomieszczenie do połysku, siadał przy oknie i czytał swój modlitewnik. „Gocki Almanach" zabrano mu zaraz przy wyładunku ze statku. Jak on opanował całą procedurę sprzątania, poruszając się o kuli, tego do dziś nie mogę zrozumieć.

Z łóżkiem Johanna Ulricha sąsiadowało posłanie jego rywala, sądząc po starożytności rodu, wolnego szlachcica, Stasia Świdy-Świderskiego herbu Jacuta, również strażnika tradycji feudalnych, ale innego systemu. Pan Świderski był młody, silny, przystojny i niegłupi, ale za zajęcia godne jego szlacheckiego pochodzenia, które wywodził od samego Kazimierza Wielkiego, uważał jedynie wojnę i polowanie. O chlubie, jaką przyniosły mu te wojenne wyczyny, dowiadywaliśmy się z jego licznych opowieści, w których przewijała się postać pana Zagłoby, ale w sprawach polowań był istotnie wielkim i rzetelnym znawcą. Rozpoznawanie śladów zwierzyny, osaczanie jej, tresura psów, strzelanie z broni myśliwskiej – cała ta obszerna i skomplikowana dziedzina zagadnień łowieckich nie miała dla niego żadnych tajemnic.

Prawo do życia w dziesiątej rocie dawała mu bardzo przyjemna i niepozbawiona korzyści służba. Był jegrem u Ejchmansa i całe dnie spędzał na wędrówkach po wyspie, tropieniu dzików i tresurze psów. Jako współmieszkaniec był niezwykle miłym, wesołym, zgodnym kompanem i zabawnym rozmówcą.

– Panie Stasiu, jeszcze za wcześnie na spanie, a czytać już się nie chce, więc pobajaj nam o czymś – często wieczorami prosił go bezceremonialny i prostolinijny Owczynnikow.

– Łajdak! – dobrodusznie odgryzał się Świda. – Nauczę ja cię szacunku. Bajają tylko kmioty i chamy, a szlachcic, jeśli nawet rozmija się z prawdą, to najwyżej fantazjuje. – Ale zaraz zaczynał piękną opowieść o jakimś-tam niezwykłym polowaniu lub o przepychu pałacu książąt Lubomirskich.

Szóstym w celi byłem ja. Tak się dziwnie złożyło, że każdy z nas był innego wyznania i został wychowany w innej religii. Wasia Owczynnikow był pobożnym staroobrzędowcem, Reszad – prawowiernym muzułmaninem, baron – umiarkowanym, jak zresztą we wszystkim, ale przyzwoitym luteraninem, pan Staś – fanatycznym katolikiem, ja – prawosławnym, wtedy jeszcze ze śladami deizmu, a Misza Jegorow – przekonanym i zdeklarowanym ateistą-epikurejczykiem.

Pewnego grudniowego wieczoru tak jakoś wyszło, że całą szóstką wróciliśmy nieco wcześniej do celi. Rzadko tak bywało, bo pan Staś zwykle późno przychodził z lasu, ja miałem próby lub występowałem w teatrze, Misza przesiadywał u swoich licznych przyjaciół, a jedynie baron, siedząc w samotności przed wyjściem na stróżowanie, liczył w pamięci swoich przodków – magistrów i komturów.

– Wiecie, że dzisiaj jest piętnasty grudnia? – odezwał się Misza, który zawsze zaczynał swoją wypowiedź jakąś sentencją.

– A jutro szesnasty – odpowiedział mu w tym samym tonie Owczynnikow.

– Za dziesięć dni mamy Boże Narodzenie – wyjaśnił Misza, patrząc na nas.

– A tobie, ateisto, co do tego? – zaoponował Owczynnikow, który nie mógł wybaczyć niewiary swojemu przyjacielowi i szkolnemu koledze.

– Jak to co? – zdziwił się szczerze Misza. – A choinka?

– Choinka? A Siekirkę znasz? Choinki, bracie, to u was w Paryżu urządzano, a socjalistyczna służba więzienna inaczej je nazywa – docięliśmy Miszy za jego partyjną przeszłość.

– To my właśnie tutaj zorganizujemy sobie swój Paryż! Swoją rue Daru! Będzie wspaniale – ożywił się Misza. – Po apelu nikt już do celi nie zagląda. Zabarykadujemy drzwi, a okna są przecież na drugim piętrze. Nawet jakieś nabożeństwo można by odprawić.

Pomysł był znakomity. Żeby tak choć na godzinę powrócić do tego, co bezpowrotnie minęło, pożyć tym, co każdy z nas tak troskliwie przechowywał w najskrytszych zakamarkach pamięci i serca... Nawet baron obudził się na chwilę ze swego powszedniego odrętwienia, a w jego wyblakłych ołowianych oczach zabłysło jakieś ciepłe światełko.

– Choinka? Tannenbaum? To wspaniały pomysł. W swoim domu zawsze sam uzbrajałem, nie, jak to będzie po rosyjsku? Ubierałem rodzinną choinkę... Było też wielu gości...

Ufaliśmy sobie wzajemnie i byliśmy pewni, że nie ma wśród nas żadnych donosicieli. Propozycja Miszy została przyjęta jednogłośnie i natychmiast przystąpiliśmy do realizacji planu.

– Choinkę, taką niewielką, wytniesz, ma się rozumieć, ty – rzekł do mnie Misza. – Nie można jednak wnieść jej przez bramę, by nie wzbudzić podejrzeń, a więc zrobimy tak: ja wejdę do narożnej baszty i spuszczę sznur. Ty, wracając, przywiążesz drzewko, a ja wciągnę je na górę. W ciemnościach nikt niczego nie zauważy.

– Ozdoby przygotuje oczywiście Reszad. To zapalony majsterkowicz. Ale co ze świeczkami?

– Posklejamy ruloniki z papieru, do środka wsadzimy knoty i zalejemy roztopionym tranem – odezwał się Owczynnikow. – U nas w molennach w ogóle nie używa się fabrycznych świec. Sami je sporządzamy. Robiłem tak, chłopcem jeszcze będąc, więc umiem.

– Tak jest, kapitanie! Jeszcze tylko pytanie: co z poczęstunkiem? Jakiż to soczelnik[154] bez kutii...

– Sza, Kinder – władczo nakazał Misza. – To już moja sprawa. Jestem przecież przedstawicielem handlowym. Spieniężę swoje paryskie pantalony, zmobilizuję najlepszych urkaganów, to i uczta będzie jak należy! Ręczę!

– Przydałby się też jakiś duchowny... Przecież to Boże Narodzenie... Heilige Nacht... Trzeba się pomodlić... Ja mogę oczywiście przeczytać modlitwy, ale po niemiecku. Dla was to będzie pewnie niezrozumiałe?

– No tak, tu byłby potrzebny pop – po zastanowieniu zgodził się Misza. – Mnie tam oczywiście wszystko jedno, ale u nas zawsze w soczelnik batiuszkę zapraszano... Bez duchownego tak jakoś głupio, no nie?

– Pytanie tylko: jakiego? Jesteśmy tu przecież, jakby specjalnie dobrani, każdy innej wiary.

– Rosja jest Imperium prawosławnym. Baron obrzucił wszystkich surowym spojrzeniem swych ołowianych oczu,

---

154 Soczelnik – prawosławna wieczerza wigilijna.

a dla dodania wypowiedzi siły perswazji, podniósł w górę wy-
schnięty jak u kościotrupa palec wskazujący. – Rosja wyznaje
religię prawosławną. Mój ojciec chodził do ruskiej kirchy na
Paschę, na Boże Narodzenie i w każdą carską uroczystość. Był
przecież rosyjskim generałem!

– A ty, panie, drogi nasz klejnocie, co proponujesz?

– Wielebny ksiądz Hieronim, niestety, nie może. On
z pewnością jest jak zwykle bardzo zajęty. Niech więc odprawia
Rosjanin.

– Trochę za daleko to moje Rożkowskoje – uśmiechnął
się Waśka Owczynnikow. – Stamtąd raczej nie zdążymy przy-
wieźć naszego!

– Zatem postanowione. Trzeba poprosić popa. Pytanie tylko, którego – podsumowałem. – Może Nikodema Pocieszyciela?

– Oczywiście, że jego. Bez dwóch zdań! – ucieszył się Misza. – Po pierwsze, to wspaniały chłopak, a po drugie, zawsze
chodzi głodny. Podkarmimy go trochę przy święcie!

„Wspaniałemu chłopakowi", jak nazwał go Misza, to znaczy ojcu Nikodemowi, stuknęła osiemdziesiątka i raczej chło-
pakiem już nie był, ale wspaniałym na pewno, o czym jeszcze
będzie mowa. Znali go wszyscy „spiskowcy" i jego kandydatura
została przyjęta bezapelacyjnie.

Przygotowania do zabronionej wówczas zarówno na lądzie, jak i na Sołówkach Wigilii poszły jak po maśle. Reszad
postanowił zadziwić wszystkich swoim kunsztem i, przesiadu-
jąc do późna w nocy w łagrowej pracowni, coś tam majstrował,
ale nikomu nie pokazywał swych arcydzieł.

– Wszystko będzie pierwsza klasa – zapewniał w odpowiedzi na pytania. – Towar jak żywy! Dobrze wiem, co trzeba... Różne takie chudry-mudry! Rybka, aniołek...

– A wy, bisurmani, macie w ogóle jakieś anioły? – z wątpliwością w głosie zapytał Wasia.

– Co za osioł z ciebie! – oburzył się Turek. – Jak mógłby Allach obyć się bez aniołów? Jeden jest Bóg i jednakie anioły dla wszystkich! I nazywają się tak samo: Gabriel, Izmael, Azariel... Żadnej różnicy nie ma!

Misza również nie ujawniał się ze swymi przygotowaniami, tylko Wasia Owczynnikow z baronem otwarcie przeprowadzali swoje doświadczenia chemiczne, starając się pozbyć z tranu jego nieprzyjemnego zapachu. Chemicy byli z nich marni, więc po korytarzu rozchodziła się woń stęchłego foczego tłuszczu. Z pomocą pospieszył im niezawodny Reszad, który zdobył u szewców kawałek ciemnego wosku, jakim ci smarowali dratwy.

W Wigilię ściąłem niewielką choinkę i, odłączywszy się od powracających z lasu drwali, w umówionym miejscu przywiązałem ją do sznura, szarpnąłem i... drzewko popełzło w górę po ośnieżonym murze.

Następnie obszedłem kreml, oddałem siekierę dyżurnemu i wszedłem do swojej celi, a tam już tę choinkę ubierano. Wszyscy się przy niej krzątali. Reszad stał w pozie zwycięzcy i wyjmował z worka rybki, domki, pukawki, słonie... Rzeczywiście, w niewiarygodnym mistrzostwie i pomysłowości przeszedł samego siebie. Niepojęte, jak on to wszystko sam jeden zmajstrował, ale osiągnął pełny sukces. Każde dzieło mistrza witano szeptem zaskoczenia lub okrzykami podziwu. Jego zabawki opowiadały nam wzruszającą bajkę z dzieciństwa...

Wszyscy cisnęli się do choinki, do worka, potrącali się, sprzeczali. Misza, skłaniający się zawsze ku modernizmowi, upierał się, by ubrać tańczącego słonika w papierową spódniczkę, zapewniając, że w Paryżu wywarłoby to niezwykłe wrażenie.

– Ty głupku z Montparnassu – tłumaczył mu zawsze stateczny Owczynnikow – zielone słonie jeszcze się zdarzają, niektórzy po pijanemu nawet je widzieli, ale nikomu nie udało się aż tak zapić, by zobaczyć słonia w spódniczce... Nawet w Paryżu!

Na wierzchołku choinki lśnił – oczywiście żadna tam sowiecka gwiazda, a koronne dzieło Reszada – cudowny, pozłacany anioł.

Ustroiwszy drzewko, próbowaliśmy również samych siebie doprowadzić do porządku. Ubraliśmy się w to, co mieliśmy najlepszego, ogoliliśmy się, umyli. Trochę kłopotu mieliśmy z baronem, który posiadał jedynie coś takiego, co kiedyś było kurtką, a teraz kolekcją różnorodnych łat. Tu z pomocą pospieszył Misza i wytaszczył ze swojego kufra oślepiająco jaskrawą, kraciastą marynarkę.

– Niech pan ją założy, baronie! Ostatni krzyk mody! To nawet nie Paryż, a po prostu Londyn... Co za model!

Rękawy były nieco przykrótkie, w plecach ciągnęło, ale baron wprost promieniał i nawet jakby przestał utykać na pozbawioną rzepki nogę.

– Nakrywamy do stołu – oznajmił Misza. Właśnie wybiła godzina jego chwały. – Będziesz podawał! – zwrócił się do mnie.

Sam zaś usiadł koło swego ogromnego tapczanu i z ukrytej pod nim skrzyni zaczął wyjmować i unosić w górę odziedziczone po mnichach głębokie, owalne misy i drewniane naczynia.

– Salade de pommes de terre. Etoile du Nord – uroczyście, jak wprawny maître d'hôtel, anonsował Jegorow. – Saute de focza wątróbka… Czort wie, jak to leci po francusku!

– Sam ją sobie, bracie, pałaszuj! – burknął Owczynnikow.

– I to mówisz ty – perła rogoska?! Tępak z ciebie! Zakuta pała! Próbowałem, jest lepsza niż cielęca! Spróbuj! Ragou sovietique. Palce lizać! Frit de śledź avec cebula! Riz russe… kutia… Patrzcie, co nawet dostałem! Z rodzynkami!

– Prawdziwe bogactwo płodów ziemi i hojność powietrza!

W całej tej krzątaninie nie zauważyliśmy, jak do celi wszedł ojciec Nikodem. Nie wiadomo nawet, kiedy stanął pośrodku nas, a zmarszczki na jego twarzy wywołane uśmiechem raz podchodziły pod same oczy, to znów biegły ku siwej, dziś starannie uczesanej brodzie. Pocierał zmarznięte dłonie i patrzył na nas z czułością.

– Patrzcie jeno, jak to się elegancko wystroili na święta! Zuchy! A szanownego barona trudno nawet rozpoznać: toż to kawaler do wzięcia, po prostu pan młody! Ale musicie mi wybaczyć mój przyodziewek. Sutanna wymaga już gruntownej naprawy – popatrzył na jej obcięte poły – jednak materiał dobry. W Kijowie kupiłem, w roku, niech wspomnę... w dziewięćset dziesiątym! Wyrabiano tam wtedy wspaniałe sukna...

– Drzwi! Drzwi! – wyszeptał przerażony Misza. – Zapomnieliśmy zatarasować! O mało się tu nie wpakowały te przebrzydłe anatemy! Przynieść no „hipopotama". Szybko, ale po cichu!

Polecenie zostało wykonane w mgnieniu oka.

– No, pora zaczynać. Swoją ikonę postaw tu, brylanciku! Weź trebnik[155], ojcze Nikodemie!

Na stojącej w kącie monasterskiej szafeczce–anałojczyku, która zwykle służyła nam do porcjowania chleba, były rozłożone czyste chusteczki, a na nich stał ciemny obraz z dawnych czasów przedstawiający *Acheiropoietos* – wizerunek Chrystusa nie ręką ludzką uczyniony, który od pokoleń przechowywany był w rodzinie znanych ze swej nieugiętej wiary Owczynnikowów.

Lecz gdy tylko ojciec Nikodem stanął przed anałojem i jak zwykle zakaszlał, to w tym momencie „hipopotam" barykadujący drzwi zaskrzypiał i powoli zaczął przesuwać się po podłodze. Drzwi uchyliły się, a w szczelinie ukazała się głowa dyżurującego strażnika, starego Żyda Szapiro, byłego działacza GPU, zesłanego na Sołówki za... właściwie nie wiadomo za co.

Wpadliśmy! Siekirka nas nie minie, a zimą to pewna śmierć – takie myśli kołatały się w głowach wszystkich uczestników, może za wyjątkiem barona, który dalej stał nieruchomo jak kamienny posąg.

---

[155] Trebnik – jedna z ksiąg liturgicznych prawosławia odpowiadająca łacińskiemu mszałowi.

– Aj-aj! Toż to prawdziwe Boże Narodzenie! I choinka jest!
I batiuszka! A nawet świeczuszki! Brakuje tylko dzieciątek...
Ale co tam... Sami dla siebie będziemy dzieciątkami!

Staliśmy dalej jak kołki w płocie, nie mając pojęcia, co
nam może przynieść owa wizyta. Ale w miarę jak monolog gadatliwego Szapiro rozwijał się coraz bardziej, zaczęła wstępować
w nas nadzieja na pomyślne zakończenie tych odwiedzin.

– Taaak. Cóż takiego się tu dzieje? Stary Aaron Szapiro też
może być dla siebie wnuczkiem. Czemu nie? Ale wy o swoim
dyżurnym chyba całkiem już zapomnieliście. A to niedobrze.
On też jest człowiekiem i też chce mieć święto. Zaraz przyniosę
tu swój wkład i zrobimy sobie takie Boże Narodzenie, o którym
tylko my będziemy pamiętać... tylko my.

Głowa Szapiro zniknęła, ale po kilku minutach już cały
wcisnął się do celi, trzymając ostrożnie przed sobą nakryty białym papierem talerzyk.

– Bardzo smaczna rybka, fisz po żydowsku, chociaż nie
szczupak, a dorsz. Sam przyrządziłem! Nie jadam niczego tre-
fnego. Też jestem wierzący i szanuję zakon. Wszyscy Żydzi są
wierzący, nawet Lejba Trocki. Ale oczywiście po cichu, bo jedynie tak teraz można. Wszystko jest powiedziane w Talmudzie
i rabini o tym wiedzą. Zaczynajcie, batiuszko, pomodlimy się
do Boga!

– Błogosławiony bądź, Boże nasz, jak było na początku
i teraz, i na wieki wieków! Amen.

– Amen! – powtórzył baron swoim drewnianym głosem.

– Amen – wyszeptał pan Staś.

Ojciec Nikodem odprawiał półgłosem. Słuchaliśmy prostych słów o Bożym Narodzeniu w nędznych jasełkach, o mędrcach szukających Prawdy i o pragnących Jej skromnych, nieuczonych pastuszkach, których przywiodła do groty cudowna gwiazda...

Światło elektryczne w celi było zgaszone. Płonęła tylko jedna świeca przed wizerunkiem Zbawiciela, a w oknach igrały tęczowe promienie ogromnej zorzy polarnej, zdobiącej wielobarwnymi refleksami ciemną, odświętną szatę nieba usianą złotymi gwiazdami. Wydawały się one odblaskami gwiazdy, jaka zajaśniała nad żłóbkiem Najwyższej Mądrości, nad Panem Wszechświata, przed Którym nie ma ani Greka, ani Żyda.

Ojciec Nikodem czytał Ewangelię po starosłowiańsku. Przywiązany do tradycji baron szeptem powtarzał jej słowa po niemiecku, zaglądając do swego modlitewnika. Ze strony stojącego z tyłu za wszystkimi polskiego szlachcica słychać było łacinę. Na twarzy ateisty Miszy błąkał się radosny dziecięcy uśmiech.

– Wesołych Świąt – ojciec Nikodem złożył wszystkim życzenia, a potem odezwał się tak zwyczajnie, po domowemu. – Patrzcie tylko, nawet kutię zrobili! To prawdziwy cud!

Wszyscy powoli i z pewną nieśmiałością, jakby wstydząc się ogarniających ich uczuć, zasiedli do stołu, nie bardzo wiedząc, od czego zacząć.

– Przez te wasze modlitwy zapomniałbym o najważniejszym! – Misza stuknął się w czoło i, rzuciwszy się ku łóżku, poszperał chwilkę pod materacem, a potem zwycięsko zamachał w powietrzu swojską dla wszystkich butelką. – Oto ona, nasza rodzona! Całych 42 procent i z etykietką... Dostałem z tajnego rozdzielnika! Wymieniłem za paryską jedwabną koszulę...

Biesiadnicy nie posiadali się z radości. Nikt z nas nigdy w życiu, ani wcześniej, ani potem, nie jadł tak smacznej sałatki „Etoile du Nord" z przemarzniętych ziemniaków, ryba-fisz była prawdziwym majstersztykiem kulinarnym, a focza wątróbka – egzotycznym rarytasem...

Wypiliśmy po jednej kolejce, którą potem powtórzyliśmy. Zarumieniony baron von Rikpert wstał i, trzymając w ręku kieliszek, zaintonował „Stille Nacht, heilige Nacht", a Reszad zaczął zapewniać, że:

– Ta piosenka jest śpiewana również po turecku, ale ma inne słowa...

Następnie wszyscy razem zaśpiewaliśmy „Jołoczkę"[156], wstawiając własne improwizacje w miejsca zapomnianych słów i, wziąwszy się za ręce, obeszliśmy dokoła rozświetloną choinkę. Przecież tej nocy byliśmy dziećmi, tymi dziećmi, których On zaprasza do Swego Królestwa Ducha, gdzie nie ma podziału na Greków czy Żydów...

---

[156] Jołoczka – choinka.

Kiedy świeczki się dopaliły, a gospodarny Wasia zebrał ze stołu resztki po uczcie, ojciec Nikodem przyglądał się uważnie ozdobom wykonanym przez Reszada i oczy mu promieniały. Niektóre nawet brał do ręki.

– Śliczna choinka, aż brak mi słów. Jedynie na naszej Połtawszczyźnie były piękniejsze zwyczaje. W tych dniach wędruje się u nas z szopką. Teraz już mało kto z nią chodzi, ale dawniej, kiedy byłem jeszcze w seminarium, to my, mieszkańcy seminaryjnej bursy, chodziliśmy z gwiazdą. Recytowaliśmy przy tym specjalne okolicznościowe wierszyki. A jakie szopki budowaliśmy – prawdziwe cuda techniki! Seminarzyści potrafili tak zrobić, że gwiazdy poruszały się po niebie, mędrcy klękali, a zwierzęta w grocie – owce, osły czy wielbłądy – głowy przed Dzieciątkiem pochylały... A my o tym wszystkim śpiewaliśmy...

– Jak to? Zwierzęta się kłaniały? – dziwił się Misza. – Co one tam rozumieją?

– A jakże! – Twarz ojca Nikodema jeszcze mocniej pojaśniała. – Rozumieć może i nie rozumieją, ale odczuwają. Bo to też stworzenia Boże. Nawet nieme drzewo radość Panu okazuje. Świadczy o tym pewna apokryficzna legenda. Jakżeby zatem zwierzęta w betlejemskiej grocie nie miały Mu się kłaniać?

– Przecież i ty Mu się dzisiaj pokłoniłeś... Ty osiołku ze stajenki – rzekł wzruszony Świda.

– Czasem nie jesteś taki głupi, na jakiego wyglądasz, diamenciku – ni to zamyślony, ni to zdziwiony rzekł Misza do swego przyjaciela.

ROZDZIAŁ 21

Parafia ojca Nikodema

Po raz pierwszy zobaczyłem ojca Nikodema w koszarach Soboru Przemienienia, dokąd prosto ze statku spędzono jeszcze nierozparcelowaną rzeszę nowoprzybyłych. Właściwie to go nie zobaczyłem, a usłyszałem. Niełatwo było go dostrzec. Wysoko w górze, pod osmolonym i nadpalonym sklepieniem wielowiekowej świątyni, mętnie żółciło się kilka słabych żarówek, a w dole, w oparach wilgoci unoszącej się z mokrej odzieży i oddechów zbitych w ciasną gromadę dwóch tysięcy ludzi, niewyraźnie rysowały się filary dwupiętrowych prycz ciągnących się wzdłuż ścian i między podtrzymującymi strop kolumnami. Pomiędzy nimi i na nich kłębił się gęsty, rozpływający się jak brudna maź huczący tłum.

– Jak robaki w gnijącej padlinie... Widział pan kiedyś coś takiego? – spytał mnie młody człowiek, będący w przeszłości weterynarzem w jakimś majątku ziemskim, a teraz szukający wraz ze mną wśród nowoprzybyłych kogoś ze znajomych. – W takiej miazdze nawet rodzonego brata nie da się rozpoznać. Z twarzy wszyscy są do siebie podobni. A raczej w ogóle nie mają twarzy. To nie ludzie, a jakaś protoplazma.

Ta protoplazma jednak huczała i brzęczała jak gniazdo rozdrażnionych szerszeni. Ale pod jedną z czteroboczynych kolumn nieopodal ikonostasu było nieco ciszej, chociaż panowało tam jeszcze większe zagęszczenie ludzkich ciał pozbawionych oblicza. Widzieliśmy tylko nakładające się na siebie plecy, a spoza nich dochodził jednostajny, szeleszczący jak kamyki po gliniastym osypisku głos.

– Ktoś tam pewnie opowiada jakąś więzienną sprośną bajkę. Słyszał pan takie? – rzekł mój towarzysz.

– Nawet parę z nich zapisałem. Chciałem dalej zbierać ten folklor, ale zaprzestałem, bo wszystkie opowieści są do siebie podobne.

Monotonny szelest gliniastego osypiska zadźwięczał nagle srebrzystymi dzwoneczkami, które przypominały odgłos wiosennego ruczaju.

– A jednak doszedł – wykrzyknął ktoś radośnie – mimo wszystko doszedł! Cały we wrzodach... w strupach, znaczy się. Całe nogi miał aż do krwi poobijane, bo ciężko iść boso po kamieniach. A jednak dowlókł się do domu i upadł na kolana... To tutaj! Jutro rano popatrzycie, to sami zobaczycie. Dokładnie za mną, na tej kolumnie, jest wszystko narysowane. Ten, który klęczy – to syn, a ten, co ręce do góry wznosi – to ojciec. Widać, że się cieszy i Panu Bogu dziękuje.

– Jest też za co dziękować – odezwał się z ironią inny głos, w którym zagrzechotały ciężkie brukowce. – Pijanica, sukinsyn i ladaco. Takiego trzeba gnać od progu miotłą maczaną w pomyjach!

– Właśnie że nie – zapluskał w odpowiedzi strumyczek – bo było dokładnie odwrotnie. Ojciec kazał zarżnąć najdorodniejszego w całym stadzie cielaka, gości sprosić, by wszyscy razem z nim się cieszyli. Syna zaprowadził oczywiście najpierw do łaźni i przyodział jak należy, a dopiero potem gościom pokazał – dodał nieco ciszej. – Patrzcie, oto on! – znów pierwszy głos krzyknął radośnie. – Zobaczcie, jakiego mam syna! Wszędzie bywał, wszystkiego w życiu doświadczył i w końcu rozumu nabrał. Nie było takiego bagna, w którym by się nie tarzał, a jednak wydostał się z tego smrodu i znów do mnie wrócił! Do swego ojca! Jakby powstał z martwych. Wielka jest radość moja…

– To tylko w Piśmie tak ładnie wygląda, jak to, batiuszko, przedstawiacie – znów zagrzechotały brukowce – a w życiu bywa dokładnie odwrotnie – ucinając po kostromsku końcówki, basowy głos przeciwnika nie ustępował. – Takiego pohańca nie wolno nawet na próg chaty wpuścić… Ja bym go…

– I tu się mylisz! Ty też byś go wpuścił. No co, nad rodzonym dzieckiem byś się nie ulitował? Nie? Nieprawda, na pewno byś się ulitował. Toż to syn przecież.

– No, może bym i wpuścił – złagodniały brukowce – ale przedtem dałbym mu nauczkę.

– Jego ojciec również dał mu nauczkę. W najlepszy sposób go pouczył. Miłością. A jak twoja baba krowę do dojenia przyucza? Żeby, znaczy się, bez brykania stała? Jak? Pomyje przed nią stawia… tak? To znaczy, że daje jej poczęstunek. I to właśnie jest miłość. A jeśliby biciem…?

– Biciem w żaden sposób niepodobna – zgodził się grzechoczący bas – od bicia mleko mogłaby stracić. Tak nie można. Bydło też swój rozum ma…

– Ale ty człowiekiem jesteś, a syna rodzonego niżej niż bezduszne bydło stawiasz.

– Czemu zaraz niżej – bas już do reszty ścichnął – przecież to dusza... Bez duszy nie można żyć... Ale mimo to...

– A idźże ty! Słuchać nie dajesz – krzyknął ktoś z ciżby. – No, dalej, popie, nawijaj bajeczki!

– Dalej wszystko potoczyło się już zwyczajnie. Goście usiedli do stołu i zaczęli rodzicowi gratulować. Wtedy drugiemu synowi zrobiło się przykro. „Jak to jest, ojczulku, to ja dla ciebie cały czas się trudziłem, ale ty nigdy mnie za to nie nagrodziłeś, a jego, patrz tylko, jak uhonorowałeś?"

– Pewnie, że przykro chłopakowi było – zadudnił bas, jakby to on sam został obrażony.

– Znów nie masz racji. Nikt tu nikogo nie obraził. A ty, jeśli na przykład zgubisz rubla czy choćby półrublówkę, a potem ten pieniądz znajdziesz, nie cieszysz się? Oczywiście, że się cieszysz, choćbyś oprócz tego rubla miał jeszcze i dziesięć. Z tego znalezionego będziesz cieszył się bardziej niż z pozostałych. Nie było go – a znalazł się!

– To się nazywa mieć szczęście! Jasne, że jest to przyjemne! – znów krzyknął ktoś z tłumu. – A co było dalej? Nawijaj, popie!

– A potem żyli sobie dalej w dostatku. Zapomnieli o wzajemnych urazach, mnożyły im się owce i inne bydło. To jest namalowane na tej drugiej stronie. Są tam właśnie owce i kozy. A po tej stronie, gdzie teraz siedzę, są sceny powrotu i ucztowania.

Nagle wokół duchownego powstało poruszenie i ktoś zaczął się gwałtownie przeciskać do przodu.

– Przepuśćcie mnie! Zaraz zapalę papier i wszyscy zobaczą.

Rozbłysnął blady płomyk zapałki i po ciemnej ścianie zaczęły niespokojnie biegać czerwonawe odblaski palącego się skrawka papieru. Sam wcisnąłem się w ciżbę, ale zobaczyłem tylko czyjąś siwą brodę, a nad nią – naciśniętą na oczy budionówkę[157] z czerwoną gwiazdą. Nie mogłem dojrzeć ani twarzy narratora, ani fresku przedstawiającego przypowieść o synu marnotrawnym namalowanego pędzlem jakiegoś artysty, który już dawno odszedł z tego świata.

Zobaczyłem tę scenę, jak również inne rzeczy, dopiero na drugi dzień, kiedy w czasie przerwy obiadowej zaszedłem do koszar w Soborze Przemienienia. Nie można było dokładnie obejrzeć sobie wszystkich fresków, bo zasłaniały je górne piętra legowisk, zaś narrator, ojciec Nikodem (zdążyłem do tego czasu poznać jego imię), siedział na brzegu dolnej pryczy, a słońce, które walecznie przebiło się przez okno soboru, świeciło mu prosto w oczy. Starzec mrużył powieki, ale nie odwracał głowy. Wręcz przeciwnie, nastawiał do słońca to jeden, to drugi policzek, ocierał się o ciepłe promienie, a na jego twarzy gościł błogi uśmiech.

– Ma pan do mnie jakąś sprawę? Czy przyszedł pan tak po prostu? – zapytał mnie, kiedy rzuciłem się oglądać malowidła i, milcząc, stanąłem przed jego posłaniem.

– Chyba mam do was sprawę, ojczulku, ale jaką – tego sam jeszcze nie wiem.

– Tak bywa – skinął głową ojciec Nikodem. – Człowiek brnie, sam nie wiedząc dokąd, aż nagle natrafia na jakiś znak

---

[157] Budionówka – nakrycie głowy używane w Armii Czerwonej.

czy wskazówkę i wtedy znajduje to, czego szukał. Zobacz, jakie mamy dzisiaj słoneczko! – I całą twarz wystawił na działanie ciepłych promieni. Nagle zrobiło się prawie wiosennie. Sama radość! Staruszek nawet usta otworzył, jakby pił spływające światło razem z gromadą tańczących w nim pyłków. – Ty, synku, do jakich należysz? Do kieszonkowców czy do tych prawych i szlachetnych?

– No cóż, tutaj chyba niezręcznie mówić o szlachetności. Jestem kaerem, ojczulku, kontrrewolucjonistą.

– To znaczy, że byłeś oficerem? To jakże możesz nie być szlachetnym? Tytułowali was przecież: wasze błagorodie. To godny tytuł. Bez niego żaden oficer się nie liczy. Na jak długo cię skazali?

– Na dziesięć.

– Sporo. Ale nie martw się, synku. Młody jesteś. Jeszcze wiele lat życia przed tobą, nawet po odsiedzeniu wyroku. Żonaty?

– Nie zdążyłem.

– No i chwała Bogu. Nie musisz za nikim tęsknić. A rodzice żyją?

– Ojciec umarł, ale mama i siostra żyją.

– Więc znów jest za co Boga chwalić. Bo nie masz się o co martwić: matusia żyje sobie spokojnie, a tatula sam Pan Bóg strzeże. No i ciesz się. Widzicie go, jaki zuch! Żyć i nie umierać!

– Po kiego diabła cieszyć się z takiego życia!

Ojciec Nikodem gwałtownie wstał i wyszedł spoza smugi słonecznego blasku. Jego twarz nagle poszarzała i nabrała surowego, a nawet groźnego wyrazu.

– Nie mów tak. Nigdy więcej tak nie mów! Bo czort przeklęty żadnej radości dać ci nie może. Jedynie ból i rozpacz. A te
musisz stale od siebie odganiać! A od Pana Boga – jeno radość
i wesele pochodzi.

– Wspaniała mi radość, nie ma co! Pożyjecie tu trochę,
to sami tego wesela do syta się najecie. Obsypał nas Pan Bóg
darami...

– No i wychodzi na to, żeś dureń! – zaśmiał się niespodziewanie ojciec Nikodem. – Kompletny dureń, chociaż i szla-
chetnie urodzony. Pewnie też na uniwersytecie studiowałeś.
Studiowałeś, co?

– Jeszcze przed wojną zdążyłem skończyć studia.

– A więc tym większy dureń z ciebie. Zdobyłeś wielkie
mądrości filozoficzne, nauczyłeś się dosięgać gwiazd i innych
ciał niebieskich, a tak prostej, można by rzec, najzwyklejszej
rzeczy, jaką jest ziemska radość, nie potrafisz osiągnąć. I jak tu
nie nazwać cię durniem?

– Ale gdzie jest ta zwyczajna radość? – zjeżyłem się. –
Gdzie? Jeden smród, brud i krew zmieszana z odchodami. Ot
i wszystko, co tutaj mamy. Oprócz tego nic! I całe życie tu jest
takie. Innego nie widzimy...

– Nie widzimy – przedrzeźniał mnie duchowny. – Ty za
innych się nie wypowiadaj. Nie widzimy...! Patrzcie, co sobie
wydumał, filozof. Prawda jest taka, że to ty nie widzisz, ale inni
widzą. Za nich się nie wypowiadaj! Dam ci taki przykład: pewna
baba urodziła kalekie dziecko, można nawet powiedzieć, potwor-
ka, ślepego czy tam może i kulawego. Wszyscy nad nią lamentują: jaka nieszczęśliwa, z takim dzieckiem tylko męka ją czeka...

A dla niej to dzieciątko jest najpiękniejszym i najcenniejszym brylantem. Ona kocha je bardziej niż swoje zdrowe dzieci, ono jest największą pociechą jej serca. To właśnie jest radość. A ty mi mówisz – odchody. Nie, synku, takie odchody są droższe niż nektar i wszelkie ambrozje. One są dla duszy wonnym świętym olejem i kadzidłem. Tak jest również tutaj, w tej oto mojej parafii.

– Jakaż to wasza parafia, ojczulku? – Teraz to ja zacząłem się śmiać. – Byliście duchownym, mieliście parafię, to prawda. A teraz jesteście nikim, nawet nie człowiekiem, a tylko numerem, pustką. Aut nihil...

– Co, ja nihil?! – Ojciec Nikodem gwałtownie poderwał się z pryczy. – A któż to mnie, syna Bożego, Jego stworzenie i do tego kapłana może w nihil, w niwecz obrócić? Popem byłem i popem zostanę! Zobacz, jestem popem w całej swej postaci!

Starzec stanął przede mną, rozciągnął poły swojej sutanny wyłatanej szmatkami we wszystkich kolorach i poprawił na głowie budionówkę, teraz już bez gwiazdy.

– Co we mnie jest takiego, że nie mogę być popem? Jestem też człowiekiem stworzonym na obraz i podobieństwo Boże. A ty mówisz – nihil, pustka! – Ojciec Nikodem aż splunął. – Parafii mojej też nikt mnie nie pozbawił. Oto moja parafia, widzisz – wskazał ręką na prycze – trzy kondygnacje po obydwu stronach! To bogata parafia! Daleko by takiej szukać!

– I dobrzy parafianie – ironizowałem. – Może jeszcze spowiadają się u was i komunię przyjmują? Msze też dla nich odprawiacie?

– A jakże! Nie będę ci kłamał: do spowiedzi mało ich przychodzi, chyba że ktoś z waszej braci i może jeszcze chłopi. Ale wielu łączy się ze mną duchowo. I nabożeństwa odprawiam w miarę możliwości.

– Tutaj? W baraku?

– Jesteśmy tu dopiero trzeci dzień. Jeszcze się nie rozejrzeliśmy. Ale w drodze, kiedy nas tu wieźli, odprawiałem.

– To nie wieźli was w „stołypinowskim" wagonie? Nie w klatkach po trzech?

– Właśnie tak.

– To jak odprawialiście? Przecież w tych klatkach nie można nawet stać.

– To było szczególne nabożeństwo. – Znów uśmiech rozjaśnił twarz staruszka i znów, zmrużywszy oczy, wsunął swą głowę w słoneczną smugę. – Tam odbywało się prawdziwe misterium. Leżymy, po jednej stronie mam jakiegoś żulika, po drugiej – kaukaskiego Tatara, muzułmanina. Zapada zmrok, pociąg toczy się po szynach, za kratą przechadza się żołnierz. Cisza... A ja odprawiam wieczorne nabożeństwo: „Słońce chyli się ku zachodowi, widać światło wieczoru, a my sławimy Ojca, Syna i Ducha Świętego"... Tatar pojął od razu, że chwałę Bogu i Stwórcy głoszę i chociaż nawet niewiele po rosyjsku rozumiał, to też zaczął się po swojemu modlić. Chłopak zaś milczy, ale siedzi cicho jak zając pod miedzą. Jednak cygaretkę zgasił i niedopałek do kieszeni schował. A ja dalej się modlę: „Jeśli zgrzeszyłem słowem, czynem lub myślą, przebacz mi, jako dobry Pan i Przyjaciel człowieka. Ty jesteś obrońcą dusz i ciał naszych", a kiedy doszedłem do Wielkiej Doksologii[158] (dotąd modliłem

---

[158] Doksologia – końcowa modlitwa eucharystyczna zakończona aklamacją wiernych.

się szeptem, a obok Tatar też cicho chwalił Boga), wtedy rze-
kłem półgłosem: „Panie Boże, Baranku Boży, który gładzisz
grzechy świata, przyjm modlitwę naszą". W tym momencie
żulik się przeżegnał. I tak co wieczór przez dziesięć dni odpra-
wialiśmy nabożeństwa, dopóki wieźli nas w tych wagonach.
Czy dla ciebie to nie jest parafia? Przecież Chrystus nam obiecał, że gdzie w imię Jego choćby dwóch się zebrało, tam On
będzie wśród nich, a nas nawet trzech było. Cieszyłem się, bo
oto przebywałem w ciasnocie, nie było jak się obrócić, słowa
bałem się głośniej powiedzieć, ale duchem byłem wolny – łączę
się w nim z moimi bliskimi i z nimi przebywam.

– Przecież oni nie rozumieli ani was, ani waszych modlitw.

– Jak to nie rozumieli? Modlili się, to znaczy, że rozumieli.
Słuchali uchem, a pojmowali sercem.

– Słuchałem tutaj wczoraj waszego opowiadania o synu
marnotrawnym. Rzeczywiście, sporo szpany koło was się zebrało. Ale oni tak zawsze. Sprośnych bajek też są gotowi słuchać
przez całą noc, byle tylko ciekawe były.

– A ty sobie myślisz, że do kochającego ludzi Chrystusa tylko mądrale się garnęli? Nie, do Niego przychodzili tacy
sami jak ci tutaj, bo przed Nim wszyscy są równi. Tamci też
niczego nie rozumieli. Myślisz, że oni między sobą rozprawiali:
„Oto Pan do nas przyszedł i przyniósł nam zbawienie"? Nie,
braciszku. Usłyszeli, że jakiś niezwykły Człowiek po tej ziemi
chodzi, ślepych uzdrawia, nawiedzonych od czorta uwalnia, to
i łazili za Nim, głównie z ciekawości, by się na Niego pogapić.
Początkowo tacy przyjdą, będą się tylko dziwić, a potem Słowo
Boże usłyszą i zastanowią się: czekaj, o co tu właściwie chodzi?

Cielesne oczy są oczywiście każdemu potrzebne, ale oprócz nich istnieją jeszcze oczy duszy. Jeżeli to sobie uświadomią, to również sami zaczną odzyskiwać wzrok. Jak małe kocięta. Podobnie było z trądem: jednemu ten Miłośnik Człowieka w cudowny sposób ciało z niego oczyścił, a setkom dusze Swoim Słowem uzdrowił. Tak napisane jest w Ewangelii.

– Gdzie to jest napisane, ojczulku? Czytałem Ewangelię, ale tego nie pamiętam...

– To znaczy, że źle czytałeś – znów burknął gniewnie starzec – każda jej stroniczka to głosi.

Ojciec Nikodem wstał z pryczy, odszedł dwa kroki na bok, poprawił budionówkę, która zsunęła mu się na kark, a potem znów zwrócił się do mnie. Teraz z jego oczu promieniało światło, które spływało z nich na siateczkę zmarszczek i sączyło się po zmierzwionej brodzie, zwisając z niej perłowymi kroplami.

– No bo ty, głuptasie, cielesnymi oczami czytałeś, a tymi duchowymi nawet nie zajrzałeś do księgi – przemówił łagodnie i obiema rękami pogłaskał mnie po ramionach. – Ale to nic. Tak wyszło. Nie dostąpiwszy cudu odzyskania wzroku, niczego nie ujrzałeś. Nie widziałeś też oczyszczonych z trądu.

– Jakie tam teraz mogą być cuda – żachnąłem się poirytowany. – Trądu już przecież nie ma. Nie ma więc kogo uzdrawiać.

– Nie? Nie, powiadasz? Nie ma trędowatych? – Ojciec Nikodem mówił szybko i cicho, splatając ciasno słowo ze słowem. Uśmiech zniknął mu z twarzy, ale nadal opromieniało ją jasne i łagodne światło. – Nie widziałeś ich? Więc patrz! – Złapał mnie za ramiona i odwrócił w kierunku dwupiętrowych barłogów. – Kto tam leży? Kto tu się błąka? To oni! Oni wszyscy są trędowaci i proszą o oczyszczenie. Sami jeszcze nie wiedzą, że proszą, ale modlą się o to bez słów. I to nie tylko w tym jednym więzieniu. W świecie jest ich o wiele więcej. Wszyscy oni pragną tego samego, wszyscy się o to modlą...

Miałem przed sobą rozświetloną twarz duchownego, która przysłoniła mi wszystko: rzędy katorżniczych prycz z kotłującą się na nich ludzką masą i opalone, pokryte sadzą ściany zbezczeszczonej i znieważonej świątyni.

Nic dla mnie wtedy nie istniało. Tylko tych dwoje oczu obramowanych rzadkimi siwymi rzęsami, na których zawisły dwie łzy. Mętne, starcze łzy.

– Oto moja parafia. Parafia niegodnego kapłana. A właściwie Tego, który tak ukochał ludzi. Parafia ślepych, słabych, okrwawionych, trędowatych, opętanych i wszystkich czekających na Jego cud i o cud się modlących.

Te dwie mętne łzy spadły z rzęs starca, potoczyły się po drabinkach zmarszczek, a kiedy zawisły na włosach brody, natrafiły na ostatnie blaski zachodzącego zimowego słońca. Zaróżowiły się, ożyły dwiema błyszczącymi perełkami i rozpłynęły się.

Ojciec Nikodem odwrócił głowę ku ciemnemu freskowi, po którym również spływały krople gęstej wilgoci, tak samo mętne jak jego łzy. Ściekały i rozpływały się. Rysunek był już prawie niewidoczny. Na ciemnym tle mokrej ściany ledwo majaczyły dwie radośnie wzniesione ręce, ręce ojca witającego swego marnotrawnego syna. I tylko tyle.

– Zobacz, przejrzyj na oczy i ciesz się! – wyszeptał ojciec Nikodem.

Rozdział 22

Pop Pocieszyciel

Nie pamiętam jego nazwiska, bo też na Sołówkach niewielu je znało. Nie było ono potrzebne, gdyż „Popa Pocieszyciela", ojca Nikodema, i bez tego wszyscy znali i to nie tylko w kremlowskim mrowisku, ale i w chronionym przez Boga zaciszu na Muksolmie, w Sawwatijewskiej Pustelni, na Anzerze i na wielu komandirowkach zagubionych w leśnych gęstwinach. Jego sołowieckie losy tak się potoczyły, że wszędzie bywał.

Zesłane duchowieństwo – biskupi, księża, zakonnicy – po przybyciu na wyspę przechodzili obowiązkowy staż na robotach publicznych i pobyt w Soborze Przemienienia. Potem umieszczano ich zwykle w szóstej rocie, stosunkowo uprzywilejowanej, wolnej od apeli i mającej prawo do wychodzenia z kremla. Jednak by dostać do niej, nie wystarczył tylko stan duchowny, trzeba było „zasłużyć" sobie na odpowiedni artykuł, który skazywał za antysowiecką agitację, przynależność do przestępczej organizacji politycznej, szpiegostwo lub jakąś inną działalność kontrrewolucyjną, a ojciec Nikodem został osądzony przez trójkę NKWD w Połtawie tylko za wykroczenie związane z jego urzędem. I właśnie brak w jego przeszłości jakiejkolwiek kontrrewolucyjnej działalności zamknął mu drzwi do spokojnego i cichego schroniska.

Zachodzi tu pewien humorystyczny paradoks: Włodzimierz Szkłowski, brat znanego komunistycznego pisarza Wiktora Szkłowskiego, znalazł się w środowisku księży i wyższego duchowieństwa jako „tichonowiec"[159], chociaż z pochodzenia był Żydem. Od swojego przyjaciela-kapłana zabrał jedynie na przechowanie jakieś cerkiewne kosztowności[160], a ojciec Nikodem, będący od ponad piętnastu lat duchownym, krążył po wszystkich komandirowkach w charakterze drwala, pastucha, rybaka czy rachmistrza.

Z polityką rzeczywiście nie miał nic wspólnego, ani obecnie, ani w przeszłości.

– Kogóż to w naszym siole nie było – opowiadał – i czerwoni, i biali, i petlurowcy, i jeszcze jacyś bołboczanowcy[161]... Wszystkich ich u nas widziałem. Bo nasza wioseczka leży na trakcie, który z Sumu do Połtawy wiedzie. Mnie tam było wszystko jedno – biali czy czerwoni. Przecież jedni i drudzy są dziećmi Bożymi, ale też i po ludzku grzeszni. Pan Bóg na Sądzie nie będzie pytał, kto tam czerwony był, a kto biały, więc i ja nie pytałem.

– Nie krzywdzili was, ojczulku?

– Nie. O jakich krzywdach tu mówić? Jedynie pasiekę mi zniszczyli. Ale cóż, taka dola wojaka. Siorbie żołnierzyk ten swój kapuśniak... Siorbie rok, siorbie drugi, to w końcu i miodku

---

[159] Tichonowcy – zwolennicy patriarchy Moskwy i Wszechrusi Tichona, obecnie prawosławnego świętego.

[160] Pod koniec odbywania wyroku Szkłowski przyjął chrzest, z czym się nigdy nie krył. Prosto z Sołówek został skierowany na Wschodnią Syberię na tzw. „wolne" zesłanie – B.Sz.

[161] Petro Bołboczan (1883-1919) – ukraiński wojskowy, pułkownik armii Ukraińskiej Republiki Ludowej.

mu się zachce – ale skąd go brać? Pszczółki, stworzenia boskie, przecież nie wiedzą, dla kogo miodek zbierają – dla mnie czy może dla żołnierza? Im wszystko jedno, dla kogo się trudzą, to i ja nie mogłem zabraniać.

– Nie wyśmiewali was?

– Zdarzało się – roześmiał się ojciec Nikodem, a drobniutkie zmarszczki niczym ruchliwe dzieciaczki zbiegły się koło jego wyblakłych, figlarnych oczek. – Zdarzało się to nawet dość często. Pewnego razu jakiś wielki naczelnik zatrzymał się u mnie na noc. Młody i zawadiacki taki:

– Posłuchaj, popie – mówi – babę sobie na noc przyprowadzę. Jak ty to widzisz?

– A co mam widzieć? – odparłem. – Jestem już po siedemdziesiątce i na różne rzeczy się napatrzyłem. Ty zaś młody jesteś i takich spraw pewnie za grzech nie uważasz. Przyprowadź więc sobie, jeśli bez tego nie możesz się obejść.

– Może i tobie, popie, jakąś podłapać?

– Nie, synku – mówię – o mnie się nie martw. Od piętnastu lat wdowcem jestem, a i wcześniej takim grzechem się nie kalałem.

– Nigdy cię diabeł nie kusił?

– Jak to nie kusił? Kusił. Ty myślisz, że pop to nie człowiek? Wszyscy jesteśmy ludźmi i nic co ludzkie obce nam nie jest. Tego nawet łacińscy uczeni dowiedli. Bies kusi ludzi, bo tak mu kazano. Musi swój obowiązek wypełniać. On we mnie pokusą, a ja w niego – modlitwą…

Tak sobie pogadaliśmy, pośmialiśmy się, a baby jednak sobie nie przyprowadził. Sam spał, a rano dał mi dwie paczki fabrycznej machorki, zausajłowskiej.

– Tym właśnie grzeszę, synku! – powiadam mu. – Tabacz-kę uprawiam. Dzięki!

Innym razem wezwano mnie na zebranie i wciągnięto w dyskusję. Ich mówca pyta mnie:

– Odpowiedzcie, jako kapłan, czy potwierdzacie to, że Bóg w ciągu sześciu dni cały świat stworzył?

– Potwierdzam – mówię. – Tak w Piśmie powiedziano...

– Współczesna nauka udowadnia, że w tak krótkim czasie niczego stworzyć się nie da. Taki proces tworzenia wymaga mi-lionów tysiącleci, a nie kilku dni.

– Ale jakich dni? – pytam.

– Jak to jakich? Zwyczajnych. Dwadzieścia cztery godziny na dobę.

– A czytałeś ty w uczonych księgach, że na planecie Saturn dzień trwa ponad dwa lata?

– Tak – mówi – to prawda. Astronomia to potwierdza.

– A u Pana, Stwórcy Wszechświata, jakie dni były? Co ci o tym wiadomo? Były to dni ziemskie czy saturnowe? Jego dzień mógł trwać nawet miliony lat! Przecież to Bóg. Myślisz, że na gwizdek do pracy się stawia? Ach ty, filozofie, nie umiesz odpo-wiedzieć na tak proste pytania, a ze mnie chciałeś pośmiewisko zrobić. Wyszło na to, że sam się powinieneś wstydzić.

– To za co was w końcu posadzili? – zapytałem ojca Nikodema.

– Według prawa posadzili. Dopuściłem się urzędowego przestępstwa.

– Na jakim to urzędzie byliście?

– Jak to na jakim? Na swoim, kapłańskim, wynikającym z moich obowiązków: nowonarodzonych – chrzcić, dojrzałym do małżeństwa – ślubów udzielać, wezwanym przez Pana – w ostatniej drodze towarzyszyć. Zajęć nie brakowało! Wypełniałem je niezmiennie od lat: chrzciłem, małżeństwa błogosławiłem, umarłych grzebałem i do swoich ksiąg cerkiewnych wszystko zapisywałem. Aż tu przyszła nowa władza i nowych porządków się domaga: bez dokumentu z miasta ślubów nie udzielać, bez zaświadczenia lekarskiego pogrzebu nie urządzać... A jakie ja miałem wyjście? Ludzie już wszystko załatwili, kabana zarżnęli, takoż kury i gęsi, samogonu na wesele napędzili, gości pospraszali i już tylko jedno zostało – „Raduj się, Izajaszu" zaśpiewać. A tu masz – trzeba aż do Połtawy jechać! Widział to kto?

– Ojczulku – proszą – daj im ten ślub! Toż to Oksanki i Griszki nie znasz? Przecież sam ich chrzciłeś! Po co ci jakieś tam zaświadczenie? – No i udzieliłem ślubu.

Z nieboszczykami było jeszcze trudniej, zwłaszcza latem: upał, a tu doktora czekaj nawet i dwa dni... Wstawiałem się w położenie rodziny i grzebałem. Przez co oczywiście te nowe prawa urzędowe naruszałem. Za to mnie właśnie skazali.

Swoje obowiązki duszpasterskie ojciec Nikodem pełnił również na Sołówkach. Krzyż, który nosił na piersiach, stułę, ornat i kamiławkę[162] zabrano mu jeszcze w Kemi, przy ostatniej

---

[162] Kamiławka – cylindryczne nakrycie głowy duchownego wschodniego, przyznawane jako nagroda honorowa.

rewizji przed Sołówkami, ale Ewangeliarz, który przysługiwał duchownym, pozostawiono. Ostatnia kamlotowa, watowana sutanna podarła się do szczętu przy robotach w lesie. Trzeba było obciąć jej poły. Czapka duchownego, w której przybył do więzienia, też już dawno uległa zniszczeniu i siwą głowę ojca Nikodema przykrywał teraz podarowany przez kogoś szlem czerwonoarmisty z wyraźnie widniejącym śladem po odprutej czerwonej gwieździe.

Ojciec Nikodem nie dostawał żadnych paczek „z wolności". Ale tym się nie przejmował. Zgarbiony pod ciężarem ostatnich lat ósmego dziesiątka był nad podziw dziarski i krzepki. Rąbać drzewa u samych korzeni, co prawda, już nie potrafił, ale przy obcinaniu gałęzi topór w jego ręce chodził sprawniej niż u niejednego młodzika, a na muksolmskiej fermie zasłynął jako niezastąpiony pasterz.

Łachmany obciętej sutanny i mało przystojne stanowi kapłańskiemu nakrycie głowy też nie martwiły ojca Nikodema.

– Popa poznasz choćby w rogoży[163], mówi ludowe powiedzenie, a mnie nawet rozpoznawać nie trzeba, bo i tak wszyscy mnie znają. Po prawdzie, to nie rogożę noszę, ale przyzwoity materiał, który onegdaj w Kijowie kupiłem. Gdyby go należycie zreperować, to jeszcze lata całe mógłby służyć. Wszystko, co „niezbędne", mam w porządku.

---

[163] Rogoża – gruba tkanina lniana o rzadkim splocie.

Na to, co „niezbędne", składały się następujące rzeczy: kunsztownie rzeźbiony drewniany krzyż noszony na sznurku na piersiach pod ubraniem, podbity cienką warstwą waty krótki, sukienny epitrachelion[164] i daronośnica[165] z płytkiego niemieckiego żołnierskiego kubka ze zręcznie wykonanym wieczkiem.

– Dlaczego swój epitrachelion podbiliście watą?

Ojciec Nikodem uśmiechnął się przebiegle.

– Uległem pokusie. W czasie rewizji czekista miałby obowiązek go zarekwirować, a ja nie chcę sprowadzać na niego grzechu i na siebie go biorę. Powiem mu wtedy, że to napierśnik i w moim wieku przed kaszlem mnie chroni, a w puszeczce mam lekarstwo. Wtedy wolno mu będzie to wszystko mi zostawić.

W ciągu trwającej ponad pół wieku służby duchownej ojciec Nikodem nigdy nie rozstawał się z tym „niezbędnikiem". Codziennie celebrował Liturgię. Wstawał bardzo wcześnie, przed wszystkimi, i zaszywał się w zacisznym kąciku. Sypiał, jak większość starych ludzi, nie dłużej niż dwie-trzy godziny.

– Wszystko to noszę przy sobie, bo w każdej chwili może zaistnieć potrzeba odprawienia Mszy świętej. W Boga wierzą przecież wszyscy i każdy wyznaje Go w skrytości swej duszy. Pewnego razu przyjechał do nas jakiś ważny komisarz, z orderem. Skończył załatwiać swoje sprawy i przyszedł do mnie do

---

[164] Epitrachelion – szata liturgiczna w obrządku bizantyjskim, odpowiednik rzymskiej stuły.

[165] Daronośnica – odpowiednik rzymskokatolickiego cyborium, naczynie na komunię pod dwoma postaciami.

sadu, a sad mój zadbany, uprawiałem w nim rzadkie gatunki drzew i była tam też pasieka... Komisarz odnosił się do mnie uprzejmie, wszystko obejrzał, pochwalił. Usiedliśmy przy herbatce ze świeżym miodkiem i rozgadaliśmy się.

– Jak to jest – mówi – że wy, tak świetnie na sadownictwie i innej botanice się znający, wolicie zajmować się wstecznictwem i ludzi zwodzić? Poszlibyście lepiej do nas i zostali instruktorem w wydziale rolnym – pożytek byłby z was jakiś.

– Prawdo to, panie towarzyszu – pytam go – że naprawdę w Boga nie wierzycie?

Obraził się i powiada:

– Dziwne pytanie! Jakże mogę wierzyć, skoro jestem komunistą, a w dodatku człowiekiem ideologicznie świadomym i inteligentnym.

– A jako człowiek świadomy nigdy Jego świętego Imienia nie wzywaliście?

Zmieszał się wtedy mój komisarz.

– Zdarzyło się, wtedy – powiada – gdy Kozacy zaatakowali nocą nasz obóz. Choć byłem tylko w samych gatkach, wskoczyłem pod taczankę. Kozak jednak mnie namierzył. Krąży na koniu koło tej taczanki i próbuje mnie piką dosięgnąć. A ja, jak zając, odskakuję raz w przód, to znów do tyłu. Wtenczas to nie tylko Boga, ale i Najświętszą Bogurodzicę, i błogosławionego Mikołaja, i wszystkich świętych na pomoc wzywałem. Kozak w końcu machnął na mnie ręką i pogalopował przed siebie. Wtedy też nawet się przeżegnałem. Naprawdę. Ale to przecież tylko ze strachu, a strach jest fundamentem religii...

– Dlaczego ze strachu innego imienia nie wzywaliście?

– Przeżytki... – spuścił z tonu mój komisarz.

– Wszyscy w Boga wierzą i wszyscy przyjąć Jego Ciało pragną. Nie zawsze jednak jest im dane to zrozumieć. Znaliście Gubiczewa? Nie? Nie może być! Człowiek postawny, wzrostu Piotra Wielkiego i gwałtownego charakteru; z rozbójników się wywodził. Trzy dni przed śmiercią o mało kucharza nie zadusił: porcję mu podobno za małą dał. Skandalista i w dodatku bluźnierca. Panienkę Przenajświętszą bez ustanku lżył. Będzie już chyba z tydzień, jak go sosna przydusiła, przywaliła go dokładnie w poprzek piersi. Leży na ziemi i chrypi:

– To koniec! Wołajcie popa! – I już śmiertelną pianę z ust toczy.

Chłopcy po mnie przybiegli. Pospieszyłem ze swoją posługą, a żołnierz za mną. Co robić? Gubiczewowi oczy już mgłą zachodzą. Mówię więc do żołnierza:

– Odwróć się, panie towarzyszu, choć na małą chwilę i niczym się nie przejmuj. Widzisz przecież, że człowiek umiera.

– Dawaj, popie – mówi tamten. – Czyń swoją powinność. I odszedł na bok.

Nakryłem Gubiczewa stułą, daję mu rozgrzeszenie, a ten chrypi:

– Trzy dusze...

Więcej już nic nie można było zrozumieć. Udzieliłem mu Komunii świętej, a potem tylko zadrżał biedaczek i duszyczka z niego uleciała.

Macie tu wiarę. Bo ten morderca i bluźnierca na pewno ją miał! A żołnierz, myślicie, że tak sobie odszedł? Nie, on też pod swoją świadomością polityczną iskrę Bożą skrywał.

Ojciec Nikodem nigdy nie uchylał się od pełnienia swojej posługi. Szeptem odprawiał po kątach nabożeństwa i panichidy, spowiadał i na wystruganej z drewna łyżeczce udzielał Komunii świętej. Tajemnicę Eucharystii sprawował nad wodą z żurawinowym sokiem.

– Gdzie ja tu wino dostanę? A żurawinka to też winorośl, tyle że krajów północnych, i ten sam Pan Winnicy ją wyhodował. Nie ma w tym przecież żadnego grzechu.

Na prośbę grupy oficerów odprawił w lesie, na mogile rozstrzelanych, panichidę za nich i za cara dobrodzieja. Wprowadzono go też jako stolarza do teatru, gdzie kobiety pragnęły odbyć rekolekcje. Szpana zaś znalazła sposób, by przemycać go przez okno do lazaretu, do umierających, co było niezwykle trudne i ryzykowne. Nikt z duchowieństwa nie poszedłby na takie zuchwalstwo. Przecież w razie wpadki – Góra Siekirna pewna. Ale ojciec Nikodem nie bał się ani jej, ani przedłużenia wyroku.

– Cóż mogą mi zrobić? Przecież do końca ósmego dziesiątka już tylko rok mi został. Dodawaj sobie czy odejmuj, to tylko ludzki wyrok. Bożego wyroku i tak nikt nie zmieni! Z wieńcem męczeńskim godniej mi będzie, jako duchownemu, przed tronem Pańskim stanąć – twierdził ojciec Nikodem i uśmiechał się dobrotliwie. Jego promieniste zmarszczki biegły wtedy ku oczom i można było sobie wyobrazić, że tak samo, promieniejąc radością, przekroczy kiedyś ostateczną graniczną linię.

Z tą pogodą ducha przeszedł on całą swoją długą drogę życia. Nie opuściła go nawet w ostatnich dniach na Sołówkach. Swoją radością pragnął dzielić się ze wszystkimi i każdego skrapiał wodą życia z naczynia swojego Ducha. Za to właśnie nazywano go „Pocieszycielem".

Długie zimowe wieczory na komandirowkach różniły się pod każdym względem od tych spędzanych w kremlu. Nie było tam żadnego teatru ani kina, ani nawet jasnego światła elektrycznego. Nie można też było pójść do innej roty, by posłuchać ciągle zmieniających się wieści z „radia-paraszy". Na komandirowkach wcześniej wydają kolację, potem dowódca straży zarządza apel, liczy więźniów i zamyka barak. Kopci się tylko foczy tłuszcz w kagankach własnej roboty. Czasem ktoś tam zaklnie z tęsknoty.

Nie pamiętam przypadków samobójstw w kremlu, ale w głuchych komandirowkach wielu ze sobą kończyło. Człowiek zacznie tęsknić, złapie kawałek sznura – i po wszystkim. Znajdą go potem na sośnie albo rano odkryją wiszącego w kącie baraku.

Takiego smutniaka ojciec Nikodem zawczasu swoimi bezbarwnymi, krotochwilnymi oczkami wypatrywał. Wieczorem w baraku albo w dzień przy pracy niby przypadkiem nawiązywał z nim rozmowę. Zaczynał od czegoś na pozór błahego; opowiadał, jak to, będąc w kijowskim seminarium, jabłka z biskupiego sadu podkradał i w końcu przy tym wpadł. Pośmiał się przy tym. Albo popadię swoją wspominał, albo sad czy pasiekę. Przez cały czas spoglądał filuternie na swojego rozmówcę, że i ten w końcu robił się weselszy. Wtedy batiuszka szeptał mu cichutko:

– Ty, synku, do świętego Mikołaja się pomódl i do Matki Bożej westchnij: „Ukój moje troski". Powiedz im, co trapi sługę Bożego i za kim tęskni. Módl się: „Weź na siebie mój smutek, Orędowniczko nasza, a ty, Mikołaju miłościwy, odpędź ode mnie tęsknoty"... To na pewno pomoże. Ale przypominaj im o sobie często, jak najczęściej... Święty Mikołaj ma wiele spraw na głowie. Wszyscy do niego po pomoc biegną. A to już człowiek stary i łatwo zapomnieć może. Więc przypominaj mu się często!

Jak szum źródełka pod śniegiem szemrze cicha mowa popa Pocieszyciela. I ten potoczek zmywa z duszy wszystkie troski... Rozświetla się mglista ciemność baraku.

– Jesteś jeszcze młody. Skończy się odsiadka i do domu pojedziesz, a jeśli nie do domu, to na Syberię, „na wolność"... No cóż, na Syberii też ludzie żyją. Nawet sobie chwalą. Żona pewnie do ciebie przyjedzie...

Rozbłyskała wtedy tęczowym światłem Nadzieja. Zapalała się jasnym płomieniem Wiara. I obie wchodziły do ciemnego, opustoszałego, wypalonego serca. Zaś z innego, pogodnego serca skromnego rosyjskiego wiejskiego popa Pocieszyciela uśmiechały się do nich promieniście Miłość i Mądrość.

Ojciec Nikodem miał też jeszcze inny talent. Wielki dar przez samego Boga mu dany. Był on bowiem wspaniałym gawędziarzem. Z jego ust potoczyście płynęły barwne opowieści „z życia", nagromadzone w ciągu półwiecza jego kapłańskiej posługi, ale znacznie lepiej wychodziły mu „pobożne legendy". Umiejętności te poznaliśmy jeszcze w drodze, na etapach, a do Sołówek przybył już jako znakomitość i nawet z innych rot przychodzili do Soboru Przemienienia, by go posłuchać.

– No, brachu, zaczynaj coś „z życia", a potem i o „pobożnych" nie zapomnij!

To „z życia" zawsze było zabawne i wesołe.

– Co wam tam będę o smutkach rozprawiał! Każdy ma dość swoich trosk. Lepiej opowiem coś wesołego, a mam tego pełne wory...

„Pobożne legendy" były swobodnym przekazem Biblii i Ewangelii i można by wątpić, czy znalazł się kiedykolwiek jakiś inny wykładowca tych świętych ksiąg podobny do ojca Nikodema.

Rygorystyczny dogmatyk czy pedantyczny teolog znalazłby w nich pewnie wiele rzeczy, o których Biblia nie mówi, ale to wszystko były niuanse, które nie tylko nie zacierały, ale wręcz podkreślały, pogłębiały podstawowy sens opowieści, a najważniejsze, że ojciec Nikodem opowiadał tak, jakby sam, nie dalej niż wczoraj, siedział pod dębem Mamre, przed namiotem... nie, nie przed namiotem, a przed solidnie zbudowanym domostwem Abrahama. Sam patriarcha, uosobienie tej budowli, w niczym nie przypominał tchórzliwych i płochych bohaterów powieści Turgieniewa. Nie namalował go żaden świecki lekkomyślny artysta. Jego wizerunek napisał twardym pędzlem surowy suzdalski malarz ikon. Żywymi, cielesnymi postaciami odzianymi w łachmany byli również aniołowie-wędrowcy. Była tam także „babka" Sara podsłuchująca pod drzwiami rozmowę mężczyzn.

Ani kropli urzędowej obłudy, ani jednej literki suchej książkowej mądrości nie było w tych płynących jak cichy potok opowieściach o rybakach z nieznanej Galilei i o ich łagodnym Nauczycielu. Wszystko było wyraziste i jasne aż do ostatniego kamyczka na pustyni, aż do najmniejszej rybki wyciągniętej siecią z głębin Jeziora Genezaret.

Szpana słuchała z zapartym tchem... Szczególnym powodzeniem cieszyła się przypowieść o synu marnotrawnym. Trzeba było opowiadać ją prawie co wieczór.

Słuchałem „pobożnych legend" tylko w krzykliwej ciżbie Soboru Przemienia, ale i stąd wychodziłem oczarowany niezwykłym pięknem narracji. Z jakąż dopiero niewiarygodną siłą musiały te opowieści rozbrzmiewać w mroku niekończącej się nocy, w wypełnionym dymem leśnym baraku?

Jednak ani Siekirka, ani wieniec męczeństwa nie ominęły ojca Nikodema. W dniu Bożego Narodzenia cały leśny barak wpadł na pomysł – a mieszkało w nim około dwudziestu mężczyzn – by odprawić Mszę świętą po ciemku, jeszcze przed pobudką, zanim strażnicy otworzą drzwi. Ale widocznie trochę przeciągnęli. Straż otwiera barak, a tam ojciec Nikodem z dwoma Kozakami Cherubikon[166] śpiewa. Uczestnicy nabożeństwa rozbiegli się po pryczach, ale tych trzech złapano.

– Ty co, popie, opium tu rozsiewasz?!

Ojciec Nikodem nie odpowiada – Mszy nie wolno przerywać – tylko ręką macha.

Cała trójka powędrowała na Siekirkę.

---

[166] Cherubikon – w liturgii bizantyńskiej hymn kościelny, który towarzyszy przejściu z liturgii słowa do liturgii eucharystycznej.

Na wiosnę zapytałem jednego z nielicznych, którzy się stamtąd wydostali, czy zna może ojca Nikodema.

– Popa Pocieszyciela? A kto by go nie znał? Całymi nocami w sztaplach „pobożne legendy" nam opowiadał.

– W jakich sztaplach?

– Nie wiecie, co to sztaple? Nie byliście w nich jeszcze? No to wam wyjaśnię. Zimą cerkiew na Siekirce, gdzie mieszkają skazańcy, nie jest ogrzewana. Wierzchnie okrycia i koce są zabierane. Więc wymyśliliśmy, by spać w sztaplach, w takich, w jakie układa się belki. Czterech ludzi kładło się obok siebie, na boku, na nich następnych czterech – w poprzek, a na nich znów czterech, ponownie na krzyż. Z góry cały sztapel nakrywało się wszelkimi szmatami, jakie tylko mieliśmy. Od oddechów nawet wewnątrz ciepło było. Jeśli „opakowanie" było szczelne, to rzadko ktoś zamarzał. Kładliśmy się zaraz po wieczornym apelu, ale trudno było od razu zasnąć. Wtedy słuchaliśmy „pobożnych legend" popa Pocieszyciela i zaraz lżej się na duszy robiło.

Ojca Nikodema wszyscy bardzo szanowali, zrobili mu epitrachelion, krzyż, daronośnicę…

– Kiedy kończy mu się wyrok?

– Już się skończył. W samą Wielkanoc. Wieczorem odprawił w kącie Jutrznię Paschalną i ucałował się z nami na Zmartwychwstanie. Potem położyliśmy się w sztaple, by jeszcze trochę pospać, a on o Zmartwychwstaniu Chrystusa nam opowiadał. Rano rozebraliśmy sztapel, a nasz Pocieszyciel nie wstaje. Budzimy go, a on jest już zimny. Pewnie się przydusił – w dolnym rzędzie spał. Tak się już zdarzało. Tylu ludzi on u nas na ich ostatnią drogę pobłogosławił, a sam bez pożegnania w najdalszą podróż się udał...

Zresztą, po co mu ono? On sam przecież dobrze znał tę drogę.

Rozdział 23

Wasylek – święta dusza

Każda nowa partia skazańców przybywających na Sołówki poddawana była „wstępnej obróbce". W pierwszym roku funkcjonowania sołowieckiego katorżniczego przybytku pierwszy jego władca, Nogtiew, witał nowoprzybyłych, teraz już przysłowiowym, okrzykiem:

– Tu panuje władza sołowiecka, nie sowiecka!

Potem, stojąc przy oknie budki strażniczej, zawsze „kropnął" z karabinu jednego czy dwóch, którzy zatrzymali na sobie jego uwagę.

Komisja, która przyjechała z Moskwy, „kropnęła" też samego Nogtiewa. Takie jest niepisane prawo każdej rewolucji.

„Obróbka wstępna" przyjęła zatem inną formę. Wszystkich przybyłych, po sprawdzeniu ich danych na podstawie list, spędzano do jednego z pomieszczeń Soboru Przemienienia i zaraz też, podzieliwszy ich na grupy, wysyłano do pracy w lesie. Po 5-6-godzinnej harówce wracali, jedli, spali 4-5 godzin i znów zaganiano ich do roboty, i znów wracali, i tak przez 10-15 dni.

Najwięcej grup przybywało w czerwcu i lipcu, kiedy panowały tu białe noce. Grupy te były najliczniejsze. W tym okresie słońce zaledwie na moment znikało za horyzontem i znów szybko się wynurzało. Zacierała się granica między dniem a nocą.

Traciło się poczucie czasu... Na wymęczonych, znużonych więzieniem i śledztwem ludzi zwalała się trwająca bez ustanku bezsensowna praca, która do reszty miażdżyła ich wolę. Ogarniała ich niepewność jutra i tracili wszelką nadzieję. Taki właśnie był cel „obróbki wstępnej".

Takiej obróbce został też poddany ktoś, kogo umownie nazwałem wymyślonym imieniem Wasyl Iwanowicz. Nie będąc przekonanym o jego śmierci, nie chciałbym w najmniejszym stopniu zaszkodzić temu człowiekowi, który każdego dnia wyróżniał się niebywałą pogodą ducha.

Wasyl Iwanowicz był rosyjskim inteligentem w najlepszym tego słowa znaczeniu. Co więcej, był nosicielem tej specyficznej moskiewskiej kultury, która ponad sto lat gnieździła się i wysiadywała swoje pisklęta w labiryncie zaułków Arbatu i Preczystki, na zamarłym Psim Placu, gdzie, jak nad samotną urną, pachnące miodem lipy do tej pory szepczą imiona tutejszych mieszkańców: Chomiakowów, Aksakowów i odwiedzających ich gości: Puszkina, Gogola, Hercena...

Ostatnie pokolenie tej sławnej plejady nie porzuciło rodzinnego pogorzeliska, a Andriej Bieły poświęcił mu jedną ze swoich symfonii. To pokolenie można było zobaczyć na premierach Teatru Artystycznego, na koncertach symfonicznych w skromnej sali konserwatorium, w redakcjach najpoczytniejszych moskiewskich czasopism, w tym „Wiadomości Rosyjskich", na katedrach uniwersyteckich, na środowych spotkaniach kółka literacko-artystycznego... i nie wiadomo gdzie jeszcze. Nosiło ono jedyny w swoim rodzaju stygmat harmonijnego połączenia moskiewskiej buntującej się czaadajewowskiej[167] wielkopańskości z najlepszymi tradycjami szczerego i prawdziwego narodnictwa. Do tego pokolenia należał właśnie Wasyl Iwanowicz.

Po ukończeniu Uniwersytetu Moskiewskiego w okresie jego świetności, w epoce Kluczewskiego, Muromcewa i Trubeckich[168], pod egidą jednego z największym adwokatów tamtych czasów, jako obrońca praw człowieka wstąpił do świątyni praworządności i prawego sądownictwa. Sąd Imperium Rosyjskiego był wówczas najlepszym i najbardziej humanitarnym sądem na świecie, podejmującym szybkie i sprawiedliwe decyzje.

Przed wybuchem rewolucji był już znanym adwokatem, który brał, jak mówiono, tylko „czyste" sprawy. To prawda. Obcy był mu kompromis z własnym sumieniem, gdyż byłoby to czymś sprzecznym z jego kryształowo czystym duchowym porządkiem.

Rewolucja drasnęła go tylko powierzchownie. Nie był politykiem i żaden prąd ideowy nie wciągnął go w swój kołowrót. Czas jednak płynął... Przeciąg dziejowej zawieruchy zdmuchnął, jak karciane domki z kasynowego stołu, piękne słówka, szlachetne dążenia i książkowe mądrości. Zaczęły się wyludniać, jeden po drugim, arbackie i preczysteńskie przytuliska.

---

[167] Piotr Czaadajew (1794–1856) – rosyjski filozof i publicysta. Osoba Czaadajewa i jego poglądy filozoficzne wywarły wielki wpływ na rozwój rosyjskiej myśli społecznej.

[168] Wybitni prawnicy rosyjscy przełomu XIX i XX w.

Wasyl Iwanowicz miał doskonałe możliwości, by wyemigrować, ale nie zrobił tego, bo całym swoim jestestwem wierzył w człowieka, w jego sumienie i wolę czynienia dobra. Postępująca bezczasowość wydawała mu się, tak jak wielu innym, jedynie chwilami krótkiego zamroczenia duszy narodu, po których powinna ona nieuchronnie powstać już oczyszczona i odnowiona. Ale w odróżnieniu od innych uważał, że nie ma prawa ani na chwilę oderwać się od ludowych mas znarowionej i miotającej się Rosji. Nadal kroczył drogą służby prawdzie i sprawiedliwości, jednak teraz zaczął nazywać się obrońcą prawa, a nie adwokatem lub przysięgłym powiernikiem.

W tamtych latach kodeks karny ZSRR dopiero się tworzył. W sądach siedziały przecież nie bezduszne roboty czy tępe istoty wypełniające bezmyślnie postanowienia KC WKP(b), a jedynie słabo rozgarnięci, ogłupieni, niekiedy nawet rozwścieczeni ludzie, ale jednak wciąż ludzie, ustanowieni, by sądzić „zgodnie z rewolucyjnym sumieniem".

Na Sołówkach zaprzyjaźniłem się nawet z jednym z takich sędziów. Był nim jednonogi marynarz-inwalida, awanturnik i zawadiaka mający o sobie przesadnie wysokie mniemanie.

– Wydano nam rozporządzenie CIK[169], by za przerobione na samogon zboże dawać okrągłą dziesiątkę, a w szczególnych przypadkach nawet czapę – opowiadał mi. – Urządzono więc we wsi obławę. Przyprowadzają do mnie z dziesięciu staruszków

---

[169] CIK – Centralnyj Ispołnitielnyj Komitiet – Centralny Komitet Wykonawczy.

i wojskowych i przynoszą jakieś dziesięć wiader dowodów rzeczowych. Służę przecież zgodnie z rewolucyjnym sumieniem, więc pytam: jest was tuzin? A więc macie sto lat na wszystkich i sami się nimi podzielcie! Po tygodniu nadzorowałem ich rozładunek, zaś dowód rzeczowy zlikwidowałem w trybie natychmiastowym. Tak kazało mi postąpić moje rewolucyjne sumienie. W domach żołnierzy dzieci o kaszkę proszą, więc samogon też nie hydra-kontra. Może tam Lenin ma sumienie, które pozwala mu do takich strzelać, ale ja mam swoje...

To „własne rewolucyjne sumienie" poparte wzmożoną likwidacją alkoholowych dowodów rzeczowych przywiodło na Sołówki ową ozdobę i dumę rewolucji, jej oddanego partyzanta.

Wasyl Iwanowicz w swojej nowej praktyce sądowniczej bezbłędnie znajdował drogę do tego - czasem kalekiego, wypaczonego, ale wciąż żyjącego w ludzkich sercach - sumienia, do poczucia osobistej odpowiedzialności przed żywym człowiekiem, a nie przed martwą literą decyzji KC. Potrafił też z łatwością torować sobie dostęp do takiego sumienia. Jego ułomności i zawiłości nie odstraszały go, lecz pociągały.

– Lubię ludzi niepoprawnych – wyznawał po szczerej rozmowie z recydywistą lub czekistą.

Rozmawiał z takim bez odrazy, nie okazując mu wprawdzie przychylności, ale bez osądzania, bez uderzania w płaczliwe tony, bez dostrajania się do rozmówcy i bez szczególnej ckliwości, jak to często bywa w rozmowie inteligenta z prostym człowiekiem.

Ta wrodzona taktowna szczerość w połączeniu z niezłomnym przekonaniem o istnieniu ziarenek dobra w każdym ludzkim sercu otwierała mu, zdawać by się mogło, zaryglowane na głucho drzwi.

Jako obrońcy prawa przyszło mu kiedyś wstawiać się za jakimś moskwiczaninem z Arbatu skazanym już na rozstrzelanie, który nie miał nigdy nic wspólnego z polityką. Wykorzystując stare powiązania z rewolucyjnym podziemiem, Wasyl Iwanowicz prawie w przededniu egzekucji dotarł do samego Dzierżyńskiego i z tą właśnie wiarą w obecność sumienia na dnie ciemnej i splamionej krwią duszy zaczął przekonywać „pryncypialnego kata" nie tyle o niewinności skazańca (o tym przecież sam Dzierżyński dobrze wiedział), ale o bezsensie orzeczonej kaźni.

– On mi mówi o konieczności rewolucyjnego terroru, a oczy mu, o tak, biegają – opowiadał o tym spotkaniu Wasyl Iwanowicz. W głosie mojego rozmówcy słyszało się nie tyle osąd czy wstręt, co ogromne zainteresowanie „niepoprawnością". Dane mu było bowiem zajrzeć w głębinę ciemnej studni i zobaczyć jej dno. Dotarł istotnie do dna tej studni, bo wyrok śmierci został odwołany.

Wydawać by się mogło, że takiemu spokojnemu bytowi Wasyla Iwanowicza nic nie mogło zagrażać. Nie miał bowiem nic wspólnego z żadnym kontrrewolucyjnym ugrupowaniem. Jako obrońca prawa uczciwie wypełniał swoje powinności zawodowe w ramach rewolucyjnego ustawodawstwa, ale wesoły diablik, który nigdy go nie opuszczał, doprowadził w końcu tego lojalnego sowieckiego adwokata do grzechu przeciwko władzy. Pchnął jego rękę do napisania w wolnym czasie satyrycznego poematu opiewającego panującą sowiecką rzeczywistość. Utwór nie był nawet złośliwy, a jedynie trafiający w sedno spraw, dowcipny i uszczypliwy, napisany pięknym rosyjskim językiem, którym Wasyl Iwanowicz władał niezwykle poprawnie. Kopie tego dzieła przechodziły z rąk do rąk, aż trafiły na Łubiankę. Co było dalej, nietrudno się domyślić.

Wasyl Iwanowicz, zanim jeszcze spotkałem go na Butyrkach, cieszył się popularnością i szacunkiem kryminalistów. We wspólnej celi zawalano go, jako obrońcę praw, licznymi prośbami, by pisał różnego rodzaju odwołania, na które szpana była tak łasa. Wasyl Iwanowicz odmawiał spełniania niektórych próśb, głównie tych wyraźnie beznadziejnych, co potrafił wyjaśnić swoim „klientom" w sposób prosty i przekonujący.

– No i co z tego, że cię „za nic" zamknęli? Mało to razy „na fortepianie"[170] grałeś? A ile razy cię doprowadzano? Ile razy byłeś sądzony?

– Było czternaście doprowadzeń, a sądzono mnie cztery razy – wyznawało skruszone szpaniątko.

– No widzisz. To jak tu mówić, że nie jesteś recydywistą? Po co nadaremnie papier marnować?

---

[170] Grać na fortepianie – dawać odciski palców w wydziale śledczym lub w zakładzie karnym – B.Sz.

Jednakże kilka napisanych przez niego odwołań przyniosło rezultaty, co utrwaliło jego sławę.

Z taką więc sławą obrońcy pokrzywdzonych, którego nawet „sam Katanian[171] słucha", Wasyl Iwanowicz przybył do Soboru Przemienienia i został poddany „obróbce wstępnej". Praca fizyczna dla tak wątłego i niewyrośniętego mężczyzny była bez wątpienia czymś niezwykle trudnym, ale jeszcze trudniej przychodziło mu żyć w nieustannym gwarze, zgiełku i zaduchu zbitej w jeden zawszony wojłok masie ludzi, z których każdy utracił prawo do zaszczytnego miana człowieka.

Ale właśnie tutaj ostatecznie ukształtowało się powołanie, które było sądzone arbackiemu inteligentowi, Wasylowi Iwanowiczowi, katorżnikowi sołowieckich obozów specjalnego przeznaczenia, trudnikowi w przybytku Zosimy i Sawwatija, świętych ruskich i krzewicieli nauki wśród północnych kniei.

Pewnego razu dwóch kryminalistów pobiło się o jakąś sporną rzecz. Rozdzielono ich, ale jeden, o wiele silniejszy od swego przeciwnika, zażarty awanturnik i zabijaka, wyrwał się z rąk trzymających go współwięźniów, porwał ciężką ławę i runął na swego wroga. Obrońcy tegoż rozpierzchli się na boki. Nikt nie miał ochoty oberwać takim meblem i pewnie nieszczęśnik ległby w bratniej mogile, jeśliby koło rozrabiaki nie pojawiła się nagle mizerna, krucha postać Wasyla Iwanowicza.

---

[171]   Ruben Katanian (1881-1966) – naczelnik Służb Wywiadu Zagranicznego ZSRR.

– No co ty? Przecież mogłeś go nawet zabić! Trzeba rozumem, wyłącznie rozumem wszelkie takie spory rozwiązywać! Te słowa zostały wypowiedziane bez cienia nagany, takim samym tonem, jak na przykład „trzymaj mocniej tę filiżankę, bo ją upuścisz". W tym przejawiała się właśnie siła perswazji jurysty, ta bezbłędna droga do ludzkiego sumienia, którą on zawsze znajdował, gdyż nieprzerwanie w nią wierzył.

Awanturnik odłożył ławę i zaraz też odbyło się rozpatrzenie sprawy „rozumem": Wasyl Iwanowicz, przestrzegając sądowej procedury, przesłuchał świadków, udzielił głosu stronom i jako „przewodniczący" wyciągnął wnioski z poszczególnych wypowiedzi. Odbyło się głosowanie i większość przyznała sporną rzecz słabszemu. Zabijaka oddał ją bez sprzeciwu.

Drugi znany mi przypadek również miał miejsce w czasie pobytu Wasyla Iwanowicza w Soborze Przemienienia, ale był o wiele bardziej skomplikowany i trudniejszy. Świat przestępczy w przedrewolucyjnych czasach posiadał swoistą etykę i własne prawa, które były wówczas twardo egzekwowane. Teraz w więzieniach i obozach koncentracyjnych ZSRR to „ustawodawstwo" utraciło swoją moc, tak jak i sam świat przestępczy uległ pewnego rodzaju „zdemoralizowaniu", gdyż został pozbawiony odwiecznego kastowego charakteru. Kradzieże stały się codziennością i wtopiły się w powszechny byt. Zatarła się granica między złodziejem a obywatelem i na skutek tego samo złodziejstwo przestało być jedynie profesją „wyrzutków społeczeństwa".

Ale w tamtych latach obowiązywało jeszcze surowe „więzienne prawo". Jednym z najokrutniejszych, najbardziej nieludzkich jego rozporządzeń był paragraf skazujący na „dynamo". „Dynamo" to parias wśród pariasów, odrzucony pośród odrzuconych. Sypia tylko koło śmierdzącej „paraszy", nawet jeśli w celi jest wolne miejsce, każdy może go uderzyć, popchnąć, plunąć mu w twarz, zabrać ostatnią kromkę chleba lub skrzywdzić w dowolny sposób. Cela zawsze wtedy stanie po stronie krzywdziciela. Kiedy tylko zdarzy się coś, co powinno zostać ukarane przez władze więzienne – winnym zawsze będzie „dynamo" i wszyscy wskażą na niego. Wszelkie brudne i ciężkie prace w celi będą zwalane na niego, na „dynamo".

Ani złodziej, który ukradł koledze kromkę chleba, ani zdrajca-donosiciel nie będą uznani za „dynamo". Zostanie nim jedynie ktoś, kto nie zapłaci karcianego długu.

Gra w karty w „świętych" to najbardziej wymowne i najdotkliwsze z przeżyć, jakie tylko może się zdarzyć w więziennych warunkach. Prawa takiej gry są niezwykle rygorystyczne. Szuler nie podlega żadnym karom, cieszy się nawet szacunkiem – to mistrz znający się na rzeczy! Gra się o zatyrane (schowane w czasie rewizji) pieniądze, o „barachło", o „pajdy", o „służbę", o „palec", o „oczko"... Ostatnie jest największą seksualną podłością, „służba" to bezwzględne niewolnictwo na określony czas pełne najokrutniejszych szykan, „palec" to odcięcie sobie palca lub nawet kilku, przy czym odcinać musi sam przegrany. Jeśli odetnie – jest bohaterem, a jeśli stchórzy – zostaje „dynamo".

W takiej właśnie rozprawie z powodu dwóch nieodciętych palców przyszło brać udział Wasylowi Iwanowiczowi, tym razem w roli obrońcy. Zdawał sobie sprawę, że nie zdoła pokonać i zniszczyć nieludzkiego kodeksu, więc uciekł się do argumentu dostępnego mentalności „przysięgłych".

Sprawcy samookaleczeń, których w zwykłych więzieniach nie karano, na Sołówkach bezapelacyjnie szli na Siekirkę jako dezerterzy unikający pracy. W ten sposób przy utracie przegranego palca dłużnik dostawał jeszcze pół roku straszliwego izolatora, a nawet tracił życie.

Powstał kazus podobny do tego, z którym nie potrafił sobie poradzić nawet Shylock[172]:

– Funt mięsa, ale bez krwi! Palec, ale bez Siekirki!

I tak samo jak niegdyś w dalekiej Wenecji, prosta logika zdrowego rozsądku pokonała literę wilczego prawa. „Cela", wtedy już wielki oddział w Soborze Przemienienia, który mieścił kilkaset osób, uniewinniła nieszczęśnika wzbraniającego się przed odcięciem sobie palca. „Precedens" nabrał mocy prawnej i w następnych latach (miałem informację o latach 1926 i 1927) wydział śledczy USŁON[173] nie zanotował ani jednego przypadku samookaleczenia z powodu przegranej.

Przyjaciele uruchomili wszystkie środki, aby wydobyć Wasyla Iwanowicza z piekielnego kotła, w którym się gotował.

---

[172] Shylock – fikcyjna postać stworzona przez Williama Shakespeare'a, będąca jednym z głównych bohaterów „Kupca weneckiego".

[173] USŁON – Uprawlienije Sołowieckich Łagieriej Osobowo Naznaczenija – Zarząd Sołowieckich Obozów Specjalnego Przeznaczenia.

Nie było to łatwe. Odmawiał bowiem wstąpienia do wydziału śledczego, gdzie z ochotą przyjmowano takich jak on doświadczonych bezpartyjnych prawników, powierzając im dochodzenia w sprawach dotyczących przestępstw kryminalnych. W końcu nadarzył się spokojny wakat stróża poletka uprawnego założonego na leśnej polanie. Nieszczęście polegało jednak na tym, że tu potrzebny był nie tylko ktoś uczciwy, obcy przestępczemu światu ochroniarz, ale przede wszystkim człowiek silny fizycznie, będący w stanie stawić opór złodziejom ziemniaków i rzepy. Wszystko zależało od decyzji Barinowa, który zapragnął przyjrzeć się osobiście rekomendowanemu kandydatowi.

Władczy naczelnik I Wydziału USŁON obrzucił krytycznym spojrzeniem stojącą przed nim filigranową figurkę i spytał z niedowierzaniem:

– A jak ty, bracie, dasz radę przegonić szpanę, kiedy ta hurmem się tu zwali?

Wasyl Iwanowicz naprężył wszystkie mięśnie, żeby nadać swej twarzy groźny wyraz, i potrząsnął pięścią:

– Wtedy na nich nakrzyczę: wy... – i tu nieoczekiwanie zabrzmiały, przeczące szlachetnej osobowości Wasyla Iwanowicza, niewybredne „skrzydlate" słowa. Prawnik w jednej chwili upodobnił się do... cara Fiodora (syna Iwana Groźnego) w wykonaniu Iwana Moskwina:

– Taki już jestem surowy i groźny... Mam to po ojcu...

Widocznie wzruszająco naiwny komizm tej sceny trącił jakieś tajemne struny obrośniętego kłująca szczeciną, ale wciąż jeszcze rosyjskiego, chłopskiego serca Barinowa. Wasyl

Iwanowicz otrzymał nominację i przeprowadził się do leśnej ziemianki, gdzie żył sobie cicho i spokojnie razem z najbardziej egzotycznym sołowczaninem, dawnym oberstallmeistrem i koniuszym koreańskiego władcy, jednookim kołczakowcem wyrzuconym poza granice rodzinnego kraju, który jednak powrócił do Rosji, gdyż łączących go z nią niewidocznych nici nawet rewolucja nie zdołała pozrywać.

Szpana jednak szybko znalazła drogę do owego leśnego zacisza. Autorytet sumienia, jaki uosabiał Wasyl Iwanowicz, nie zmalał, lecz stale wzrastał. Nierzadko wydeptanymi ścieżkami między gęstymi krzewami paproci przedzierali się do niego wszyscy poszukujący sprawiedliwości, a czasem nawet szli całymi grupami. Tutaj, pod rozcapierzonymi łapskami pięćsetletnich świerków, które słyszały jeszcze wezwania skromnego gongu nad ziemianką-kapliczką pierwszych sołowieckich trudników, zbierał się sąd „rychły, prawy i litościwy", twardo stojący na fundamentach prawa sumienia, najbardziej humanitarnego w świecie ustawodawstwa Rosyjskiego Imperium. Ostatni sąd sumienia Rosji, która coraz bardziej zapominała zarówno o nim, jak i o swoim imieniu.

Złośliwcy i zawistnicy – bo i takich miał Wasyl Iwanowicz – nazywali go z uśmieszkiem ironii „doktorem praw przestępczych".

Szpana dała mu jednak inne imię: Wasylek – Święta Dusza.

Jego stróżowanie w ogrodzie przebiegało pomyślnie. Pierwsi złodzieje, którzy tam nocą nakopali sobie kartofli, zostali przyłapani w swoim baraku i mocno pobici. Ten samosąd był swego rodzaju ułomnym odzewem sumienia rozbudzonego przez wzywające do sprawiedliwości uderzenia skromnego osamotnionego „gongu" nowego sołowieckiego trudnika, Wasylka – Świętej Duszy, sumienia Bożego Świata, w którego siłę Wasyl wierzył tą samą niezłomną wiarą, z jaką szli na daleką wyspę pierwsi starodawni trudnicy, boscy wyrobnicy.

Rozdział 24

Frejlina trzech cesarzowych

Zgodnie z odwiecznym prawem sołowieckiego klasztoru, kobiety nie miały wstępu na Wielką Wyspę. Mogły one tylko z daleka kłaniać się świętym relikwiom z maleńkiej Zajęczej wysepki. Jest ona oddalona od przystani nieco ponad wiorstę i widać stamtąd jak na dłoni kreml ze wznoszącymi się nad nim kopułami.

Tradycja została uszanowana. Nowy gospodarz wyspy przeznaczył „Zajączki" na żeński izolator, do którego kobiety trafiały głównie za grzech przeciwko siódmemu przykazaniu i gdzie, jako przedstawiciel władzy, został skierowany jedyny mężczyzna – siedemdziesięcioletni Żyd. Chyba tylko Pan Bóg wie, jakie drogi przywiodły go do służby w Wydziale Gospodarczym Czeka, a później pewnie czymś tam zawinił, więc go zesłano. Wiek i widoczna niedołężność stawiały go, niczym żonę Cezara, poza wszelkimi podejrzeniami.

Katorżniczki, które na Sołówkach nie dopuściły się żadnych przestępstw, umieszczono wprawdzie na Wielkiej Wyspie, ale poza kremlem, w budynku otoczonym potrójnym pierścieniem drutu kolczastego. Stąd pod wzmożonym konwojem prowadzono je do pracy w pralni, w warsztacie, gdzie wyplatano liny, na torfowisko i do cegielni. Pralnia i „wyplatanka" uważane były za lżejsze roboty, ale cegielnią – formowaniem i przenoszeniem ciężkiej gliny – wręcz straszono. Szukano wszelkich sposobów, aby uwolnić się od „cegiełek", bo trudno było wytrzymać tu dłużej niż dwa, trzy miesiące. Tylko nielicznym więźniarkom się to udawało. Była to nadludzka harówka, nie na kobiece siły.

Życie w baraku kobiecym również było trudniejsze niż w kremlu. Jego mieszkanki – skrajnie różniące się między sobą rozwojem duchowym, poziomem kultury, przyzwyczajeniami, potrzebami – zostały wymieszane i zbite w jednolitą masę, bez możliwości podziału na grupy o podobnej mentalności, jak to miało miejsce w kremlu. Liczba kryminalistek wielokrotnie przewyższała ilość kaerek i te pierwsze niepodzielnie tu panowały. Właścicielki spelunek, prostytutki, handlarki kokainy, przemytniczki... a pośród nich – arystokratki, komandorki orderów, frejliny.

Wyjście z baraku odbywało się pod ścisłą kontrolą; nawet do teatru więźniarki chodziły pod konwojem i siedziały tam odseparowane od reszty widowni, pod baczną obserwacją strażników.

Kobiety w znacznie mniejszym stopniu niż mężczyźni są zdolne do mieszkania w dużym skupisku. Życie w żeńskim baraku było zatem piekłem i do tego piekła trafiła frejlina trzech cesarzowych, sześćdziesięciopięcioletnia baronessa, nosząca znane w całej Rosji nazwisko.

Dostojewski powiedział niekwestionowaną prawdę: „Prosty człowiek, idąc na katorgę, wchodzi w swojskie środowisko, może nawet bardziej rozwinięte. Człowiek wykształcony, który według prawa podlega takiej samej karze, często traci o wiele więcej niż tamten. Musi stłumić w sobie wszystkie duchowe potrzeby, wszystkie przyzwyczajenia; musi przejść do społeczności, która mu nie dorównuje, musi nauczyć się oddychać innym powietrzem. I często jednakowa dla wszystkich kara zmienia się dla niego w wielokrotnie dotkliwszą. Taka jest prawda"[174].

Właśnie taką karę, o wiele cięższą niż inne skazane, ponosiła ta starsza kobieta, winna jedynie temu, że urodziła się w rodzinie arystokratycznej, a nie w proletariackiej.

Jeśli dla właścicielki kronsztadzkiej portowej spelunki, Korablichy, życie w baraku kobiecym i w jego społeczności było czymś normalnym, czy wręcz znalazła się tu w swoim żywiole, to czym mogło ono być dla arystokratki rodem ze Smoleńska, dla której naturalnym środowiskiem były kręgi najbliższe tronowi? Ile razy trudniejszy był dla niej każdy rok, każdy dzień i każda godzina więzienia? Były one niekończącą się, trwającą bez przerwy, w dzień i w nocy, torturą. GPU o tym wiedział i z perfidnym sadyzmem roztasowywał kaerki po celach pełnych kryminalistek. Z mężczyznami w kremlu nie mógłby tak postąpić, ale w baraku kobiecym było to możliwe.

Petersburskie życie baronessy nie zdołało rozwinąć w niej cech, które ułatwiłyby jej pobyt na Sołówkach – tak

---

[174] Fiodor Dostojewski „Wspomnienia z domu umarłych" (tłum. własne).

przynajmniej mogło się wydawać. W rzeczywistości zaś frejlina wyniosła ze swego dawnego środowiska poczucie własnej godności i nierozerwalnie z tym związany szacunek do drugiego człowieka, doprowadzone do perfekcji samoopanowanie oraz głęboką świadomość odpowiedzialności za powierzone jej obowiązki.

Kiedy znalazła się w baraku, przyjęto ją tam wrogo, wręcz brutalnie. Bodźcem do nagonki była zawiść o jej przeszłość. Kobiety nie potrafią zdusić w sobie uczucia zazdrości, okiełznać go, lecz całkowicie mu się poddają. Słaba i wątła starsza dama nie była znienawidzona za to, kim była obecnie, lecz za to, że była nosicielką tej iluzji, która urzekała i przyciągała do siebie marzenia nienawistnych jej współwięźniarek.

Przeszłość, elegancja i delikatność przejawiały się wyraźnie w każdym ruchu dawnej frejliny, w każdym dźwięku jej głosu. Nie potrafiła tego ukryć, nawet gdyby chciała, ale ona właściwie nie miała nawet takiego zamiaru. Pozostawała arystokratką w najlepszym znaczeniu tego słowa; i w sołowieckim baraku kobiecym, i w smrodliwych oparach ordynarnych przekleństw czy w chaosie przetasowań – zawsze była taką, jaką widziano ją na dworze. Nie stroniła i nie odgradzała się od otaczających ją kobiet, nie okazywała nawet cienia buty, jaką niezmiennie grzeszy fałszywy arystokratyzm. Kiedy została katorżniczką, za taką też się uznała i przyjęła swój los jako coś nieuchronnego, jak krzyż, który trzeba nieść bez szemrania, bez smutku i użalania się nad sobą, bez lamentu i łez, nie oglądając się za siebie.

Zaraz po przybyciu do łagru posłano oczywiście baronessę „na cegiełki". Można sobie wyobrazić, jak trudno było tej kobiecie, dźwigającej siódmy krzyżyk, taszczyć na nosidłach dwupudowy ciężar. Jej przeciwniczki triumfowały:

– Hej ty, baronessa! Frejlina! To nie jest noszenie trenu za carycą! Haruj tak jak my!

Chociaż mało która z nich przed Sołówkami rzeczywiście parała się pracą fizyczną, nie spuszczały jej z oczu i z niecierpliwością czyhały na chwilę, kiedy ta zacznie lamentować, skarżyć się, płakać z bezsilności, ale nic podobnego nie dane im było ujrzeć. Zrównoważenie i dyscyplina wewnętrzna wypracowana w ciągu całego życia ratowały baronessę przed poniżeniem. Nie pokazując swego niewątpliwego zmęczenia, doprowadzała do końca każde wyznaczone jej zadanie, a wieczorami, jak zwykle, długo się modliła, klęcząc przed maleńkim obrazkiem.

Moja wielka przyjaciółka z tamtych sowieckich czasów, kronsztadzka meliniarka Korablicha, pyskata ruska baba, która jednak zachowywała „współczucie" na dnie swej rubasznej duszy, opowiadała mi później:

– Jak tylko tamta uklękła, Sońka Głazok zaraz wszczynała burdę: „Widzicie ją, swojego Boga tu stawia! Zjawiła się jak jakaś święta między nami!", a Aneta na nią: „Żal ci czy co? Zabiera coś twojego? Jak widzisz, człowiek o duszę swoją dba!". I Sońka zaraz powściągała swój niewyparzony jęzor. Ale w następnych dniach znów powtarzało się to samo. Baronessa spokojnie i z pokorą nosiła ciężkie surowe cegły, a po powrocie do baraku starannie czyściła swoją suknię, w milczeniu zjadała miskę śledziowej bałandy i kładła się spać na swym porządnie zaścielonym legowisku. Nie zbliżała się do elitarnego odosobnionego kółka inteligencji, jaki powstał w baraku, nie czuła takiej potrzeby, ale też nie stroniła od żadnej ze swoich współmieszkanek i takim samym tonem rozmawiała zarówno z wtrącającą francuskie wyrazy księżną Szachowską, jak i z Sońką Głazko, która najczęściej używała słów nienadających się do druku. Rozmawiała wyłącznie po rosyjsku, chociaż „odosobnione" preferowały język francuski.

Mijały ponure sołowieckie dni i napaści na baranossę powtarzały się coraz rzadziej. „Dowcip" pyskatych bab wyraźnie przestawał bawić pozostałe więźniarki.

– Dzisiaj rano w umywalni Mańka Dlinna znów naskoczyła na baronessę – poinformowała mnie Korablicha wieczorem na próbie w teatrze. – Porozrzucała jej szczotki i mydło, jakoby ta zbyt długo zajmowała miejsce przy kranie. A ja wtedy jak nie trzasnę ją brudną ścierką! „Czemu ty tę pobożną staruszkę krzywdzisz? Wody ci nie starcza? Boli cię, że tamta czystości przestrzega?".

Zdecydowany przełom w traktowaniu byłej frejliny nastąpił wtedy, kiedy sprzątaczka celi, w której mieszkała molestowana kobieta, „ujawniła się".

„Ujawnić się" w sołowieckim żargonie znaczyło poinformować o swojej ciąży. Zwykle wszystkim, które zgrzeszyły przeciwko zakazowi miłości, groziły „Zajączki", nawet ciężarnym do siódmego-ósmego miesiąca. Jednak te, które były tuż przed rozwiązaniem, wysyłano na wyspę Anzer, gdzie rodziły i karmiły swoje dzieciaczki piersią w stosunkowo znośnych warunkach, wykonując jakieś lekkie prace. Dlatego kobiety starannie ukrywały ciąże i ujawniały się dopiero, kiedy można było już bezpiecznie uniknąć „Zajączków" i pójść prosto do „mamek".

„Ujawnioną" sprzątaczkę trzeba było zastąpić kimś innym i według starej więziennej tradycji zamiana ta odbywała się w sposób demokratyczny – sprzątaczka była wybierana. Jej praca należała do względnie łatwych: mycie podłóg, przynoszenie drew, palenie w piecu. O takie miejsce walczono.

– Kogo wystawiamy? – spytała Korablicha, która była starościną celi.

– Baronessę! – krzyknęła donośnie Sońka Głazok, nieznająca umiaru ani w miłości, ani w nienawiści. – Kogóż by innego? Ona z nas wszystkich jest największą czyściochą! Nie będzie przynajmniej żadnych kłopotów z porządkiem.

To był ważki argument. Za brud karana była cała cela.

Tak oto frejlina trzech wszechrosyjskich cesarzowych została sprzątaczką celi złodziejek i prostytutek. Była to wielka „łaska", jaką jej okazano. „Cegiełki" zaprowadziłyby ją prostą drogą do grobu.

Osobiście nigdy nie rozmawiałem z baronessą, ale bacznie obserwowałem jej życie za pośrednictwem moich przyjaciółek pracujących w teatrze: Karablichy i owej Sońki Głazok śpiewającej w chórze.

Po zajęciu określonej pozycji w katorżniczej społeczności, baronessa nie tylko przestała być obcą, ale zyskała automatycznie odpowiedni do swego „stanowiska" autorytet, w pewnym stopniu nawet władzę. Jej zbliżenie z mieszkankami celi zaczęło się, zdaje się, od konsultacji w skomplikowanych sprawach kosmetycznych, gdyż tajnikami urody kobiety interesują się zarówno w pałacu, jak i na katordze. Z czasem rozmowy te stawały się coraz bardziej rzeczowe i poważne. Aż tu...

W teatrze przygotowywano właśnie „Spisek cesarzowej" Aleksego Tołstoja – sztukę tandetną, ale zabawną, graną wówczas we wszystkich teatrach ZSRR. Armanow grał Rasputina i zachłannie zbierał o nim szczegółowe informacje, rozpytując wszystkich, którzy widzieli tego tajemniczego starca.

– To bujdy, jakoby caryca za nim szalała – bezapelacyjnie oznajmiła Sońka. – Ona dopuszczała go do siebie jedynie dlatego, że ten żarliwie modlił się o zdrowie następcy tronu. Nic więcej między nimi nie było. Nasza baronessa była przy nich, a ona nie umie kłamać.

Zaś Korablicha, która wśród kronsztadzkich marynarzy wygłaszała swoje polityczne credo, przedstawiła tę sprawę w innym świetle:

– To jedyny chłop pańszczyźniany, który dostał się przed oblicze cara i prawdę mu mówił, za co burżuje go zabili. Car przysiągł mu, że za uzdrowienie następcy tronu ziemię chłopom po wojnie daruje. Ot, i tyle!

Baronessa coraz mocniej wpływała na rozwój duchowy współlokatorek. W jakiś tajemniczy sposób, bez żadnych wielkich słów i nacisków budziła w nich uśpione człowieczeństwo. Prawdopodobnie sama frejlina nie pojmowała roli, jaką przyszło jej pełnić w celi katorżniczej wspólnoty. Mówiła i robiła tylko „co trzeba", jak czyniła to przez całe swoje życie. Prostota i całkowity brak dydaktyki w wypowiedziach i działaniach były największą siłą jej wpływu na otoczenie.

Sońka przy mężczyznach nadal używała nieprzyzwoitych wyrazów, ale w obecności kobiet zaczęła się bardziej pilnować i, co najważniejsze, te „epitety" utraciły dawny ton zuchwałości. Dotychczas były to po prostu słowa, bez których nie potrafiła wyrazić gwałtownych, kipiących w niej emocji. W Wielkim Tygodniu Korablicha i jeszcze dwie inne kobiety z chóru odbyły rekolekcje u potajemnie sprowadzonego do teatru duchownego – popa Pocieszyciela. Przyjęcie Ciała i Krwi Chrystusa odbyło się w ciemnej komórce, gdzie przechowywano rekwizyty. Najświętszy Sakrament został przyniesiony w płaskiej żołnierskiej puszce w bocznej kieszeni kurtki. „Na czatach" przy drzwiach stał nasz rekwizytor, Turek Reszad-Sedad, w niedawnej przeszłości komunista i minister oświaty Adżaristanu. Jeśli wyszłoby to na jaw – wszyscy znaleźliby się na Siekirce lub na Zajączkach, a może skończyliby jeszcze gorzej...

Kiedy wybuchła straszna epidemia tyfusu plamistego, potrzebne były siostry miłosierdzia lub takie, które mogłyby je zastąpić. Naczelnik wydziału sanitarnego USŁOM, M.W. Feldman, nie chciała nikogo na siłę wyznaczać do tej śmiertelnie niebezpiecznej pracy. Przyszła do baraku kobiecego i, zebrawszy. Jego mieszkanki, namawiała je, by zgłaszały się dobrowolnie, obiecując przyzwoitą pensję i dobre wyżywienie. Chętnych jednak nie było. Nie znalazły się nawet wtedy, gdy ekspansywna Feldman zwróciła się do nich z żarliwym apelem o pomoc umierającym.

Podczas tej rozmowy weszła do celi staruszka-sprzątaczka, dźwigając naręcze drew. Na głowie miała chustkę, gdyż na dworze panował siarczysty mróz. Układając drewno w piecu, usłyszała jedynie ostatnie słowa Feldman:

– A więc żadna z was nie chce pomóc chorym i umierającym?

– Ja chcę – dało się słyszeć od pieca.

– Ty? A jesteś piśmienna?

– Piśmienna.

– Umiesz obchodzić się z termometrem?

– Umiem. Przez trzy lata pracowałam jako pielęgniarka na chirurgii w carsko-sielskim lazarecie.

– Jak się nazywacie?

Padło znane wszystkim nazwisko, ale bez tytułu.

– Baronessa! – zawołała Sońka, nie mogąc się powstrzymać, ale ten okrzyk zabrzmiał zupełnie inaczej niż w pierwszym dniu pracy dawnej frejliny „na cegiełkach".

Jako druga zapisała się właśnie Sońka, a w ślad za nią poszło jeszcze kilka kobiet. Pośród nich nie było jednak żadnej z „odosobnionego" kółka, chociaż dużo mówiło się w nim o chrześcijaństwie i religijności.

Za frejliną trzech rosyjskich cesarzowych zamknęły się drzwi baraku chorych na tyfus. Stąd mało kto wychodził. Nie wyszła również większość pielęgniarek.

M.W. Feldman opowiadała później, że baronessa została mianowana przełożoną, ale wykonywała wszystkie posługi na równi z pozostałymi pielęgniarkami. Stale brakowało rąk do pracy. Było bardzo ciężko, gdyż chorzy leżeli pokotem na ziemi, a siostry musiały zmieniać pod nimi podściółkę, wygrzebując rękami przesiąknięte nieczystościami wióry. Barak był więc miejscem strasznym.

Baronessa pracowała dniem i nocą, tak samo pokornie, wytrwale i spokojnie jak wtedy, gdy nosiła cegły czy myła podłogę w kobiecym baraku. Tak samo starannie i dokładnie jakby pełniła służbę przy cesarzowych. Ta jej ostatnia posługa nie była ofiarnym zrywem, ale rezultatem wychowania w wysokiej kulturze duchowej, wyssanej nie tylko z mlekiem matki, ale odziedziczonej po wielu poprzednich szlachetnych pokoleniach. Nadejdą z pewnością czasy, kiedy genetycy ujawnią tajemnice dziedziczności.

Kierujące tą kobietą poczucie obowiązku i wielka samodyscyplina dodawały jej sił, by mogła doprowadzić swą pracę do ostatniej godziny, minuty i sekundy...

Ta godzina nadeszła, kiedy na rękach i szyi baronessy pojawiła się złowieszcza wysypka. Zwróciła ona uwagę M.W. Feldman.

– Baronesso, proszę iść się położyć do osobnego pomieszczenia. Czyżby pani sama niczego nie zauważyła?

– Zauważyłam. Ale pani przecież dobrze wie, że w moim
wieku nie da się wyzdrowieć z tyfusu. Wprawdzie Pan już mnie
do siebie wzywa, jednak myślę, że jeszcze dwa-trzy dni mogę
Mu tutaj służyć...

Oto stały naprzeciw siebie dwie kobiety: arystokratka i ko-
munistka. Czysta dziewica i namiętna, zatwardziała Magdale-
na. Wierząca w Boga i ateistka. Kobiety z dwóch światów.

Nagle impulsywna i porywcza M.W. Feldman objęła
i ucałowała staruszkę.

Kiedy później mi o tym opowiadała, z jej oczu popłynęły
łzy.

– Wie pan, miałam ochotę ją wtedy pobłogosławić, tak jak
w dzieciństwie czyniła to moja niania. Ale bałam się, że obrażę
jej uczucia. Jestem przecież Żydówką.

Ostatnia chwila, na którą baronessa była w pełni przy-
gotowana, nadeszła już następnego dnia. Podczas porannego
obchodu kobieta usiadła na podłodze, a potem położyła się.
Zaczęła się agonia.

Sońka Głazok również nie wyszła żywa z owego baraku
śmierci. Ich dusze razem stanęły przed Bożym tronem.

Rozdział 25

Oddał duszę za przyjaciół

Udanych ucieczek z Sołówek nie było. Malsagow, który wydał w Rydze w 1925 czy 1926 roku swoje eseje pt. „Wyspa krwi i śmierci", uciekł nie z samej wyspy, ale z jednej z komandirowek na brzegu Kemi. I ta ucieczka aż do 1927 roku była jedyną i niewątpliwie – heroiczną.

Trzech czy czterech oficerów, którzy wyszli do pracy w lesie, rozbroiło i związało oficera i bez mapy ani kompasu skierowało się ku fińskiej granicy. Musieli iść tundrą i błotnistym lasem nie mniej niż 300 kilometrów, omijając każdą większą wioskę. Nie mieli nic do jedzenia ani odpowiedniej broni – tylko jedną zdobyczną strzelbę i dwie obejmy nabojów. Żywili się wyłącznie jagodami i grzybami.

Pościg, który parę godzin później ruszył ich śladem, ciągle deptał im po piętach. Prowadziły go psy. Czasem nagonka dopadała uciekinierów. Wtedy ich najlepszy strzelec maskował się i celnymi strzałami kładł najbliższych prześladowców. Mówiono, że pięciu czy sześciu czerwonoarmistów zostało zabitych bądź rannych.

Uciekinierzy doszli jednak do Finlandii, gdzie zostali przyjęci przez samego generała Mannerheima, a później przewiezieni do Rygi. Tam Malsagow opublikował swoje szkice.

Podobnych prób ucieczek było jednak niewiele. Rejterowali głównie kryminaliści z dużymi wyrokami, przeważnie fachowcy „od mokrej roboty". Zwykle próbowali wskakiwać niezauważalnie na odpływający statek i chować się gdzieś w ładowni. Jeśli nawet udało im się jakoś tam wśliznąć, to ukrywających się ujawniano przy wyładunku w Kemi. Nie zawsze ich rozstrzeliwano, częściej gnili na Siekirce.

Zdarzały się również tragikomiczne sytuacje. Raz pewne szpaniątko postanowiło ukryć się w kominie parowca, ale jak tylko zaczęto palić pod kotłem, zbieg wyskoczył stamtąd jak z procy.

Najbardziej brawurową próbą ucieczki był wyczyn bandyty o przezwisku Dragon. Uciekał samotnie i miał zamiar wydostać się łódką, ale nie udało mu się jej zdobyć. Wtedy ukrył się w lesie i jeszcze tego samego dnia napadł na przechodzącego leśną ścieżką wartownika, któremu odebrał broń.

Ejchmans wysłał pogoń, ale ta nie potrafiła w leśnej głuszy odnaleźć Dragona. Nie pomogły nawet psy. Uciekinier pojawiał się to tu, to tam, napadał na niewielkie posterunki, zabierał jedzenie, a postępował tak zuchwale, że okradł nawet kucharkę Ejchmansa niosącą żywność do rezydencji naczelnika oddalonej dwa-trzy kilometry od kremla.

Rozwścieczony naczelnik łagru zbeształ czekistów-wartowników i skierował na zbiega prawie cały Sołowiecki Pułk Specjalny, który przeczesał tyralierą całą wyspę, od jednego końca do drugiego. Dragon znów im się wyśliznął. Wtedy Ejchmans wprowadził coś w rodzaju obławy: pokrył całą wyspę siecią szlabanów, rozprowadził patrole, ale i te środki zawiodły.

Naczelnik skapitulował. Pozdejmował zapory i porozrzucał po drogach ogłoszenia, w których dawał „swoje czekistowskie słowo honoru", że daruje życie Dragonowi, jeśli ten powróci i okaże skruchę.

Uciekinier poddał się. Ejchmans zaś dotrzymał swego „czekistowskiego słowa". Bo też wiele dziwnie posplatanych uczuć kłębiło się w sercu komendanta SŁON, dawnego ryskiego studenta, który zachłysnął się rosyjską rewolucją. Na jego duszy musiała istnieć bez wątpienia jakaś rysa, musiał obciążać ją jakiś osobisty dramat, który później doprowadził do rozstrzelania tego czekisty na Nowej Ziemi. Tymczasem komendant prosił o złagodzenie wyroku Dragonowi, motywując swoją petycję tym, że zbieg w czasie ucieczki nie dopuścił się żadnego zabójstwa. Ale Moskwa nie uważała za stosowne liczyć się z jego „czekistowskim słowem" i Dragona rozstrzelano.

Mówiono, że kiedy skazaniec dowiedział się o wyroku, zaklął tylko siarczyście, ale śmierć przyjął bardzo spokojnie.

Wątpliwe, czy Dragonowi udałoby się zbiec, nawet gdyby zdobył łódkę. Dopędziłyby go motorówki albo jedyny na Sołówkach samolot. Obecność tych środków transportu uniemożliwiała latem ucieczkę drogą morską.

Uciekać zimą było jeszcze trudniej. Morze Białe nigdy całe nie zamarza, zostają na nim przestrzenie czystej wody. Miejscami trzeba wlec ze sobą łódkę. To wymaga nadludzkiego wysiłku, gdyż tafla lodu ma nierówną powierzchnię, jest pokryta ogromną ilością tarasujących głazów.

Najlepszym okresem na ucieczkę morzem była późna jesień, kiedy utrzymywały się nad nim gęste mgły. Pod ich osłoną zbiedzy mogli liczyć na ukrycie się zarówno przed kutrami, jak i, co najważniejsze, przed bystrym okiem samolotu. Lecz o tej porze roku czyhał na nich inny straszny wróg – śryż.

Morze nie od razu zamarza. Początkowo pojawiają się na nim pojedyncze drobne bryłki lodu. Potem skupiają się one w gęstą masę i pełzną poganiane wiatrem lub prądem wody. To właśnie jest śryż. Nie tylko łódki, ale i przemysłowe szkunery, kiedy się w niego dostaną, nie są w stanie wyrwać się z powrotem. Sołowiecki latopis przechowuje podanie o kilku mnichach-rybakach, których śryż zaniósł aż na Nową Ziemię – na daleki pustynny Grumont, gdzie żyli jak Robinsonowie przez długich dziesięć lat, dopóki nie uratował ich norweski wielorybnik.

Taką to porę obrało sobie na urzeczywistnienie swojego planu kilku oficerów marynarki. Duszą konspiracji był książę Szachowski, na Sołówkach bardziej znany jako Krugłow, bo pod takim nazwiskiem został aresztowany po wykryciu spisku Tagancewa, z którym, jak się później okazało, nie był bezpośrednio związany.

Wszyscy ludzie morza trzymali się osobno i pracowali skupieni w swoich brygadach. Nie bali się ciężkich robót. W owych zespołach zarówno oficerowie, jak i marynarze nie tylko zżywali się ze sobą, ale dążyli do ścisłego zespolenia i byli mocno zintegrowani. Ze ślepej nienawiści morskiej „braci" do swych oficerów „dragonów", która tak gwałtownie wybuchała w pierwszych latach rewolucji, nie pozostał nawet ślad. Wręcz przeciwnie, w tych marynarskich drużynach zawsze surowo przestrzegano dyscypliny. Dawało się też zauważyć, jeśli nie szacunek dla rangi, to w każdym razie uznawanie zwierzchnictwa i autorytetu oficera. On zawsze pozostawał najważniejszy, nawet jeśli starostą grupy był ktoś inny. Do tych marynarskich arteli nie przydzielano raczej obcych. Po kilku nieudanych próbach władze postanowiły pozostawić marynarzy samych sobie, gdyż ceniono ich jako wyróżniających się przodowników przy najcięższych pracach.

Ilustruje to pewne wydarzenie. Późną jesienią zawinął na Sołówki lodołamacz powracający z Archangielska. Kapitan spędził noc na pijaństwie z Ejchmansem, a w tym czasie napłynęła gwałtownie fala siarczystego mrozu, który momentalnie skuł zatokę grubą pokrywą lodu. Lodołamacz wmarzł w lodową taflę, i to wmarzł beznadziejnie, gdyż był zbudowany według projektu admirała Makarowa, czyli torował sobie drogę, „naskakując" z rozbiegu na lód i krusząc go swoim ciężarem. Pozbawiony możliwości rozpędzenia się po czystej wodzie stawał się bezużyteczny.

W tym czasie pracujący w porcie oficer marynarki, Wonlarlarski, zaproponował, by przy pomocy zwykłych dwuręcznych pił wyciąć w lodzie drogę dla lodołamacza. Do jednego końca takiej piły trzeba przywiązać jakiś ciężar, który ciągnąłby ją w dół, a za drugi piłujący będzie ją ciągnął w górę i w ten sposób cięcie pójdzie w pionie. Aby takie działanie dało efekt – a należało utorować drogę na odcinku półtora-dwóch kilometrów – trzeba było pracować jednocześnie na całej jej długości, gdyż inaczej już udrożnione odcinki w czasie przecinania następnych ponownie by zamarzały. Do takiej roboty należało zmobilizować wszystkich drwali i skłonić tę przypadkową zbieraninę do rytmicznej, zgranej pracy i wytężonego działania w ekstremalnych warunkach.

Żeby to osiągnąć, Wonlarlarski, któremu zlecono kierowanie pracami, wykorzystał wewnętrzną spójność i dyscyplinę marynarskiej braci. Wyznaczył ich na przełożonych grup pilarzy rozstawionych na całej długości drogi i w ten sposób utworzył silny aparat napędowy podporządkowany jego decyzjom.

Praca została wykonana szybko i sprawnie, bez rozgardiaszu i ścisku, bez wymyślania i bójek towarzyszących niezmiennie nadzorowaniu gruzińsko-mienszewickiej siły roboczej.

Tylko w takim środowisku mógł powstać i dojrzeć racjonalny, mający szansę powodzenia plan ucieczki. Możliwość zdrady sprowadzała się praktycznie do zera, chociaż donosicieli, zwerbowanych spośród samych więźniów, nie brakowało. Ale w społeczności marynarzy każdy potencjalny zdrajca wiedział, że zostanie rozpoznany i niechybnie zamordowany – i to nie przez samego poszkodowanego, ale przez kogoś z kolektywu, z „braci". O przygotowaniach do ucieczki tej grupy wiedzieli też inni, ale wszyscy strzegli tajemnicy.

O realizacji planu zadecydował przypadek. Utalentowany młody inżynier Staryżewski skonstruował ścigacza dla lubiącego morskie przejażdżki Ejchmansa. Był to motorowy kuter ze śmigłem rozwijający prędkość dwukrotnie większą niż kuter zwykłego typu. Gdyby uciekinierom udało się go zdobyć, zyskaliby jakieś pięć-sześć godzin przewagi i staliby się absolutnie nieosiągalni dla pościgu na wodzie. Ale pozostawał jeszcze samolot. Mógł dopędzić ślizgacza i zatopić go jednym ręcznym granatem. Trzeba było zaradzić również takiemu zagrożeniu.

Hangar był pilnie strzeżony przez czekistów. Sam lotnik nie zajmował się konserwacją maszyny, którą nazywał nie inaczej jak tylko „trumną", bo też ten samolot z czasów Wielkiej Wojny na taką nazwę w pełni zasługiwał. Zdaje się, że i sam pilot niezbyt znał się na mechanice lotniczej. Wznosił się w powietrze tylko po pijanemu, ale wtedy latał śmiało i po mistrzowsku.

Nadzór techniczny nad samolotem sprawował niejaki Silin, osoba mało komu znana, inwalida utykający na obie nogi. Kwaterował przy hangarze pod surowym okiem ochrony. Miał długi wyrok. Zjawiając się czasem w kremlu, prawie z nikim nie rozmawiał, pożyczał w bibliotece kilka książek, kupował coś do jedzenia w specjalnym sklepie, do którego miał dostęp, i odchodził. Władza widocznie go sobie ceniła, bo nawet płaciła mu jakieś wynagrodzenie.

Później mówiło się, że był to znany morski lotnik, noszący dawniej inne nazwisko, ale dokładnie wiedzieli o tym tylko nieliczni.

Silin był tajemniczym i zagadkowym człowiekiem, jakich niemało było wówczas na Sołówkach. To on wziął na siebie główną rolę w zorganizowaniu ucieczki. W ściśle oznaczonym czasie, nie wcześniej i nie później, miał unieruchomić samolot.

Było to niezwykle ryzykowne przedsięwzięcie, a jednocześnie świadome skazanie siebie na zgubę. Mechanik nie mógł nigdzie ani na chwilę zniknąć. Znajdował się pod nieustanną obserwacją i nawet jego krótka nieobecność nocą na kwaterze spowodowałaby natychmiastowy alarm. Należało też przypuszczać, że każdemu jego wyjściu z hangaru towarzyszył szpieg. Zatem zniknięcie Silina zostałoby natychmiast udaremnione.

Jego los w wypadku jakiejkolwiek udanej ucieczki – nawet bez jego udziału – również był przesądzony. Maszyna musiała być w każdej chwili sprawna i każda jej usterka była wystarczającą przyczyną, by mechanika rozstrzelać nawet bez dowodów jego winy.

Silin nie miał więc żadnych szans na uratowanie życia. Wiedział, że idzie na pewną śmierć. Jednak, mimo wszystko, poszedł.

Pewnej mglistej listopadowej nocy, po wieczornym apelu, trzech czy czterech mężczyzn opuściło kreml i zniknęło. Prawdopodobnie spuścili się z murów po sznurze, co było dość proste, a potem sznur został przez kogoś zabrany.

Unieszkodliwienie strażnika też nie przedstawiało większych trudności. Atakujący niespodziewanie i bezszelestnie wyłonili się z gęstej jesiennej mgły. Nie zabili oni wartownika, a jedynie obezwładnili i związali. O wiele trudniej było zaopatrzyć kuter w odpowiednią ilość benzyny. Tego mógł dokonać tylko Silin, gdyż dysponował paliwem do samolotu. Prawdopodobnie zawczasu przyniósł kanistry w umówione miejsce.

Odważni uciekinierzy wypłynęli na morze tuż po zapadnięciu zmroku. Ich nieobecność została zauważona dopiero na porannym apelu. W tym czasie odkryto też zniknięcie ślizgacza. W ciągu nocy zbiegowie mogli oddalić się jakieś 250-300 kilometrów od Sołówek.

– Samolot!

Silnik był akurat rozebrany na części w celu generalnego przeglądu, chociaż pilot nie otrzymał takiego polecenia. Niektóre części okazały się już zupełnie nieprzydatne.

Silin został wkrótce rozstrzelany, ale na przesłuchaniach z pewnością nikogo nie wydał. Aresztowano tylko kilku marynarzy, jednak nie trzymano ich długo. Żadnych poszlak nie było.

Lotnik „oddał życie za przyjaciół swoich" i dokonał tego bohaterskiego czynu, idąc w ślady chwalebnej tradycji Rosyjskiej Imperatorskiej Floty. Był jej wierny do samego końca.

O dalszych losach tych jedynych uciekinierów, którym mimo wszystko udało się wyrwać z katorgi, nie ma żadnych wieści. Można jednak z całą pewnością stwierdzić, że ich nie schwytano. Kutry, które wypłynęły w pogoń, wróciły z niczym.

Na emigracji też nikt nie potrafił udzielić żadnych informacji o ich przybyciu, które przecież nie mogło przejść niezauważone. Zostaje tylko jedno przypuszczenie: odważni marynarze zginęli w drodze. Jest to całkiem możliwe. Ślizgacz był szybkim, ale kruchym stateczkiem. Zderzenie z lodem we mgle mogło okazać się dla niego zgubne. Gdyby zaś dostał się do śryżu, zostałby przez niego roztarty w drzazgi... Na dodatek nie wiadomo, czy zbiedzy mieli kompas i mapę morza.

„Szaleństwu śmiałków głosimy chwałę", ale najwyższej chwały godzien jest ten, kto bez najmniejszej nadziei na ratunek złożył siebie w ofierze za ich niezwykły czyn.

Rozdział 26

Chłopski Chrystus

Za kremlem, na pagórku, z którego rozpościera się widok na morskie przestworza, stoi kamienny słup. Postawił go tam Piotr Wielki w czasie swej pierwszej podróży po Morzu Białym, kiedy spotkał się z surowymi, dumnymi kapitanami fregat i karaweli, z tymi, których:

nie pyłem z rozgryzanych ksiąg,
a morską solą pierś przesycona…
Co igłą po rozdartych stronach map
znaczą swój zuchwały szlak.
Gdy taki bunt wykryje na pokładzie,
migiem zza pasa pistolet dobywa,
aż złoto sypie się z koronek
jego brabanckich mankietów.

Car, który z młodzieńczą zuchwałością wyrwał się na morskie przestworza z niewoli pałacowych murów niepokonanego Trzeciego Rzymu, z mgieł łaziennych oparów i zapachów kadzidła, spod niskiego drewnianego sklepienia komnaty tronowej, zobaczył tu inne mgły, mgły kłębiące się nad spienionymi falami, a za nimi – wysokie sklepienie lazurowego nieba rozpostarte nad dalekimi, niedostępnymi, tajemniczymi krajami…

Tutaj, zerwawszy pęta carskiej niewoli, ujrzał drogę ku swoim marzeniom…

Wtedy rozkazał wznieść ten słup i wyrył na nim swoją władczą ręką:

„Do grodu Amsterdam... (tyle i tyle) wiorst[175]
Do grodu Wenecja... (tyle i tyle) wiorst".

Ten słup stoi tam do dziś. Wokół niego gwiżdże przejmujący nordost, porywa i unosi miriady lodowych igieł i kłuje nimi dłonie, którymi biegnący ludzie osłaniają swe uszy. Gwiżdże również w ścianach kremla, zawzięcie i złowrogo wyje w blankach odwiecznych murów i zrywa śniegowe czapy z ponurych baszt. Kostnieją palce, lodowacieje ciało, zamarza dusza...

Niewola. Bezsilność. A w przedzie – ciemność.

* * *

Ciemność panuje również w sali sołowieckiego teatru. Nie widać i nie słychać, jak rozsuwają się poły kurtyny. W ciemności tonie też scena...

I w tym mroku rozlegają się przepełnione smutkiem głosy:

Zasypie nas zimą zamieć
i na pół roku ukryje w czeluści...
Dopiero wiosną znajdą rybacy
Sołówki, Sołówki, Sołówki...

Jedna po drugiej zapalają się kolorowe latarki... Gasną, zamierają i znów się zapalają. Jest ich coraz więcej i więcej... Z mroku wyłaniają się powoli niewyraźne zarysy kołyszących się rytmicznie kobiecych postaci. Ogniki krążą i tańczą

---

[175] Ile to rzeczywiście wiorst, nie mogę oczywiście pamiętać – B.Sz.

w rozpraszających się przybrzeżnych ciemnościach. Rytm pieśni ożywia się i teraz rozbrzmiewa już czułością i smutną nadzieją...

Jak miło z sołowieckich czeluści
spojrzeć w dal z jasnym uśmiechem dziecka...
Chodź do nas i posłuchaj, jak tutaj
piosenki wesołe się śpiewa, śpiewa...

Ta piosenka nosiła tytuł „Świetliki". Napisali ją dwaj nie-
-poeci: N.K. Litwin i autor tych słów. Za motyw posłużyła nam popularna wtedy piosenka „Śmiejże się wesoło i donośnie". Została specjalnie zaaranżowana i wykonana przez młodszego reżysera 2. MChAT, N.M. Krasowskiego na pierwszym spektaklu ChŁAM w 1925 roku.

Kiedy kończyłem opowieść o latach spędzonych na Świętej Wyspie, zapisując w niej zarówno minione potworności, jak i chwile piękne i wzniosłe; sprawy błahe i wielkie; przeszłość bezmiernie poniżającą i gwałtownie wzlatującą na wyżyny – przeczytałem wtedy nieco zmienione słowa owej pieśni w powieści Giennadija Andriejewa[176].

Andriejew znalazł się na Sołówkach później niż ja. Widział już tylko nielicznych ocalałych sołowczan z „pierwszego naboru". Przytłaczająca większość zginęła lub została rozsiana po mnożących się obozach koncentracyjnych, rozmyła się

---

[176] Giennadij Andriejew (1906-84) – prawdziwe nazwisko Chomiakow – rosyjski pisarz i dziennikarz. Pisał również pod pseudonimem N. Otradin. Pobyt na Sołówkach przedstawia w noweli „Wyspy Sołowieckie 1927-1929" (zob. *Грани*. № 216, 2005, s. 36–78).

w mętnych falach nowych „naborów". Ale on właśnie tam oglądał tę niewielką sztukę teatralną, która, choć utraciła swój tytuł, stała się, jak zauważa pisarz, tradycją.

Inni ludzie… ale pieśń ta sama. Dlaczego? Dlatego, że w niej jest marzenie więźnia o wolności, to samo marzenie, które zawładnęło Piotrem wypisującym na kamiennym słupie:

„Do grodu Wenecja… wiorst".

Nad wyspą zawodziła zamieć i zalegały ciemności, a tutaj, z rozpraszających się mroków, wyłaniał się jaskrawopomarańczowy księżyc i świecił na błękitnym tropikalnym niebie, a baśniowy radża, w rzeczywistości katorżnik Hans Miłowanow, grzmiał swoim potężnym basem na melodię z „Kapłanki ognia":

Sołówki odkrył mnich Sawwatij,
wyspa była bezludnym pustkowiem.

Za Sawwatijem szły tłumy czarnej braci…
Tak powstał wielki monaster!

Kraju nasz, kraju sołowiecki,
kraju wspaniały dla kaerów i szpany!
Zanuć z uśmiechem dziecięcym
o łagrze rzewne piosneczki!
Lecz teraz inne już twarze
nacierają ze wszystkich stron.
Tutaj splotła się prawda i bajka

i zamilkł Kitieża dzwon...
Ze wszystkich stron Sowieckiego Sojuza
jadą tłumy i jadą bez końca.
Wszystko się miesza: frak, kaftan, bluza...
Nie dojrzysz twarzy znajomka!
Kraju nasz, kraju sołowiecki,
jesteś jak dawniej krajem cudownym...

Po radży występowała grupa wesołych marynarzy tańczących gigue[177] i słuchających pieśni starego kapitana siedzącego w cieniu bananowca:

Było to lat wiele temu
w gwarnym porcie, w czas wieczoru.
Podszedł do mnie sługa-mulat,
podał list i zniknął z oczu...

W tamtym kraju, gdzie zwisają liany,
gdzie usta dziewcząt smak piernika mają,
tam w cieniu mango i banana
każda całuje szaleństwem pijana...

Czyż nie taką marzycielską pieśń o wolnych przestworzach i krajach śpiewali zuchwałemu młodzieńcowi Piotrowi przesyceni solą dalekich mórz kapitanowie fregat?

---

[177] Gigue – ludowy szybki taniec angielski o żywym, zmiennym rytmie, pochodzący z okresu baroku.

Czyż nie dla jej upamiętnienia car wzniósł ten kamienny słup?

I znów gwiżdże i szaleje wokół słupa śnieżna zamieć...

Nad wyspą zaś – mrok.

Do grodu Wenecja.... wiorst.

* * *

Dawno temu, 19 października 1825 roku, w dobrze ogrzanej izbie ziemskiej posiadłości w siole Michajłowskoje licealista pierwszej klasy, Aleksander Siergiejewicz Puszkin, pisał gęsim piórem na karcie żółtawego papieru:

> *W purpurze, w złocie więdniesz lesie mój.*
> *W gałęziach wiatr i świeży dech w przeźroczu,*
> *I mgieł na niebie biało-płynny zwój,*
> *I rzadki słońca blask, i pierwszy podmuch groźny,*
> *I oddalone siwej zimy groźby.*
> *Płoń, kominku, w mej samotnej celi;*
> *a ty, wino, jesiennych chłodów przyjacielu,*
> *wlej w mą pierś radosne oszołomienie,*
> *gorzkich mąk chwilowe zapomnienie*[178].

Wesoło strzelały w piecu świerkowe gałązki. Kolejny jesienny dzień przemijał wbrew swej woli. Ożywała pustka michajłowskiej celi. „Gorzkich mąk chwilowe zapomnienie"

---

[178] Aleksander Puszkin „Jesień", tłum. Julian Tuwim.

unosiło odsuniętego od łask licealistę ku tamtym dniom, „kiedy w ogrodach Liceum[179] beztrosko rozkwitał"...

Sto lat później, 19 października 1925 roku, w ciepłej, ogrzanej celi szóstej roty pierwszego oddziału sołowieckiego obozu koncentracyjnego rozbrzmiewały te same słowa. Tu również świerkowe gałązki wesoło trzaskały na palenisku. Do środka zaglądał zamierający jesienny dzień. Ożywała opustoszała sołowiecka cela. „Gorzkich mąk chwilowe zapomnienie" unosiło ostatnich zesłanych licealistów ku tamtym dniom, „kiedy w ogrodach Liceum"...

słodką pociechą ogarnięci
w przybytku chłodu i zamieci... gaśli.

„Ratuj mnie, choćbyś miał zamknąć mnie w twierdzy, choćby na Sołówkach" – pisał Puszkin do Żukowskiego[180]. Czy ten wychowanek Liceum, który popadł w niełaskę, myślał wtedy, że odwieczne, omszałe mury surowego monasteru zamkną i odgrodzą od świata wielu spośród ostatnich wychowanków jego ukochanej „carskosielskiej ojczyzny", a nieznana braterska mogiła na katorżniczym cmentarzu – bez krzyża i trumien – niezamykająca nigdy swoich czarnych czeluści stanie się ostatnią przystanią niektórych z nich? Czy Aleksander Siergiejewicz

---

[179] Carskosielskie Liceum – elitarna szkoły o profilu humanistycznym założona w 1811 dla uczniów ze szlacheckich rodzin (jednym z pierwszych absolwentów był A. Puszkin). Nauka trwała 6 lat i przez ten czas uczniowie nie opuszczali szkoły. W tej formie Liceum przetrwało do 1843, rok później jako Liceum Aleksandryjskie zostało przeniesione do Petersburga i w 1918 zlikwidowane.

[180] Wasilij Andriejewicz Żukowski (1783–1852) – rosyjski poeta i pisarz, tłumacz zachodnich dzieł literackich, autor słów hymnu Imperium Rosyjskiego „Boże, zachowaj Cara".

mógł wtedy przypuszczać, że płomienne słowa jego przesłania do przyjaciół z młodości będą rozbrzmiewać tam dokładnie po stu latach i tym nielicznym, którzy w Rosji, jakiej nie przewidziało genialne przeczucie poety, pozostaną wierni tradycjom „przez cara dla nich otwartych komnat", osłodzą męki „w dzień żałosny" i przemienią go w dzień spędzony w Liceum?

Starając się swoim wieszczym spojrzeniem przeniknąć przyszłość, Puszkin widział tamtego dnia jedynie tego spośród swoich klasowych kolegów, „któremu na starość Dzień Liceum przyjdzie świętować samotnie".

Nie wiemy, czy te słowa przypomniał sobie „nieszczęsny przyjaciel, gość dokuczliwy wśród nowych pokoleń, zbyteczny i obcy", który przeżył wszystkich licealistów z rocznika Puszkina, najjaśniejszy książę Gorczakow[181], ale 42 lata po jego śmierci zabrzmiały one z niebywałą wyrazistością w ustach jednego z ostatnich wychowanków Liceum – Kondratiewa – na tajnym zebraniu 19 listopada 1925 roku w katorżniczej celi sołowieckiego monasteru:

– Przyjaciele moi, nasz związek jest wspaniały!

„On jest jak dusza, nierozłączny i wieczny" – pisał Puszkin dokładnie sto lat przed owym dniem. Wieczny duch najsławniejszego z licealistów krążył pośród ostatnich z nich, zapędzonych na surową wyspę i porzuconych przez naród, który postradał zmysły, przez naród, w którym on „dobre uczucia lirą budził".

---

[181] Aleksander Michajłowicz Gorczakow (1798–1883) – rosyjski polityk, przyjaciel Puszkina, ostatni kanclerz Imperium Rosyjskiego.

Było ich już niewielu, zaledwie 12-15 mężczyzn. Jakże straszna prawda kryła się w słowach:

Kogośmy się jeszcze nie doliczyli?
Czyj głos zamilkł na bratnim apelu?
Kto nie przyszedł? Kogo wśród nas już nie ma?

Tak pytał poeta ustami katorżnika-licealisty Kondratiewa nielicznych ocalałych, zebranych w Dniu Liceum „w przybytku odludnych wód i chłodu".

* * *

Każdego roku wznawiana w maju żegluga przynosiła na Sołówki nowe warstwy społeczne. Odbijały one, jak kropla wody – ocean, procesy zachodzące w jednej szóstej części świata.

Początkowo większość przybyszów stanowili oficerowie. Potem – liczne grupy powstańców: z Rosji Środkowej, Ukrainy i krajów granicznych, z Gruzji i spośród narodów Azji Środkowej – Turkmenów i Uzbeków, których szpana nazywała „fanatykami". W okresie rozkwitu NEP przybywali tu także przemytnicy, handlarze walutą, prostytutki i żebracy, którzy z powodu swej zachłanności w jedzeniu otrzymali przezwisko „leopardy".

W 1925 roku, kiedy czerwony Leningrad dobijał resztki Carskiego Petersburga, na Sołówki napłynęli „dyplomaci" – urzędnicy ministerstwa spraw zagranicznych, i „faraonowie" – dawni policjanci, pracownicy służb departamentów oraz licealiści.

Do tej ostatniej grupy zaliczali się nie tylko wychowankowie Liceum Aleksandrowskiego, ale też prawnicy i urzędnicy senatu. Była to najbardziej wyrazista społeczność. Miała ona niepowtarzalne oblicze i tradycje kulturalne sięgające swymi korzeniami czasów pierwszych puszkinowskich absolwentów. Popełnionym przez nich przestępstwem była panichida odprawiona za cara-męczennika. Nabożeństwo celebrował dawny licealista, a późniejszy duchowny, ojciec Łozino-Łoziński, elegancki, sympatyczny, przypominający bardziej wytwornego XVIII-wiecznego opata niż rosyjskiego seminarzystę. W tej właśnie grupie przybyli na wyspę również wychowankowie Liceum – senacki urzędnik Kondratiew, utalentowany pianista baron Stromberg, uczeń Saint-Saënsa i inni.

Subtelność, kultura i wierność tradycji – to atrybuty, jakimi szczyciła się większość licealistów. Czasem postawy te stawały się protestem wobec bolesnej rzeczywistości, a u Kondratiewa przejawiały się ze szczególną wyrazistością. Nie przeczył im ani jeden jego czyn, ani jedno słowo, ani jeden gest.

Ubrany w usmolony owczy kożuch, w jakiejś potwornej czapce uszance na głowie, niezmiennie pozostawał sobą, wytwornym światowym petersburżaninem, właśnie petersburżaninem, a nie moskwiczaninem czy paryżaninem. Świerkowy kij w jego dłoni przeistaczał się w laseczkę szlifibruka, a ogromne toporne walonki nie zmieniły jego sposobu poruszania się, wystudiowanego na starannie wywoskowanych parkietach.

Z pewnością nie był on snobem. Tak samo jak prezencja wysubtelnione i wrażliwe były też struny jego duszy.

Służba w senacie była dla Kondratiewa klatką, pętami niewoli. Nie był urodzonym urzędnikiem ani prawnikiem, lecz arystokratą wyczulonym na wszelkie emocje i zachowania, z którymi się stykał i na które żywo reagował.

W Petersburgu studiował sztukę sceniczną u Warłamowa[182], który uważał go za jednego ze swych najzdolniejszych uczniów. Lecz aby w pełni oddać się sztuce przeistaczania, licealista musiałby zerwać ze swoim środowiskiem, z jego tradycjami, a może nawet z rodziną, z ułożonym i bezpiecznym życiem. Na to Kondratiew nie potrafił się zdobyć. Dopiero na Sołówkach zmieniło się coś w jego duszy, jeżeli chodzi o scenę: coś go ku niej ciągnęło, a jednocześnie od niej odpychało. Jednak powołanie zwyciężyło i, nie bacząc na potępienie ze strony części swoich dawnych szkolnych kolegów, wszedł na „deski bolszewickiego teatru".

Niestety, banalne określenia: „płonął", „świecił", „ogień wewnętrzny" bardzo trafnie oddają sceniczne zaangażowanie Kondratiewa, ukazując w niezbyt korzystnym świetle samą grę aktora. Możliwe, że tak przesadnemu wyrażaniu emocji sprzyjała gruźlica, która, według lekarzy, bardzo je wyostrza.

Kondratiew nie tylko „płonął" i „świecił". Powodowany siłą jakiegoś tajemnego zachodzącego w nim procesu, współbrzmiącego z duchem Świętej Wyspy, zgłębiał gruntownie każdą swą rolę, docierając do jakichś mglistych, metafizycznych czy nawet mistycznych źródeł. Sławna replika Kreczyńskiego[183]

---

[182] Konstanty Aleksandrowicz Warłamow (1848-1915) – wybitny rosyjski aktor, zasłużony artysta Imperatorskich Teatrów.

[183] Aleksander Suchowo-Kobylin (1817-1903), dramat „Wesele Kreczyńskiego".

„Nie udało się!" brzmiała w jego ustach jak uderzenie fatum, a nie okrzyk irytacji pechowego hazardzisty. Tą głębią swojego przemienienia dotykał w duszach widzów tych najczulszych strun, o których istnieniu sami często nie mieli pojęcia.

Wewnętrznie – rozbudzał duchowość. Zewnętrznie – uosabiał iluzoryczne marzenia...

W trywialnej, popularnej komedii „Trzech złodziei" potrafił tak heroizować banalną rolę złodzieja-dżentelmena kradnącego z miłości do sztuki, z potrzeby wyrazistych doznań, i włożyć w nią tyle niekłamanej gracji, że będący na „bolszewickim" spektaklu pewien stary dyplomata z czasów bodajże kanclerza księcia Gorczakowa płakał rzewnymi łzami:

– Zobaczcie, jak on nosi frak... Przecież tego już nigdy więcej nie zobaczymy... nigdy... nigdy...

A ekspansywny złodziejaszek, Fomka Rulek, opuszczając widownię, krzyczał, gwałtownie gestykulując:

– Oto macie najprawdziwszego urkagana! To farciarz co się zowie! A my co?

W tym wypadku „farciarz" to w jego mniemaniu ktoś nieograniczenie wszechstronny, potężny, po prostu nadczłowiek.

W obydwu ocenach rozbrzmiewała tęsknota za tym, co nieosiągalne. Za przeszłością lub za przyszłością – ale czyż to w końcu nie wszystko jedno...?! Aktor Kondratiew podarował im iluzję urzeczywistnienia ich marzeń.

Do granic głębi swego talentu doszedł w roli cara Fiodora I, syna Iwana Groźnego. Sztuka A. Tołstoja była mocno poobcinana i to nie przez cenzurę, ale ze względu na brak aktorów, przez co rola Fiodora została bardziej uwypuklona, stała się wyrazistsza.

– Gdzie spoczywają jego relikwie? – spytał mnie po spektaklu tambowski chłop-powstaniec.

– Czyje relikwie? Jakie?

– No tego cara, którego tu grali...

– Przecież on nie jest świętym. Nie ma żadnych jego relikwii.

– Jak nie wiesz, to powiedz, że nie wiesz – odparł z irytacją powstaniec. – Po co kłamać? To niemożliwe, żeby żadnych relikwii po nim nie było!

Zarówno Kondratiew, jak i ja mieliśmy stałą przepustkę na wyjście z kremla. To umożliwiało nam, nawet nocą, wędrówki na brzeg zaciągniętego srebrzystą mgłą Świętego Jeziora, by patrzeć, jak w niezmąconej ciszy podchodzi do niego leśna gęstwina.

Tak było również w noc po wystawieniu scen z „Cara Fiodora Joannowicza". Była połowa maja. Na polanach osłoniętych łapami świerków i pod rozrzuconymi w puszczy głazami leżały jeszcze reszki chropowatego, pokrytego lodową korą śniegu. Słońce ciągle jeszcze na długo chowało się za szarą taflą wolnego wreszcie od lodu morza, ale noce już bladły. Zimowe ciemności zastępował liliowy półmrok. Słodko pachniało lepkim brzozowym listowiem i roztajałą wilgotną ziemią.

Kondratiew zatrzymał się obok wysokiego krzyża, jednego z wielu, jakie mnisi stawiali na skrzyżowaniach dróg. Na nich, wbrew prawosławnemu kanonowi, ciało Chrystusa nie było namalowane, a wyrzeźbione w drewnie przez jakichś bezimiennych trudników-artystów.

– Kiedy przygotowywałem się do roli cara Fiodora, przychodziłem tutaj, cicho, jakby bojąc się spłoszyć spokój liliowego zmierzchu – powiedział Kondratiew. – U Niego, właśnie u Tego tutaj, tylko u Niego i u nikogo innego szukałem pełnego zrozumienia tej postaci, do samego końca, do głębi...

– Dlaczego u Tego? I tylko u Niego?

– Niech pan Mu się przyjrzy. Czy jest On podobny do tych, których pan widział pod kopułą Isaakija[184] czy na płótnach w Ermitażu? Nie. Jest zupełnie inny. Niech pan patrzy, jakie ma wydatne kości policzkowe, oczka takie malutkie i jakby trochę zezujące, a brodę rzadką, w kłaczkach. Przecież to chłopek, cherlawy taki, z jakiegoś zagubionego w błotach sioła Cierpimęki. Ubrać by Go tylko w podartą siermięgę, zarzucić Mu na plecy sakwę i powędrowałby po zawianych śniegiem, poplątanych rosyjskich drogach...

– Dokąd?

– Dokąd? Do Swojego carstwa. Do tego, co „nie jest z tego świata"...

– A gdzież ono jest, owo carstwo?

– Nie wiem! I On też nie wie! Nie wie, ale idzie. Szukał go w nieznanej Ziemi Opońskiej i w mrokach kijowskich pieczar, u wód Wałaamskiej chrzcielnicy i w surowej ciszy północnych pustkowi, i tutaj... Tu właśnie doszedł i wstąpił na krzyż, gwoździami się do niego przybił i tworzą jedną całość, tak jak

---

[184] Sobór Isaakijewskij – Sobór św. Izaaka Dalmatyńskiego – największa prawosławna świątynia w Sankt Petersburgu.

zbite przez stolarza deski. Mocno, bardzo mocno. Żeby nie ze-
rwały ich zamiecie ani burze...
    – I to już tak na wieki?
    – Tak. „Tutaj" – na wieki. A zejście z krzyża – „tam".
I do takiego Chrystusa, kościstego, zezującego, w siermiędze,
z sakwą, szli tutaj przez pięćset lat tacy sami jak On, też w sier-
mięgach i z sakwami...
    – A my, my też tutaj do Niego przyszliśmy?
    – Nie. Myśmy nie przyszli, nas przygoniono. Wbrew na-
szej woli. Przywiała nas tu dziejowa zawierucha i w tym właśnie
jest Objawienie, którego sobie nie uświadamiamy. W burzy
i nawałnicy, ze Zwierzyną, z tratującymi nas Końmi, z Nie-
rządnicą rozpalającą nasze zmysły. Przygnano nas tutaj, by
nam pokazać: oto On, o Którym zapomnieliście...
    – Wie pan, kto tak samo mówił?
    – Kto?
    – Niestierow, malarz, Michaił Wasilewicz. Przyszło mi sie-
dzieć z nim pięć dni na Butyrkach. Jego szybko wypuścili. Uwol-
nił go Łunaczarski, bo i sprawa nie była grosza warta: sprzedał
kilka swoich obrazów za czyimś pośrednictwem. Akurat w tym
czasie dostałem wyrok. Oczywiście przeraziłem się. Sołówki...
krew... zimno... śmierć... Wszyscy w celi współczuli mi, roz-
czulali się... Tylko Niestierow szepnął: „Niech się pan nie mar-
twi! Tak będzie najlepiej. Tam Chrystus jest blisko", a wieczorem
i potem jeszcze przez dwie noce opowiadał mi, jak przyjeżdżał tu
latem, prawie co roku, i właśnie tutaj wymyślił i skomponował
swoje ogromne płótno „Święta Ruś". Pamięta je pan? Na tle tych
tutaj delikatnych, jakby niedzisiejszych brzózek, na polance, stoi

Chrystus, a ku Niemu z leśnej głuszy, z ciemnej puszczy, na Świetlaną Polanę wychodzą kaleki i siermiężni chłopi, dziewczyny, starcy i młodzi chłopcy – wszyscy...

– Pamiętam. Artysta nazwał ten obraz także „Przyjdźcie do Mnie wszyscy, którzy utrudzeni i obciążeni jesteście, a Ja was pokrzepię"[185]. Ale u niego to jednak nie to. Pokazał on Jezusa ze stron Pisma Świętego. Ci obciążeni dopiero do Niego idą... A tamten bezimienny artysta już stopił ich w jedno z Chrystusem, połączył ich w wierze i w miłości. U tego nie ma: „przyjdźcie", ale już „przyszliście" i „Ja jestem w nich". I właśnie ten nieznany artysta wyjaśnił mi Fiodora. Fiodor też już „przyszedł".

– Dlatego nie potrafił rządzić?

– Tak. Dlatego. Dlatego, że „królestwo jego nie było z tego świata"... Wędrując do tego królestwa, wielu doszło właśnie aż tutaj. Do niego przygnano również nas. Przecież my wszyscy też jesteśmy kalecy i ubodzy... Jak cała Ruś.

– I Nogtiew, i Waśkow?

– Oni też. Być może, oni są najbardziej pokaleczeni. Słowo Przybitego do Krzyża brzmi jednakowo dla wszystkich i głosi tę samą prawdę we wszystkich językach świata. Rozbrzmiewa też w języku sztuki.

Aktor i absolwent słynnego Liceum, Kondratiew, głosił je ze „sceny bolszewickiego teatru". Czyż nie zasłużył na miano sprawiedliwego?

---

[185] Mt 1, 28.

Rozdział 27

Opowieści kamieni

W tamtych, tak już odległych, latach dwudziestych nigdzie oprócz Sołówek ostatnie obrazy uchodzącej w przeszłość Rosji nie łączyły się tak ściśle z jej nowymi formami, które niosła ze sobą, nadciągająca w burzy, władza sowiecka.

Nad Morzem Białym, na mocy rozkazu władcy Imperium, Borysa Godunowa, zbudowano przed wiekami z wygładzonych przez prehistoryczne lodowce kamieni potężną twierdzę na wzór hardej, rosnącej w siłę pierwszej stolicy kraju, Moskwy. Teraz w tych murach nowa Czerwona Moskwa urządziła swój zaścianek – sołowiecką katorgę.

Bujna fantazja szpany przekształciła mogiłę ostatniego zaporoskiego atamana koszowego, Piotra Kalniszewskiego, w sarkofag „świętego Kudejara”[186], „patrona” rozbójników, bandytów i wszelkiej maści kryminalistów. Nieopodal, na kremlowskim dziedzińcu, stała, ułożona jeszcze rękami mnichów, piramida z pocisków-niewybuchów, którymi angielska eskadra ostrzelała monaster w 1855 roku. Według legendy lonty pocisków były

---

[186] Kudejar – według legendy brat Iwana Groźnego lub syn Zygmunta Batorego (bratanka Stefana Batorego); w innej wersji rozbójnik, postać z rosyjskiego folkloru.

gaszone w powietrzu przez szerokoskrzydłe sołowieckie czajki, otaczane za to przez klasztor szczególną opieką. Tę tradycję przejęli również czekiści: Ejchmans surowo zabronił zabijania tych ptaków, które przechadzały się dostojnie po dziedzińcach, i zakaz ten był nadal przestrzegany, chociaż w białe noce nieustanny krzyk czajek był dla więźniów koszmarną udręką. Ci wygłodzeni ludzie upatrywali w nich również źródła pożywienia. Jedli bowiem byle co i to coraz gorzej.

Pomieszczenia w budynkach mieszkalnych, także w rejestrach poszczególnych rot, zachowały klasztorną nazwę cel[187], różniąca się od więziennej terminologii. Mnisi, którzy pozostali na wyspie, zostali instruktorami w katorżniczych artelach rybołówczych, w cegielniach, przy wiązaniu tratw. Jako służby OGPU otrzymywali wynagrodzenie i wyżywienie.

W duszy dowódcy sołowieckiego specpułku, Piotra Suchowa, w dziwny sposób splatały się ze sobą delikatne jedwabiste nitki przeszłości z szorstką, surową przędzą nowych prądów. Do niedawna był on dziarskim, walecznym wachmistrzem jednego ze znanych kawaleryjskich pułków, należał do służby bezterminowej, więc trwał w niej twardo i niewzruszenie. Sam święcie wierzył, że „rosyjski sztandar to święta chorągiew" i wiarę tę wpajał też innym.

Ale sztandar się zmienił. Wbrew woli wachmistrza Suchowa zamiast „Błogosław, Boże, Twemu ludowi" śpiewano

---

[187]   Język rosyjski różnicuje pojęcie „cela": w klasztorze – „kiela", w więzieniu – „kamera".

„Wyklęty powstań ludu ziemi", a carskie majestatyczne orły zastąpiono pięcioramienną gwiazdą. Z drzewca sztandaru przeszytego borodinowskimi kulami zerwane zostało Oblicze Zbawiciela, a na jego miejscu zawisła czerwona szmata, uszyta naprędce z husarskich spodni sztabowego pisarza. Na tym samym drzewcu...

Znaczy, że tak trzeba i wachmistrz Suchow zaczął służyć nowym sztandarom, które przyszły na zmianę tamtym. Służył równie wiernie i uczciwie, jak służył temu, co odeszło. Tak samo stanowczo i niezachwianie.

Kiedy skończyła się wojna z Niemcami, wachmistrz przypędził na podwórze komisariatu wojskowego niewielki tabun wymizerowanych, sparszywiałych, pokrytych świerzbem koni, zwalił na kupę nierozkradzione jeszcze siodła, postawił na ziemi pustą skarbonę i drzewce z czerwoną szmatką – wszystko, co zostało z trzechsetletniej historii sławnego, wojowniczego i okrytego chwałą pułku.

– Wciągnijcie to na listę, towarzyszu naczelniku, a mnie proszę wyznaczyć do dalszej służby, gdyż wspaniały husarski pułk jego byłej Wysokości ma rozkaz istnieć dalej.

Otrzymawszy powołanie na nowy front, Suchow, tak jak dawniej, bez namysłu wyszedł naprzeciw nowemu wrogowi. Kiedyś byli to Niemcy, teraz zostali nim burżuje i kadeci. Bo przecież to nie jego, Suchowa, sprawa, kto jest teraz wrogiem, ale powierzony mu eskadron, obecnie już pułk, zawsze musi być w pełnej gotowości i zadania muszą być wykonane. Fakt, że przeciw niemu walczyli teraz nie Niemcy, a Rosjanie, nie wzbudzał w nim żadnych refleksji. To był wróg! A o wrogach mówiono wyraźnie zarówno w starym, jak i w nowym statucie.

Tylko raz wątpliwość zajrzała mu w duszę i tak o tym opowiadał:

— Tuż przed samym końcem wojny, kiedy Rostów pozostał już za nami, dopadliśmy ichni eskadron. Ech, jakiż tam, u diabła, eskadron! Tylko z nazwy, bo liczył zaledwie z dziesięć szeregów. Rozstawiliśmy się ławą i nacieramy. Tamci konie mają zmordowane, idziemy więc na stojących w miejscu. Ja na przedzie, ma się rozumieć. Rumak mój — żywy ogień, pod Woroneżem z państwowych zakładów wzięty, pełnokrwisty. Dopędzam jakiegoś marudera. Zajeżdżam go z lewej strony, jak należy, i biorę zamach klingą. Patrzę, pagony jakby nasze, złote, lampasy niebieskie, po których husarski zygzak biegnie... Jeden tylko taki na całą kawalerię w naszym pułku był. Zrobiło mi się nieswojo. Nie opuszczam szabli, ale wołam: „Poddaj się, towarzyszu pułkowniku, to życie ocalisz!". Tamten odwrócił się i kogóż widzę — toż to nasz dowódca eskadry, który mnie dwukrotnie do odznaczenia krzyżami wyznaczył. Krzyczę do niego jak do przyjaciela: „Poddajcie się, towarzyszu, wasza miłość!" (sam nie wiem, skąd mi się to wzięło). Obejrzał się i widać, że też mnie sobie przypomniał. „Szary wilk jest ci towarzyszem, Judaszu, zdrajco Chrystusa, ojcobójco!" — woła. No, wtedy już go rąbnąłem. Nie to, żebym się poczuł obrażony, ale nie mogłem inaczej. Wojna! Potem śnił mi się prawie przez trzy noce. Tęgo wówczas popijałem, chociaż sam ostrzegałem przed piciem na służbie i na froncie też nigdy nie byłem pijany. Jednak, można by rzec, on rzeczywiście był mi ojcem w dawnej służbie. Dobrze go wspominam...

Kończyła się wojna i Suchowa skierowano do sowieckiej szkoły partyjnej. Nowy regulamin. Nowa przysięga: „Służyć ludowi pracującemu". O Panu Bogu ani słowem tam się nie wspominało. To znaczy, że został On ostatecznie odwołany, skreślony ze wszystkich list, więc Suchow też Go wykreślił. Prowadzący zajęcia w oparciu o wszelkie nauki wyjaśniał, że żadnego Boga być nie może. To tylko wymysł popów. A więc, tak jest! Racja!

Na Sołówkach do komisarza pułku przychodził rozkaz za rozkazem: wzmocnić, pogłębić ateistyczną agitację z uwzględnieniem miejsca stacjonowania pułku w centrum rozprzestrzeniania się religijnej ciemnoty.

Słusznie. Tu jeszcze mnisi są cali i zdrowi, a na każdym skrzyżowaniu dróg stoi trzymetrowy krzyż z Ukrzyżowanym. Towarzysz Ejchmans wydziwia: wszędzie krzyże, nawet te najmniejsze, ze ścian pozdejmowano, a tu patrzcie tylko, jakie stoją. Dopiero co poprzybijano tabliczki: „Religia to opium dla ludu". Ukrzyżowany tu Zbawiciel też jest jakiś dziwny, pomalowany jak ludowa figura. Takich u nas nigdy nie bywało. Jego Osobowość również nie pasuje do naszego wzorca, po prostu nie ma w nim żadnego podobieństwa do Boga, przypomina raczej chłopa...

Ale to przecież nie jego, Suchowa, sprawa. Wyspą zarządza Ejchmans, Suchow tylko dowodzi pułkiem, a w pułku panuje wzorowy porządek. Ukrzyżowany Zbawiciel jest z drewna i nie może wyrządzić nikomu żadnej szkody.

Pewnego razu, o zmierzchu, powracający z polowania na sołowieckie foki Suchow wypalił z dwururki w majaczącą blado pierś ukrzyżowanego Chrystusa.

– Dostałeś, Towarzyszu! Wszystkie szesnaście nabojów trafiło do celu – policzył. – Dubeltówka strzela niezawodnie! Widzicie, wypaliłem w Chrystusa i nic się nie stało!

Omszałe, zwietrzałe kamienie sołowieckich baszt, które spędziły tu długie lata w niezmąconej ciszy, opowiadają niezwykłe historie o diamentach i szmaragdach prawdziwej rosyjskiej pobożności.

Kamienie wiele opowiedzą temu, kto zechce wysłuchać ich bezdźwięcznej, bezsłownej mowy. Sołowieckie kamienie to księga czterech wieków.

Ten, kto będzie umiał odczytać tę księgę, dowie się o niezliczonej rzeszy trudników przybywających tu „po woli" i „po niewoli" ze wszystkich krańców Świętej Rusi, aby obmyć swe dusze w sołowieckiej kąpieli. Ci ludzie różnili się między sobą jak te kamienie w murach. Niektórzy napierali gromadnie i wzajemnie na siebie naciskali. Wmurowane głazy też jakby mocują się ze sobą, walczą i ścierają się w twardych ścianach. Kamienie murów obróconej teraz w gruzy świątyni walczą tak samo, jak w dawnych wiekach walczyły przeciwko sobie tworzące Ruś giganty. Czyż nie o nich przechowuje w sobie pamięć ta wiecznie trwała księga zmarłych?

Potężny i groźny patriarcha Nikon w młodości był nowicjuszem w Azerskiej Pustelni. Czy to nie tutaj skamieniał jego nieugięty, nieprzezwyciężony duch? Przytoczyła się też tu część starodawnej, sękatej, nieokrzesanej Rusi. Jej imię po dziś dzień przechowuje mroczna ciemnica w kremlowskim murze – „Awwakumowa szczelina".

Na półce sołowieckiego Muzeum Ateizmu leży pewien kamień, bardzo twardy i niewielkich rozmiarów. W dawnych czasach spoczywał u wezgłowia zbitego z nieheblowanych i niczym niepokrytych żerdzi łoża mnicha Filipa Kołyczewa, sołowieckiego pustelnika, później metropolity Carstwa Moskiewskiego, groźnego i nieprzejednanego jak sam car Iwan. Na tym kamieniu w czasie krótkiego mniszego snu spoczywała głowa, która w swoim cierniowym wieńcu męczeństwa nie skłoniła się przed władczą czapką Monomacha[188]. Słowo duchownego stanęło przeciwko carskiemu w imię Chrystusowej prawdy. Stanęło i zwyciężyło go na całe wieki.

Niejeden taki kamień spoczywa w sołowieckich murach. Kamienie-ludzie spiętrzali te głazy i kamienie-ludzie w nich mieszkali. Takim kamieniem był również sołowiecki archimandryta, który zamknął bramy klasztoru przed patriarchą poprawiającym historię starożytnej Rusi. Kamieniami byli też jego mnisi-wojownicy, którzy dziesięć lat przetrwali

---

[188] Czapka Monomacha – insygnium wielkich książąt moskiewskich i carów Rosji, pochodzące najprawdopodobniej z końca XIII lub początku XIV w. Wykorzystywano ją do koronacji imperatorów.

w oblężeniu, przeciwstawiając się strzelcom patriarszego wojewody Mieszczerinowa. Przebywało tu jeszcze wiele takich kamieni, które nie przekazały nam swoich imion.

Stare, ale nieprzemijające są opowieści sołowieckich głazów i nie ma im końca... W jednym rzędzie z kamieniami minionych wieków stanęły kamienie bieżących czasów, tak samo twarde i niezachwiane.

Jedną z takich nowych skał sołowieckiego Przybytku Ducha, też niekruszących się – podobnie jak poprzednie – był władyka Hilarion.

Jego imię okryło się chwałą już pierwszego dnia pobytu na Sołówkach. Powiadano, że w niedawnej wtedy jeszcze przeszłości Synod wysłał go, by zaprowadził spokój w jakimś kaukaskim klasztorze opanowanym przez szaleństwo płynące z kazań znanego wówczas nawiedzonego fanatyka, mnicha Heliodora – „rosyjskiego Savonarolę". Monaster odmówił podporządkowania się Świętemu Synodowi i zamknął przed Hilarionem swe podwoje. Zastosowanie środków policyjnych w tej czysto cerkiewnej rozprawie byłoby czymś niestosownym. Klasztor zlekceważył młodego wówczas wikariusza i, zamknąwszy bramy, nawet nie słuchał jego perswazji. Nie zniechęciło to Chrystusowego wojownika. Mocą swego słowa przyszły władyka zwołał wiernych, ruszył w procesji na klasztor i wziął go szturmem, tak jak w dawnych czasach zdobywano monasterskie twierdze.

W tej legendzie jest nie tylko ziarenko, ale nawet sporo prawdy. Później miałem okazję słyszeć jej potwierdzenie z kilku różnych źródeł. Z kolei w innej opowieści, jaka powstała pod koniec pierwszego roku jego pobytu na Sołówkach, nie ma już ani krzty prawdy, a mimo to jest niezwykle ciekawa i bardzo wyrazista, co pozwala lepiej poznać nieprzeciętną osobowość rdzennie rosyjskiego hierarchy.

Opowiadano, że do Kemi przyjechał nuncjusz papieski, aby wykorzystać tragiczną sytuację prawosławnego duchowieństwa w celu utworzenia unii. Mówiono, że OGPU był zmuszony, na mocy umów dyplomatycznych, zezwolić przedstawicielowi Rzymu na zwołanie posiedzenia z uwięzionymi rosyjskimi hierarchami, którzy mieli podobno wybrać na swego przedstawiciela władykę Hilariona. Spotkanie w Kemi książąt dwóch Kościołów opisywano w najdrobniejszych szczegółach, wystawne szaty nuncjusza przeciwstawiano nędznej koszulinie Hilariona, powtarzano przemowę wysłannika Stolicy Apostolskiej i proponowane przez niego warunki zjednoczenia Kościołów, obietnice wywiezienia z Sołówek całego rosyjskiego duchowieństwa i dumną, dramatycznie niezłomną odpowiedź władyki, który wybrał koronę cierniową, odrzuciwszy proponowany mu kapelusz kardynalski. Toczono spory nawet o takie szczegóły, jak wyglądała ikona, którą trzymał władyka Hilarion, kiedy wyszedł do nuncjusza.

Ale w tym apokryfie nie było ani krzty prawdy, bo być nie mogło. Poselstwo papieża, a tym bardziej zezwolenie OGPU na jego spotkanie z więźniami, było absolutnie nierealne. Wszyscy przebywający na Sołówkach hierarchowie zdecydowanie odrzucali ten mit. Tym niemniej apokryf zrodził się na wyspie i tu stale był żywy. Przedostał się nawet na ląd, a później usłyszałem go i Moskwie.

Legenda ta powstała i żyła dlatego, że ludzie pragnęli widzieć niekwestionowane uosobienie siły Cerkwi, jej nienaruszalne fundamenty, a najodpowiedniejszym obiektem dla ucieleśnienia tych pragnień był władyka Hilarion.

Jego ogromna siła wewnętrzna przejawiła się zaraz pierwszego dnia po przybyciu na katorgę. Nie był najstarszym spośród uwięzionych hierarchów, ale od razu zyskał ich szacunek i został przez nich uznany za najwyższy autorytet. Wśród wierzących świeckich autorytet władyki sięgał jeszcze wyżej: nazywali go stróżem patriarszego tronu, wyniesionym do tej godności ostatnią wolą patriarchy Tichona, co również było apokryfem. Mówiono o obietnicach dawanych przez GPU, że zostanie mu powierzone kierowanie utworzoną przez ten organ „żywą Cerkwią", i o zdecydowanej odmowie Hilariona.

To ostatnie było całkiem możliwe. Podobne propozycje składano nieraz zarówno wyższym hierarchom, jak i szeregowemu duchowieństwu.

Sile, jaka promieniowała od zawsze spokojnego i milczącego Hilariona, nie mogli się oprzeć również sami więźniowie: w rozmowie z nim nie pozwalali sobie nigdy na jakiekolwiek nieprzystojne żarty, tak bardzo popularne na Sołówkach, gdzie nie tylko czekistowscy strażnicy, ale i większość kryminalistów czuła potrzebę, by złośliwie czy też z grubiańską, ironiczną pobłażliwością poznęcać się nad „opiumem".

Nierzadko sami strażnicy, jakby mimowolnie, tytułowali go władyką. Zazwyczaj jednak zwracali się do niego oficjalnym terminem „osadzony". Nikt nigdy nie używał natomiast w stosunku do niego przezwiska „opium" czy zwrotów „klecha" lub „towarzysz pop".

Władyka Hilarion zawsze był wybierany jako delegat do naczelnika wyspy, Ejchmansa, kiedy trzeba było ubiegać się o coś trudnego, i zawsze osiągał zamierzony cel. To właśnie jemu udało się skoncentrować cały kler w szóstej rocie, załatwić dla niego pewne złagodzenie reżimu i skierować duchownych wszystkich rang do prac gospodarczych, gdzie odznaczali się niezwykłą uczciwością.

On też obronił włosy i brody osób duchownych przed strzyżeniem w czasie epidemii tyfusu. Taki zabieg nie miał najmniejszego sensu: duchowieństwo zawsze przestrzegało higieny. Ostrzyżenie starców-kapłanów oznaczałoby narażenie ich na dodatkowe szykany i poniżenia.

Załatwiając innym – osobom duchownym i świeckim – zatrudnienie przy lżejszych robotach, władyka Hilarion nie tylko nie szukał jakiegoś intratnego stanowiska dla siebie, ale niejednokrotnie odmawiał przyjęcia oferty Ejchmansa, który dostrzegał i wysoko cenił w nim wybitne zdolności organizacyjne. Ojciec Hilarion pragnął pozostać prostym rybakiem. Wydaje się, że miała na to wpływ bliskość morza, którego żywioł był zgodny z naturą tego hierarchy, rosyjskiego księcia Cerkwi, rosyjskiego właśnie, w prostej linii potomka episkopów, archimandrytów, ihumenów, pouczających panów tego świata, władczych w swej prostocie i prawych we władzy danej im przez Boga.

Kiedy pierwsze tchnienie wiosny topi lodowe pokrywy, Morze Białe pokazuje całą swoją grozę. Ogromne bryły, oderwawszy się od macierzystej calizny, podążają w pijanym korowodzie na Północ, zderzają się z ogłuszającym hukiem, nacierają na siebie, piętrzą się, tworząc zwaliste góry, i znów się rozsypują.

Mało który sternik odważy się wtedy wyprowadzić w morze swój karbas – niezbyt zgrabną, ale mocną łódkę – chyba że zmusi go do tego jakaś nieuchronna konieczność. Ale już na pewno nikt nie oddali się od brzegu, kiedy spokojne na pozór morze pokryje szary całun śryżu – drobnych, atakujących zwartą ławicą grudek lodu. Od śryżu nie ma ratunku! Mocno chwyci on łódź swymi białawymi łapskami i uniesie daleko na Północ, skąd nie ma już powrotu!

Pewnego kwietniowego dnia, o zmierzchu, na przystani w pobliżu dawnej Pustelni Sawwatijewskiej, a teraz komandirowki dla załogi rybackiej złożonej z ostatnich sołowieckich zakonników, stała niewielka grupka ludzi. Byli to mnisi i czekiści ze straży oraz rybacy-katorżnicy, ale najwięcej było wśród nich duchownych. Wszyscy, wytężając wzrok, wpatrywali się w coraz bardziej ciemniejącą dal. Po morzu, szeleszcząc złowrogo, płynął śryż.

– Zginą biedne duszyczki jak nic, przepadną – biadał mnich odziany w podarty habit, wskazując ręką na ledwie widoczny, majaczący w marznącej mgle punkcik. – Przed śryżem nie ma ucieczki...

– We wszystkim jest wola Boża...

– Skąd się tu wzięli?

– A kto ich tam wie? Nieco dalej jest bystrzyna – morze tam czyste, to i wypłynęli nieroztropnie. Nagle woda ich porwała i na śryż poniosła... A ten jak złapie, to już za nic nie wypuści. Tak bywa!

Posterunkowy, czekista Koniew, oderwał od oczu lornetkę.

– W łódce jest czterech ludzi. Dwóch cywilów i dwóch mundurowych. Pewnie jest też tam sam Suchow.

– A któżby inny?! To odważny łowca i na zdobycz łasy, a teraz białuchy biorą jak rzadko. Zdarzają się nawet takie po sto pudów. Każdy by się skusił na takiego olbrzyma. No to ryzykują!

Na rosyjskiej Północy białuchami nazywano coraz rzadziej występujące krowy morskie – wielkie białe foki.

– Mówisz, że nikt się stamtąd nie wyrwie? – zapytał czekista stojącego obok mnicha.

– Jeszcze się nie zdarzyło, żeby jakiś karbas wydostał się ze śryżu.

Większość stojących na brzegu mężczyzn żegnała się nabożnie. Któryś z nich zaczął szeptem odmawiać modlitwę.

Zaś tam, w oddali, maleńki czarny punkcik raz po raz znikał wśród ogromnych brył lodu, by za moment znów się ukazać. Toczyła się zacięta walka człowieka z zawziętym i przebiegłym żywiołem. Ten drugi wyraźnie zwyciężał.

– Rzeczywiście, w takiej kaszy nawet od brzegu nie da się wypłynąć, a co dopiero wyrwać się stamtąd – powiedział czekista, wycierając chusteczką szkła lornetki. – A niech to! Już po Suchowie! Komendanta pułku można spisać na straty!

– No cóż, będzie, jak Bóg da – rozległ się ściszony, lecz pełen głębokiej, wewnętrznej mocy głos.

Wszyscy odruchowo odwrócili się w stronę niewysokiego, dobrze zbudowanego rybaka z rozłożystą siwiejącą brodą.

– Kto w imię Boże popłynie ze mną na ratunek tych dusz? – rybak mówił dalej tym samym ściszonym głosem, wodząc wzrokiem po stojących i zaglądając każdemu głęboko w oczy. – Ty, ojcze Spirydonie, ty, ojcze Tichonie, a może tych dwoje sołowieckich? No dobrze. Wciągnijcie karbas na morze!

– Nie pozwalam! – wybuchnął gniewnie posterunkowy. – Bez straży i zezwolenia naczelnika nikogo na morze nie wypuszczę!

– Naczelnik jest tam, w śryżu, ale ochroną nie pogardzimy. Zapraszam na karbas, towarzyszu Koniew!

Czekista nagle jakby skulił się w sobie, spokorniał i, milcząc, cofnął się od brzegu.

– Gotowe?

– Karbas już na wodzie, władyko!

– No to z Bogiem!

Władyka Hilarion stanął przy sterze i łódka powoli, dryfując między lodowymi zatorami, oddaliła się od brzegu.

Zmrok przeszedł w zimną i wietrzną sołowiecką noc, ale nikt nie ruszył się z przystani. Jedynie ktoś co chwilę wpadał do ciepłego pomieszczenia, by trochę się ogrzać, i znów wracał. Coś nadzwyczajnego i wielkiego spajało tych ludzi. Wszystkich razem, bez wyjątku, nie wyłączając czekisty z lornetką. Szeptem rozmawiali i szeptem się modlili. Wierzyli i wątpili. Wątpili i wierzyli.

– Któż jak Bóg!

– Bez Jego woli śryż nie popuści.

Czujnie wsłuchiwali się w nocne szmery morza i przewiercali wzrokiem wiszącą nad nim ciemność. Ciągle szeptali. Bez przerwy się modlili.

Gdy tylko słońce rozproszyło zasłonę przybrzeżnej mgły, zobaczyli powracającą łódkę, a w niej nie czterech, lecz dziewięciu ludzi.

W tym momencie wszyscy znajdujący się na przystani – mnisi, katorżnicy i strażnicy – wszyscy bez wyjątku, żegnając się, padli na kolana.

– To prawdziwy cud! Pan ich ocalił!

– Tak, Pan nas ocalił! – powiedział władyka Hilarion, wywlekając z karbasu skrajnie wyczerpanego Suchowa.

Wielkanoc w tym roku była niezwykle późna, wypadała dopiero w maju, kiedy niezbyt ciepłe północe słońce dłużej już wisiało na szarym, bladym niebie. Nastała wiosna. Podlegałem wtedy, zgodnie ze swoim katorżniczym stanowiskiem, dowódcy sołowieckiego specpułku, Suchowowi.

Któregoś dnia, kiedy tutejsze cherlawe brzozy rozwijały swe słodko pachnące pąki, przechodziłem ze swoim dowódcą obok krzyża, do którego ten wypalił kiedyś z dubeltówki.

Krople wiosennego deszczu i topniejącego śniegu zebrały się w zagłębieniach po kulach niczym w ranach i ściekały z nich ciemnymi strużkami. Wyglądało to tak, jakby pierś Ukrzyżowanego spływała krwią.

W jednej chwili Suchow, czym całkowicie mnie zaskoczył, zdjął budionówkę, zatrzymał się i pospiesznie, lecz zamaszyście się przeżegnał.

– Ale pamiętaj... nikomu ani słowa... Bo inaczej zgniję w karcerze! Wiesz, jaki dzisiaj jest dzień? Sobota... Wielka Sobota...

W nadciągającym białawym sołowieckim zmierzchu smętnie bladła twarz rozpiętego na krzyżu Chrystusa. Chrystusa rosyjskiego, siermiężnego, o wyglądzie niewolnika, obchodzącego niegdyś Swoją ziemię, a tutaj, na jej północnych rubieżach, rozstrzelanego przez kłaniającego Mu się teraz mordercę...

Wydawało mi się przez moment, że na bladym Obliczu Chrystusa pojawił się cień jakiegoś nieziemskiego uśmiechu.

– Pan nas ocalił! – powtórzyłem słowa władyki Hilariona, które ten wypowiedział ongiś na brzegu. – Ocalił wtedy, to i teraz ocali!

Część piąta

W STRONĘ KITIEŻA

Rozdział 28

Najstraszniejsze

Sołowiecki paryżanin, Misza Jegorow, umiał sobie radzić w każdej życiowej sytuacji: przed rewolucją żył wygodnie i z rozmachem, a w czasie rewolucji hulał i używał sobie w Paryżu. Nawet na Sołówkach nie tracił animuszu.

Kiedy wybudowano nową salę teatralną z obszerną sceną, kulisami, garderobą, rekwizytornią i innymi atrybutami prawdziwego, profesjonalnego teatru, był potrzebny dyrektor. Został nim oczywiście Misza. Uchodził za zdolnego i obrotnego szefa, w czym pomagała mu jego kupiecka żyłka; pracował dla teatru, nie zapominając też o sobie. Na początku znalazł sobie mieszkanie: wygodne, przytulne, ukryte przed wzrokiem ciekawskich i dość oryginalne. Była to niewielka piwniczka pod sceną. Misza przyozdobił ją efektownie rozmaitym scenicznym barachłem, porozstawiał teatralne meble, powiesił jakieś obrazy i wyszedł z tego prawdziwy apartament, zupełnie niepodobny do sołowieckiej celi. Przypominał raczej pokój w eleganckim hotelu lub garsonierę modnego artysty.

Goście walili do niego całą gromadą, ale Misza wpuszczał tylko wybranych i wkrótce ustaliła się niewielka grupa stałych „bywalców podziemia", którzy przyjęli nazwę „fantomów" na cześć bohatera jakiejś francuskiej powieści bulwarowej cieszącej się powodzeniem u sołowieckich amatorów lekkiej literatury. Grono „fantomów" było niezwykle różnorodne: większość stanowiła moskiewska młodzież inteligencka z naleciałościami bohemy, ale znaleźli się tutaj również inteligenci-czekiści wciągnięci w bieg intelektualno-duchowego życia katorgi.

W „podziemiu" rozmawiano swobodnie. Obecność czekistowskich zesłańców nikogo nie peszyła. Wiedziano, że ci nie „stukną"[189], bo chociaż czekiści, to jednak „swoi". Najciekawszą postacią wśród nich był ten, którego będę tu nazywał umownie Oten.

Nosił czysto polskie, szlacheckie nazwisko, ale widocznie jego ród dawno już się zrusyfikował, gdyż Oten wyznawał prawosławie i nie mówił po polsku. Z zawodu był inżynierem metalurgiem i, mimo młodego wieku, dobrym specjalistą w swoim fachu. Na Sołówkach kierował odlewnią żeliwa – takie stanowisko niezbyt liczyło się w sołowieckiej hierarchii, bo „niechlebowe", ale wśród władz Czeka i ochrony cieszył się dużym autorytetem. Widocznie w przeszłości miał jakieś specjalne zasługi czy powiązania z czekistami, które dotąd nie zostały zerwane.

Ze specyficznych polskich cech została mu tylko jedna – typowo polska, a nie rosyjska, mimo wyznawanego prawosławia, religijność. Wierzył ekstatycznie, aż do granic fanatyzmu. Potajemnie, kilka razy w roku, odbywał rekolekcje i ściśle przestrzegał postów i umartwień, które z pewnością sam sobie wyznaczał. Rosjanie tak się nie modlą, nie leżą krzyżem na zimnej

---

[189] Stukać – w żargonie więziennym: donosić.

posadzce, nie biczują się... Nie poszczą, ograniczając się tylko do jednego suchara dziennie... My głębokie aż do samej ziemi pokłony i wewnętrzne skupienie nosimy w sobie, a on nakładał na siebie uciążliwości pochodzące z zewnątrz, jakby pokonując i dręcząc jakąś gnieżdżącą się w nim, ale zupełnie mu obcą osobowość.

O jego religijności wiedziało też kierownictwo, jednak tolerowało ją i nie traciło do niego zaufania. W niektórych przypadkach Czeka patrzyła wtedy przez palce na podobne „cudactwa". Teraz chyba już nie...

Muzyka w ogóle, a w szczególności muzyka religijna, działała na Otena wstrząsająco. Czasem zaciągał do pustego klubu, gdy ten był zamknięty, ucznia Saint-Saënsa[190], barona Stromberga, i zmuszał go do grania przy zamkniętych drzwiach Glucka, Bacha czy Haendla. Po takich seansach miły i utalentowany, ale niezbyt rozgarnięty Stromberg bezradnie rozkładał ręce:

– Boję się, nie żartuję, boję się go! To jakiś wariat! Prawdziwy wariat... Słysząc muzykę, dostaje szału. To straszne! Do muzyki można tańczyć, śpiewać, no, można też napić się wina... Ale biczować się rzemieniem?! Nie, to czysty szaleniec!

Mimo to w życiu codziennym Oten był nadzwyczaj skrupulatnym, praktycznym, a nawet oszczędnym człowiekiem. Nie otrzymując żadnej pomocy z zewnątrz, żył sobie na Sołówkach „bogato". Zawsze był dobrze ubrany, chodził w czystej,

---

[190] Charles Camille Saint-Saëns (1835-1921) – francuski kompozytor i wirtuoz fortepianu i organów, również dyrygent własnych utworów tworzący w okresie romantyzmu.

a nawet trochę dandysowatej bieliźnie. Jego posłanie, co było tutaj rzadkością, zwracało uwagę świeżymi prześcieradłami, poszewkami i powłoczką na poduszce. Za to nęcąca zawartość paryskich waliz Miszy, przedmiot za przedmiotem, przechodziła na własność Otena. Za pośrednictwem tego ostatniego, po nieprzyzwoicie wygórowanej cenie, można było nabyć wódkę i inne rarytasy z tajnego rozdzielnika, spieniężyć przemycony złoty krzyżyk, łańcuszek, pierścionek czy koronkę z zęba.

Pewnego późnego zimowego wieczoru – w podziemiu przesiadywano do drugiej-trzeciej w nocy – toczył się zaciekły spór. Jego tematem była wyższość rosyjskiej muzyki religijnej nad zachodnią. Sprzeczano się do upadłego, z pianą na ustach, po rosyjsku. Przedstawiano liczne argumenty, a nawet śpiewano. Przytaszczono też pozostałą po mnichach małą fisharmonię, która pewnie służyła kiedyś regentowi chóru, a uczynny Stromberg, sam niebiorący udziału w sporze, grał na niej to Bacha, to Bortniańskiego, to Czymorozę, to Wieniawskiego… Oten był jednym z najbardziej rozsierdzonych dyskutantów, zacietrzewionym i zawziętym. Nieoczekiwanie wezwano go z góry. Wyszedł, ale zaraz wrócił i szepnął do Miszy:

– Daj mi, proszę, na chwilkę klucz od pracowni.

– Na co on tobie?

– Potrzebny jest niezwłocznie jakiś instrument. Pójdę z Gołowkinem. No, daj na chwilę.

Gołowkin był stolarzem teatralnym, dekoratorem i osobą równie nie bezinteresowną. Pamiętał i lubił opowiadać o pierwszych występach młodego Szalapina na jarmarku w Niżnym Nowogorodzie.

Oten zniknął, ale półtorej godziny później wrócił i znów wziął aktywny udział w jeszcze niedokończonym sporze.

W tym czasie dyskutanci analizowali liturgię pogrzebową według kanonów Jana z Damaszku. Znający bardzo dobrze cerkiewne obrzędy Miłowanow śpiewał swoim potężnym basem i jako kapłan, i jako diakon, i jako chór. Stromberg akompaniował mu cicho na fisharmonii:

– Pomiłuj mia, Hospodi, nauczi mia oprawdanijam Twoim...

„Podziemie" wypełniały monumentalne, uroczyste, pełne nadludzkiego tragizmu dźwięki.

– Patrz, jak Otena bierze – szepnął mi Głubokowski.

Na tamtego aż strach było patrzeć. Wyprostował się, naprężył swe ciało tak, jak naciąga się do oporu strunę i wpatrywał się w przestrzeń ogromnymi, szeroko otwartymi i szklistymi oczami. Całe otoczenie przestało dla niego istnieć. Widział jakiś inny świat, który zrodził się w jego duszy pod wpływem tej wzniosłej i natchnionej melodii...

Następnego wieczoru, kiedy słońce schowało się już za ciemnogranatową ścianę boru, wyszliśmy we dwójkę z Głubokowskim za mury kremla. Nadciągał liliowy zmierzch z tą swoją jasną, delikatną przejrzystością, która zdarza się tylko na rosyjskiej Północy początkiem jesieni, kiedy powietrze przyjemnie pachnie grzybami i butwiejącym listowiem. Obeszliśmy kreml wzdłuż brzegu kryształowego Świętego Jeziora i doszliśmy do cmentarza. W czas takich nastrojowych wieczornych spacerów obaj lubiliśmy tam wstępować, przechadzać się między omszałymi, zjadanymi przez korniki krzyżami – drewnianymi, rosyjskimi, z przybitą u góry tabliczką. Napisy były mało ciekawe: na każdym krzyżu widniało tylko imię spoczywającego pod nim mnicha, jego tytuł duchowny, data śmierci i słowa: „Żył w klasztorze lat tyle i tyle".

– Zobacz – powiedziałem do Głubokowskiego – jak ci mnisi długo żyli! Na każdym krzyżu 55, 60, 65 lat w monasterze i nie krócej niż 50…

– Żyli sobie spokojnie, więc dlatego tak długo. I klimat tu zdrowy. A wiesz, jak się leczyli ze szkorbutu? Opowiadał mi o tym ojciec Irinarch: pili świerkowy wywar i, wziąwszy ciężkie naręcze drew, po piętnaście razy w ciągu dnia wchodzili z nim na dzwonnicę. „Krew rozpędzali", mówił. I pomagało.

Tak doszliśmy do końca mnisich mogił. Za nimi było jeszcze kilka nowych: jedne z krzyżami, inne bez. Dalej, z przodu, ział otwarty, nigdy niezasypywany „zbiorowy" grób: wrzucano tu nieboszczyków, lekko przysypywano ziemią i wapnem, a następnego dnia znów dorzucano nowych. Do „szesnastej roty" ciągle napływały uzupełnienia…

– Zobaczmy, kto leży na końcu tego rzędu, kogo jako ostatniego pochowano pod krzyżem. To tutaj, zaraz przy wspólnej. Jest nawet napis. Czytaj!

Na prostym krzyżu, zbitym z nieociosanych świerkowych gałęzi, na których zastygły żywiczne łzy, była przybita tabliczka, na której wyryto rozpalonym gwoździem:

Pułkownik Sztabu Generalnego Daller
17 listopada 1923 roku
Nie pierwszy ja żołnierz ani nie ostatni,
długo jeszcze Ojczyzna będzie chora.
Wspomnij mnie na porannej jutrzni
Miła przyjaciółko, ma wierna żono.

– Widzisz, z Błoka epitafium ściągnęli. Czy Aleksander Aleksandrowicz pomyślałby sobie, że jego strofy trafią aż tutaj? Co? Wątpię... Ale tak chyba jest bardziej honorowo, niż być wydrukowanym w „Wiesach" czy w „Apollonie"... Jak myślisz? Ciekawe, kto to napisał.

– Przypuszczam, że swoi, sztabowcy.

– Wątpię. Chyba nie daliby rady. Zresztą różny naród teraz tu przychodzi. Znałeś go?

– Siedzieliśmy razem na Butyrkach w siedemdziesiątej ósmej. I tutaj też przyjechaliśmy razem. Ciebie wtedy jeszcze nie było. W czasie przyjmowania Nogtiew kropnął go z karabinu. A ja stałem za nim jako trzeci. Drugim był Tielnow.

– To znaczy, że teraz twoja kolej. Tielnowa wczoraj spisali na straty.

– Co ty bredzisz?! Przecież wczoraj razem z nim brałem kolację!

– No brałeś... A po kolacji to jego zabrano. Zgodnie z poleceniem z Moskwy. Wyprowadzili go na stracenie wieczorem, kiedyśmy u Miszki słuchali Haydna. Tak po prostu. Więc mówisz, że wtedy za Dallerem stał? Strasznie było?

– Było.

– Bardzo?

– Bardzo.

– Chcesz, opowiem ci coś naprawdę strasznego. Coś, co jest nawet straszniejsze od samej czapy. Chodź. Usiądźmy tu gdzieś... Może na tej trumnie?

Po drugiej stronie niezasypanej „bratniej mogiły" bielały ledwie widoczne w zapadającym zmroku nieheblowane deski „honorowej" trumny, jedynej na Sołówkach. Jeśli przyjaciele zmarłego chcieli odprowadzić go na cmentarz, mogli wypożyczyć tę trumnę, zanieść w niej nieboszczyka do grobu, wrzucić go tam, a potem znów odstawić ją na miejsce. Katorżnicy nazywali tę ceremonię „jazdą autobusem".

Doszliśmy do owej trumny. Głubokowski obejrzał ją dokładnie, podniósł wieko, zajrzał do środka i postukał palcami w deski.

– Dobra robota. Musiał ją zmajstrować jakiś zmyślny rzemieślnik, zapewne riazański stolarz. Szpana szybko i byle jak by deski zbiła. Zauważ, jaka ewolucja stylu!

– Jakiego stylu? Czyjego? Trumny?

– Pewnie, że trumny, a nie Mauzoleum Lenina! Tamto inaczej wygląda. Ale popatrz tylko na tę trumnę, to nie skrzynia, a nosidła, w jakich nosi się kruszywo przy budowie dróg. A jaką mają szerokość! Trzech by na nich można ułożyć. Czy takie bywają trumny? A dlaczego? Widzisz, uchwyty przybite jak do nosideł. Gdyby były wąskie – nie nadawałyby się. A tu masz wszystko jak należy. Tempo, bracie, industrializacja! Jednak wieko jest jeszcze normalne, jak w prawdziwej trumnie, z podniesionym wezgłowiem. W tej trumnie splata się tradycja z postępem. Porządna robota!

– Wiesz, Głubokowski, coś mi się przypomniało: w Rzymie, w Muzeum Laterańskim, oglądałem grobowce pierwszych chrześcijan. Było tam coś takiego: na trumnie wyrzeźbiono Dobrego Pasterza z owieczką na ramionach, zaś dokoła Niego tańczące skrzydlate amorki z kiściami winogron i koźlonogie satyry uganiające się za bachantkami. Widać, że już wtedy wszystko się splatało... Takie prawo.

– Prawo swoją drogą, ale różnica wielka. Wtedy to On, Pasterz z owieczką, satyrów-kozłów w ludzi zmieniał, tchnąwszy w nich, w tych kozłów, Swojego wiecznego Ducha... Bywały nawet święte satyry, jeśli wierzyć Mereżkowskiemu[191]. Nawet Messalina zmieniła się w Magdalenę – to fakt, a bachantki w siostry Beatrycze, Urszule i inne takie – to też fakt. A teraz wieczysty grobowiec, nasza rosyjska domowina w skrzynię na śmieci się zmieniła! To są fakty, a nie żadna tam reklama! Masz tu ten swój progres! Humanizm – niech go diabli porwą!

---

[191] Dmitrij Siergiejewicz Mereżkowski (1865–1941) – pisarz, poeta, krytyk literacki, historyk, filozof i tłumacz, jeden z pierwszych twórców rosyjskiego symbolizmu. Swoje przemyślenia na temat filozofii historii zawarł w pracach „Chrystus i Antychryst" (1895-1905) oraz „Królestwo Antychrysta" (1922).

Świątynia to teraz punkt agitacyjny, trumna – śmietnik, grób – wysypisko, Ewangelia – plan przemysłowo-finansowy. Całą parą wjechali humaniści do socjalizmu! Ludzkość uszczęśliwiać!

Szturchnął trumnę nogą, zajrzał do dołu z bielejącą na dnie rozsypaną zawartością i pociągnął nosem:

– Nie, tu nie jest dobrze. Strasznie cuchnie z tej „zbiorówki". Jakimś grzesznym zapaszkiem zawiewa. Może telnowskim po wczorajszej kolacji. No, niech lepiej aromat do Allacha z tej „la fosse" się unosi. Czyż nie zabawna gra słów? Wychodzi, że po rusku „komunistyczna". Może siądźmy lepiej na jakąś prywatną, burżuazyjną mogiłkę. Masz co zapalić?

Ale posłuchaj. Kiedy powiedziałem o Telnowie, przeszły cię dreszcze, prawda? Przeszły, nie zaprzeczaj. Widziałem przecież. Nieboszczyk ci chyba niedziwny. Ale nie myśl sobie, że będę ci opowiadał o „okrucieństwach Czeki" alko o „komarkach". To, bracie, tylko rekwizyty, malowane kartony. Szczeniackie zabawy w rodzaju Edgara Poe, który wymyślił wahadło ze studnią. Myślisz, że kogoś zadziwił?! Takiego wahadła teraz najplugawszy z czekistów by się wstydził. Skoczy mu jakiś podejrzany do takiej studzienki – i kamień w wodę! Na ogół żadne „okropności Czeki" się nie zdarzają. Jest inna groza – rosyjska, wszechruska… Posłuchaj. Pamiętasz, jak wczoraj Otena z góry wezwano? Pamiętasz? Stromberg grał wtedy chorał Haydna. A na górze powiedzieli Otenowi: „Idziemy kropnąć Telnowa". Migiem się zebrał. Prosto od Haydna. Nieźle, co? To też jeszcze nic. Bzdury, dziecinada. Nie chodzi tylko o rozwałkę. Nawiasem mówiąc, taką operację przeprowadza się bardzo humanitarnie. Wyprowadzają skazańca z kremla, wiążą mu ręce i prowadzą po lesie. Dwóch idzie po bokach, a jeden z tyłu... nie więcej. Żadnej zbytecznej wzniosłości, szara codzienność... Prowadzą, a związany sobie myśli: „Może przejdę jeszcze sto metrów... nie teraz jeszcze... no, choćby jeszcze z pięćdziesiąt metrów"... A tu go w kark – cyk! I gotów gołąbeczek! Widzisz, jak humanitarnie! Myślisz, że żartuję?

Ale posłuchaj. Nie to jest straszne, że Oten prosto od Haydna poszedł rozstrzeliwać. I nie to, że nikt go do tego nie zmuszał... szedł dobrowolnie... a to...

Wiesz, co on zabrał od Gołowkina? Kleszcze i szczypce. A pamiętasz gębę Telnowa? Cała w złocie, w koronkach. Właśnie na nie były te kleszcze, a Oten poszedł w charakterze specjalisty-operatora... jest przecież dyrektorem handlowym trustu... Teraz rozumiesz? Daj zapalić.

Głubokowski oderwał kawałek gazety, nasypał szczyptę machorki, zwinął, oderwał papierek, znów zwinął i po kilku łapczywych haustach wyszeptał:

– Wyobraź sobie taki widok: las, Telnow leży jeszcze ciepły, może nawet i drga... oczy otwarte... mętne... Sam wiesz, jakie bywają u świeżych nieboszczyków... A oni – dookoła! W trójkę. Nie więcej. Bo inaczej mało złota na ryja by przypadło. Jeden gębę Telnowowi otwiera, drugi latarką przyświeca. Po twarzy nieboszczyka żółty krążek biega – ręka drży, a Oten w ustach operuje, to kleszczami złapie, to szczypcami podważy... Kleszcze się ześlizgują, a on dalej grzebie... Ale to też nie jest jeszcze takie straszne. To wciąż tylko tekturka. W najlepszym wypadku – Goya. Był też taki szczeniak z teatralnego przedstawienia, głupiutki...

Kiedy zaś Oten do nas wrócił, zaczął słuchać pieśni „wstawiennictwa", a w jego kieszeni zęby Telnowa leżały...

I to właśnie jest straszne! Ani przez sekundę nie udawał świętoszka, on naprawdę wczuwał się w liturgię Damasceńczyka, a jego duch wznosił się na wyżyny, górując nad nami wszystkimi! Z tymi zębami w kieszeni...!

Przecież tacy jak on szli za Piotrem Pustelnikiem[192] do Grobu Chrystusa, za Savonarolą – w ogień, za Zosimą – na Północne Pustkowie, za Awwakumem – na łamanie kołem... i na tym kole pieśnią Boga chwalili...

A ten ma zęby w kieszeni!

Nie, bracie, żeby rozsupłać ten węzeł, trzeba by tuzina Dostojewskich! W pojedynkę nikt nie da rady. A co widział Fiodor, błogosławiony epileptyk? Zero z ogonem. „Kiedyłę-obżarciucha"[193]! Obraz Raskolnikowa[194]! A kimże był ten Raskolnikow?! Gówno z borówkami. Kisiel z mleczkiem migdałowym. Rozwalił chłopak łeb staruszce dla jakiegoś durnego eksperymentu i rozkleił się! Nawet zapomniał, że miał szukać pieniędzy. Grosza niewarte takie przestępstwo. To tylko psota i nawet nie grzech, a co najwyżej zabawa w grzech. Ot, jeśliby powoli, metodycznie, z uwagą przeszukał wszystkie komody, znalazłby ukryty stosik, przeliczyłby pieniądze raz i drugi... a stamtąd prosto na całonocne czuwanie by pobiegł i modlił się

---

192 Piotr z Amiens, Piotr Pustelnik (Eremita) [1050–1115] – francuski zakonnik i wędrowny kaznodzieja, pobożny pielgrzym, organizator i przywódca I Wyprawy Krzyżowej, błogosławiony Kościoła katolickiego.

193 Postać ze „Wspomnień z domu umarłych" F. Dostojewskiego.

194 Główny bohater „Zbrodni i kary" F. Dostojewskiego.

z głębi duszy, rozczulał się, wznosił się duchem jak ten Oten ku niebu, za pieniądze staruchy świeczkę za rubla by zapalił... Matce Boskiej... Wtedy bym się przeraził.

– Ty pewnie wkrótce rozum stracisz, Głubokowski!

– Ja? Nigdy w życiu, jak mówi Aloszka Czekmaza. Myślisz, że to wszystko tak bardzo przeżywam? Nie, bracie. To tylko mój reportaż. Do księgi pamięci wpisuję, zbieram anegdotki o Antychrystowym Rosyjskim Cesarstwie. Chcesz jeszcze posłuchać? Mogę ci opowiedzieć. Znam ich wiele. Może jakieś opowiadanie z pieprzykiem, z morałem, z dygresją. Posłuchaj!

W Tambowie skazano na rozstrzelanie dwóch bandytów od mokrej roboty. Sprawiedliwy wyrok dostali. Każdy z nich miał z dwudziestu ludzi na sumieniu. Więzienie, jak zwykle, przepełnione: wszystkie cele nabite do granic możliwości – robili czystkę z powstańcami. A w celi śmierci siedzi dwóch staruszków. Nie ma ich gdzie zabrać, bo na jedną noc to się nawet nie opłaca. Wsadzili więc bandziorów do nich. A zbrodniarze postanowili pohulać sobie tej ostatniej nocy, godnie pożegnać się z życiem. Ale jak? Wódki przecież dostać nie można. Pozostało tylko jedno: nastraszyć staruszków i, no, umilić im życie więziennym sposobem... Sprytnie, co? Fiodor Michajłowicz tę „ostatnią noc skazańca" wyrywałby ze swojego serca rozpalonymi kleszczami. A i tak okazałoby się, że jego męki na nic się nie zdały. Sprawa była całkiem banalna. Pomylił się trochę nasz wielki jasnowidz.

Mylisz, że to już koniec? Nie, bracie, zaczekaj. Dalej będzie jeszcze koszmarniej. Nocą przyszli po bandytów i mówią: „Wychodzić bez rzeczy...", a starcy wtedy: „Panowie-towarzysze, wam już niewiele więcej niż godzina życia została, a macie takie dobre buty, oficerki, chromowe. Może byście nam je podarowali za to, żeśmy wam dogodzili... Jest już lato, to nóżek nie przeziębicie".

Nie wierzysz? Obaj teraz są tutaj. Sami mi o tym opowiadali. Mogę ich jutro z tobą zapoznać. Sam zobaczysz, kto to. Wiesz już? Kalinycz z Płatonem Karatajewem! – wyszeptał mi do ucha. – Ot, kto!

Głubokowski aż się zachłysnął nagłym napadem śmiechu. Dławił się, chlipał, kaszlał i powtarzał między duszącymi go spazmami:

– Za buty... Płatosza Karatajew... za chromowe...

W końcu odetchnął, otarł łzy i zapalił.

– A więc wszystko już się na Rusi zdarzało! I dyby, i koło, i „poranna egzekucja strzelców", i „piraci, na okręt!", ale czegoś takiego jeszcze nie było. A wy z jakimiś dziecinnymi „okrucieństwami Czeki" wyskakujecie... idioci robaczywi... Maniłowowie[195]!

Nie! Wyobraź sobie tylko, Szyriajew, że wchodzimy, ty albo ja, z takim temacikiem do jakiejś tam redakcji w roku, powiedzmy, 1870. Co by wtedy było? Zagrajmy taką farsę! Przyszlibyśmy do „Otieczestwiennych Zapisków", do brodatego Szczedrina. On by nas „zdemaskował" jako łgarzy i zmyślających nicponi i nawyzywał od kiełbi, leszczy czy też innej ryby.

---

[195] Maniłow – bohater powieści Mikołaja Gogola „Martwe dusze". Uprzejmy, miły, grzeczny, przyjazny właściciel ziemski.

Wpakowalibyśmy się do Niekrasowa – kazałby nas wyrzucić na zbity pysk: jak można tak oczerniać jęczącego po ostrogach chłopa! Do Katkowa – wystawiłby rzecz w jak najgrzeczniejszej formie i do tego jeszcze zacytował wyjaśniająco Marka Aureliusza lub Senekę po łacinie. Do Turgieniewa – ten pobiegłby zaraz wypłakać się w podołek Poliny Viardot[196.] Do Dostojewskiego – gość przez trzy dni byłby w szoku, ale żeby w to uwierzyć, nie ma mowy... chyba na darmo biesom się przyglądał!

I tak doszliśmy do sedna moich anegdotek. Zapisuję je w swoim sercu. W pamięci je piekielnym ogniem wypalam, jak piętno Kaina.

Pamiętasz, jak w roku bodajże dwudziestym drugim siedzieliśmy sobie w „Dominie"? Jeszcze Gruzinow pił tam z nami denaturkę. Pamiętasz? Klujew wyszedł na estradę i po swojemu, po koźlemu, zaczął jak diaczek zawodzić:

Uwielbiana Matka Boża zbiegła z ikony,
żeby jak zamieć na Marsowym Polu wyć
i z Olgą Pskowską za żółte bony
wąsatym Madziarom się spieniężyć...

Ty pewnie tego nie zauważyłeś, a może przeoczyłeś, a mnie dźgnęło prosto w serce. To przecież dalszy ciąg „Biesów"! „Jeśli Boga nie ma, to jaki ze mnie kapitan?" albo stary Wierchowieński[197] przed śmiercią: „Existe-t-elle, la Russie?"[198]. Masz tu „egzystę". Uciekła ta nasza biedna Ruś, Matuszka

---

[196] Pauline Michelle Ferdinande García-Viardot (1821-1910) — francuska śpiewaczka, nauczycielka śpiewu i kompozytorka.

[197] Główny bohater „Biesów" F. Dostojewskiego.

[198] Franc. „Czy Rosja istnieje?".

„wszystkich pożałowania godnych radości", przeszła drogę przez mękę i zakręciła podołkiem na Marsowym Polu. A Olga Pskowska z Błokową Kaśką tańcuje:

Swoje umęczone nóżki
Razem z sobą połóż spać!
Ech, ech, bez krzyża…
Tra-ta-ta…

Posłuchaj dalej. Wyjawię ci wielką tajemnicę. Tylko od razu się umówmy: nie przyklejaj mi tej swojej durnej etykietki! Porzuć swój aptekarski zwyczaj i przestań ustawiać ludzi jak flakoniki na półeczkach. Zapomnij o słowie „mistyk". No bo jaki tam ze mnie mistyk? Gdzie niby ja, moskiewska bohema, miałbym nabyć taki rynsztunek? U Kizewiettera[199] może, u którego Ruś na Kulikowe Pole bez krzyża szła? A może u Tairowa[200] czy w kafejce Filippowa[201]? Czy też u Morozichy w „zakładzie"? Wyrzuć, wykreśl to słowo.

No więc tak. Opowiedział mi to pewien mniszek. Taki niespełna rozumu, jakby trochę nawiedzony. Wiesz, on nas, katorżników, urzędnikami nazywa i, choćbyś go zabił, nie może zrozumieć, że jesteśmy tu nie z własnej woli. Opowiedział mi pewien apokryf, który wyczytał w jakimś, najpewniej staroobrzędowym, rękopisie: kiedy święty Sergiusz z Radoneża

---

[199] Aleksander Kizewietter (1866-1933) – rosyjski historyk, publicysta, działacz polityczny.

[200] Aleksander Tairow (prawdziwe nazwisko Kornblit) [1885-1950] – rosyjski i radziecki aktor, artysta ludowy RFSRR.

[201] Siergiej Filippow (1912-90) – radziecki aktor komediowy, artysta ludowy RFSRR.

zwoływał wojsko do Kołomny, do Dymitra, napisał do książąt przesłania – do riazańskich, jarosławskich, białozierskich i innych... Biesom zrobiło się bardzo przykro (mnich tak właśnie powiedział – przykro), że Święta Ruś się umacnia i poganom zginąć przyjdzie. W różny sposób świętemu przeszkadzały: a to do atramentu mu narobiły, że smrodem się dusił, to w rękę go trąciły, to lampę zgasiły...

Nie może sobie święty z nimi poradzić i modli się do Przeczystej Orędowniczki:

– Daj mi siłę, bym mógł się od przeklętych biesów obronić!

Usłyszawszy to, Matka Boża obdarzyła swojego gorliwego wyznawcę mocą nałożenia klątwy na biesy, na duże i małe, na Goga i Magoga, na całe pół tysiąca lat. Nie wolno im było przebywać na Rusi i zostali zamknięci we wnętrzu Ziemi. Na połowę tysiąclecia! Policz tylko, według Jewtuszewskiego[202], bez mistyki: 1380 plus 500 daje równo 1880. Skończyło się zaklęcie. Wyszli Gog i Magog ze swoich lochów! Rozbiegły się biesy po Rusi, najpierw ledwie można było je zauważyć, ale później jak się nie rozhulają... rozdokazują... wyją i wirują jak zamieć... Takie są te ruskie biesy... swojskie... Śmiejesz się?

– Jak tu się nie śmiać? Czy to jakiś czarci nacjonalizm, czy narodowe zbieszenie? Chyba rozum postradałeś, Głubokowski! Do reszty zbikowałeś... wariat jesteś!

– A ty co myślałeś? Biesy też mamy własne. Po co nam jakiś niemiecki czart w pelerynie i ze szpadą?! Na Rusi taki nie

---

[202] Wasyl Jewtuszewski (1836-88) – matematyk, redaktor pisma „Narodnaja Szkoła", autor zbiorów zadań matematycznych.

ma nic do roboty. Nie mają też tu co robić demony Manfredy, co najwyżej mogą przyśnić się pensjonarkom. Nasz bies w łapciach po błotach poskacze z kępki na kępkę, a potem z kupcową przy herbatce usiądzie, z pijanym chłopem potańcuje... Pamiętasz, u Musorgskiego – jak trepaka wywija?![203] Czuł on biesa... słyszał go pewnie po pijanemu, ale Dostojewski zobaczył go na własne oczy, nawet go dotykał i za ogon pociągał. I to żadnego tam alegorycznego czy symbolicznego, ale najprawdziwszego, jednego z tych, których Chrystus w świnie wpędził.

Nasz bies jest straszny przez to, że go nie tylko od człowieka, ale czasem i od anioła odróżnić trudno. Bez płaszcza, bez szpady, zwyczajny taki. Żyła sobie, na przykład, jakaś tam Sofka Perowska[204], co każdego ranka przed mamusią i tatusiem grzecznie dygała, nosiła warkocz z kokardą, wkuwała francuskie czasowniki... A tylko popatrz – takim Rusaczkom-prostaczkom topór, to znaczy bombę, do ręki wsunęła: „Idź, zabij! Tak trzeba, w imię miłości". Ofiarę z grzechem w jednym moździerzu utłukła. I nie skrewiła, jak Raskolnikow po pierwszej staruszce! Raz, dwa, trzy, pięć... Pociągi – pod nasyp, Pałac Zimowy – do diabła, setki trupów... krew tryska, a oni jakby nigdy nic. Oto rosyjskie biesy w anielskich postaciach! Przecież wierzący byli! W „Ofiarę Wieczernika" wierzyli tak, jak nawet cały Synod razem wzięty nie wierzy. Taki to już jest ten ruski bies! To nie jakiś tam kapelusz z piórkiem. Nasz bies wszędzie polezie. Jako myszka, pchełka, weszka maleńka... robaczek

---

[203] Chodzi tu o poemat symfoniczny Modesta Musorgskiego (1839-81) „Noc na Łysej Górze".

[204] Sofia Perowska (1853-81) – rosyjska rewolucjonistka, współorganizatorka zamachów na cara Aleksandra II, w tym zakończonego powodzeniem ataku z 13 marca 1881.

– toczy i toczy – mózg i serce... I do łóżka, i do trumny z tobą się położy. Słyszysz? – złapał mnie nagle za rękę.

– Co takiego?

– To on, stuka... Wiekiem o trumnę stuka! Odzywa się...

Przed samymi oczami miałem twarz Głubokowskiego, bladożółtą w świetle wschodzącego księżyca.

– Słyszysz? Słyszysz? – chrypiał. – O, teraz, teraz...

Za nami, z tyłu, gdzie stała ogólnodostępna trumna „autobus", rzeczywiście coś stukało rytmicznie i miarowo.

– W żywego czorta nie wierzysz, a boisz się obejrzeć. Cienkie jelito z ciebie. Ech, ty – wolnomyśliciel... – roześmiał się Głubokowski. – Coś tak zbladł! Nie bój się, zobaczmy. To z pewnością jakieś gierki.

Wstaliśmy i odwróciliśmy się. Trumna przykryta niemalowanym wiekiem była wyraźnie widoczna. Jej smoliste deski jaśniały w trupio bladej poświacie księżyca. Stukanie ustało. Lecz nagle, od strony wezgłowia, wieko zaczęło się powoli unosić i spadło na bok. Z trumny wynurzyła się postać mężczyzny. Najpierw chwilę klęczał, potem wstał – czujnie, jak złodziej. Porozglądał się na wszystkie strony, poprawił pasek i szybko, prawie biegiem, oddalił się w stronę kremla.

– I już po wszystkim – powiedział rozczarowany Głubokowski. – A więc o to chodziło? Aha, zobacz coś jeszcze...

Z trumny znowu ktoś wyjrzał. Tym razem kobieta. Zawiązała zsuniętą na kark chustkę, obciągnęła spódnicę i pobiegła, ale w przeciwnym kierunku, do kobiecego baraku.

Głubokowski ponownie zaniósł się śmiechem, upadł na ziemię, tarzał się, dławił, kaszlał.

– Ale piękny obrazek! To te nasze biesy, na żywo, na całego... a to diabełki rozpustne... nic dziwnego... młodzież! W trumnie się kochają! Chytrze to wymyślili! Sam Rajwa nie wpadłby na coś takiego. Za dnia – umarlaczki, a wieczorem – kochankowie! To, bracie, lepsze od szczedrinowskiej[205] kupcowej. Czegoś podobnego nawet ten brodaty prześmiewca by nie wymyślił!

Nagle zerwał się, a jego śmiech zamilkł. Zaokrąglone, bezmyślnie wytrzeszczone oczy skierował ku ciemniejącej bryle kremla.

– Oto jeszcze jedna anegdotka o Carstwie Sowieckim! Nieźle, prawda? W trumnie... Czy to nie dobra fabuła? Edgar Poe z zawiści w grobie się przewróci. Bo ja zawsze to, co zapamiętuję, do serca sukienną nicią przyszywam, żeby jątrzyło i spokoju nie dawało...

– Przyjdzie czas – zagrzechotał jego potężny, lodowaty bas – a kiedyś z pewnością nadejdzie, i wtedy to wszystko opiszę! I światu przedstawię! Pokażę ruskiego biesa w całej jego krasie! Swoją krew z psią kupą zmieszam i tym paskudztwem pisał będę... ku pouczeniu potomnych, niech ich czart porwie! Pokażę ja im gród Kitież przeobrażony przez rewolucję! Macie! Patrzcie! – pogroził pięścią basztom kremla, wysrebrzonym

---

[205] Michaił Sałtykow-Szczedrin (1826-89) – rosyjski pisarz, satyryk i publicysta. W jego utworach często pojawiają się postacie kupców.

księżycowym blaskiem. – Nasyćcie się! Mądra dziewica Fiewronia błądzi w zaświatach, a dostojny książę Jurij[206] zęby nieboszczykom wyrywa! Odprawiły biesy swoją diabelską proskomidię[207] na ewangeliczny sposób... „Oto moja krew nowego przymierza"... Żelabowowie, Pierowscy, Zasuliczowie, Kalajewowie, Dzierżyńscy... Święte biesy... Piekielni święci! Swoją krew przelali „na zachowanie grzechów"! Rewolucją Ruś przeobrazili! I oto jest, święta, przemieniona... O wszystkim napiszę[208] – ja, włóczęga, katorżnik Głubokowski! O wszystkim!

Ostatnie słowa wykrzyczał, wyrwał je z siebie w zapamiętaniu, jakby wyrzucił ze swego wnętrza coś bezmiernie ciężkiego, dławiącego i uciskającego. Potem nagle zmiękł i opadł bez sił na mogiłę.

– Zmęczyłem się, och, jakże się zmęczyłem. Daj zapalić.

– Jesteś książkowym człowiekiem, Głubokowski, i ciężko ci z tym – powiedziałem, patrząc na krople potu błyszczące na jego czole.

– Co to znaczy, książkowy? – Utkwił we mnie przenikliwe spojrzenie. – Wyraź to dokładniej.

– Nie potrafię, po prostu nie znajduję właściwego słowa... Może lepiej powiedzieć: wizualny, widowiskowy...

---

[206] Postaci z opery M. Rimskiego-Korsakowa „Legenda o niewidzialnym grodzie Kitieżu i dziewicy Fiewronii".

[207] Przygotowanie darów ofiarnych w liturgii prawosławnej.

[208] Tej książki Głubokowski już nie napisał, w połowie lat trzydziestych zmarł, prawdopodobnie otruł się w szpitalu psychiatrycznym. Nie wiadomo, czy zrobił to przypadkowo, czy też ktoś go zamordował – B.Sz.

„tajrowski"... To on pewnie tak cię zniszczył. Bo u niego właśnie, u Tajrowa, wszystko jest zawsze na wierzchu, na zewnątrz... na widoku. Tylko spojrzy i zaraz trafi w sedno. Tak samo ty: zobaczyłeś tych chłopów – i trzask! Kalinyczowie! Karatajewowie! Wetknąłeś w nich gotowe, książkowe trzewia i stworzyłeś anegdotkę.

– A jakimże czortem mam ich, według ciebie, faszerować?

– Żadnym. Każdy ma swój farsz, nie kalinyczowski, nie karatajewowski, a swój, „współbrzmiący z epoką", jak wypadałoby powiedzieć.

– Właśnie o tym są te anegdoty.

– A ja ci o tym inne anegdoty opowiem. Nie zastałeś tu Nogtiewa. Za twoich czasów już Ejchmans był naczelnikiem obozu. Ten Nogtiew to było umundurowane bydlę. Nie ma gorszych, bo nawet wilk ma jakąś swoją etykę: nigdy, polując, nie tknie suczki, wrodzony instynkt bierze w nim górę nad głodem. Kostromscy chłopi często przywiązują gospodarskie suki na noc w lesie – na szczenięta - i jak mówią, nie zdarzyło się, by wilki je rozszarpały. Ale Nogtiew był inny. Morda duracka i wszystkiego się czepiał. Słyszałeś może o ostatnim ruskim milczącym schimniku, który jeszcze do tej pory żyje w puszczy, słyszałeś?

– A któżby o takim fenomenie nie słyszał? No i co?

– Powiadają – mówił mi o tym Błocha, kryminalista, który u Nogtiewa za lokaja robił, a odszedł stąd po „rozładunku" – że początkowo mnisi ukrywali Bożego pokutnika, ale dowiedzieli się o tym czekiści i donieśli Nogtiewowi. Ten ucieszył się po pijanemu: „Ale pietruszka! Mam na swojej wyspie najprawdziwszego świętego! Pojadę do niego i razem wódki się napijemy! Będzie ciekawie!".

Błocha pojechał z nim jako koniuszy. Wzięli wódkę, kiełbasę. Przyjechali ku ziemiance. Nogtiew otworzył drzwi kopniakiem, wtargnął do środka i zaczął wymachiwać butelką: „Święty opiumie! Pora się rozgrzać! Twój Bóg został już skasowany!".

Napełnił szklankę i podał ją starcowi, a ten wstał z klęczek i, nie mówiąc ani słowa, przed Nogtiewem do ziemi się skłonił... jak przed zmarłym... a potem znów ku anałojowi się odwrócił.

Błocha mówił, że wtedy Nogtiew zmienił się na twarzy nie do poznania. Wyobrażasz sobie? Powiadał o swoim dowódcy: „Wyglądał jak odurzony kokainą, w drzwiach jeszcze się odwrócił i rzekł: Módl się za moją duszę, ojcze".

No, może tam Błocha trochę i zmyślił, ale faktem jest, że Nogtiew nie tylko pozostawił schimnika w ziemiance, ale jedzenie kazał mu zanosić i nawet kogoś do posługi mu przydzielił. I jak tu takiego sądzić po krwi, którą przelał, po chamskim zachowaniu, po mordzie czy po wyglądzie?

– A ty go widziałeś?

– Nogtiewa? A jakżeby inaczej?

– Nie, nie chodzi mi o czorta Nogtiewa! Czyś tego schimnika widział?

– Raz. Przypadkiem. Przelotnie.

– Opowiedz.

– Wracałem nocą pieszo z Anzeru, od przeprawy...

– Gdzie cię tam poniosło?

– To też anegdota – roześmiałem się – WPCz wyznaczył mnie na wychowawcę prostytutek.

– Tylko Niewierow[209] mógłby wpaść na taki pomysł! – zachichotał Głubokowski. – No i co, wychowałeś którą?

– Wychować nie wychowałem, ale coś z tego jednak wyszło. To też anegdotka, Borka, z tego samego gatunku co twoje. Na Anzerze umieszczano wtedy „mamki", kobiety, które rodziły na Sołówkach. Mieszkały w głównym budynku, a w spichlerzu, czy też w byłym klasztornym magazynie, siedziały prostytutki upolowane w Moskwie. Łapano je na ulicach i w mieszkaniach. Zadzwonią nocą do drzwi, wyskoczy dziewuszka z łóżeczka, narzuciwszy tylko mantylkę na koszulinę, a ci ją – łaps! „Bez rzeczy"! I tak tutaj przyjechały; z wierzchu mantylka, a pod spodem nic. Koszule na owijki nóg poszły, bo pantofle szybko się zdarły. Żadnego „umundurowania" im oczywiście nie dali, bo wtedy nikomu nie dawali, ale do pracy próbowali je jednak gonić. Tylko nic tego nie wyszło: dziewuchy narobiły takiego rabanu, że sam od nich Rajwa uciekł. Wtedy zamknęli je w tym baraku, bez możliwości wyjścia, z połowicznym wyżywieniem, tak jak żebraków – „leopardów". Co tam się działo – możesz sobie wyobrazić! Na wychowawców wyznaczono czekistów, ale ci odmówili: spotkali się z taką wrogością, że sam diabeł by tego nie wytrzymał. Obsypywano ich wszami, smarowano odchodami... zaczerpnie je tam któraś ręką z paraszy i po mordzie takiego... Zbuntowane baby

---

[209] Aleksandr Niewierow (1886-1923) – rosyjski pisarz i dramaturg. Pisywał głównie dramaty agitacyjne.

to straszna rzecz! Do tego histeryczki. Więc do takich właśnie mnie pchnęli. Nawet przyznano mi „ochroniarskie" wyżywienie. Z mięsem!

– Ciebie też wszami obsypały?

– Mnie, a dlaczego? Chorowałem wtedy na dur plamisty, a od wszy i tak nie da się uciec. Tyle tylko, że nie one mnie nimi obsypały. Wszedłem sam do baraku, bez naczalstwa, i, Boże mój! Wyobraź sobie, Borys, kombinację wychodka, takiego jak w nocnej herbaciarni „Kalosze" – pamiętasz, byłeś? Połączenie kobiecej łaźni z piekłem Dantego w stylu Doré. Dodaj do tego jeszcze ogólną histerię. One nagie... potworne! Zimno... smród... Przyznaję, strach mnie obleciał. Jedna wyskoczyła naprzód i dawaj, pląsać. Czegoś tak ordynarnego, wierz mi, nie mógłbym sobie wyobrazić w najokropniejszym koszmarze. Ale przywołałem się jakoś do porządku, wziąłem się w garść i spuściłem jej sołdackie manto okraszone siarczystą wiązanką. Wszystkie się uspokoiły. Potem zacząłem mówić im o Moskwie, pytałem, gdzie mieszkały. Znaleźliśmy nawet wspólnych znajomych – choćby taką kulawą Awdotię Siemionownę, co w Jermakowie kokainą handlowała. Zrobiło się całkiem znośnie. „A ty kto, czekista?" – pytają. Nie, mówię, artysta. No i wtedy już zapanowała między nami prawdziwa przyjaźń. Opowiedziałem im parę anegdotek, parodiując występujące w nich postaci i zrobiłem tym prawdziwą furorę! Potem recytowałem „Mordziaste namiętności"[210,] ale te wywarły na nich dość słabe wrażenie, a przecież deklamowałem dobrze, bo lubię ten utwór.

---

[210] Maksym Gorki, opowiadanie „Mordziaste namiętności" (1913).

– Magdaleńską patronkę udawał... Cymbał! Przez literaturę chciał się zaczepić! Też coś... wymyślił...

– A wiesz, że się zaczepiłem! Tylko z innej strony. W końcu dopasowałem się do nich. „Mordziaste namiętności" nie wypaliły, ale przy „Manon"[211] publika była w komplecie, pełna widownia! A jak! Ryczały i wyły ile wlezie! Sam zgłupiałem ze zdziwienia.

– Melodramat! „Gastoszą go zwali", pamiętasz w „Na dnie"?

– Ty znów przez książkę do duszy włazisz! A jak, według ciebie, Nastka kochała tego swojego wymyślonego przez siebie Gastoszę? Bo kochała, Borys, może nawet mocniej kochała niż Julia swojego Romea, tylko Gorki tego nie przejrzał i tobie nie przekazał.

– I długo tak z nimi marudziłeś?

– Całą jesień. Ze cztery miesiące. Przeczytałem im „Marię Lusiewę"[212], „Damę kameliową" - też chwyciła, „Nadieżdę Nikołajewnę"[213]... Nawet gazetkę ścienną wydały – „Głos Ulicy". Same pisały... udane wiersze... A wiesz, kto jeszcze je chwycił za serce? Nie zgadniesz: „Lady Makbet mceńskiego powiatu"[214]. Ot, co! Wszystkie jej współczuły. Taki ci kamuflet! Nawet bym z nimi został. Niezła służba. Zajęcia dwa dni w tygodniu,

---

[211] Powieść francuskiego pisarza i dramaturga Marcela Pagnola (1895-1974).

[212] Powieść Aleksandra Amfiteatrowa (1862-1938) – tytułowa bohaterka jest prostytutką z „dobrego domu".

[213] Powieść Wsiewołoda Garszyna (1855-88).

[214] Nowela Nikołaja Leskowa, która stała się inspiracją dla Dymitra Szostakowicza do napisania opery „Katarzyna Izmajłowa".

a potem pięć dni wolnego i dodatkowe jedzenie. Ale Borin przegiął. Przyłączył mnie do teatru i zwolnił ze wszystkich robót, bo nie miał nikogo do „błękitnych" ról[215]. Kiedy się żegnaliśmy, to wszystkie płakały i wszystkie je wycałowałem.

– A syfa nie złapałeś? Masz szczęście. No, my tu rozgadaliśmy się o prostytutkach, a zapomnieliśmy o schimniku. Opowiedz mi o nim.

– A więc pewnego razu, jesienią, wracałem nocą od moich prostytutek i zabłądziłem. Przedzieram się przez jakieś paprotniki – ciemno, choć oko wykol! Aż tu natknąłem się na niepozorną ziemiankę i dopiero wtedy zobaczyłem światełko w okienku. Takim maleńkim, z jedną szybką. Przez nie zobaczyłem palącą się lampadę! Domyśliłem się, że mieszka tu schimnik. Zajrzałem do środka, ale nie miałem odwagi wejść. Borys, sam nie wiem czemu, ale się bałem. Kiedy się lepiej przyjrzałem, zobaczyłem na ławie trumnę, a przed lampadą – ikonę. Nie mogłem dojrzeć na niej twarzy, ale wiem, że był to Zbawiciel! To nie mógł być nikt inny. Płomień raz się rozjaśniał, to znów przygasał – wystarczył najlżejszy podmuch wiatru. Najpierw dostrzegłem tylko brodę schimnika. Długą, siwą... jak poruszała się do góry i na dół. Pustelnik bił pokłony.

Jednak nie wszedłem do niego i całą noc, aż do świtu, stałem pod tym okienkiem. Wtedy mogłem lepiej przyjrzeć się izdebce i zacząłem wyraźnie rozróżniać epitrachelion z czaszkami i kożuch pod nim. Stałem i patrzyłem. A on się modlił i kłaniał. Do samego rana.

---

[215] „Błękitna" rola – drugoplanowa rola pozytywnego bohatera.

Masz tu jeszcze jedną anegdotkę: święty sołowiecki kreml wypełniony po brzegi grzechem. W Soborze Przemienienia – Sodoma. Kto jaki grzech popełnia, tego nawet sam Pan Bóg na Sądzie Ostatecznym nie dojdzie! A tuż obok, w ziemnej celi, schimnik modli się o odpuszczenie grzechów. Tych właśnie grzechów. Bo jakich by innych? Może światło jego łampadki i tutaj dochodzi?

– O, masz tu ten swój Sobór Przemienienia zamieniony w Sodomę, w śmietnik – Głubokowski machnął ręką w stronę kremla, nad którym górowała bryła świątyni – cały w ciemnościach! I ta trumna!

– U schimnika też trumna stała. I Łazarz ożył, będąc w trumnie. Czy w ogóle był jakiś Łazarz?

– Może i był. Ale teraz już go nie ma. I nie będzie. Nie ma skąd się wziąć. I trumna zapaskudzona. Sam widziałeś. Wszystko to brednie, wierutne brednie.

– Nie, zobacz! – Zacząłem wpatrywać się w bezgłową kopułę. – W oknie dzwonnicy, tej po prawej stronie, coś migocze…

– To odblaski z dziedzińca, od latarni.

– Ależ skąd! Dzwonnica jest po prawej stronie, przy murze. Tam ktoś jest.

– Łaziłem tam kiedyś. Jest zupełnie pusta, schody ledwie się trzymają. Może ojciec Nikodem zakradł się, by z kimś wieczorne nabożeństwo odprawić? Albo panichidę?

Rozdział 29

Schimnik umarł

Minął rok i znów przez jakiś czas pracowałem przy wiązaniu tratw.

Moim instruktorem był ojciec Piotr, sołowiecki mnich. Tym rzemiosłem zajmował się już prawie trzydzieści lat. Miał ręce jak dębowe gałęzie: sękate, chropowate, choć bardziej podobne do korzeni tego drzewa, z twardymi jak żelazo paznokciami i niezwykłą siłą w palcach; metalowe blaszki z numerami, grubsze od srebrnej rublówki, zwijał w ruloniki dwoma palcami, choć sam był niewielkiego wzrostu, ale szeroki w barach; człowiek, jakich wielu.

Pewnego razu, w lipcową sobotę, przyszedł do pracy, porozmawiał chwilę z konwojentem, a potem rzekł do nas:

– Dzisiaj, braciszkowie, popracujecie sami, beze mnie.

– Zachorowałeś, ojcze Piotrze, czy co?

– Nie, chwała Bogu, Pan darzy mnie zdrowiem i miłuje. Mam teraz co innego do zrobienia – pochówek.

– Umarł wam ktoś, ojczulku?

– Nasz milczący schimnik, który żył w leśnej samotni. On to odszedł do Pana, ale kiedy – tego nie wiemy. Starcy raz w tygodniu jedzenie mu przynosili. W soboty. Teraz też przyszli z samego rana. Weszli do pustelni, a on, gołąbeczek, leży przed obrazem czołem o klepisko oparty... Widać, pokłony aż do samej ziemi bił i w takiej to chwili Pan Bóg duszę jego przyjął. Łaska to wielka, pociecha i ogromny honor dla starca. Widomy znak, że na rajski wieniec zasłużył. Musiało się to stać w środę albo jeszcze we wtorek. Stare suchary leżały nietknięte, a olej w lampadzie już się wypalił.

– Łampada pewnie zgasła?! – krzyknąłem niechcący.

– Nie, tliło się w niej jeszcze słabiutkie światełko. Jest przecież niegasnąca. Zostało troszeczkę oliwy na knocie.

– I nie zgasła?

– Nie dopuszczono do tego. Mnisi zaraz ostrożnie, z wielką nabożnością, dolali do niej oliwy ze szklanicy i znów zajaśniała przed Obliczem Chrystusa.

– Cuchnął już ten pustelnik, czy może pozostał nietknięty jak święte relikwie? – zainteresował się jakiś chłop-powstaniec z naszego artelu.

– Nie, nie wydawał żadnego zapachu, bo skąd też miałby go brać? Wysechł jak liść ten nasz pokutnik, prowadząc tak święte życie. Wszystkie wnętrzności na postach wysuszył, została tylko skóra i kości.

– To jest możliwe. Może też się zdarzyć po śmierci kogoś świątobliwego, że jego ciało nie gnije, to szczera prawda...

Pochowano go w lesie koło jego celi-ziemianki. Chociaż nikogo z nas tam nie dopuścili, nawet duchownych, to wiadomość o śmierci schimnika poruszyła wielu mieszkańców kremla. Rozprawiano o niej, doszukiwano się w niej jakiegoś tajemnego sensu, ukrytego znaku.

W prowadzonych rozmowach wspominano też o innej śmierci, o męczeńskim zgonie nieszczęsnego imperatora. Wspominki jako pierwszy rozpoczął sędziwy generał Kostrycyn, emerytowany już końcem ubiegłego wieku i mieszkający trochę w Czuchłomie, trochę w Sudodze, skąd zesłano go na Sołówki z powodu braku w tych stronach jakiejś innej kontry ze złotymi pagonami.

– Może nie zaszkodziłoby panichidy za naszego władcę odprawić? Za tydzień przypada rocznica jego śmierci – rzekł, myśląc z pewnością też o swojej śmierci, która przyszła po niego jeszcze tego samego roku.

– Macie pojęcie, czym to pachnie, jeśli władza się o tym dowie? – zaprotestował któryś z obecnych.

Pachniało rzeczywiście kiepsko. Zaledwie przed miesiącem przybyła na Sołówki liczna grupa byłych licealistów z Carskiego Sioła. Zostali zesłani z długimi wyrokami właśnie za taką panichidę odprawioną w Piotrogrodzie za duszę cara. Sześciu czy siedmiu inicjatorów tego pamiętnego nabożeństwa zostało rozstrzelanych.

Ale pragnienie, by pomodlić się za duszę carskiego męczennika właśnie tutaj, na Wyspie Męczenników, na Golgocie ukrzyżowanej Rosji, było niezwykle silne. Grupa młodych oficerów, strzegąc starannie tajemnicy, rozpoczęła przygotowania. Nie było to łatwe.

Przede wszystkim trzeba było znaleźć duchowego. Przebywało ich tu wielu, ale większość nie chciała ryzykować, a ci, którzy gorliwie i z oddaniem służyli Chrystusowi, byli

bezustannie śledzeni. Proponowano różne kandydatury, dysku-
towano nad nimi i spierano się, aż w końcu wszyscy zgodzili się
na „Popa Pocieszyciela" – ojca Nikodema; ten na pewno nie od-
mówi. Zaprowadzenie go do lasu też nie stwarzało problemu.
Nie mieszkał przecież w szóstej rocie, ale razem z drwalami.
O przepustkę zatem było nietrudno.

Ojca Nikodema nie trzeba było długo namawiać. Nigdy
nie uchylał się od swoich powinności. Ale mimo to uprzedzono
go o ryzyku.

– Będzie, jak Bóg zechce... To nie na nasz rozum, a wy
cóż, gołąbeczki, postarajcie się o krzyż i jakiś epitrachelion dla
mnie, będzie bardziej godnie. Mój sami wiecie, jaki jest i na
taką okoliczność niezbyt przystoi. Postarajcie się, synkowie! Jesteście przecież młodymi, obrotnymi chłopakami. I o kadzi-
dle nie zapomnijcie. Żadna panichida nie może się obyć bez
kadzidła.

Postarali się i wyciągnęli co trzeba z muzeum wypróbowa-
nym już sposobem przy pomocy „króla włamywaczy", Biedruta. Potem w taki sam sposób wszystko wróciło na swoje miejsce, do gabloty.

Miejsce panichidy? Oczywiście „Golgota" – polanka za
Świętym Jeziorem w leśnej głuszy, przy kamiennym krzyżu.

Zamiast świec były przyniesione ze stoczni przez miczma-
na G-skiego smolone sznury z morskich lin.

W zmowie uczestniczyło tylko 22 ludzi. Większość się
bała. Z kremla wychodziliśmy pojedynczo, okrężną drogą.
Przed zachodem słońca wszyscy zebraliśmy się na „Golgocie".

O kim mówią słowa modlitwy? Czy nie o tych, którzy szepczą je bezgłośnie?

Kto stoi tutaj, w tej leśnej świątyni, pod kamiennym krzyżem, na niezakrzepłej jeszcze krwi? Żyjący czy już tylko cienie żyjących, którzy odeszli w milczeniu do tajemnego świata, bez powrotu do życia?

To nie ludzie tu stoją, a wspomnienia o nich samych i pamięć o tym, co zostało im wyrwane z ciałem i krwią. W pamięci tkwi to, co własne, odrębne, osobiste, specyficzne dla każdego; zaś to, co inne, stojące nad nią, wspólne dla wszystkich, niezmienne, ponadosobowe, to Rosja, Ruś, Wielka i Potężna, Jedyna w mnogości swoich plemion, a teraz pogrążona w bólu, krwawiąca i udręczona cierpieniem.

– Daj, Panie, spokój duszom zmarłych sług Twoich!

Ojciec Nikodem odmawia modlitwy prawie szeptem, ale każde ich słowo głośno i wyraźnie rozbrzmiewa w uszach i sercach zebranych po to, by uczcić pamięć Pierwszego spośród zastępu męczenników za ukrzyżowaną Rosję, męczenników teraźniejszych i przyszłych, gotowych przyjąć swój wieniec męczeństwa...

Hierarcha odziany w łachmany i w wyrwanym z niewoli na jedną noc epitrachelionie śpiewa bezgłośnie święte rosyjskie pieśni, ale my wszyscy słyszymy przypływ niewidocznego, nieznanego morza i wtórujemy mu z głębi duszy:

– Za Mikołaja, Aleksieja, Aleksandrę, Olgę, Tatianę, Marię, Anastazję i wszystkich, którzy wraz z nimi swój żywot za Ciebie, Chryste, oddali...

– Daj, Chryste, spokój duszom sług Twoich i przebywanie wraz ze świętymi Twymi...

Ojciec Nikodem okadza starodawny kamienny krzyż stojący od trzystu lat na mogile męczenników za świętą ruską wiarę. Ich imion nikt już nie zna.

– Imiona ich, Panie, miej w Swojej pamięci!

W tak podniosłej i pełnej dostojeństwa chwili pięćsetletnie sołowieckie świerki podały sobie ręce w geście solidarności i otoczyły cerkiew-polanę, tworząc zwarte ściany świątyni. Gorejące płomieniami zachodu niebo – jego kopułę. Ołtarzem była mogiła męczenników.

Po pewnym czasie ściany świątyni rozstąpiły się i zaczęły schodzić ku brzegowi. Teraz świątynią stała się cała Ruś, Święta i Niezwyciężona. Wieczna! Tutaj, na sołowieckiej leśnej Golgocie, wznosi się jej ołtarz.

– Idźcie znosić ból i troski, bo życie jest wieczne! – zakończył ojciec Nikodem.

Wieczne? Pogrążające, pokonujące i zwyciężające śmierć?

W nieśmiało zapadającym zmierzchu dopalały się ogniki świec własnej roboty. Gasły jeden po drugim.

Na ciemniejącej, posępnej kopule wieczornego nieba przyjaźnie i usłużnie zaświeciła pierwsza gwiazda jak Wieczna Lampka przed tronem Stwórcy życia.

W ziemnej celi wezwanego przez Boga schimnika tak samo delikatnie i blado tlił się ognik niegasnącej łampady przed smutnym Wizerunkiem Zbawiciela. W jego nikłym blasku przez czterdzieści dni i nocy ostatni mnisi obumarłego przybytku, zmieniając się nieustannie, czytali ze starej, zaplamionej woskiem księgi słowa natchnionego poety i cara, pełne męki i skruchy wołania umęczonego ducha oraz radosne zaśpiewy jego wiary w nadchodzące Przemienienie. Przychodzili tutaj również później, by odprawiać litie[216].

Dwudziestu dwóch sołowieckich katorżników w tej godzinie modlitw za zamordowanych było z tobą, Rosjo, w twoim wiecznym życiu... Z tobą, carze-męczenniku, który przyjąłeś nasze winy i grzechy na swą duszę.
– Wieczny odpoczynek!

---

[216] Litia – gorliwie śpiewana modlitwa, np. „Hospodi, pomiłuj!".

Rozdział 30

Łampadka jeszcze się tli

Kilka lat po opuszczeniu sołowieckiego obozu koncentracyjnego zacząłem wykładać historię literatury rosyjskiej
na sowieckich uczelniach. Ten, kto ma wiedzę o takiej pracy
na podstawie informacji z odległych czasów, nie mówiąc już
o Moskiewskim Imperatorskim Uniwersytecie w słynnej epoce ministra Kasso[217] czy o edukacji w przededniu odchodzącej
w przeszłość epoki Magnickiego[218], gorzko się pomyli.

Wolna myśl ludzka za czasów Magnickiego została skrę-
powana. To fakt. Ale nie była zastępowana obowiązującym,
narzuconym wykładowcy odgórnie powszechnym fałszem,
całym systemem wypaczeń, zręcznych i przemyślanych w najdrobniejszych szczegółach przeinaczeń podporządkowanych
„jedynie słusznemu" programowi nauczania.

Najuczciwsze, co mógł zrobić sowiecki nauczyciel, to beznamiętnie i sucho przekazywać dopuszczone przez cenzurę

---

[217] Lew Kasso (1865-1914) – rosyjski prawnik i działacz społeczny, w latach 1910-14 minister
oświaty. Okres ten odznacza się skrajnym konserwatyzmem i odrzuceniem wszelkich postępo-
wych osiągnięć rewolucji lat 1905-07.

[218] Michaił Magnicki (1778-1844) – rosyjski działacz państwowy, publicysta, poeta, uczestnik reform szkolnictwa wyższego w Rosji w ostatnich latach panowania Aleksandra I. Był
zdecydowanym krytykiem idei oświeceniowych i wdrażania zachodnioeuropejskiego modelu
kształcenia w Rosji.

fakty i odnoszące się do nich stanowiska krytyki marksistowskiej, bez zrodzonego przez socjalistyczne podłości entuzjazmu i bez płaszczenia się przed fetyszami najnikczemniejszej z epok.

O wszystkim innym należało milczeć.

Myśl studenta została nie tylko ujarzmiona, jak próbował czynić to Magnicki, co mu się zresztą nie udało, ale skierowana na ściśle wytyczony tor. Zejście z niego oznaczało pewną zgubę. Niektórzy jednak znajdowali w sobie siły na taki wyczyn.

Pewnego razu, kiedy przechodziłem korytarzem instytutu, dopędził mnie jakiś student i szedł obok w milczeniu, czekając, aż wydostaniemy się z normalnego w czasie przerwy ścisku. Zdarzało się to często, kiedy spodziewano się nadzwyczajnej kontroli z rejonowego komitetu komsomołu czy z wydziału specjalnego NKWD. W takich sytuacjach studenci starali się zawsze uprzedzić mnie rzuconą po drodze frazą. Czekałem więc na nią i tym razem, ale okazało się, że chodzi o coś innego.

– Niech pan przeczyta, kiedy znajdzie pan trochę czasu. – Młodzieniec wetknął mi do ręki gruby zeszyt.

Były to oczywiście wiersze. Zdarzało się to bardzo często i stawiało mnie w niełatwej sytuacji, choć i bez tego moja praca była trudna, intensywna, niezwykle wyczerpująca i pełna kompromisów z własnym sumieniem.

Rzadko miałem czas na czytanie topornych i banalnie rymowanych przeróbek artykułów z „Prawdy", co sprawiało mi raczej wątpliwą radość, a jeszcze mniej doznawałem jej w zetknięciu z pustymi i trywialnymi wypowiedziami, w których sugerowano, by uczyć się od Puszkina i Majakowskiego. Ale i te wypadało przyjąć. Inaczej – obraza, a nawet donos.

Tym razem sprawa wyglądała lepiej: wiersze okazały się dość poprawne techniczne i były do głębi szczerym naśladownictwem Lermontowa. Motto do nich stanowiła fraza: „Żyłem za mało, żyłem w niewoli..."
Niespokojna tęsknota Lermontowa, cierpienia jednostki, porywy ku nieznanym dalom, bolesne przeczucia, tkliwy smutek płynący z kontemplacji – wszystko to znajdowało w nich odzwierciedlenie i autor wczuwał się głęboko, po młodzieńczemu, płomiennie, z niezwykłą wrażliwością, i nie było w tym jego winy, że potężny geniusz ubiegłego wieku podporządkował swoim poetyckim formom duszę sowieckiego chłopaka.

Postanowiłem nie wypisywać pustych słów, ale, wybrawszy odpowiedni moment, porozmawiać z młodym poetą. Był to dobry student, który wyraźnie dążył nie tyle do zdobycia dyplomu, co wiedzy, nie ograniczał się jedynie do lektury przewidzianej programem, ale starał się, na ile to było możliwe, wnikać w nią szerzej i głębiej, a nawet porywać się na obszary zakazane.

Stosowny moment nadarzył się dość szybko. Przypadkowo spotkaliśmy się w bibliotece i zostaliśmy sami w jej tylnym pomieszczeniu. Zaczęliśmy rozmawiać o Lermontowie i nagle...
– Proszę mnie zrozumieć, Borysie Nikołajewiczu, nie jestem człowiekiem sowieckim, na pewno nie sowieckim. – Student złapał mnie za rękę. – Jest mi ciężko, nienawidzę tego

wszystkiego, nie mam czym oddychać i... sam nie wiem, czego chcę. Chcę żyć!

Co ja mogłem odpowiedzieć na ten krzyk, na te jęki wyrywającej się z niewoli duszy? Co mogłem mu zaproponować? Figowy listek kompromisu? Młodość nie przyjęłaby czegoś takiego. Może mądrość spojrzenia w głąb siebie, odsunięcia się od otaczającej nikczemności? Ale osiemnastolatkowi, zgodnie z prawami młodości, rwącemu się do życia? Czyż mogłem mówić wprost, szczerze, bez strachu o siebie i o niego?

Najuczciwiej było więc doradzić:

– Nigdy i nikomu proszę nie mówić tego, co teraz pan tu powiedział.

– Przecież ja tylko panu...

– I mnie również.

Student podniósł na mnie swoje rozpromienione, błękitne jak niezapominajki, szeroko otwarte oczy, a potem skierował swój wzrok na zeszyt.

– A jeśliby je zanieść do redakcji... Jak pan myśli, wydrukują coś z tego?

Pokręciłem głową.

– Nie warto. Tylko niepotrzebnie kolejny raz będzie panu ciężko.

– Dlaczego? Przecież Nikonowa wydrukowano. Czyżby moje wiersze były gorsze?

– Wręcz przeciwnie, są o wiele lepsze. Ale pamięta pan, co pisał Nikonow?

– Tak, oczywiście. On wychwalał kołchoz, ale ja tak nie potrafię. Nawet gdyby mnie tu mieli zaraz zarżnąć, to i tak nic z tego nie wyjdzie.

– I nie trzeba, żeby wychodziło. Nikonow też dawał mi swoje utwory do przeczytania, całe trzy zeszyty. Wszystkie one jednego pańskiego wiersza nie były warte. Ale proszę te swoje wartości przechowywać na razie w sobie, bo kiedyś się panu przydadzą, proszę mi wierzyć!

Błękitne płomienne oczy znów podniosły się na mnie.

– Kiedy?

– Nie wiem. Myślę, że zawsze. Przez całe życie. Dzisiaj, jutro, pojutrze...

– Ech, nie tego chciałem, nie tego... Nie dla siebie, ale dla ludzi! Rozumie pan? Nie w sobie, a na zewnątrz!

Już nigdy więcej nie rozmawialiśmy na osobności, ale na wykładach zawsze widziałem skierowane na mnie te duże, jasne i błękitne niczym leśne jeziora oczy.

– Kiedy wreszcie powiesz nam prawdę? – pytały. – To, co jest najważniejsze: po co trzeba i warto żyć... dlaczego chce się żyć. Kiedy?

Napotykając ten płomienny wzrok, czułem wstyd. Zarówno za siebie, jak i za... Rosję.

W pierwszych dniach wojny zarówno jego, jak i większość studentów starszych roczników powołano do wojska. Pożegnaliśmy się. Mówiliśmy przy tym jakieś banalne, grzęznące w ustach, martwe, puste i zbyteczne słowa.

Potem dowiedziałem się, że poległ zaraz w pierwszej bitwie. Wybrane przez niego motto „żyłem za mało, żyłem w niewoli" okazało się prorocze. W całym okresie mojej pracy pedagogicznej i redakcyjnej w Związku Sowieckim zdarzało mi się bardzo rzadko, by stykać się z kimś tak blisko jak z tym studentem. Ale prób takich zbliżeń i dążeń, by czerpać z moich doświadczeń życiowych, z tego, co było przed ludźmi ukryte, zamknięte, zabronione, z tego, czego namiętnie pragnęły młode dusze, było wiele i najczęściej biegły one drogą poezji. Czasem poezja ta była tylko naiwnym maskowaniem pytań, które rodziły się w duszach młodzieży i nie dawały im spokoju.

– Proszę spojrzeć, brakuje mi tu trzech linijek. – Student wyciągał w moją stronę wyrwaną z zeszytu kartkę. – Pan na pewno je pamięta. Ma pan przecież tak świetną pamięć. Proszę mi pomóc, ja zaraz to sobie zapiszę.

A na kartce Gumilow, Jesienin (ci pojawiali się najczęściej, raz nawet został wydrukowany „Czarny człowiek", który potem zniknął), Achmatowa, rzadziej M. Wołoszyn. Te kartki krążyły z rąk do rąk, jeden przepisywał je od drugiego. Widziałem całe zeszyty takich wprawdzie oficjalnie niezabronionych, ale wycofanych z obiegu wierszy. Zdarzały się też niewydrukowane zakazane utwory: „Odpowiedź Demianowi" i nieprzyzwoite, uszczypliwe epigramy Jesienina, które powstały jeszcze w 1917 roku, „Modlitwa oficera" i inne dzieła nieznanych mi autorów.

Takie same zeszyty w rękach sowieckiej młodzieży akademickiej widziało również wielu moich kolegów, poza tym wszyscy byliśmy zgodni co do jednego: na przełomie lat 20. i 30. podobnych zeszytów czy kartek w ogóle nie było. Zaczęły się pojawiać, a ich liczba gwałtownie wzrastała, dopiero w drugiej połowie lat 30.

Kolekcjonerzy wierszy należeli zwykle do pokolenia urodzonego po 1917 roku lub niewiele wcześniej. Starsi – na sowieckie uczelnie przyjmuje się do 40 roku życia – zwykle takich wierszy nie zbierali za wyjątkiem pojedynczych osób ze środowisk starej inteligencji. Zeszyty z poezją pojawiały się również w starszych klasach szkoły średniej i częściej u chłopców niż u dziewcząt.

Będąc już na emigracji, usłyszeliśmy jeszcze o jednym wymownym i paradoksalnym fakcie w takim samym stylu: jedyny zbiór wierszy A. Achmatowej, wydany za czasów sowieckiego reżimu, ukazał się na polecenie Stalina, co było spowodowane prośbą jego córki Swietłany. W kręgach literackich Moskwy tomik ten wędrował pod nazwą „prezent dla Swietłany". Swietłana Dżugaszwili należy właśnie do owego pokolenia. Też była sowiecką studentką, choć akurat na szczególnie uprzywilejowanej akademii. Z tej to uczelni wyszedł również Klimow[219].

Rok przed wybuchem wojny do programu klasy maturalnej dziesięciolatki i szkół pedagogicznych weszła „Wojna i pokój".

Niepodana do publicznej wiadomości instrukcja mówiła o „zwróceniu uwagi uczniów na bohaterstwo i patriotyzm, jakimi wykazali się rosyjscy oficerowie i żołnierze". Po raz pierwszy w sowieckiej szkole obraz rosyjskiego oficera został oceniony pozytywnie. Do tego czasu milczano nawet o bohaterstwie Mironowa i zręcznie przysłaniano je wielkodusznością Pugaczowa.

---

[219] Grigorij Klimow – oficer Robotniczo-Chłopskiej Armii Czerwonej, zbiegły w 1949, autor eseju „W Twierdzy Berlińskiej" („Posiej" 1950 r.) i in. Zdeklarowany antymarksista – B. Sz.

Profesorom i wykładowcom rozwiązały się ręce i języki. I nie tylko im. Studenci też zaczęli mówić własnym głosem, a nie sformalizowanymi przez instytucje rządowe frazesami.

Na uczelni pedagogicznej, gdzie wtedy wykładałem, na „Wojnę i pokój" poświęciłem dwa miesiące, a w liceum pedagogicznym – dwa i pół. We wspólnej bibliotece obydwu tych szkół był tylko jeden komplet owego dzieła L. Tołstoja, wprawdzie do tej pory niezakazanego, ale ograniczonego w obiegu.

Wypożyczyłem wszystkie cztery tomy i wydawałem je po wykładach, rygorystycznie przestrzegając kolejności i na bardzo krótki czas. Najlepsze fragmenty czytaliśmy w klasie z mojego prywatnego egzemplarza.

„Wojna i pokój" otwarła przed sowieckimi studentami nowy świat. Dotychczas to wyjątkowe dzieło Tołstoja przeczytali tylko nieliczni i pewnie nawet sam Tołstoj nie mógł przewidzieć, że jego epopeja-kronika stanie się w nadchodzących latach prawdziwą bombą, zarzewiem rewolucji Ducha, jaki powstawał w myślach i sercach rosyjskiej młodzieży.

Czytano po nocach, zbierając się w grupy. Książkę wyrywano sobie na godzinę, choćby nawet na pół godziny.

Błękitne, bezkresne niebo nad austerlickim polem otwarło się przed tymi, którzy widzieli w nim do tej pory tylko sowiecką mętną zawiesinę i kopeć pięciolatek. Pierwszy pocałunek Nataszy tchnął wiosennym zapachem kwitnącej czeremchy. Z łoża śmierci księcia Andrzeja wzywała do siebie jakaś niepojęta, jeszcze nieuświadomiona, ale pociągająca i uroczysta tajemnica duchowego przemienienia…

– Na początku było Słowo, a Słowo było u Boga, i Bogiem było Słowo![220]

Po skończonym czytaniu i analizie „Wojny i pokoju" zadałem moim słuchaczom pracę kontrolną: chłopcom – „Przejawy heroizmu na podstawie «Wojny i pokoju»", dziewczynom – „Przejawy miłości na podstawie «Wojny i pokoju»". Początkowo studenci byli zaskoczeni i oszołomieni takim niezwykłym dla sowieckiej szkoły „ujęciem zagadnienia", co jeszcze do niedawna było nie do pomyślenia. Potem... potem sprawdzając zeszyty, po raz pierwszy w sowieckich czasach usłyszałem prawdziwe, donośne, śmiałe i radosne głosy młodości, przeczytałem słowa płynące z głębi serc, a nie ze wstępniaków „Komsomolskiej Prawdy".

Niedługo znów je usłyszałem. Zaczęła się wojna, przyszli Niemcy. Instytut zamknięto. Wydawałem i redagowałem pierwszą i największą spośród wychodzących na Północnym Kaukazie wolnych rosyjskich gazet (cenzura Niemców ograniczała się tylko do materiałów wojskowych). Dawni studenci szybko znaleźli drogę do redakcji. Przynosili wprawdzie nie za dużo artykułów, ale za to wiele listów, problemów, potrzeb... i oczywiście wierszy!

Maski opadły. Czary wilkołaka utraciły nad naszym miastem swą moc, chociaż jedynie na krótki, pięciomiesięczny okres. W urządzanych naprędce cerkwiach głoszono kazania, spowiadano, żałowano za grzechy, przystępowano do komunii. Do redakcji napływały listy. Większość z nich zawierała

---

[220] Jn 1, 1.

pytania, a w niektórych również się spowiadano. Czasem autorzy nie chcieli pokazywać swoich twarzy – przynosili korespondencję, zostawiali przy wejściu i znikali.

Domagali się odpowiedzi na najróżniejsze pytania, zaczynając od istnienia Boga, a kończąc na zasadach dobrego wychowania ("wstyd przecież przed Niemcami, że my nie wiemy...").
Niejednokrotnie również się kajano. Najczęściej przyznawano się do grzechu wymuszonego kłamstwa wobec innych i wobec samych siebie.

We wszystkich tych listach, pytaniach, spowiedziach znów świecił się blady płomień zapalonej lampady ostatniego sołowieckiego schimnika, który budził i ożywiał sumienia – płomień niegasnącej lampady Ducha. W powiatowym mieście na Południu, gdzie mieszkałem do czasu wkroczenia Niemców, zachowała się tylko jedna cerkiew cmentarna, za torowiskiem linii kolejowej. Chodzili do niej głównie ci, którzy nie mieli już nic do stracenia lub, ze względu na podeszły wiek, nic już im nie groziło. W ciągu pierwszych dwóch tygodni po przyjściu Niemców w mieście otwarto aż cztery cerkwie. Pod koniec miesiąca w restytuowanej diecezji było już 16 cerkiewnych parafii. Powstałoby ich jeszcze więcej, ale brakowało duchownych. Ich rezerwy, które schroniły się w buchalterskich kantorkach, za ladami piekarni, a nawet wśród służb asenizacyjnych, zostały szybko wyczerpane.

Wszystkie te parafie powstawały "oddolnie": zbierała się grupa wiernych, którzy szukali i znajdowali kapłanów, porządkowali cerkiew zamienioną na magazyn lub klub, ozdabiali ją ikonami ocalałymi na strychach i w piwnicach, poświęcali, tworzyli chór... Nie starczało też tych dawnych, na wpół zburzonych cerkwi. Adaptowano więc na świątynie opustoszałe kluby i sale urzędów.

Reporterzy naszej młodej gazety bywali na mszach i pisali o tym w swoich felietonach i reportażach. Zwracali szczególną uwagę na zadziwiający napływ młodzieży. We wspólnotach przeważały kontrasty – starość i młodość, wiek średni był w mniejszości.

Bardzo trudno jednoznacznie określić, co przyciągało młodzież do Cerkwi. Był to problem złożony, w którym przejawiało się zarówno dążenie do tego, co wcześniej było zakazane, jak również potrzeba przeżycia głębi doznań narodowo-religijnych i pragnienie wzniesienia się ponad poziom codzienności, na wyżyny ducha, ale była też zwykła ciekawość i chęć zaspokojenia ludzkich potrzeb związanych z uczestniczeniem w widowisku czy posłuchaniem muzyki.

Młodzież ochoczo wstępowała do chórów i pilnie uczyła się cerkiewnego śpiewu i języka. Poeci – autorzy psalmów, żarliwych modłów i górnolotnych akatystów, którzy odeszli z życia literackiego – teraz znów się budzili i jakby wychodzili z grobów. Ożywały dusze natchnione Bożym słowem.

Wkrótce w nowych wspólnotach zaczęły się chrzty dorosłych. Początkowo zdarzały się rzadko, ale później chrzczono już całe grupy, przeważnie dziewczęta. Wśród nich były też niedawne komsomołki. Niektóre znałem z widzenia z uczelni, a jedną nawet dość blisko. Nazywała się Tatiana K.

Rodzina Tani nie była religijna, a ona, urodzona w latach NEP, przez całe swoje dwudziestoletnie życie ani razu nie była w cerkwi. W domu nie mówiło się o Bogu, nie wypowiadano się ani za, ani przeciw wierze. Boga pozostawiano samemu sobie, został On wykreślony z codziennych myśli i uczuć, chociaż bez walki i zadzierania z Nim. W szkole, w drużynach pionierskich, a później komsomolskich religię traktowano zgodnie z zaleceniami „podręcznika" Jarosławskiego, mówiono o niej z obowiązku, bez pozytywnego czy negatywnego odnoszenia się do niej.

Na wyobrażenie sobie Stwórcy świata i człowieka, a ściślej mówiąc na myśl o Nim, naprowadziły Tanię przeczytane książki, najwyraźniej przemawiały do niej stronice dzieł Turgieniewa.

– Dlaczego Liza Kalitina poszła do klasztoru? – zapytała, dognawszy mnie po wykładzie na korytarzu. – Dlaczego wybrała klasztor, a nie wyjechała gdzieś za granicę czy chociażby do Moskwy?

– Zgodnie z moralnością tamtych czasów popełniła grzech i poszła go odpokutować – odparłem utartym szablonem.

– Jaki znowu grzech? Na czym on polegał? I jak miała go odpokutować? Dlaczego? Co to znaczy: odpokutować? – posypał się na mnie grad palących pytań. Mówiła szybko i zachłannie, i równie zachłannie domagała się odpowiedzi. – Dlaczego pan nic o tym nie mówił na wykładzie?

– Teologia nie wchodzi w zakres programu nauczania ani moich kompetencji.

Zabrzmiało to jak kiepski żart. Poczułem jednak, że tym żartem uderzyłem w jakąś żywą ranę, ale mimo wszystko była to najłagodniejsza i najmniej bolesna ze wszystkich możliwych odpowiedzi.

– Nie powiedział pan również ani słowa o „Żywych relikwiach"[221]. Nawet pan o nich nie wspomniał. Dlaczego? – powtórzyła natarczywie, prawie gniewnie.

– Bo tego nie ma w programie, a na prace poza programem nie ma czasu – odparłem równie gniewnie. – Myślisz, że powiedziałbym o tym innym studentom z pominięciem was, dyplomantów, komsomolców?! – naumyślnie zaakcentowałem ostatnie słowo.

Drugi raz rozmawiałem z nią w miejscowym teatrze, w przerwie przedstawienia „Hamlet". Spektakl był na średnim, prowincjonalnym poziomie, sam Hamlet – bardzo słaby, a Ofelię odgrywała młoda, świeżo upieczona aktorka. Grała nieśmiało i skromnie; ale ta Ofelia żyła.

W jednym z ostatnich antraktów Tania podeszła do mnie i znów posypały się jej wymagające, uparte „dlaczego". Coś paliło ją w środku, coś ją popychało. Ale dokąd? Tego nawet sama nie wiedziała.

– Dlaczego ona postradała zmysły? Dlaczego utonęła? Dlaczego Hamlet nie wzniecił przewrotu pałacowego? Mógł uczynić to przecież tak łatwo.

– No, z takimi pytaniami najlepiej zwrócić się do Siemiona Stiepanowicza – opędzałem się, powołując się na kolegę

---

[221] Nowela Iwana Turgieniewa „Żywe relikwie" zawarta jest w tomie opowiadań „Zapiski myśliwego" (1851).

wykładającego literaturę europejską. – On doktoryzował się z Szekspira.

– Już się do niego zwracałam – odrzekła markotnie Tania – zrobił nam nawet dodatkowy wykład o Hamlecie. Tylko że on również nie powiedział niczego ważnego. Epoka i środowisko... zamierający feudalizm i początki kapitalizmu... To i bez niego wiedzieliśmy. Ale cóż, przecież chyba nie z powodu kapitału handlowego Ofelia rzuciła się do rzeki – dodała z gorzkim uśmieszkiem.

W komsomole uważano Tanię za osobę nieugiętą wobec komsomolskiego upiora – „życiowej demoralizacji", ale skłonną do „odchyleń", a nawet do „rozrabiania". Napływające odgórnie dyrektywy przyjmowała albo ze szczerym entuzjazmem, albo z protestem, którego czasem nie skrywała. Wtedy trzeba było ją „łamać", „dopracowywać", a nawet „przywoływać do porządku" – bo sprzeciw to ciężki grzech prawowiernej komsomołki.

Reporter, który napisał felieton o chrzcie Tani, z nią samą nawet nie rozmawiał, ale główny nacisk położył na ceremonię i jej uczestników. O dziewczynie powiedział tylko tyle, że w chwili chrztu „jej oczy błyszczały, a po policzkach spływały łzy". Wątpię, żeby te słowa były tylko retorycznym ozdobnikiem wypowiedzi. Pamiętam błękitne gwiazdy pytających oczu zwrócone na mnie w korytarzu uczelni. Tak, one też mogły świecić odblaskami Niegasnącego Płomienia. Cień legitymacji członka komsomołu nie był w stanie przysłonić studentce tego osobliwego blasku.

Rozdział 31

Padł nad Kierżeńcem

Z porucznikiem Dawidienką spotkałem się po raz pierwszy w maju 1943 roku w Dabendorfie niedaleko Berlina, w nowopowstałym centralnym obozie Rosyjskiej Armii Wyzwoleńczej. Siedział w kręgu oficerów i opowiadał z komizmem nie do podrobienia, a ściślej mówiąc, improwizował anegdotyczną relację z przesłuchania pewnego Ormianina przez jego dawnego przyjaciela – śledczego NKWD. W samym temacie – często stosowanej przy przesłuchaniu mężczyzn prymitywnej, ale bardzo męczącej torturze – wątpię, czy udałoby się znaleźć choć krztę humoru, ale formę, w jaką zostało ubrane to opowiadanie, oraz rysy psychologiczne postaci przenikał tak błyskotliwy i oryginalny komizm, że słuchacze zaśmiewali się do łez. W autorze-narratorze wyraźnie wyczuwało się wielki talent, a nawet dwa: pisarza i aktora. Jak kiedyś w Gorbunowie[222].

Taka była zewnętrzna, efektowna fasada nieprzeciętnej natury Mikołaja Siergiejewicza Dawidienki. Aktywny do granic, nigdy niezaznający spokoju, ruchliwy, żywiołowy, zamieniający w musujące wino wszystko, co trafiało w jego pole widzenia,

---

[222] Iwan F. Gorbunow (1831-96) – rosyjski pisarz, aktor, inicjator literacko-scenicznego gatunku ustnego przekazu.

chwilami szalony, niezrównoważony, porywczy, lecz wszechstronnie utalentowany.

Nie tylko ciało tego człowieka znajdowało się w nieustannym ruchu, ale również myśli i dusza. Każde zjawisko, jakie pojawiało się w jego otoczeniu, natychmiast znajdowało w nim swój oddźwięk. Nigdy nie potrafił pozostać biernym. To zależało z pewnością również od złożoności jego charakteru. Rzetelną pracę naukową w dziedzinie fizjologii łączył z talentem scenicznym; zaangażowawszy się w dziennikarstwo, dał się poznać jako autor barwnych, realistycznych opowieści z żołnierskiego życia i krytyczno-literackich artykułów przesyconych nieokiełznanym temperamentem. Żartował, że opanował kilka języków: niemiecki znał, zanim przybył do Niemiec, a francuskiego nauczył się w trzy miesiące, które spędził w Paryżu. Później na włoski potrzebował jeszcze mniej czasu; uczył się bez podręczników, jedynie ze słuchu.

Kilka lat przed wojną ukończył Uniwersytet Leningradzki, a jego wybitna praca dyplomowa otwarła mu drzwi do instytutu akademika Pawłowa. Genialny uczony uważnie przyglądał się swoim młodym współpracownikom i wyraźnie wyróżniał właśnie jego. Dostrzegł gorączkowy puls twórczego potencjału, który aż kipiał w najmłodszym asystencie. Ta kipiel współbrzmiała z duszą sędziwego naukowca, która pozostawała młoda w działaniu aż do ostatnich dni życia profesora.

Stojący nad grobem uczony przygarnął wchodzącego w tajniki nauk neofitę. Ten odpłacił mu się szczerą miłością, w której synowskie uczucia ciasno splatały się z uwielbieniem zakochanego człowieka. Tę miłość Dawidienko przeniósł przez piekło katorgi i wojny. O akademiku Pawłowie porucznik nie potrafił mówić tak jak o wszystkich innych ludziach. Wyjątek stanowił może jeszcze tylko jeden starszy człowiek, który pojawił się w jego życiu nieco później.

Stary myśliciel był dla swego ucznia nie tylko genialnym fizjologiem, ale uosabiał też to, co wtedy jeszcze podświadomie, ale władczo i niepohamowanie przyciągało do siebie płomienną naturę młodego człowieka. Pawłow był dla Dawidienki częścią tamtej Rosji, której ten nie oglądał już swoimi fizycznymi oczami, ale postrzegał wzrokiem duszy, podświadomością.

– W Pawłowie skupiały się wszystkie elementy rosyjskiej myśli naukowej – mówił później – zuchwałe, tytaniczne wysiłki Łomonosowa, prorocze wizje Mendelejewa i wysoki humanizm Pirogowa. Mózg i serce pulsowały w nim jednym rytmem, tworząc przedziwną harmonię. Taka nierozerwalność jest charakterystyczną cechą rosyjskiej, i tylko rosyjskiej, myśli naukowej.

Pawłow często powierzał Dawidence samodzielne zadania. Zawiść popchnęła któregoś z kolegów do złożenia donosu. Rezultatem tego było więzienie i Sołówki w okresie, kiedy stały się one już tylko maleńką cząsteczką ogromnego systemu socjalistycznego sowieckiego niewolnictwa, utraciwszy swój pierwotny charakter wysypiska niedobitych wrogów rewolucji.

Znalazłszy się na katordze, Dawidienko przyjął ją jako kontynuację swojej pracy rozpoczętej w instytucie akademika

Pawłowa. Nie potrafił i nie chciał dokonywać przebudowy swego duchowego porządku, by dostosować go do zmieniającego się środowiska.

– Katorga była dla mnie gigantycznym laboratorium, gdzie zamiast piesków i myszy przedmiotem moich obserwacji byli żywi, prawdziwi ludzie. Tutaj ich odruchy zostały obnażone i ujawnione w całej pełni, w najdrobniejszych szczegółach. Materiał doświadczalny przygniatał mnie swoim bezmiarem. Nie nadążałem analizować i notować wszystkiego w mojej świadomości. Udało mi się wyraźnie zobaczyć i zrozumieć jedynie dwa podstawowe refleksy, ściślej mówiąc zespoły odruchów, rządzące postępowaniem tej masy. Pierwszy, warunkowy, wypracowany przez szereg nawarstwiających się, następujących po sobie procesów – rewolucja i sowietyzm. Drugi, głęboko zakorzeniony w genach, niepoddający się oddziaływaniom zewnętrznym – Rosja i rosyjskość. Te rodzaje reakcji stały ze sobą w przeciwności, ścierały się w nieustannej walce. Pierwszy przytłaczał zewnętrznie, drugi – wewnętrznie. Areną ich walki była osobowość jednostki.

Do systemu duchowego samego Dawidienki katorga wniosła pewne rozpogodzenie. Podświadomy pociąg ku Rosji przeszedł do jego świadomości i ukształtował w niej drogę ku jej poszukiwaniom, którą poszedł, kierując się kompasem metod przekazanych mu przez Pawłowa.

Wojna, która wybuchła, wyzwoliła go. Katorżnikom, lejtnantom rezerwy, postawiono zadanie, by starali się „zasłużyć na przebaczenie ludu". Dawidienko walczył zgodnie z własnym sumieniem: został ranny i wzięty do niewoli podczas okrążenia pod Mińskiem.

Do ROA[223] wstąpił jako jeden z pierwszych i wkrótce został zakwalifikowany przez Wydział Propagandy do zespołu redakcyjnego gazety „Dobrowolec"[224], którym wtedy kierował do tej pory nierozszyfrowany kapitan Zykow[225], dawny znany żurnalista „Izwiestij", zięć starego bolszewika Bubnowa zlikwidowanego na rozkaz Stalina. Zykow był bez wątpienia bardzo utalentowanym i wszechstronnie wykształconym dziennikarzem, pozostającym w wyraźnej opozycji do Stalina, ale niepotrafiącym wykorzenić z siebie „wrodzonego piętna" marksizmu.

Wrażliwy Dawidienko od razu dostrzegł tę dwoistość, a raczej przeczuł ją, zanim zdał sobie z niej sprawę, gdyż zgodnie ze swoją bogatą naturą kochał i poszukiwał prawdziwej, niezafałszowanej Rusi, wolnej od zaczarowanych wilkołaków. Nie potrafił milczeć ani iść na kompromis. Między nim a Zykowem powstał konflikt, w który został uwikłany sam generał Własow[226]. Porucznik Dawidienko posiadał już pewne informacje o swoim antagoniście, nabyte w okresie agitacyjnego tournée, które odbył razem z profesorem Grotowem po Francji i Belgii, gdzie jego wystąpienia przed starą rosyjską emigracją

---

[223] ROA – Russkaja Oswoboditielnaja Armija – Rosyjska Armia Wyzwoleńcza.

[224] Dobrowolec – ochotnik.

[225] Zykow – nazwisko, które sam przyjął, czemu Niemcy się nie sprzeciwiali. Prawdziwe jego nazwisko do tej pory nie zostało ustalone – B.Sz.

[226] Andriej Własow (1901-46) – generał lejtnant Armii Czerwonej, dowódca ROA, a następnie Sił Zbrojnych Komitetu Wyzwolenia Narodów Rosji podczas II wojny światowej.

cieszyły się dużym powodzeniem. Generał Własow liczył się z tym i próbował pogodzić przeciwników, ale nie mógł ugasić rozpalonych emocji Dawidienki. Sprawa skończyła się sprzeczką młodego porucznika z głównodowodzącym na jego kwaterze w Dahlem i zerwaniem z ROA.

Z ROA, ale nie z Rosją. Do niej i tylko do niej dążył nieustannie i bezkompromisowo trzydziestoletni asystent akademika Pawłowa, sołowiecki katorżnik, lejtnant RKKA[227] i porucznik ROA, Dawidienko, do jej ideowej istoty, do jej słów. Szukał drogi do jej nieskazitelnego serca. W tym celu zdobył delegację do Paryża, by tam móc się spotkać z niektórymi czołowymi działaczami, przedstawicielami emigracji z lat dwudziestych.

Do Berlina wrócił zmęczony, wychudzony i niezadowolony.
– Nic! Pustka! Jedni przestali już czuć Rosję i zbudowali sobie w zamian jakąś efemeryczną iluzję, daleką od realnej egzystencji. Drudzy próbują dojść do niej przez pozorne przyjęcie sowietyzmu, a trzeci idą po omacku ku temu, od czego myśmy uciekali. Nie rozumieją nas, nie analizują faktów, ślizgają się po powierzchni. Najbliżej Rosji jest, być może, Biedriajew. Ale według niego wszystko jest oparte na intelekcie – jest takie podręcznikowe, abstrakcyjne... Nie ma w tym serca... Nie słychać jego bicia.

Ale to serce biło. Jego słabe, ledwie wyczuwalne bicie Dawidienko usłyszał w oddalonym od Rosji i wrogim jej Berlinie,

---

[227] RKKA – Raboczie-Krestianskaja Krasnaja Armija – Robotniczo-Chłopska Armia Czerwona.

na Vicktoriastrasse 12, w redakcji magazynu „W Kozackiej Stanicy". Tam spotkał się z cichym, skupionym i pogrążonym w swych myślach, biednie ubranym człowiekiem. Człowiek ten był pisarzem i żołnierzem. Żołnierzem, rycerzem i minstrelem, oddanym do końca życia służbie idei. W literaturze był znany pod nazwiskiem J. Tarusski. W służbowym rejestrze widniał jako Ryszkow. W niewielkim kręgu „poszukiwaczy Rosji", który wykrystalizował się wtedy w Berlinie, nosił przezwisko „Rycerz biedny"[228] i w pełni zasługiwał na to zaszczytne imię.

Po tym pierwszym spotkaniu nastąpiło drugie, bliższe, które dało fatalny finalny akord patetycznej sonacie krótkiego życia poszukiwacza Rosji, porucznika Mikołaja Dawidienki.

Ale oto na drodze życiowej Dawidienki stanął drugi starzec, kolejny odłamek rozbitego historycznego bytu Rosji, nienaruszonej jednak w swej ideowej istocie. Był to generał Piotr Nikołajewicz Krasnow[229].

W relacjach z nim prawie dokładnie powtórzyły się wzajemne powiązania akademika Pawłowa z jego asystentem. Ta sama schyłkowa serdeczność starca powodowana mądrością nabytą w ciągu długiego życia, z którym już powoli się żegnał, i to samo płomienne zakochanie wchodzącego w życie bojownika o Rosję.

---

[228] Rycerz biedny – tytułowa postać wiersza A. Puszkina.

[229] Piotr Nikołajewicz Krasnow (1869-1947) – rosyjski wojskowy (generał kawalerii), publicysta, pisarz i działacz polityczno-wojskowy, teoretyk wojskowości, ataman Wojska Dońskiego.

Dawidienko łączył, stapiając niemalże w jedną całość, obydwu mężczyzn, mających tak mało ze sobą wspólnego, jeżeli chodzi o cechy zewnętrzne. Wyczuwał jednak ich wewnętrzne podobieństwo, niedostrzegalne dla mniej wrażliwych niż on sam. W szczerych rozmowach porucznik mówił:

– Obaj są przesyceni wewnętrzną harmonią, choć każdy swoją. Ich uczucia i myśli są nierozerwalnie złączone z działalnością każdego z nich, a działania te nigdy i w niczym nie przeczą ich duchowości i szlachetnemu usposobieniu. W tej nieskazitelnej harmonii uwidacznia się zenit ich piękna. Zrozumieć do końca Pawłowa może tylko ten, kto sam siebie odda bez reszty we władanie myśli, tak samo zrozumieć Krasnowa potrafi tylko ktoś, kto jest zdolny doprowadzić swe uczucia i wszystkie emocje na wyżyny doskonałości.

Jakże piękne było życie tego niewysokiego, utykającego starca! Honor, męstwo, bohaterstwo, ofiarność nie były dla niego tylko abstrakcyjnymi pojęciami, ale czynami, działaniem, faktycznym urzeczywistnieniem idei. A miłość do Rosji? Przecież ona cała została przez niego zamieniona w działanie. Nie był to fikcyjny, suchy, książkowy patriotyzm, nie żadne komunały, ale aktywny, wyrazisty przejaw religijnego pojmowania idei, tego, czego nie ośmielił się dotknąć nawet sam Pawłow, a co Krasnow powiedział prosto w oczy bolszewikowi Bucharinowi.

Jakaż harmonia myśli, uczuć i czynów! Mówię o jego życiu, a nie o twórczości literackiej. Literatura była dla niego tylko uzupełnieniem, jednym z fragmentów działalności.

Właśnie w tej równocześnie wewnętrznej i zewnętrznej harmonii każdego z nich kryje się podobieństwo bezkreśnie oddalonych od siebie charakterów. Obaj są częścią tego samego – Rosji, w jej idei i bycie. Ale oni stanowią jedynie dwie jej cząstki, a do całości brakuje jeszcze wielu takich elementów, równie harmonijnych i aktywnych. Zatem gdzie one są? Jakie są? Czy wyrażają siebie twórczo, czy też znajdują się w stanie anabiozy? A może bezpowrotnie zginęły, zostały stłamszone?

Porucznik Dawidienko przybył do Północnych Włoch razem z generałem Krasnowem jako jego adiutant, a nawet, można by rzec, jako przybrany syn. Tutaj wiosną 1945 roku, u podnóża Julijskich Alp, zabrzmiały ostatnie akordy niedośpiewanej przez niego pieśni. Została ona przerwana w Lienzu 1 czerwca 1945 roku wraz z ustaniem bicia drugiego współbrzmiącego z nią serca, serca „Rycerza biednego", Eugeniusza Tarusskiego. „Czując miłość czystą, wieczną, wierny słodkiemu marzeniu", upuścił tarczę z wyrytym na niej imieniem swej Damy – Rosji – i w milczeniu odszedł z życia: powiesił się na rzemiennym pasku, wydany przez Anglików stalinowskim oprawcom. Nieco później opuścił ten świat rozstrzelany przez bolszewików Dawidienko, pozostawiając w zastaw nadchodzącym czasom ukochaną, piękną żonę i swojego pierworodnego syna pod jej sercem...

Ale te dwa ostatnie miesiące życia spędzone w „Kozackiej Stanicy", w Północnych Włoszech, były nie tyle porywem, co eksplozją twórczego potencjału młodego patrioty. Jego aktywność rozwijała się głównie na polu formacji ideowej istniejącego niedługo, ale obfitującego w działania ruchu kozackiego lat 1942-45. Na przekór próbom Niemców, by oderwać Kozaków od Rosji, Dawidienko starał się skierować ich potok do wszechrosyjskiej rzeki, jako do jednego z najważniejszych i najczystszych nurtów.

Broniąc rosyjskich idei przed atakami prohitlerowskich zwolenników niepodległości, musiał nie mniej energicznie walczyć również na drugiej flance z pseudonacjonalistami, neosowietami. Pojawiali się nierzadko w Tolmezzo i próbowali tam rozsadzić spójną kozacką organizację, powtarzając skrót osławionego „rozkazu nr 1". Porucznik prowadził z nimi trudne boje i czekał aż po koniec kwietnia 1945 roku na swoje ostateczne zwycięstwo.

Trzonem jego działalności w tych ostatnich miesiącach życia było utworzenie kursów dla propagandystów, w które zaangażował najlepsze warstwy inteligencji jako lektorów i najlepszą młodzież jako słuchaczy. Uczeń akademika I.P. Pawłowa, biologa i fizjologa, N.S. Dawidienko z pomocą tych pierwszych wszczepiał w świadomość tych drugich geny jednolitego historycznego i organicznego bytu Rosji z jej przeszłości, teraźniejszości i przyszłości.

Jego artykuły drukowane w miejscowej gazecie były niezwykle wymowne i płomienne. Razem z generałem Krasnowem wyjechał na północ Włoch, razem z nim mieszkał w Lienzu i razem z nim odbył ostatnią podróż do Moskwy.

Obdarzona życiowym doświadczeniem starość i płomienna, porywcza młodość razem weszły na Golgotę pod wspólnym krzyżem ofiarnego poświęcenia i miłości ojczyzny.

Tę drogę porucznik Dawidienko i pisarz Tarusski widzieli i znali już wcześniej, zanim jeszcze na nią wstąpili. Znali ją i nie zrobili niczego, by jej uniknąć. Przeszli ją z pełną świadomością nieuchronnego końca w imię idei, której służyli – jedynej miłości i jedynej nienawiści.

Kilka dni przed załamaniem się frontu włoskiego Niemiec leżeliśmy – Dawidienko, Tarusski i ja – na górskim tarasie pod jasnym wiosennym słońcem...

Dokoła delikatnie zieleniły się góry. Pierwiosnki i fiołki przebijały się przez poszycie z opadłego zeszłorocznego igliwia. Przyroda korzystała ze swych odwiecznych praw. Każdy z nas myślał o własnym bliskim końcu, a jednocześnie nie wierzył w jego nieuchronność. Nie potrafił w niego uwierzyć. Ale po to, by właśnie o nim rozmawiać, poszliśmy na to górskie odludzie.

– Własowcy manipulują iluzją „trzeciej siły" – szybko i namiętnie, jak zawsze, mówił Dawidienko. – To absurd graniczący z prowokacją. A właściwie jedno i drugie razem wzięte. To nowa faza prosowietyzmu. Półtora dywizji ROA pozostaje bez bazy i wyposażenia. Tak więc ta „trzecia siła" może zainteresować najwyżej handlarzy mięsem armatnim. Dzicz! Bezsens!

– To znaczy, że koniec? – cicho, znając odpowiedź, zapytał Tarusski.

– Nie, jeszcze nie. Przynajmniej nie dla nas, Kozaków. Istnieje jedyna szansa, by zainteresować nami, to znaczy Kozakami, generała Harolda Alexandra[230]. Trzeba, bazując na jego przyjaźni z Krasnowem, zainteresować go wykorzystaniem Kozaków jako taniego wojska kolonialnego. To jedyna szansa. Jedyna...

– I równie niepewna – odezwał się głucho Tarusski. – Prościej i uczciwiej powiedzieć, że to koniec. Pętla się zacisnęła. Ot, i wszystko. Taki kres... jestem już zmęczony... przed nami pustka.

– Przeklęta! – Dawidienko trzepnął dłonią po liliowym kwiatku cyklamenu.

– Na kogo pan się złości, Mikołaju Siergiejewiczu? Na pszczołę? Co ona panu zrobiła?

– Nienawidzę jej! Nie jest pan biologiem i nie zna się pan na życiowych procesach pszczół będących poważnym ostrzeżeniem danym człowiekowi przez przyrodę. Ostrzeżenia, którego on jednak nie zrozumiał. Opowiem wam krótko. Zwykła pszczoła to robot stworzony sztucznie przez pozbawiony oblicza kolektyw. Będąc jeszcze poczwarką, została wykastrowana i ograniczona w rozwoju, umieszczona w jajeczku i przeznaczona na brakującą karmę.

„Każdego geniusza zdusimy w niemowlęctwie" to szygalewszczyzna w twórczym procesie przyrody. Ich „królowa" to nie wódz, nie ktoś silniejszy i urodziwszy od pozostałych, jak to bywa u wilków czy jeleni. Nie, jest to taki sam robot, ale przystosowany do przedłużenia gatunku. Kocha się tylko raz w życiu, a potem bez ustanku rodzi setki tysięcy potomków, nie

---

[230] Harold Rupert Alexander (1891-1969) – brytyjski arystokrata, wojskowy i polityk, marszałek polny British Army, jeden z najsłynniejszych brytyjskich dowódców okresu II wojny światowej, gubernator generalny Kanady i minister obrony Wielkiej Brytanii.

zaznając radości macierzyństwa, nie troszcząc się o swe dzieci. Maszynka do rodzenia i tyle!

Nie ma też rodziny. Mężczyźni są niszczeni po skończeniu się ich przydatności. To eliminacja niepotrzebnych gęb. Czysta ekonomia!

Pszczoły nigdy nie śpią. Całe ich życie to ciągły, nieprzerwany proces produkcji. Ale ich praca jest obca twórczym dążeniom. Produkują jedynie standardy.

Proszę nie mylić ich z mrówkami. Każda mrówka posiada własną inicjatywę. Nie ma dwóch jednakowych mrówek, zaś wszystkie pszczele plastry na całym świecie zbudowane są tak samo, jajeczka mają takie same rozmiary. Każdy ul jest prototypem Sołówek, pierwowzorem całego pięknego kraju sowietów, całego nadchodzącego komunistycznego królestwa.

Ich praca jest skierowana wyłącznie na zaspokojenie potrzeb żołądka. Nie są zdolne nawet do budowy gniazd, mieszkań dla siebie.

Święty trud, niech to diabli! Pszczoła – symbol dobroczynności!

To podstęp! Diabelskie oszustwo! Święta może być tylko praca twórcza, prowadząca do celów ponadżołądkowych. Biblia jest tu nieskończenie mądra: „W pocie czoła będziesz jadł swój chleb...". Praca w imię żołądka jest przekleństwem!

Praca jest piękna nie sama w sobie, ale przez tego, w imię kogo się ją wykonuje. Sołowieccy mnisi trudzili się w imię Boże, dla najwyższej z dostępnych człowiekowi idei.

Oni dokonywali heroicznych czynów. Robotnicy przymusowi, którzy zajęli ich miejsce, nie mieli takiej idei, więc praca stała się dla nich przekleństwem, śmiercią. Do czasu obozu koncentracyjnego nie pojmowałem tego. Uświadomiłem to sobie dopiero tam, gdzie biła po oczach przerażająca wyrazistość progresywno-normatywnych racji. Zrozumiałem i znienawidziłem.

– Nienawiść nie zwycięża – odezwał się cicho Tarusski.

– Nienawiść i miłość to dwie strony tego samego medalu. Są nierozerwalne. Między nimi nie ma żadnej granicy. Przypatrzcie się boskim stworzeniom: wilk, jeleń, dzik to najwyraźniejsze przykłady, bo zanim osiągną sukces w miłości, nienawidzą rywali, walczą z nimi na śmierć i życie, wykuwając, wykształcając i stwarzając siebie w krwawych bojach. To Prawo rozciąga się też na człowieka. Przez nienawiść do miłości! Innej drogi nie ma. Inaczej nie ma stada, a tylko taki gnuśny, niecny zespół robotów, rój pszczół w przyrodzie, komunizm w ludzkiej społeczności, ogólnozwiązkowy obóz koncentracyjny, ogólnoświatowe Sołówki!

– Walczyliśmy i zostaliśmy pokonani… koniec!

– Nie, to jeszcze nie koniec! Zostaliśmy pokonani dlatego, że mało kochaliśmy i niedostatecznie nienawidziliśmy! Trzeba kochać...

jak Arab na pustyni,
co do wody przypada i pije,
a nie jak rycerz na obrazie,
co liczy gwiazdy i wyczekuje[231].

---

231 Mikołaj Gumilow, wiersz „Ja i Wy" (tłum. własne).

Tak samo namiętnie trzeba też nienawidzić, a pańska miłość, „Rycerzu biedny", jest taka różowiutka, wodnista, przesłodzona, Werterowska... I grosza niewarta! Nie, trzeba kochać jak Otello, z kindżałem, ze sznurem w dłoni i gęstą, ciemną krwią w żyłach. Ale ta krwawa miłość już właśnie gęstnieje, ciemnieje, kipi, naciąga nienawiścią...

– Gdzie?

– Tam! – Dawidienko pokazał ręką stronę przeciwną do zachodzącego słońca. – Na wszechrosyjskiej sołowieckiej katordze. I tylko tam! Stamtąd – przez nienawiść – ku miłości!

Rozdział 32

Dzwon Kitieża

Od Sołówek do „grodu Wenecji... wiorst" zostało wyryte przez cara-młodzieńca na wytartym, wysmaganym nordostami kamiennym słupie.

Marzył wówczas o Wenecji, o ciepłym błękicie Morza Południowego, ale nigdy tam nie dotarł. Akurat jemu się nie udało.

Patrzyłem na ten słup, czytałem napis i nie marzyłem wtedy o Wenecji, o słonecznym Południu, nie śmiałem, nie wolno mi było marzyć... ale tam dotarłem. Mnie się akurat udało.

Morze Białe i Zatoka Neapolitańska. Wyspa Sołówki i wyspa Kapri. Mroczny, surowy smutek sołowieckich świerków i bujna radość kwitnących oleandrów. Złowróżbne zasłony różowej zorzy polarnej i płomienna wesołość palącego słońca Salerno, skąd już całkiem blisko do upojonego jego winem kraju.

Taka jest ziemska droga człowieka zapisana w Księdze opatrzonej siedmioma pieczęciami. Z niej nie da się zboczyć. Ona jest życiem.

Pagani to najlepszy ze wszystkich włoskich obozów IRO. Jeszcze niedawno, w ostatnich latach wojny, mieścił się tutaj lazaret dla żołnierzy amerykańskich.

Aleje oleandrów, gęsty gaj pomarańczy, mandarynek, fig, a w nim – rzędy białych willi.

Wielkanoc w tym trzecim już powojennym roku wypadała akurat na dni ich najbujniejszego kwitnięcia. Cały gaj był biały.

Ciężki, odurzający zapach triumfującej wiosny wdziera się przez okna i otwarte drzwi do cichej, maleńkiej kapliczki i zlewa się w niej z aromatem kadzidła i świec palących się koło Płaszczanicy.

Siedzę na stopniach cerkiewki. Do domu pójść nie mogę – żona wypędziła; robi wielkanocne porządki w naszym kąciku za parawanem: mycie podłogi i takie tam... Palce mam czerwone, żółte, zielone; malowaliśmy z synem jajka. W tym gaju oliwek, fig i laurów mamy swoją Ruś. Przynieśliśmy ją tutaj razem ze sobą. We krwi. W sercu.

Zrobiło się już zupełnie ciemno. Korony drzew zlewają się i tworzą zwartą kurtynę, na której eterycznie bieleją plamy słabo widocznych w mroku kwiatków. Ta kurtyna, jak lamówka wytwornej mantylki granatowego nieba, mieni się refleksami gwiezdnych diamentów.

Być może tamtej nocy w mroku Ogrodu Getsemani podobnie pachniały drobne białe kwiatki lśniące w blasku pełni księżyca? Może ich woń tak samo zlewała się z aromatem mirry i kadzidła wydobywającego się z grobowej groty Józefa z Arymatei?

Obok mnie, na schodach, usiadł jakiś człowiek. W ciemnościach nie widzę jego twarzy, nie rozpoznaję jej nawet w świetle zapalonej zapałki.

– Nie poznaje mnie pan?

– Muszę przyznać, że nie. Mam słabą pamięć do twarzy. Spotkaliśmy się może w jakichś obozach?

– Tak, w obozach... w tych tutaj, włoskich... W innych też... – Biały ogienek zapałki znów zamigotał przed samą twarzą mojego rozmówcy. I na niej, takiej prostej, zwyczajnej, jakie widuje się codziennie, zamajaczył uśmieszek. – Nadal mnie pan nie poznaje?

– Nie... przepraszam.

– To zrozumiałe. Sam bym nawet nie przypuszczał, że się spotkamy. Nieraz patrzyłem na pana, a pan na mnie, być może, ani razu. Grał pan przecież w teatrze, „tam".

Wielu zawodów imałem się w tamtym połamanym, wyboistym sowieckim życiu i nieraz trafiałem na scenę.

– Gdzie „tam"? – spytałem nieco poirytowany.

– Cóż to, nadal się pan nie domyśla? No na Sołówkach, gdzież by indziej? Przybyłem tam w jednej partii z panem, ale wyjechałem trochę prędzej. Pan jeszcze pozostał.

W obozach IRO, tak jak i w kraju sowietów, trudno zetknąć się z Rosjaninem, który by nie siedział w obozie koncentracyjnym lub w więzieniu, a jeszcze trudniej spotkać tam, a tutaj tym bardziej, swego „poborowego kolegę". Mało już ich zostało.

– Pamięta pan jeszcze Nogtiewa? – powoli zacząłem się ożywiać.

– A jakżeby inaczej. I jego, i Ejchmansa, i Barinowa, i Rajwę, co się za babiarzami uganiał. Wszystkich. Tamtych lat nie da się zapomnieć. Nie lubię o nich rozmawiać, ale z panem mam ochotę pogadać. Powspominać wspólnie przeżyte czasy. To zupełnie coś innego.

– A gdzie pan tam pracował?

– Na początku oczywiście w lesie, a potem, zgodnie z zawodem, w warsztatach mechanicznych. Jestem metalurgiem, ślusarzem z Ługańska. Z Woroszyłowem w jednej fabryce pracowaliśmy, razem też wyruszyliśmy na front. Całą wojnę byłem w Pierwszej Armii Konnej. Sam Budionny osobiście mi order przypinał.

– To jakie licho przyniosło was z tym orderem na Sołówki?

– Chyba pan żartuje. Mało tam było takich z orderami? I to nie byle prostaczki jak ja, ale trochę wyżej postawieni.

– Macie rację. A za co was przymknęli?

– To długa historia. Ale jeśli ma pan czas, to opowiem.

– Posiedzę tu pewnie do samej rezurekcji. Ze dwie godziny albo i dłużej.

– No to ja też. Opowiem, jeśli pan pozwoli.

Mój sąsiad wyciągnął z kieszeni garść niedopałków, wytrząsnął z nich tytoń i zrobił sobie skręta. Potem, zgodnie ze zwyczajem, chwilę jeszcze pomilczał zanim rzekł:

– Jestem ślusarzem. Metalurgiem. W fabryce w Ługańsku pracowałem jakieś 13 lat. A kiedy wybuchła rewolucja, szło mi akurat na dziewiętnasty. Mam w sobie kozacką krew…

– Jakże to Kozak stał się robotnikiem, proletariackie hasła was odmieniły? Takie przejścia rzadko się zdarzają.

– Mogę panu o tym opowiedzieć. Mój przypadek rzeczywiście jest czymś rzadkim wśród Kozaków. Ale tak właśnie było. Kiedy wybuchła pierwsza rewolucja w 1905 roku, mój ojciec został zmobilizowany do jej zdławienia, chociaż swoje już odsłużył i stał w drugim szeregu. Dostał się do Charkowa i tam miał ochraniać jakiś bank. Na ten bank właśnie napadli rabusie, kiedy ojciec stał na posterunku i wtedy pocisk go rozerwał... A było nas przy matce pięcioro, ja byłem najstarszy. Zabrała nas wszystkich i do stanicznego atamana przyprowadziła – chciała jakiegoś odszkodowania się domagać. Pamiętam to jak dziś. Matka wyje i lamentuje, a ataman jej tłumaczy: „Nie wyć powinnaś, a chlubić się. Mąż twój na swoim kozackim posterunku życia został pozbawiony, honoru i chwały kozackiej strzegąc. Jeśli zaś chodzi o zapomogę, to sytuacja jest typowa. Otrzymasz, co ci się należy. Ale nie oczekuj czegoś nadzwyczajnego tylko dlatego, że masz liczną rodzinę. Nie ma takiej ustawy. Jednak radzę ci napisać do tego banku, gdzie on głowę swoją położył, jego funduszy strzegąc. Powinni wam po ludzku pomóc. Mają przecież dość pieniędzy. Pisarz ci pomoże".

Napisali oczywiście wszystko jak trzeba. W następnym miesiącu znów wzywają matkę do atamana. Poszedłem wraz z nią.

Doszliśmy do pisarza. Atamana akurat nie było. Pisarz wyjmuje ze skrzyneczki dziesięć rubli i podaje je matce.

– Masz – mówi – tyle ci bank przyznał w związku z twoją wdowią sprawą. Dziesięć rubli! Może jakieś obuwie dla swoich dzieciaczków kupisz... Taka jest cena kozackiego życia! Na tyle nas bankierzy szacują.

Zapadło mi wtedy w serce właśnie to słowo – bankierzy. Co to za jedni, tego oczywiście nie mogłem wiedzieć, bo za młody byłem, ale coś mi mówiło, że to przez nich tatulo życie stracił i przez nich też wszystkie nasze nieszczęścia się wzięły.

Przyszło nam klepać biedę. Pan oczywiście nie zna naszego kozackiego życia, ale powiem panu, że samej kobiecie w stanicy, a do tego wielodzietnej wdowie, nie da się wyżyć. No i wszystko poszło na zatracenie. Sprzedaliśmy tatusiowego konika... potem woły, obydwie pary... Za konikiem bardzo tęskniłem. Wrony był, z białą plamą na pysku. Kiedy jeszcze teraz o nim wspomnę, to zaraz ci bankierzy przychodzą mi na myśl.

Jak już nie było czego sprzedawać, mama najstarszą siostrzyczkę do miasta na służbę oddała, a mnie pisarz zawiózł do Ługańska i w fabryce ulokował. „Ucz się – mówi – rzemiosła. Honor mamy kozacki, ale życie – psie!".

No, w fabryce oczywiście też tłusto nie karmili. Jednak do samej rewolucji żyłem sobie całkiem przyzwoicie. Wraz z rewolucją moje życie innym torem pobiegło. Jak zaczęli na zebraniach programy jakiejś tam partii wyjaśniać, to dopiero wtedy zrozumiałem, kim właściwie są ci bankierzy, no i oczywiście wyciągnąłem z tego praktyczne wioski – poszedłem do Armii Czerwonej.

– I tak dostaliście się do Pierwszej Armii Konnej.

– Zgadł pan. Sam Woroszyłow mnie do niej zapisywał. Oddałem jej całą duszę, aby zaspokoić swoją złość na bankierów.

– No, ale przecież to typowy przypadek. Nic nowego mi nie opowiadacie. A jak mimo tego ugrzęźliście na Sołówkach?

– Tak jakoś wyszło. Z powodu inwalidów. Kiedy zostałem zdemobilizowany, wróciłem z powrotem do swojej fabryki. Jednak nie stanąłem już przy maszynie, ale skierowano mnie do zakładowego komitetu partii. Niewielu było wtedy odznaczonych orderami. Honor! Chociaż byłem dwukrotnie ranny, to ciągle jeszcze w całości, a po mieście chodziło wtedy wiele kalek: bezrękich, beznogich, niejeden z atakami padaczki po kontuzjach. Wszyscy oczywiście głodni. Bo jakież to renty władza sowiecka im dała? Mniejsze niż tamta bankowska dziesiątka. Ale owa pomysłowa brać po swojemu sobie radzi: po urzędach chodzi, datki zbiera... Trzeba przyznać, że sporo też przy tym rozrabiali. Przychodzą, dajmy na to, do jakiegoś dyrektora, a wtedy epileptyk zaczyna udawać atak, wszystko ze stołu ściąga, krzyczy, rzuca się po podłodze... Bywało, że i beznogi kogoś tam kulami po grzbiecie wygrzmocił. Taka jest prawda. Tak się zdarzało. Zaczęły napływać na nich skargi. Nagle patrzymy – nie ma inwalidów. Wysłano ich gdzieś czy jak? W mieście oczywiście różnie gadano. Zabrali ich, mówiono, do Czeki i spisano na straty.

Miałem przyjaciela czekistę. W jednym plutonie nacieraliśmy i na kadetów, i na Polaków. Razem też piliśmy, więc go pytam:

– Co zrobiliście z inwalidami?

A on się śmieje:

– Nie słyszałeś czy co? Głównych rozrabiaków spisano na straty, a pozostałych gdzieś wywieziono... na Syberię czy do Karagandy...

– Jak to na straty? Kłamiesz, sukinsynu, tak nie można!

– Ale głupek z ciebie – powiada. – A co mieliśmy z nimi robić? To przecież ludzie do niczego niezdatni, a tylko skandali przysparzają.

– Przecież razem z nimi walczyliście przeciwko bankierom i oficerom!

– No i co z tego? Walczyliśmy. Ale teraz mamy inną rzeczywistość. Nawet porządnych, jak trzeba, kropniemy, a z takimi mielibyśmy się cackać?!

Wtedy ja go w mordę – a masz!

– Wychodzi na to, że jesteśmy gorsi od bankierów. Oszukańcza jest ta sowiecka władza!

Byłem oczywiście pijany, więc się ośmieliłem. I jeszcze ze dwa razy go trzasnąłem... No więc to zrozumiałe, że chociaż z orderami i Budionnemu osobiście dłoń ściskałem, to i tak na Sołówki zesłali. Tam też zacząłem inaczej myśleć.

– A to będzie dla mnie nawet ciekawe, choć historii o inwalidach, w rodzaju waszej, sam znam dziesiątki. Jeśli macie ochotę, to opowiedzcie o swoim nawróceniu.

– Popa Pocieszyciela pan znał?

– Jakżebym miał nie znać? Słuchałem nawet jego opowieści.

– Właśnie dzięki tym opowieściom ostatecznie się nawróciłem. A zaczęło się wszystko przy pana osobistym udziale.

– A w czym ja tam mogłem uczestniczyć? Przecież wtedy nawet was nie znałem.

– Mało kogo pan wtedy znał. A pamięta pan? Była wtenczas grana w waszym teatrze sztuka. Nie pomnę już jej tytułu. Akcja toczyła się na Kaukazie za czasów Szamila i przodków naszych. Pewien pułkownik, waleczny taki, zasłużony, już w poważnym wieku ożenił się z młodą panienką. A ta panieneczka z jakimś książątkiem w romans się wdała... Ach tak! Sztuka nazywała się chyba „Stary ale zahartowany"?

– Właśnie tak!

– „Zahartowany". Jakże mogłem zapomnieć takiego przemysłowego słowa? Borin grał pułkownika, a pan – księcia, kochanka tej dziewczyny. Miał pan jeszcze przy sobie taką białą Czerkieskę i białą Kubankę i z obydwiema pan kręcił...

– Ależ jak wy wszystko pamiętacie! – roześmiałem się. –
Nie myślałem o tym, kiedy grałem...

– No cóż, tak bywa. Nie pomyślisz, a wyjdzie. Wszystko obmyślisz – nic nie wyjdzie. Tak bywa. Dowiedział się ów
pułkownik, że między nimi romans rozkwita i nie ją zaczął
bić, jakby po ludzku wypadało, a sam umyślnie pod czeczeńskie kule poszedł, aby wyzwolić żonę od grzechu, by mogła żyć
z kochankiem jak należy, po bożemu.

– Co to ma wspólnego z rewolucją?

– Proszę zaczekać. Dojdziemy i do rewolucji. Pod wpływem tego przedstawienia, a właściwie jego zakończenia, kiedy
pułkownik, już ranny, wszystko wyjaśnia swojemu przyjacielowi, w mojej głowie zrodziła się myśl o moim ojcu i bankierach.

– No tego już zupełnie nie rozumiem.

– Mówiłem przecież, proszę zaczekać. Zaraz wszystko będzie
jasne. Tak sobie w głowie zacząłem układać: no dobrze, mój ojczulek stracił życie na posterunku, pełniąc swoją kozacką służbę.
Rozumiem. Ale po co mu ten posterunek i ta służba? Czy na taką
służbę poszedłby za marne dziesięć rubli? Nigdy w życiu! Przecież
wtedy mieliśmy wszystkiego pod dostatkiem. Czego dusza zapragnie! Nie, on swojej chorągwi, przysiędze i swojej duszy służył.
A weźmy naszych inwalidów... za co ich życia pozbawiono? A ja
sam, po co poszedłem do Konnej Armii? Czy tylko ze złości? To
prawda, wiele tej złości we mnie się uzbierało: za dziesięć rubli od
bankierów, za matczyne łzy, za poniewierkę. To wszystko prawda.
Ale nie tylko sama złość wiodła mnie do boju. Ot, tak jak tego
pułkownika. Przecież on nie złościł się na żonę, a jedynie pragnął
dokonać żywota dla jej szczęścia. W tym tkwi sedno sprawy...

Mój rozmówca zamilkł, spojrzał na drzwi cerkwi, spoza
których sączyło się słabe, blade światełko od nielicznych ubo-
żuchnych lampadek, i ciągnął dalej...

– Jeszcze czas. Zdążę panu opowiedzieć wszystko do końca. A więc zalęgła się we mnie taka dumka. Kiedy zostałem
skazany, tak sobie wszystko ułożyłem: no dobrze, może i dostałem za dużo, ale tak naprawdę wszystko jest w porządku. Bo
czyż nie wymyślałem władzy sowieckiej? Wymyślałem. Czyż
nie pobiłem czekisty? Pobiłem. Wychodzi na to, że ta władza
sowiecka sprawiedliwa jest. A kiedy zacząłem się zastanawiać
nad tym pułkownikiem, to wszystko wydało mi się inne. Po-
myślałem, że dobrze zrobiłem, skuwszy draniowi mordę. To nie
ja jestem kontra, ale on – swołocz. Tak więc błądziłem między
dwiema drogami, nie wiedząc, którą iść!

– Jednak ja was nie rozumiem, co ma do tego kaukaski
pułkownik?

– Jak to pan nie zrozumie? To przecież proste. A według
prawa co on miał zrobić? No, może pobić żonę czy też zamknąć
ją w komórce... nie wiem, jak inteligencja w takich wypadkach postępuje, ale książątko należało gdzieś oddelegować albo
– jeszcze lepiej – pod pewną kulę posłać i koniec. Wszystko
byłoby w porządku. A on sam na śmierć poszedł. Dla spokoju
duszy. Ale ja tam w rewolucji widzę coś innego: popchnięto
cię, to uderz, uderzono cię – strzelaj! Wytęp do korzeni! Za
jednego – dziesięciu pod ścianę! Ilu to ja zatłukłem za tatulową
krzywdę, za te dziesięć rubli! A przysłaliby wtedy bankierzy ty-
siączek, może bym zupełnie inną drogą poszedł? Z pewnością
inną. Znaczy, że cała ta rewolucja wydarzyła się z powodu tych

marnych dziesięciu rubli? Za takie gówno? A wie pan, ile tego miałem na froncie? Pełną kaburę. Sam byłem niczym bankier...

I wtedy to, kiedy tak rozumowałem, poznałem ojca Nikodema. Tak sprawy wyglądały. Dostałem się na komandirowkę, taką, gdzie było najtrudniej. Do puszczy nas zapędzili: jeden barak, dwudziestu drwali, a wśród nich ojciec Nikodem. Kiedy tylko wieczorem nas zamknęli, to on zaraz swoje opowieści zaczynał, a ja, muszę panu powiedzieć, od najmłodszych lat bardzo szanowałem wszelkie czytanie; jaka by mi książka w ręce nie wpadła, to zawsze ją czytałem. Zaś ojca Nikodema wszyscy słuchaliśmy z wielką uwagą.

Pewnego razu zaczął nam o Wierze, Nadziei, Miłości i matce ich – Mądrości opowiadać, jak to one, króla się nie bojąc, po stronie prawdy stanęły i na śmierć za nią poszły; właśnie wtedy nastąpiła we mnie zasadnicza przemiana. Stój, myślę, przecież tak samo pułkownik i mój ojciec na swoich posterunkach postąpili, a także ja sam, kiedy to czekistę od serca po mordzie tłukłem. Przecież to taka sama sytuacja, tylko inaczej pokazana. A ojciec Nikodem dalej opowiada, jak to one, na tych mękach, w niebo się wpatrywały i anioły widziały. Mówię do niego:

– Przepraszam, ojczulku, ale to wszystko im się chyba tylko wydawało, to były takie ich marzenia...

– Czemu tak sądzisz? – odpowiada mi pytaniem. – Jakie marzenia? Jeśli widziały, to znaczy, że tak było!

– A skąd te anioły się biorą? Dlaczego my ich nie widzimy?

– Ależ to bardzo proste – batiuszka mi na to. – Kiedy w dziurze siedzisz, to co widzisz? Jednym słowem – nic! A jak wyjdziesz z tego dołu, to zaraz więcej zobaczysz! Kiedy zaś na górę wejdziesz – jeszcze dalej będziesz widział! Staniesz na szczycie – wszystkie drogi staną przed tobą otworem! I wszystkich ludzi, zwierzęta i wszelkie stworzenia Boże w całej postaci stamtąd dojrzysz. Znaczy, z góry. Taką górą jest życie człowieka. Trudna jest ona do zdobycia, to prawda, bo trzeba do tego czynów ofiarnych. Każdy człowiek ma swoją górę. Jeden wyższą, drugi niższą, a nad nimi wszystkimi wznosi się góra Golgota.

I zaczął nam o rozbójniku opowiadać, który wraz z Chrystusem poszedł na Golgotę i tam, poprzez męki śmiertelne, dostąpił zbawienia. Właśnie w tym miejscu dokonał się we mnie ostateczny przełom. Widzę, że to ja jestem tym rozbójnikiem i muszę się wdrapać na ową górę. Takie jest moje przeznaczenie od dnia narodzin. Zrozumiał już pan, jaki przewrót tam się dokonał?

Jednak zdaje się, że do jutrzni już niedaleko. Trzeba jeszcze skoczyć do baraku i przynieść swoją święconkę. A pamięta pan naszą zautrenię[232] na Sołówkach?

Jakżebym mógł nie pamiętać tej niepowtarzalnej sołowieckiej jutrzni w stareńkiej kaplicy cmentarnej. Pamiętam nawet to, czego nie wie mój przypadkowy rozmówca.

Nie pracowałem już wtedy przy tratwach, ale w teatrze, w wydawnictwie i w muzeum. W związku z tą ostatnią pracą wpadłem w wir przygotowań. Władyka Hilarion wystarał się u Ejchmansa o zezwolenie na odprawienie nabożeństwa i o udział w nim wszystkich więźniów, a nie tylko duchownych. Udało

---

232 Zautrenia – jutrznia paschalna, rezurekcja.

mu się też namówić naczelnika obozu, by na tę noc wypożyczył z muzeum stare chorągwie, krzyże i kielichy. Zapomnieliśmy jednak o szatach liturgicznych, a nie wypadało iść po raz drugi do komendanta w tej sprawie.

Ale nie upadliśmy na duchu. Do muzeum został pilnie wezwany znakomity włamywacz Wołodia Biedrut. W czasie, gdy niezmordowany w swoich słownych felietonach Głubokowski zabawiał nimi dyrektora muzeum, Waśkę Iwanowa, w nieco dalszym pomieszczeniu Biedrut zręcznie operował wytrychami, po czym jego pomocnicy wydobyli ze skrzyń i witryn stare, drogocenne ornaty, a wśród nich epitrachelion metropolity Filareta Kołyczewa[233]. Rano znów wszystko tą samą drogą wróciło na miejsce.

Tamta zautrenia była czymś niepowtarzalnym. Na czele procesji rezurekcyjnej kroczyły dziesiątki biskupów. Stare łampady świeciły niewidzianym dotąd różnobarwnym blaskiem, a w ich świetle lśniły dawne chorągwie z Obliczem Zbawiciela i Jego Przenajświętszej Matki.

Błagowiesta[234] nie było: ostatni dzwon, jaki ocalał po grabieży klasztoru w 1921 roku, został zdjęty dwa lata później. Na długo przed północą, wzdłuż murów kremla zbudowanych z olbrzymich głazów, koło ponurych, ośnieżonych baszt, ku starej cmentarnej cerkwi ciągnął niekończący się sznur szarych

---

[233] Św. Filip II – Filaret Kołyczew (1507–69) – metropolita Moskwy i Wszechrusi. W 1537 wstąpił jako mnich do Monastyru Sołowieckiego. Tam, przechodząc kolejne szczeble życia zakonnego, został ihumenem. Pod jego rządami monaster znacznie się rozwinął. Zbudowano sobory Przemienienia Pańskiego i Zaśnięcia Matki Bożej, wzniesiono szereg nowych budynków, powstała też przystań, szpital, wspólnotę otoczono murami.

[234] Błagowiest – dzwon zwołujący wiernych na nabożeństwo.

cieni. Tylko nielicznym udało się dostać do środka świątyni. Nie mogła ona pomieścić nawet duchowieństwa liczącego wówczas na Sołówkach ponad 500 osób. Cały cmentarz był usiany ludźmi, a część uczestników nabożeństwa stała jeszcze dalej, pod sosnami, które stłoczoną gromadą podchodziły do majestatycznego boru.

Cisza. Umęczone dusze pragną już tylko świętego spokoju i modlitwy, uszy łowią w napięciu dochodzące przez otwarte drzwi cerkwi dźwięki świętych pieśni, a po ciemnym niebie, mieniąc się wszystkimi barwami tęczy, wędrują słupy zorzy polarnej. Nagle łączą się w jedną zwartą kotarę, rozświetlają się płomiennym lazurem i wędrują ku zenitowi, spływając stamtąd niczym wspaniałe ornaty.

Jakże donośnie, na podobieństwo władającego żywiołami teurga-hierofanta[235], zagrzmiał potężny okrzyk władyki Hilariona:

– *Da woskrresniet Bog i da raztoczatsa wrazi Jego!*[236]

Z gałęzi pobliskich sosen pospadały wielkie płaty śniegu, a na czubku dzwonnicy zabłysnął jasnym blaskiem umieszczony tam przez nas w tym dniu symbol Męki i Zmartwychwstania – Święty Życiodajny Krzyż.

Z otwartych na oścież drzwi zmurszałej cerkiewki, mieniąc się różnobarwnymi światłami, wyszedł niebywały kriestnyj

---

[235] Teurg-hierofant – kapłan sprawujący obrzędy o magicznym charakterze.

[236] Niech Chrystus zmartwychwstanie i niech rozproszą się Jego wrogowie!

chod[237]. Na przedzie kroczyło siedemnastu biskupów w obłaczenijach[238], otoczonych świecami i pochodniami, za nimi podążało dwunastu kapłanów i tyluż mnichów, a dalej falowała niekończąca się rzeka tych, których serca i umysły w tę niezwykłą i niezapomnianą noc kierowały się ku Chrystusowi Zbawicielowi.

Przez drzwi świątyni uroczyście wypłynęły olśniewająco piękne chorągwie wykonane jeszcze przez mistrzów Wielkiego Nowogrodu. Mnogością barw zajaśniały wspaniałe znicze-lampiony – dar doży weneckiego dla dalekiego monasteru, gospodarza północnych mórz. Rozkwitły uwolnione z niewoli szaty i okrycia haftowane subtelnymi palcami wielkich księżnych moskiewskich.

– *Christos Woskriesie!*[239]

Niewielu jednak usłyszało płynące z cerkwi słowa Dobrej Nowiny, ale wszyscy poczuli je w swoich sercach i słowa te rozlały się donośną falą po śnieżnej ciszy:

– *Woistinu Woskriesie!*[240]

– *Woistinu Woskriesie!* – rozległo się pod odświętnie rozgwieżdżoną kopułą nieba zwieńczoną zorzą polarną.

– *Woistinu Woskriesie!* – powtórzyło echo pogrążonego w błogim uśpieniu boru, poniosło się za nienaruszone mury kremla do tych, którzy nie mogli w tę Świętą Noc wyjść poza nie, do tych, którzy złożeni chorobą i cierpieniem leżeli na szpitalnych łóżkach i do tych, którzy męczyli się w cuchnącym

---

[237] Kriestnyj chod – procesja.

[238] Obłaczenija – szaty liturgiczne.

[239] Chrystus zmartwychwstał!

[240] Prawdziwie zmartwychwstał!

podziemiu „Awwakumowskiej szczeliny" – w historycznym sołowieckim karcerze.

Znakiem krzyża żegnali się skazani na śmierć, oczekujący jej w głuchych ciemnościach izolatora, a opuchnięte, zbielałe wargi chorych na szkorbut, krwawiąc, szeptały słowa obietnicy Wiecznego Życia.

Ze zwycięskim hymnem triumfu na ustach, głoszącym pokonanie, podeptanie śmierci, szli ci, którym zagrażała ona w każdej godzinie i minucie...

Śpiewali wszyscy... Radosny chór „będących w grobach" wychwalał cud Zmartwychwstania i umacniał się w pewności własnego zmartwychwstania, którego nie zniweczą żadne siły Zła...

I runęły mury więzienia wzniesione poranionymi do krwi rękami. Krew przelana w imię Miłości daruje radość i życie wieczne... To nic, że ciało męczy się w niewoli, ale Duch pozostaje wolny i wieczny. Nie ma na świecie siły zdolnej Go ugasić! Wy, którzy trzymacie nas w okowach, jesteście nędzni i bezsilni! Ducha nie zakujecie w kajdany, bo On zmartwychwstanie w życiu wiecznym, gdzie panuje Dobro i Światłość!

– *Christos woskriesie iz miertwych, smiertiju smiert' popraw*[241] – śpiewali wszyscy: i stary, ledwie poruszający nogami generał, i olbrzymi Białorusin, i ci, którzy już dawno zapomnieli słów modlitwy oraz ci, którzy, być może, nieraz je znieważali. W tamtą noc rozbrzmiewały one wielką siłą wiecznej, niegasnącej Prawdy...

---

[241] Chrystus powstał z martwych, śmiercią śmierć pokonał (Troparion paschalny).

W wystygłe serca wlewała się radość i nadzieja. Cierpienie i niewola nie są przecież wieczne. Wieczne, trwające bez końca, jest życie Jaśniejącego Ducha Chrystusa. Umrzemy, ale znów się narodzimy! Podźwignie się również z popiołu wielki monaster – ostoja Rosyjskiej Ziemi. Zmartwychwstanie Ruś ukrzyżowana za grzechy świata, poniżona i zbezczeszczona. Oczyści się w cierpieniu, bezmiernie okaleczona w swoim upadku, oczyści się i zajaśnieje światłem Bożej Prawdy. I nie na darmo, nie przypadkiem podążali tu ze wszystkich zakątków tego wielkiego kraju prześladowani, skrzywdzeni i wykreśleni z życia.

Czy to nie tutaj, do Świętej Arki rosyjskiej duszy, przez całe wieki naród rosyjski niósł swoje smutki i nadzieje? Czyż nie rękami przychodzących tutaj, do tego dalekiego północnego monasteru, by wypełnić złożone śluby, „odpokutować swój grzech", a także na chwałę świętych Zosimy i Sawwatija, zbudowane zostały te odwieczne mury? Czyż również nie tutaj w poszukiwaniu pokoju i spokoju przybywali, poznawszy światowe marności, zbuntowani nowogrodzcy uszkujnicy...?

– Przyjdźcie do mnie wszyscy, którzy utrudzeni i obciążeni jesteście, a Ja was pokrzepię[242].

Więc przyszli i w tę Świętą Noc, zespoliło ich jedno pragnienie, połączyli się w braterskim pocałunku. Runęły mury dzielące w przeszłości petersburskiego dygnitarza od chłopa z Kaługi, kniazia Rurykowicza od Iwana Bezrodnego; w ostygłym popiele ludzkich próżności, kłamstwa i zaślepienia rozbłyskały iskierki tego, co Wieczne i Najjaśniejsze.

---

[242] Mt 1, 28.

– *Christos woskriesie!*

Ta zautrenia była jedyną[243], jaka została odprawiona na sołowieckiej katordze. Później mówiono, że władze OGPU, wydając na nią zgodę, chciały zademonstrować Zachodowi swój „humanizm i tolerancję".

Nigdy tego nie zapomnę.

– Szedłem wtedy i ja w tej procesji – szeptem, jakby zawierzając mi jakąś wielką tajemnicę, opowiada mój rozmówca – i czułem, że właśnie wdrapuję się na tę swoją górę i że jakaś dziwna siła mnie na nią wynosi. Obok mnie kroczył Telnow. Pamięta go pan? Byłem z nim na Sołówkach w jednej rocie. Często gadaliśmy o naszej przeszłości: on służył u kadetów w Korniłowskim Pułku, a ja, jak pan wie, byłem budionowcem. Często nasze oddziały spotykały się w bojach. Może on uderzał we mnie, a może ja w niego... Możliwe, że to ja mu kiedyś zęby kolbą wybiłem. Czy to się pamięta? Na nim nie mniej krwi ciąży niż na mnie. Sam kiedyś opowiadał, jak naszych czerwonoarmistów w wychodku wystrzelał. Nieraz sprzeczaliśmy się, a czasem nawet do rękoczynów dochodziło. Zacznie ten, na przykład, o swoich zwycięstwach rozprawiać, wyzywa nas od czerwonych brzuchaczy, a nawet jeszcze gorzej, to czuję się obrażony. Ujadaliśmy na siebie, a tu idziemy razem. On odwraca się do mnie i mówi:

– *Christos woskriesie!*

---

243 Ze świadectwa G. Andriejewa („Grani" nr 8), który przybył na Sołówki w roku mojego wyjazdu stamtąd, wynika, że już nigdy później nie zezwalano na zautrenie i inne nabożeństwa z udziałem więźniów – B.Sz.

– *Woistinu* – odpowiadam. Zrobiło mi się tak jakoś radośnie. Patrzę na niego i widzę, że on też na swoją górkę się wspina.

– Telnowa jeszcze za waszych czasów kropnęli. Pamiętacie?

– Akurat w tym samym roku wyszedłem na wolność, ale to pamiętam. Jak widać, on już do swojego szczytu dotarł, a ja muszę ciągle jeszcze iść.

– I idziecie?

– Tego nie mogę dokładnie powiedzieć. Czasem myślę, że idę, a innym razem – że staczam się w dół, różnie to bywa.

– Szliście tutaj, na tę górę, aż z Rosji?

– Znowu nie mogę panu na to odpowiedzieć. Tak wyszło. Generał Kniga[244] zaczął na początku wojny zbierać starych konnych do swojej specjalnej dywizji. Mnie też tam oczywiście skierowano. No to służę. Stoimy za Donem. W tym samym czasie Czerwoni poddali Kijów. Wtedy nasi wojacy uciekali od Telewa i pojedynczo zbierali się w grupki. Dostaliśmy rozkaz, by ich przejąć. Więc dobrze. Był rozkaz, to przejmujemy. Jednak nie wyładowujemy na nich złości, jak zwykle na kontrwywiadzie, a nawet gawędzimy sobie z nimi. Wszyscy twierdzimy zgodnie, że ta wojna jest bez sensu. Napuszczają nas na siebie, na swój naród, i na darmo krew przelewamy.

Zaczęliśmy rozmawiać. Każdy miał swoje pomysły. Każdy tylko swoje widział, jedni mieli już za sobą obóz koncentracyjny lub ktoś z rodziny tam jeszcze siedział, inni przeżyli wielki głód w trzydziestym trzecim... Tak więc zmówiliśmy się w piątkę, że razem pójdziemy na zwiad, by zwierzchnictwo,

---

[244] Wasyl Iwanowicz Kniga (1883-1961) – sowiecki generał, bohater wojny domowej.

jakie tam będzie, zlikwidować i... hajda! Plutonowy też był starym budionowcem, ale nie z naszego pułku. Bardzo się go obawiano i, tak jak kiedyś, takich jak on nazywano skórami. Nikomu nie pobłażał i żył w przyjaźni tylko z politrukiem. Partyjniak. Wszystko odbyło się jednak tak, jak sobie zaplanowaliśmy.

Kiedyś szukał ochotników na nocną obławę. Zgłosiliśmy się. Dosiedliśmy koni. Mój kompan, jeszcze z czasów wojny z kadetami, sznur za pazuchę wsunął:

– Ja go po cichutku – mówi do mnie – kałmuckim sposobem na arkan złapię, a wy mi wtedy pomożecie... żeby obyło się bez hałasu...

Skierowaliśmy się do lasu. Wjechaliśmy do niewielkiego wąwozu. I tam on plutonowego na arkan złapał. Zrobił to bardzo zgrabnie, prosto z siodła na ziemię go zrzucił i sam się na niego zwalił. My z koni i ku niemu... przerzuciliśmy arkan na szyję i zaczęliśmy go zaciskać, ale ciągnęliśmy nierówno... z lękiem, bo przecież to jednak... swój. A on z całych sił chrypiał:

– Pozwólcie choć słowo powiedzieć...

Rozluźniliśmy końce. Niech mówi, co ma do powiedzenia. Plutonowy usiadł na ziemi i wtedy na nas naskoczył:

– Wariaci, niech was szlag trafi, przejrzałem wasze knowania, dlatego was sprowokowałem. Nie dalej niż kilometr stąd jest rzeczka, tam też was wabiłem. Myślałem, że gdy przeprawimy się przez bród, to wszystko wam wyjaśnię i przeprowadzę was przez front, na który zostałem skierowany. A wy, proszę, co wymyśliliście, sukinsyny...

Wątpiliśmy w to wszystko, ale jednak zdecydowaliśmy między sobą, że na razie go nie wykończymy, a tylko zwiążemy i weźmiemy z sobą. Dalej się zobaczy...

Przeprawiliśmy się przez rzeczkę. Pokazuje nam, że trzeba bardziej na lewo, bo na prawo jest stanowisko kontrwywiadu z karabinem maszynowym. Okazało się, że miał rację – prowadził nas jak po swoim ogródku.

Oto, co się może czasem wydarzyć: decydujesz o życiu jakiegoś człowieka, a on okazuje się być twoim rodzonym bratem...

– U Niemców dostaliście się do korpusu von Pannewitza?

– Nie, wybaczcie, ale ja byłem po stronie Rosji... Rosja to właśnie ta moja góra, nie służyłem więc pod niemieckimi rozkazami. Oni też Kozaków do tego nie zmuszali. Na początku wstąpiłem do polowego oddziału ochrony pod dowództwem esauła Sotnikowa. Znał go pan może albo o nim słyszał?

– Nie, nie miałem okazji.

– Likwidowaliśmy partyzantów. I dobrze, bo w tej wojnie partyzanci byli fałszywi. Chłopi i inni obywatele niczego oprócz krzywd i zagłady od nich nie zaznali. To oni naszego plutonowego zabili... A kiedy Niemcy wycofywali się znad Donu, zaciągnęliśmy się do trzeciego kozackiego pułku formowanego przez pułkownika Domanowa i wraz z nim przybyliśmy do Włoch. Wtedy generał Krasnow był już bardzo znany i z jego strony nie mogło być mowy o jakiejkolwiek zdradzie. On właśnie przyjął nas pod swoje dowództwo. Tak wyszło...

– Resztę już znam. A jak wydostaliście się z Lienzu?

– Nie było mnie tam. 23 kwietnia wysłano mnie podwodą z Tolmezzo do Wenecji, bo coś tam kupowano. Tam też, wraz z sotnikiem Chmyzem, zastała nas kapitulacja. Widać inna Golgota jest mi sądzona. A generał Krasnow i reszta właśnie w Lienzu na swoją górę weszli. Każdy ma swoją drogę... I pan również. Ale oto już batiuszka nadchodzi. A więc – na razie! Biegnę, by przynieść swoją paschę.

Ja też poszedłem po swój kulicz[245]. Do cerkwi wróciliśmy znowu razem. On położył na ławie, obok upieczonego przez moją żonę prawdziwego rosyjskiego kulicza, nawet z barankiem na wierzchu, zawiniętą w papier pajdę razowego chleba i niepomalowane jajeczko, które dostał w IRO.

– Marna ta święconka, taka jak moja kawalerska dola. Bo rodzina tam została... jak przypuszczam, niech mi Bóg wybaczy...

Rozległo się pierwsze uderzenie małego, żelaznego, nie wiadomo skąd i przez kogo zdobytego, nierosyjskiego dzwonu. Czy odpowiedział mu gong pierwotnej cerkwi Przemienienia wzniesionej przez duchowieństwo sołowieckie? Czy odezwały się swoim cudownym dźwiękiem dzwony z tajemnych głębin jeziora? Odezwały. Słyszał je w tamtą noc mój przypadkowy rozmówca – prosty, szary człowiek, który, krok po kroku, wspinał się na swoją Golgotę...

---

[245] Kulicz – babka wielkanocna.

Rozdział 33

Siódmy Anioł

Minęły dwadzieścia trzy lata od chwili, kiedy zostawiłem za sobą drut kolczasty kemskiego punktu tranzytowego.

Czekista po sprawdzeniu moich dokumentów uścisnął mi dłoń na pożegnanie. Jemu zostały jeszcze dwa lata do końca.

– Żegnaj i źle nie wspominaj!

Nie mogłem wtedy jeszcze nie wspominać źle sołowieckiej katorgi. Była dla mnie tylko straszną, ziejącą otchłanią, pełną krwi, poszarpanych ciał, zmiażdżonych serc, roztrzaskanych mózgów... W moich uszach ciągle brzmiały jęki, lamenty, majaczenia i szlochy. Nad opuszczoną Świętą Wyspą śmierć, i tylko śmierć, rozpościerała swoje czarne skrzydła...

Tę opowieść postanowiłem napisać jeszcze na Sołówkach, nad grobami nieznanych schimników, którzy żyli tu w imię starej rosyjskiej pobożności, i na mogiłach nowych męczenników, którzy oddali swe życie za Ruś...

Ale jaką Ruś? Tę, która odeszła, czy tę, która nadchodzi?

Tę minioną, majestatyczną, bezkresną, tajemniczą w swoim niewypowiedzianym pięknie...

Tak myślałem wtedy, w nieprzeniknionej ciszy sołowieckiej puszczy. Tak myślałem również później na rozpalonych piaskach Azji, w łoskocie i zamęcie nowego budownictwa, w odorze potu, w gnijącym człowieczeństwie i ponownie we krwi...

Miałem świadomość, że może tylko mnie jednemu spośród tysięcy, milionów, dana jest możliwość opowiedzenia tej historii, więc pisałem nocami przy zamkniętych na głucho drzwiach, a przed świtem darłem to, co napisałem, lub zakopywałem w wilgotnej rosyjskiej ziemi czy w suchym azjatyckim piasku.

Pisałem o łzach i krwi, o cierpieniach i śmierci. Tylko o tym. Piórem malowałem obrazy moich towarzyszy niedoli padających pod kulami bezdusznego szaleńca lub – co jeszcze straszniejsze – obrazy innych szaleńców wyrywających ciesielskimi kleszczami złote zęby z ust nieostygłego jeszcze trupa i w końcu – to najstraszniejsze – postać cieśli spokojnie odbierającego oddawane mu kleszcze i beznamiętnie wycierającego je z krwi swoim fartuchem... Te przerażające odblaski minionych przeżyć nieustannie ściskają mi gardło, dławią i duszą, przesłaniając wszystko inne.

Mijały lata. W grzmotach wojny, w wichrze śmierci, w nowych potokach krwi i łez przypadł mi w udziale, jako jednemu z milionów istnień ludzkich, los, by opowiedzieć o tamtych przeżyciach.

Znów zacząłem wpatrywać się w przeszłość i tymi samymi oczami zobaczyłem coś innego. Z rozwianego całunu krwawej i cuchnącej mgły wyłoniło się dawne niewypowiedziane piękno przemienionego Kitieża. W nowe złote ornaty przyoblekły się nadpalone kopuły sołowieckiego Soboru Przemienienia, wzniosły się na bezmierne wysokości i zaśpiewały pozrzucane na ziemię dzwony. Nieziemskim światłem Wiecznego Ducha zaśniła zelżona, spopielona, obmyta łzami i krwią samotnia rosyjskich arcypasterzy, przybytek Wiary i Miłości. Jęki rodziły dźwięki. Cierpienie – poświęcenie. Doczesność zmieniała się w Wieczność.

Nie jestem malarzem ani pisarzem. Nie czuję potrzeby tworzenia obrazów w zakamarkach swej duszy ani splatania słów w pachnące, kwieciste wianki.

Potrafię tylko widzieć, słyszeć i gromadzić w pamięci to, co usłyszałem i zobaczyłem. To, co zgromadziłem, przetworzą już ci, który później wejdą w życie.

Przed moimi oczami przeszli ludzie, o których opowiedziałem, ich słowa głęboko zapadły w moją świadomość. Większość z nich już odeszła na zawsze, inni jeszcze żyją. Ci, którzy odeszli, pozostawili jakiś swój ślad; jedni – ciemny, cuchnący i krwawy, drudzy – jasny, świetlisty i tęczowy jak skrzydła Serafina. Tym śladem szli inni i torowali drogę następnym. Już wielu przeszło tę drogę. Widziałem ich i słyszałem. Czasem ślad się zacierał, szlak zanikał, ale znów się pojawiał. Drogi plątały się, splatały i znów się rozchodziły. Wiekuiste niegasnące życie tkało swoje niekończące się płótno.

Dawno temu nad głowami dwunastu galilejskich rybaków rozbłysły płomyki Ducha. One to rozproszyły i pokonały wszelkie ciemności. Ale ja ich nie widziałem.

Widziałem za to światło lampady ostatniego rosyjskiego pokutnika. Paliła się płomieniem tego samego Ducha. Dokoła zaś panowały ciemności.

Płomień zapala się od płomyka. Światłość pochodzi od światła. Płomień i światłość są nierozłączne, wieczne, niegasnące.

Ostatni na Rusi pokutnik skonał, skłoniwszy się do ziemi przed swoją lampadą, na wyspie uświęconej cierpieniem, ofiarą i modlitwą.

Jego lampka nie zgasła.

To płomień od płomyczka, światłość od światełka. Łagodnymi i tajemniczymi ognikami zapłonęły też inne lampady. Widziałem je i przechowuję w swojej pamięci.

Ducha nie gaście!

Nie jest mi dany dar tworzenia obrazów, potrafię widzieć tylko to, co powstało niezależnie ode mnie.

Człowiek żył w ciemności i jej służył. Ciemność w niczym nie zagrażała jego ciału, ale on ją rozproszył swym cierpieniem i ofiarą. Światło niczego nie obiecywało jego ciału, jednak on podążył ku Światłu.

Wyjście z ciemności groziło człowiekowi śmiercią. On jednak przezwyciężył wrodzony strach heroizmem Ducha... Droga ku zwycięstwu to droga cierpienia. Lecz człowiek wybrał tę drogę. Dlaczego?

Kto człowieka pchnął i pociągnął ku przezwyciężaniu ciała, siedliska strachu i jego władzy nad człowiekiem?

Nie tworzę obrazów, a jedynie przechowuję w pamięci to, co widziałem. Imię tego człowieka – Legion[246].

Przez ciemność – ku Światłu. Przez śmierć – do życia. Taka jest jego droga. Dlaczego nią poszedł?

Kiedy na oliwę niegasnącej lampady kapie krew, jej płomień strzela wysoko, mieniąc się i lśniąc wszystkimi barwami niebiańskiej tęczy – znaku przymierza i obietnicy Wiecznego

---

[246] Autor chce podkreślić waleczność i moc „Człowieka" na miarę rzymskiego legionu. Por. A. Mickiewicz, *Dziady cz. III*, Wielka Improwizacja, Konrad: „Nazywam się Milion, bo za miliony kocham i cierpię katusze". Z pewnością nie ma to związku z biblijnym mianem szatana.

Życia. Jest jak skrzydło Serafina. Korona Cierniowa splata się z gałązkami Krzewu Gorejącego, a jego światło łączy się z płomieniem palącej się w lampce krwi.

Czyn ofiarny triumfuje nad strachem. Wieczny Duch zwycięża doczesne ciało. To, co bezmierne, góruje nad ograniczonością, pokonawszy śmierć śmiercią.

Tak było na jerozolimskiej Golgocie. Tak było też na sołowieckiej Golgocie, na wyspie, w Świątyni Przemienienia łączącej Golgotę z Górą Tabor. Tak było też na innych Golgotach wielu krajów i ziem, na których spoczywają ślady Kitieża, a drogi krzyżowe prowadzą do błogosławionego sanktuarium Grodu Przemienienia.

Ta sama droga prowadzi na Golgotę i na Górę Tabor.

Żertwa kładzie kres wszelkim cielesnym lękom. Strach umiera na ołtarzu ofiarnym, gdyż jest on cielesny. Duch nie zna strachu.

Auschwitz, Dachau, Rimini, Lienz… i jeszcze setki, tysiące i dziesiątki tysięcy bezimiennych Golgot… Od Kamczatki po Pireneje, od Kołymy do La Rochelle… Na te Golgoty wchodzili ci, którzy nieśli w sobie płomień Ducha, którzy odrzucili ciemność, zwyciężając ją w swoim sercu.

Mnie ominął ten kielich goryczy. Dwukrotnie jakaś nieznana siła, niezależna od mojej woli i rozumu, zburzyła moją ziemską drogę i zawróciła mnie z niej. Za pierwszym razem zaprowadziła mnie do Lienzu, a za drugim – do Rimini. Teraz nazywa się to przypadkiem, a dawniej – cudem.

Potrafię opowiadać tylko o tym, co sam widziałem. W Lienzu mnie nie było. Nie przeszedłem drogi krzyżowej ku niemu.

Nie stałem na jego Golgocie. Tam 1 czerwca 1945 roku odbyła się straszna „tyrolska msza"[247]. Tylko dwie takie liturgie zna świat chrześcijański. Pierwszą odprawiło dwadzieścia tysięcy męczenników spalonych w Nikomedii[248], których pamięć Cerkiew czci 28 grudnia według starego kalendarza. Drugą – również dwadzieścia tysięcy męczenników, Kozackich Bogobojnych Wojowników... Uroczystość ku ich czci zostanie ustanowiona później, pierwszego czerwca nowego stylu[249]. Liturgię świętą sprawowało wówczas osiemnastu duchownych; z osiemnastu kielichów Kozacy idący na śmierć przyjęli komunię... Czołgi oddziałów repatriacyjnych zrujnowały cerkiewny pomost, na którym odprawiana była msza, i poprzecinały wojsko na pojedyncze wysepki. Kozaków zaczęto przemocą ładować na ciężarówki. Ludzie rzucali się pod koła samochodów, pod gąsienice czołgów, strzelali do swoich żon i dzieci, a w końcu – do siebie. Nad wojskiem unosił się potworny lament, a wsłuchawszy się w niego, można było rozróżnić słowa: „Chryste! Chryste!". Ojciec Nikołaj w ornacie i z kielichem w ręce stał pośród tego rozszalałego żywiołu na jakimś wysokim słupie – pozostałości po cerkiewnej platformie – i był widoczny dla wszystkich. Głębokim, dźwięcznym tenorem, ogarnięty ekstazą męczeństwa, śpiewał ginącemu wojsku pieśń weselnej radości: „Święci męczennicy, ochotnie przyjmujący

---

[247] Tyrolska Msza – pod tą nazwą przeszła do historii tragiczna msza odprawiona na placu obozu dla uchodźców „Pegetz" (Austria) w dniu 1 czerwca 1945 r. przed wydaniem Kozaków i ich rodzin władzom ZSRR. Doszło do krwawej masakry Kozaków broniących się przed wywózką i czekającymi ich represjami ze strony wszechwładnych czekistów.

[248] W noc wigilijną 303 r. z rozkazu cesarza Maksymiana Herkuliusza spalono żywcem w świątyni w Nikomedii 20 tys. chrześcijan.

[249] Według kalendarza gregoriańskiego wprowadzonego przez papieża Grzegorza XIII w 1582.

cierpienie, i wy, poślubieni, módlcie się do Boga"... Głosy setek Kozaków i Kozaczek podjęły śpiew tego hymnu weselnego. Wojsko poślubiało swojego Niebieskiego Oblubieńca. Terkotały auta, uderzały kolby, lała się krew... A nad tym wszystkim unosiła się uroczysta pieśń wiernej aż po grób Cerkwi-Oblubienicy opłakującej swoje dzieci...

„«Jak długo, Panie, nie pomścisz tej krwi i łez?» – pytali ci, którzy obmywali się we krwi przelanej za Pana"[250].

Jest to opowieść o ludziach, którzy żyli w łagrach, w ogromnych skupiskach, i którzy wyrwali się z ciemności.

Kim oni są? Nie jesteśmy w stanie tego ustalić ani pojedynczo ich ocenić według ogólnie przyjętych kryteriów. Nie potrafimy określić ciężaru właściwego różnego rodzaju grup społecznych ani stopni kultury, ni wiary i religii, ani nawet narodowości rosyjskich obywateli, którzy opuścili tracącą swoje imię Rosję. Mamy prawo stwierdzić tylko jedno: ogromna większość tych różnorodnych, różnojęzycznych, różnie myślących i różnie wierzących ludzi przeszła przez druty kolczaste socjalistycznego obozu koncentracyjnego lub miała z nim bliski kontakt przez swoje rodziny, przyjaciół czy współwyznawców. Za drutami Sołówek, które rozrosły się wzdłuż i wszerz, było tylko cierpienie, krew i śmierć. Męki cielesne i udręki ducha. W tej męce i w tej udręce odbijał się płomień lampki ostatniego pokutnika. Światło w ciemnościach. Ludzi wymienionych tu z nazwiska, którzy żyją wśród nas i razem z nami dzielą życie, nietrudno usłyszeć, przeczytać czy odnaleźć...

---

[250] B. Zacharow, *Ojciec Sejminut*, „Russkaja mysl" nr 269/1950 – B. Sz.

Ich imię – Legion, a liczba ich rośnie z każdym dniem, z każdą godziną.

Chodzą różnymi drogami, mówią różnymi językami, inaczej widzą i słyszą, przetwarzają po swojemu to, co zobaczą, różnie też myślą i wierzą... Ale w każdym z nich tli się, czasem jasno rozbłyskając, to znów przygasając, jakaś cząstka niegasnącego płomienia Ducha.

Gdyby nie było tego światła, oni nigdzie by nie szli i my nigdy byśmy ich nie poznali. Nie zobaczylibyśmy ich.

Mnożą się światełka rozjaśniające mrok. Wielu je widzi. Liczba widzących stale rośnie. Dopiero teraz... Wtedy były jedynie ciemności. Tylko nieliczni dostrzegali w tych ciemnościach dopalający się, jak się wydawało, blady, zdławiony mrokiem płomień – płomień lampki ostatniego rosyjskiego pokutnika.

I ja go widziałem. Dlatego przechowałem w swoim sercu tę opowieść o żyjących tam ludziach, przeniosłem ją przez krew i ogień, przez życie i śmierć.

Przemienienie wymaga odkupienia. Odkupienie – ofiary. Sołówki i wszystkie zrodzone przez nie, pokrywające Rosję Golgoty były ołtarzami ofiarnymi, na których dokonywało się odkupienie, na których lała się i nadal leje się krew, na których płonęły i nadal płoną liczne lampki. Wtedy, w nieprzeniknionej ciemności, była tylko jedna.

Żeby zmartwychwstać w Duchu, trzeba umrzeć w ciele, trzeba lec w trumnie. Taką trumną były Sołówki. Wówczas, w tę niesamowitą noc na katorżniczym cmentarzu, przy rozkopanej mogile-wysypisku, my, to znaczy Głubokowski i ja, widzieliśmy tylko trumnę i czuliśmy jedynie fetor rozkładających się ciał.

Nie my sami. Wielu widziało i nadal widzi tylko to, a nie słyszy kierżeńskich[251] dzwonów z tajemniczych głębin Świętego Jeziora Prawdziwie Świętej Rusi. „Trąd go opuścił i został oczyszczony"[252] – pisał Ewangelista, który widział krzyż na pierwszej Golgocie.

„Oczyścisz się przez cierpienie" – powtórzył inny ewangelista, który przyszedł na świat później, żeby oczami swego ducha ujrzeć następne Golgoty i przyszłe ofiary, zobaczyć zbliżające się odkupienie, nadchodzące przemienienie.

Nadzwyczaj zniewalające i niezwykle straszne są słowa proroków. Przecinają ciemności groźnym ognistym mieczem Arcystratega, Archanioła Michała, ale błyska w nich tęcza nadziei...

One rodzą się w popiele spalonych serc, w morzach przelanej krwi. Z cuchnących błot grzechu, z ciemnych, zionących przepaści wlewają się w jasne głębiny czystych, świętych jezior. Od mroków i strachu kierżeńskiej rzezi[253] – do błogiego światła Przemienionego Kitieża. Tak rzekł prorok, który nie nazwał swojego imienia, ale imię jego – Legion.

Przez setki lat głuchymi leśnymi bezdrożami wielu spieszyło do wód Świętego Jeziora, by posłuchać dzwonów rozbrzmiewających z jego głębi. W tych dźwiękach była obietnica. Ale kiedy miecz rozpłatał ciemności, zwęgliły się dusze i polała się krew – nadszedł strach i wielu mu się poddało, „uwierzyli

---

[251] Nad rzeką Kierżeniec (lewy dopływ Wołgi) w obwodzie niżnonowogrodzkim, niedaleko jeziora Swietłojar z zatopionym miastem Kitieżem, znajdowały się ostatnie pustelnie staroobrzędowców, tzw. kierżeńskie skity lub po prostu Kierżeniec.

[252] Mk 1, 42.

[253] Mowa prawdopodobnie o bitwie księcia Gieorgija II Wsiewołodowicza z Batu-chanem w 1238, w której książę, dzisiaj święty prawosławny, zginął.

w zło i oddali mu pokłon"[254]. Ale w głębinach rozległ się dzwon Obiecanego Grodu i powstawali ci, którzy polegli, kajali się ci, którzy się ukorzyli.

„A ludzie zewsząd schodzili się do Niego"[255].

Poeta, prorok i ewangelista żyjący w głębi wieków na podobnej do sołowieckiej pustynnej wyspie widział tam Anioła. Twarz tego Anioła jaśniała niby słońce, a nad jego głową lśniła Tęcza. Schodził On z niebios obleczony w szaty z obłoków.

Kiedy stanął jedną nogą na ziemi, a drugą na morzu, zawołał głosem podobnym do ryku lwa. I siedmiu proroków zawtórowało mu swoimi głosami. A mowa ich była tajemnicą.

Anioł podniósł ku niebu prawą rękę i przysiągł na Żyjącego na wieki wieków, który stworzył niebo i to, co w nim jest, i ziemię, i to, co w niej jest, i morze, i to, co w nim jest, że już nie będzie zwłoki, ale w dniach głosu siódmego anioła, gdy będzie miał trąbić, misterium Boga się dokona, tak jak podał On dobrą nowinę sługom Swym – prorokom[256].

Tajemnica Przemienienia...

Ale zanim Siódmy Anioł przejdzie nad światem, pojawi się naprzód jeszcze sześciu innych. Na swych skrzydłach przyniosą cierpienie i śmierć.

Przez Śmierć do Życia – to tajemnica Przemienienia. Który z tych aniołów rozpostrze swe skrzydła nad nami?

Sołówki 1925 – Capri 1950

---

[254] Nawiązanie do Księgi Wyjścia 32, 9: „ I utworzyli sobie posąg cielca ulanego z metalu i oddali mu pokłon".

[255] Mk 1, 45.

[256] Ap 10, 1-7.

Spis treści